HUG 주택도시 보증공사

통합기본서

시대에듀

2026 최신판 시대에듀 All-New
HUG 주택도시보증공사 통합기본서

Always **with you**

사람의 인연은 길에서 우연하게 만나거나 함께 살아가는 것만을 의미하지는 않습니다.
책을 펴내는 출판사와 그 책을 읽는 독자의 만남도 소중한 인연입니다.
시대에듀는 항상 독자의 마음을 헤아리기 위해 노력하고 있습니다. 늘 독자와 함께하겠습니다.

머리말 PREFACE

주택에서 도시까지 국민의 더 나은 삶을 책임지는 주택도시보증공사는 2026년에 신입사원을 채용할 예정이다. 주택도시보증공사의 채용절차는 「지원서 접수 ➡ 서류전형 ➡ 필기전형 ➡ 사전 온라인검사 ➡ 면접전형 ➡ 최종 합격자 발표」 순서로 이루어진다. 필기전형은 관리 6급의 경우 직무적합평가와 전공필기를, 관리 7급의 경우 직무적합평가만을 진행한다. 그중 직무적합평가는 의사소통능력, 수리능력, 문제해결능력, 대인관계능력, 조직이해능력 5개 영역을 평가한다. 또한, 전공필기는 채용분야별로 시험과목이 상이하므로 반드시 확정된 채용공고를 확인해야 한다. 필기전형 고득점자 순으로 채용예정인원의 2.5배수를 선발하여 면접전형을 진행하므로 필기전형에서 고득점을 받기 위해 다양한 유형에 대한 폭넓은 학습과 문제풀이능력을 높이는 등 철저한 준비가 필요하다.

주택도시보증공사 필기전형 합격을 위해 시대에듀에서는 주택도시보증공사 판매량 1위의 출간 경험을 토대로 다음과 같은 특징을 가진 도서를 출간하였다.

도서의 특징

❶ 기출복원문제를 통한 출제 유형 확인!
- 주요 공기업 2025년 상반기 NCS 및 2025~2024년 전공 기출문제를 복원하여 공기업별 출제경향을 확인할 수 있도록 하였다.

❷ 주택도시보증공사 필기전형 출제 영역 맞춤 문제를 통한 실력 상승!
- 직무적합평가 대표기출유형&기출응용문제를 수록하여 유형별로 대비할 수 있도록 하였다.
- 전공필기(경영 · 경제) 적중예상문제를 수록하여 전공까지 준비할 수 있도록 하였다.

❸ 최종점검 모의고사를 통한 완벽한 실전 대비!
- 철저한 분석을 통해 실제 유형과 유사한 최종점검 모의고사를 수록하여 자신의 실력을 점검할 수 있도록 하였다.

❹ 다양한 콘텐츠로 최종 합격까지!
- 채용 가이드와 주택도시보증공사 면접 기출질문을 수록하여 채용 전반에 대비할 수 있도록 하였다.
- 온라인 모의고사를 무료로 제공하여 실전을 준비하는 데 부족함이 없도록 하였다.

끝으로 본 도서를 통해 주택도시보증공사 채용을 준비하는 모든 수험생 여러분이 합격의 기쁨을 누리기를 진심으로 기원한다.

SDC(Sidae Data Center) 씀

HUG 주택도시보증공사 기업분석 INTRODUCE

◇ 미션

주거복지 증진과 도시정비 활성화를 위한 금융지원으로
국민의 삶의 질 향상에 이바지

◇ 비전

국민의 주거안정을 선도하는
주택도시금융 동반자, HUG

◇ 핵심가치

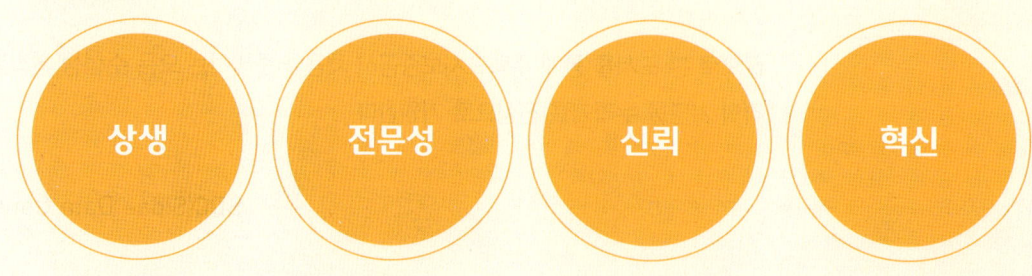

상생 | 전문성 | 신뢰 | 혁신

◇ 전략방향 & 전략과제

전략방향	전략과제
주거안정 금융서비스 강화	• 임차인 보호 강화를 위한 주거안전망 확대 • 신속 · 편리한 보증 프로세스 구축 • 국민체감 맞춤형 금융서비스 제공
주택공급 기반 금융 확대	• 주택공급 촉진 유동성 지원 강화 • 주택시장 안정화를 위한 보증관리 고도화 • 도시정비 활성화를 위한 기반 강화
ESG경영 선도	• 친환경 기반 녹색경영 확립 • 안전 · 사람 중심의 함께하는 사회 구현 • 공정하고 신뢰받는 거버넌스 구축
지속가능 혁신기반 구축	• 재무건전성 및 리스크 대응체계 강화 • 전문성 기반 주택도시금융 선도 • 디지털플랫폼 기반 대국민서비스 및 경영혁신 고도화

◇ 인재상

변화(Change)	변화를 선도하는 주도적 인재
전문(Expert)	최고 전문가를 지향하는 인재
신뢰(Trust)	고객과 국민에게 신뢰받는 인재

신입 채용 안내 INFORMATION

◇ 지원자격(공통)

❶ 성별 · 신체조건 · 학력 : 제한 없음
❷ 공고일 기준 만 60세(정년) 미만인 자
❸ 입사예정일 이후 즉시 근무가 가능한 자
❹ 국가공무원법 제33조 및 주택도시보증공사 인사규정 제17조에 의한 채용 결격사유에 해당하지 않는 자

◇ 필기전형

구분	관리 6급	관리 7급
직무적합평가	의사소통능력, 수리능력, 문제해결능력, 대인관계능력, 조직이해능력 (40문제, 60분)	
전공필기	채용분야별 상이 (80문제, 100분)	–

◇ 면접전형

구분	평가방식	평가항목
1차 면접전형	NCS 기반 역량면접	직무면접(40점), PT면접(30점), 인성면접(30점)
2차 면접전형	직무심층면접	공사 직무적합성, 직업윤리 등 지원자의 역량을 종합 · 심층적으로 평가

❖ 위 채용 안내는 2025년 채용공고를 기준으로 작성하였으므로 세부사항은 확정된 채용공고를 확인하기 바랍니다.

2025년 기출분석 ANALYSIS

총평

주택도시보증공사 필기전형은 피듈형으로 출제되었으며, 난이도는 평이했다는 후기가 많았다. 의사소통능력의 경우 주택도시보증공사와 관련된 지문의 문제가 출제되었으므로 평소 공사의 사업에 관심을 가지는 것이 필요해 보인다. 또한, 문제해결능력의 경우 SWOT 분석과 창의적 사고 유형이 모두 나왔으므로 다양한 유형의 문제를 풀어보는 것이 중요해 보인다. 대인관계능력이나 조직이해능력에서는 모듈이론과 관련된 문제가 출제되었으므로 평소 모듈형 문제에 대한 준비를 해야 한다.

◇ 영역별 출제 비중

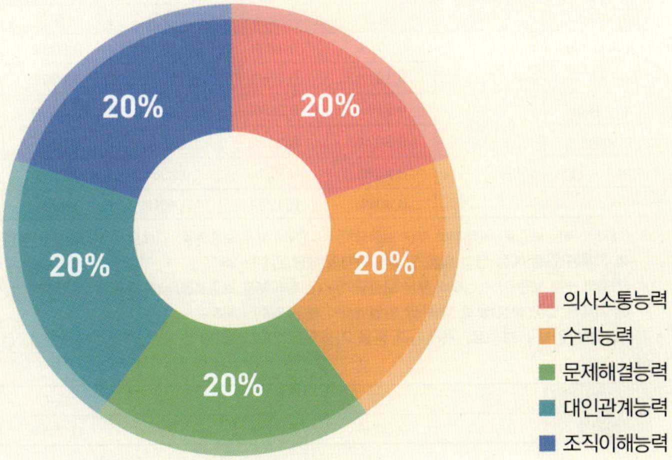

구분	출제 특징	출제 키워드
의사소통능력	• 주택 청약 관련 지문이 출제됨 • 한자성어 문제가 출제됨	• 은행, 보험, 대출, 청약 등
수리능력	• 확률 문제가 출제됨 • 자료 이해 문제가 출제됨	• 이자율, 확률, 인원 등
문제해결능력	• SWOT 분석 문제가 출제됨 • 명제 추론 문제가 출제됨	• SWOT 분석, 참거짓, 창의적 사고 등
대인관계능력	• 국제 동향 문제가 출제됨 • 모듈형 문제가 출제됨	• 악수, 매너, 갈등 등
조직이해능력	• 리더십 관련 문제가 출제됨 • 모듈형 문제가 출제됨	• 리더십, 조직원, 협상 등

PSAT형

Ⅰ 수리능력

04 다음은 신용등급에 따른 아파트 보증률에 대한 사항이다. 자료와 상황에 근거할 때, 갑(甲)과 을(乙)의 보증료의 차이는 얼마인가?(단, 두 명 모두 대지비 보증금액은 5억 원, 건축비 보증금액은 3억 원이며, 보증서 발급일로부터 입주자 모집공고 안에 기재된 입주 예정 월의 다음 달 말일까지의 해당 일수는 365일이다)

- (신용등급별 보증료)=(대지비 부분 보증료)+(건축비 부분 보증료)
- 신용평가 등급별 보증료율

구분	대지비 부분	건축비 부분				
		1등급	2등급	3등급	4등급	5등급
AAA, AA	0.138%	0.178%	0.185%	0.192%	0.203%	0.221%
A^{+}		0.194%	0.208%	0.215%	0.226%	0.236%
A^{-}, BBB^{+}		0.216%	0.225%	0.231%	0.242%	0.261%
BBB^{-}		0.232%	0.247%	0.255%	0.267%	0.301%
BB^{+} ~ CC		0.254%	0.276%	0.296%	0.314%	0.335%
C, D		0.404%	0.427%	0.461%	0.495%	0.531%

※ (대지비 부분 보증료)=(대지비 부분 보증금액)×(대지비 부분 보증료율)×(보증서 발급일로부터 입주자 모집공고 안에 기재된 입주 예정 월의 다음 달 말일까지의 해당 일수)÷365

※ (건축비 부분 보증료)=(건축비 부분 보증금액)×(건축비 부분 보증료율)×(보증서 발급일로부터 입주자 모집공고 안에 기재된 입주 예정 월의 다음 달 말일까지의 해당 일수)÷365

- 기여고객 할인율 : 보증료, 거래기간 등을 기준으로 기여도에 따라 6개 군으로 분류하며, 건축비 부분 요율에서 할인 가능

구분	1군	2군	3군	4군	5군	6군
차감률	0.058%	0.050%	0.042%	0.033%	0.025%	0.017%

〈상황〉

- 갑 : 신용등급은 A^{+}이며, 3등급 아파트 보증금을 내야 한다. 기여고객 할인율에서는 2군으로 선정되었다.
- 을 : 신용등급은 C이며, 1등급 아파트 보증금을 내야 한다. 기여고객 할인율은 3군으로 선정되었다.

① 554,000원
② 566,000원
③ 582,000원
④ 591,000원
⑤ 623,000원

특징
- 대부분 의사소통능력, 수리능력, 문제해결능력을 중심으로 출제(일부 기업의 경우 자원관리능력, 조직이해능력을 출제)
- 자료에 대한 추론 및 해석 능력을 요구

대행사
- 엑스퍼트컨설팅, 커리어넷, 태드솔루션, 한국행동과학연구소(행과연), 휴노 등

모듈형

| 문제해결능력

41 문제해결절차의 문제 도출 단계는 (가)와 (나)의 절차를 거쳐 수행된다. 다음 중 (가)에 대한 설명으로 적절하지 않은 것은?

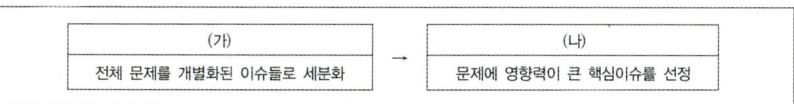

(가)	→	(나)
전체 문제를 개별화된 이슈들로 세분화		문제에 영향력이 큰 핵심이슈를 선정

① 문제의 내용 및 영향 등을 파악하여 문제의 구조를 도출한다.
② 본래 문제가 발생한 배경이나 문제를 일으키는 메커니즘을 분명히 해야 한다.
③ 현상에 얽매이지 말고 문제의 본질과 실제를 봐야 한다.
④ 눈앞의 결과를 중심으로 문제를 바라봐야 한다.
⑤ 문제 구조 파악을 위해서 Logic Tree 방법이 주로 사용된다.

특징
- 이론 및 개념을 활용하여 푸는 유형
- 채용 기업 및 직무에 따라 NCS 직업기초능력평가 10개 영역 중 선발하여 출제
- 기업의 특성을 고려한 직무 관련 문제를 출제
- 주어진 상황에 대한 판단 및 이론 적용을 요구

대행사
- 인트로맨, 휴스테이션, ORP연구소 등

피듈형(PSAT형 + 모듈형)

| 자원관리능력

07 다음 자료를 근거로 판단할 때, 연구모임 A ~ E 중 세 번째로 많은 지원금을 받는 모임은?

〈지원계획〉

- 지원을 받기 위해서는 한 모임당 5명 이상 9명 미만으로 구성되어야 한다.
- 기본지원금은 모임당 1,500천 원을 기본으로 지원한다. 단, 상품개발을 위한 모임의 경우는 2,000천 원을 지원한다.
- 추가지원금

등급	상	중	하
추가지원금(천 원/명)	120	100	70

※ 추가지원금은 연구 계획 사전평가결과에 따라 달라진다.

- 협업 장려를 위해 협업이 인정되는 모임에는 위의 두 지원금을 합한 금액의 30%를 별도로 지원한다.

〈연구모임 현황 및 평가결과〉

특징
- 기초 및 응용 모듈을 구분하여 푸는 유형
- 기초인지모듈과 응용업무모듈로 구분하여 출제
- PSAT형보다 난도가 낮은 편
- 유형이 정형화되어 있고, 유사한 유형의 문제를 세트로 출제

대행사
- 사람인, 스카우트, 인크루트, 커리어케어, 트리피, 한국사회능력개발원 등

주요 공기업 적중 문제 TEST CHECK

HUG 주택도시보증공사

한자성어 ▸ 유형

2025년 적중

01 다음 글과 가장 관련 있는 한자성어는?

> 서로 다른 산업 분야의 기업 간 협업이 그 어느 때보다 절실해진 상황에서 기업은 '협업'과 '소통'을 고민하지 않을 수 없다. 협업과 소통의 중요성은 기업의 경쟁력 강화를 위해 항상 강조되어 왔지만, 한 기업 내에서조차 성공적으로 운영하기가 쉽지 않았다. 그런데 이제는 서로 다른 산업 분야에서 기업 간의 원활한 협업과 소통까지 이뤄내야 하니, 기업의 고민은 깊어질 수밖에 없다.
> 협업과 소통의 문화 및 환경을 성공적으로 정착시키는 길은 결코 쉽게 갈 수 없다. 하지만 그 길을 가기 위해 첫걸음을 내디딜 수만 있다면 절반의 성공은 담보할 수 있다. 우선 직원 개인에게 '혼자서 큰일을 할 수 있는 시대는 끝이 났음'을 명확하게 인지시키고, 협업과 소통을 통한 실질적 성공 사례들을 탐구하여 그 가치를 직접 깨닫게 해야 한다.
> 그런 다음에는 협업과 소통을 위한 시스템을 갖추는 데 힘을 쏟아야 한다. 당장 협업 시스템을 전사 차원에서 적용하라는 것은 결코 아니다. 작은 변화를 통해 직원들 간 또는 협력업체 간, 고객들 간의 협업과 소통을 조금이나마 도울 수 있는 노력을 시작하라는 것이다. 동시에 시스템을 십분 활용할 수 있도록 독려하는 노력도 간과하지 말아야 한다.

① 장삼이사(張三李四)
② 하석상대(下石上臺)
③ 등고자비(登高自卑)
④ 주야장천(晝夜長川)
⑤ 내유외강(內柔外剛)

확률 ▸ 유형

2025년 적중

12 흰색 탁구공 7개와 노란색 탁구공 5개가 들어 있는 주머니에서 4개의 탁구공을 동시에 꺼낼 때, 흰색 탁구공이 노란색 탁구공보다 많을 확률은?

① $\frac{10}{33}$
② $\frac{14}{33}$
③ $\frac{17}{33}$
④ $\frac{20}{33}$
⑤ $\frac{23}{33}$

근로복지공단

의사 표현 ▶ 유형

2025년 적중

10 **다음 중 의사 표현법을 바르게 사용하고 있는 사람은?**

① A대리 : (늦잠으로 지각한 후배 사원의 잘못을 지적하며) 오늘도 지각을 했네요. 어제도 늦게 출근하지 않았나요? 왜 항상 지각하는 거죠?

② B대리 : (후배 사원의 고민을 들으며) 방금 뭐라고 이야기했죠? 미안해요. 아까 이야기한 고민에 대해서 어떤 답을 해야 할지 생각하고 있었어요.

③ C대리 : (후배 사원의 실수가 발견되어 이를 질책하며) 이번 프로젝트를 위해 많이 노력했다는 것 압니다. 다만, 발신 메일 주소를 한 번 더 확인하는 습관을 갖는 것이 좋겠어요. 앞으로는 더 잘할 거라고 믿어요.

④ D대리 : (거래처 직원에게 변경된 계약서에 서명할 것을 설득하며) 이 정도는 그쪽에 큰 손해 사항도 아니지 않습니까? 지금 서명해 주지 않으시면 곤란합니다.

⑤ E대리 : (후배 사원에게 업무를 지시하며) 이번 일은 직접 발로 뛰어야 해요. 특히 빨리 처리해야 하니까 반드시 이 순서대로 진행하세요!

채용인원 ▶ 키워드

2025년 적중

69 **다음은 2014 ~ 2024년 국내 5급 공무원과 7급 공무원 채용인원 현황에 대한 자료이다. 이에 대한 〈보기〉 중 옳은 것을 모두 고르면?(단, 비율은 소수점 둘째 자리에서 반올림한다)**

〈연도별 공무원 채용인원〉

(단위 : 백 명)

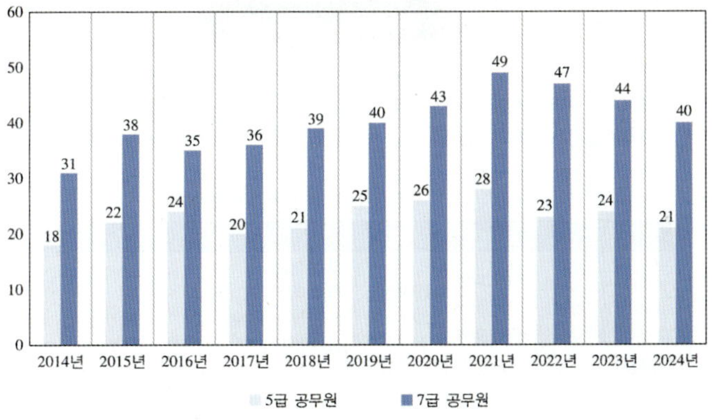

보기

ㄱ. 2017 ~ 2021년 동안 5급 공무원과 7급 공무원 채용인원의 증감추이는 동일하다.

ㄴ. 2014 ~ 2024년 동안 채용인원이 가장 적은 해와 가장 많은 해의 인원 차이는 5급 공무원이 7급 공무원보다 크다.

ㄷ. 2015 ~ 2024년 동안 전년 대비 채용인원의 증감량이 가장 많은 해는 5급 공무원과 7급 공무원 모두 동일하다.

ㄹ. 2014 ~ 2024년 동안 매년 7급 공무원 채용인원이 5급 공무원 채용인원의 2배 미만이다.

한국공항공사

2025년 적중

문단 나열 ▶ 유형

03 다음 문단을 논리적 순서대로 바르게 나열한 것은?

(가) 여기에 반해 동양에서는 보름달에 좋은 이미지를 부여한다. 예를 들어, 우리나라의 처녀귀신이나 도깨비는 달빛이 흐린 그믐 무렵에나 활동하는 것이다. 그런데 최근에는 동서양의 개념이 마구 뒤섞여 보름달을 배경으로 악마의 상징인 늑대가 우는 광경이 동양의 영화에 나오기도 한다.

(나) 동양에서 달은 '음(陰)'의 기운을, 해는 '양(陽)'의 기운을 상징한다는 통념이 자리를 잡았다. 그래서 달을 '태음', 해를 '태양'이라고 불렀다. 동양에서는 해와 달의 크기가 같은 덕에 음과 양도 동등한 자격을 갖춘다. 즉, 음과 양은 어느 하나가 좋고 다른 하나는 나쁜 것이 아니라 서로 보완하는 관계를 이루는 것이다.

(다) 옛날부터 형성된 이러한 동서양 간의 차이는 오늘날까지 영향을 끼치고 있다. 동양에서는 달이 밝으면 달맞이를 하는데, 서양에서는 달맞이를 자살 행위처럼 여기고 있다. 특히 보름달은 서양인들에게 거의 공포의 상징과 같은 존재이다. 예를 들어, 13일의 금요일에 보름달이 뜨게 되면 사람들은 외출조차 꺼린다.

(라) 하지만 서양의 경우는 다르다. 서양에서 낮은 신이, 밤은 악마가 지배한다는 통념이 자리를 잡았다. 따라서 밤의 상징인 달에 좋지 않은 이미지를 부여하게 되었다. 이는 해와 달의 명칭을 보면 알 수 있다. 라틴어로 해를 'Sol', 달을 'Luna'라고 하는데 정신병을 뜻하는 단어 'Lunacy'의 어원이 바로 'Luna'이다.

① (가) – (나) – (라) – (다)
② (나) – (다) – (가) – (라)
③ (나) – (라) – (가) – (다)
④ (나) – (라) – (다) – (가)
⑤ (다) – (나) – (라) – (가)

2025년 적중

보험료 ▶ 키워드

29 K공단에서는 지역가입자의 생활수준 및 연간 자동차세액 점수표를 기준으로 지역보험료를 산정한다. 지역가입자 A ~ E의 조건을 보고 보험료를 바르게 계산한 것은?(단, 원 단위 이하는 절사한다)

〈생활수준 및 경제활동 점수표〉

구분		1구간	2구간	3구간	4구간	5구간	6구간	7구간
가입자 성별 및 연령별	남성	20세 미만 65세 이상	60세 이상 65세 미만	20세 이상 30세 미만 50세 이상 60세 미만	30세 이상 50세 미만	–	–	–
	점수	1.4점	4.8점	5.7점	6.6점			
	여성	20세 미만 65세 이상	60세 이상 65세 미만	25세 이상 30세 미만 50세 이상 60세 미만	20세 이상 25세 미만 30세 이상 50세 미만	–	–	–
	점수	1.4점	3점	4.3점	5.2점			
재산 정도 (만 원)		450 이하	450 초과 900 이하	900 초과 1,500 이하	1,500 초과 3,000 이하	3,000 초과 7,500 이하	7,500 초과 15,000 이하	15,000 초과
점수		1.8점	3.6점	5.4점	7.2점	9점	10.9점	12.7점
연간 자동차세액		6.4 이하	6.4 초과	10 초과	22.4 초과	40 초과	55 초과	66 초과

신용보증기금

거리 / 속력 / 시간 ▸ 유형

2025년 적중

08 길이가 6km인 터널의 양쪽에서 150m 길이의 A열차와 200m 길이의 B열차가 동시에 진입하였다. B열차가 터널을 완전히 빠져나오는 시간이 A열차가 터널을 완전히 빠져나오는 시간보다 10초 더 짧았다. B열차가 A열차보다 1분당 3km가 더 빠를 때, 터널 안에서 A열차가 B열차를 마주친 순간부터 B열차를 완전히 지나가는 데 필요한 시간은?

① 1초 ② 1.5초
③ 2초 ④ 2.5초
⑤ 3초

확률 ▸ 유형

2025년 적중

11 다음은 K기업의 마케팅부 직원 40명을 대상으로 1년 동안 이수한 마케팅 교육의 이수 시간을 조사한 도수분포표이다. 직원들 중 임의로 한 명을 뽑을 때, 뽑힌 직원의 1년 동안의 교육 이수 시간이 40시간 이상일 확률은?

교육 이수 시간	도수
20시간 미만	3
20시간 이상 30시간 미만	4
30시간 이상 40시간 미만	9
40시간 이상 50시간 미만	12
50시간 이상 60시간 미만	a
합계	40

① $\frac{2}{5}$ ② $\frac{3}{5}$
③ $\frac{3}{10}$ ④ $\frac{7}{10}$
⑤ $\frac{17}{30}$

도서 200% 활용하기 STRUCTURES

1 기출복원문제로 출제경향 파악

CHAPTER 01 2025년 상반기 NCS 기출복원문제 정답 및 해설 p.002

※ 다음 글의 내용으로 적절하지 않은 것을 고르시오. [1~2]

| 코레일 한국철도공사 / 의사소통능력

01

요즘은 콘텐츠 이용 편의를 위해 오디오북을 제공하는 책들을 종종 접할 수 있다. 하지만 모든 책들이 오디오북화되고 있는 것은 아닌데, 이는 제작 환경에서 발생하는 막대한 비용 때문이다. 10시간짜리 오디오북을 만들기 위해서는 그 이상의 실제 녹음 시간이 필요하다. 또한 편집 과정에 들어가는 시간과 비용, 전문 성우에게 지급하는 비용까지 고려하면 결국 제작 비용의 한계에 부딪히게 된다.
이러한 현실에서 고안된 방법이 AI 음성 합성 기술이다. 이 기술을 통해 오디오북 제작 비용과 시간은 줄이고, 오디오북 제작률은 높여 이용자의 편의를 높일 수 있게 된 것이다.
하지만 이 기술에도 한계는 존재하는데, 이는 현재 AI 음성 합성 기술이 사람의 감정까지 담아 표현할 수 없다는 것이다. 이에 따라 현재는 전문 성우가 반드시 필요하지는 않은 경제, 과학 등과 관련된 비문학 도서들은 AI 음성 합성 기술로 제작하고, 소설·동화 등 문학 도서는 전문 성우들이 낭독하는 방식으로 제작이 되고 있다.

① AI 음성 합성 기술이 전문 성우의 녹음보다 더 효율적이다.
② AI 음성 합성 기술이 오디오북 제작에서 전문 성우의 역할을 대체할 수 있다.
③ 문학보다는 비문학이 AI 음성 합성 기술을 통한 오디오북화에 더 유리하다.
④ 전문 성우들의 오디오북 녹음에는 많은 시간이 소요되어 제작에 어려움을 겪고 있다.
⑤ 전문 성우들의 오디오북 녹음에는 막대한 비용이 소요되어 현실적으로 제작이 어렵다.

CHAPTER 02 2025 ~ 2024년 전공 기출복원문제 정답 및 해설 p.015

01 경영

| 25상 / 코레일 한국철도공사

01 다음 중 주식회사에 대한 설명으로 옳은 것을 〈보기〉에서 모두 고르면?

보기
ㄱ. 주식회사의 최고 의사결정기구는 이사회가 담당한다.
ㄴ. 주식회사를 설립할 때 정관 작성은 발기인이 한다.
ㄷ. 주식회사의 채무가 과다할 경우 주주가 회사의 채권자에게 변제할 의무가 발생한다.
ㄹ. 우리나라에서 주식회사에 대한 사무업무는 금융감독원과 한국예탁결제원에서 맡고 있다.

① ㄱ, ㄴ ② ㄱ, ㄷ
③ ㄱ, ㄹ ④ ㄴ, ㄷ
⑤ ㄴ, ㄹ

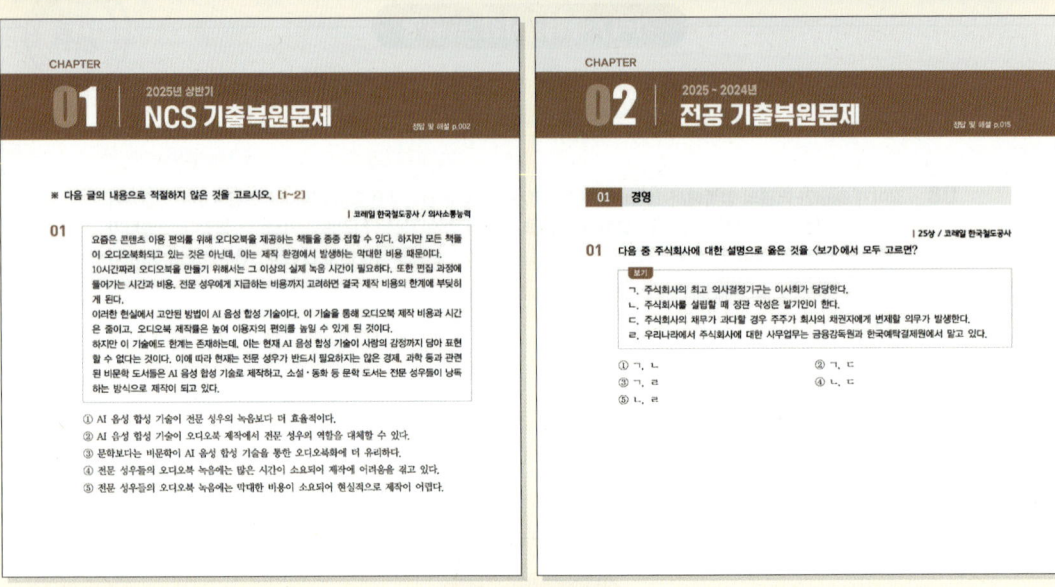

▸ 주요 공기업 2025년 상반기 NCS 및 2025～2024년 전공 기출문제를 복원하여 공기업별 출제경향을 확인할 수 있도록 하였다.

2 출제영역 맞춤형 문제로 필기전형 완벽 대비

대표기출유형 01 문서 내용 이해

| 유형분석 |

- 주어진 지문을 읽고 선택지를 고르는 전형적인 독해 문제이다.
- 지문은 주로 신문기사(보도자료 등)나 업무 보고서, 시사 등이 제시된다.
- 공사공단에 따라 지사와 관련된 내용의 기사나 법조문, 보고서 등이 출제되기도 한다.

다음 글의 내용으로 적절하지 않은 것은?

현대 우주론의 출발점은 1917년 아인슈타인이 발표한 정적 우주론이다. 아인슈타인은 우주는 팽창하지도 수축하지도 않는다고 주장했다. 그런데 위 이론의 토대가 된 아인슈타인의 일반 상대성 이론을 면밀히 살핀 러시아의 수학자 프리드먼과 벨기에의 신부 르메트르의 생각은 아인슈타인과 달랐다. 프리드먼은 1922년 "우주는 극도의 고밀도 상태에서 시작돼 점차 팽창하면서 밀도가 낮아졌다."라는 주장을, 르메트르는 1927년 "우주가 원시 원자들의 폭발로 시작됐다."라는 주장을 각각 논문으로 발표했다. 그러나 아인슈타인은 그들의 논문을 무시해 버렸다.

① 프리드만의 이론과 르메트르의 이론은 양립할 수 없는 관계이다.
② 정적 우주론은 일반 상대성 이론의 연장선상에 있는 이론이다.
③ 아인슈타인의 정적 우주론에 대한 반론이 제기되었다.
④ 아인슈타인의 이론과 프리드만의 이론은 양립할 수 없는 관계이다.
⑤ 아인슈타인은 프리드먼과 르메트르의 주장을 받아들이지 않았다.

정답 ①
프리드먼의 '우주는 극도의 고밀도 상태에서 시작돼 점차 팽창하면서 밀도가 낮아졌다.'라는 이론과 르메트르의 '우주가 원시 원자들의 폭발로 시작됐다.'라는 이론은 상호 간에 성립하는 이론이다.
따라서 프리드먼의 이론과 르메트르의 이론은 양립할 수 없는 관계라는 해석은 적절하지 않다.

CHAPTER 01 경영 적중예상문제 정답 및 해설 p.064

01 다음 중 기업의 경영이념에 대한 설명으로 옳지 않은 것은?
① 기업경영의 지도원리를 의미한다.
② 기업의 행동기준이 되는 존립철학이다.
③ 기업이 지향해 나가야 할 궁극적인 목적을 말한다.
④ 경영활동을 전개하는 데 있어 설정되어야 할 정신자세이다.
⑤ 장기적으로는 기업의 발전단계에 따라 변화한다.

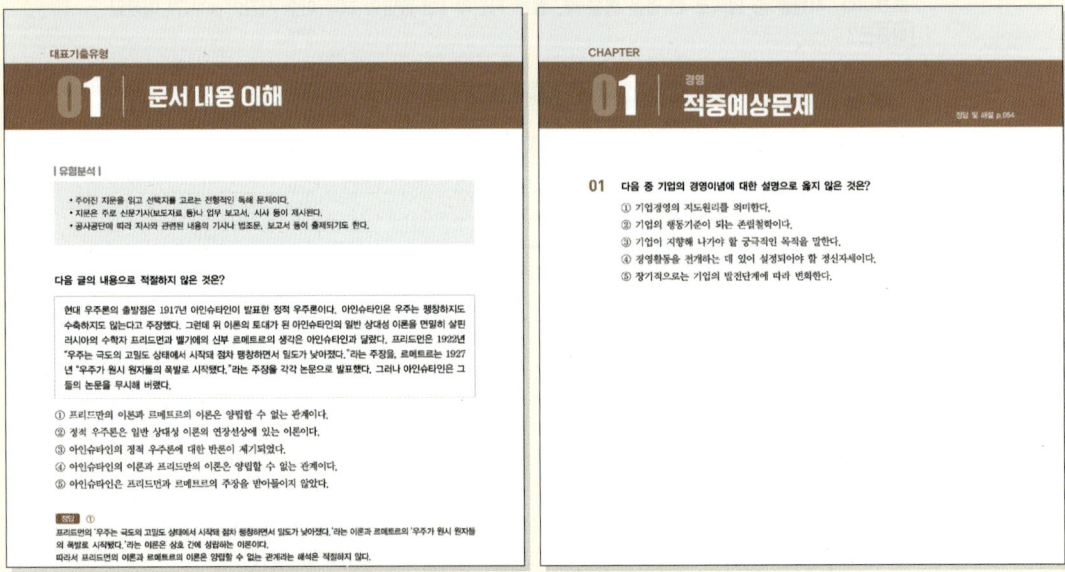

▸ 직무적합평가 대표기출유형&기출응용문제를 수록하여 유형별로 대비할 수 있도록 하였다.
▸ 전공필기(경영 · 경제) 적중예상문제를 수록하여 전공까지 준비할 수 있도록 하였다.

3 최종점검 모의고사 + OMR을 활용한 실전 연습

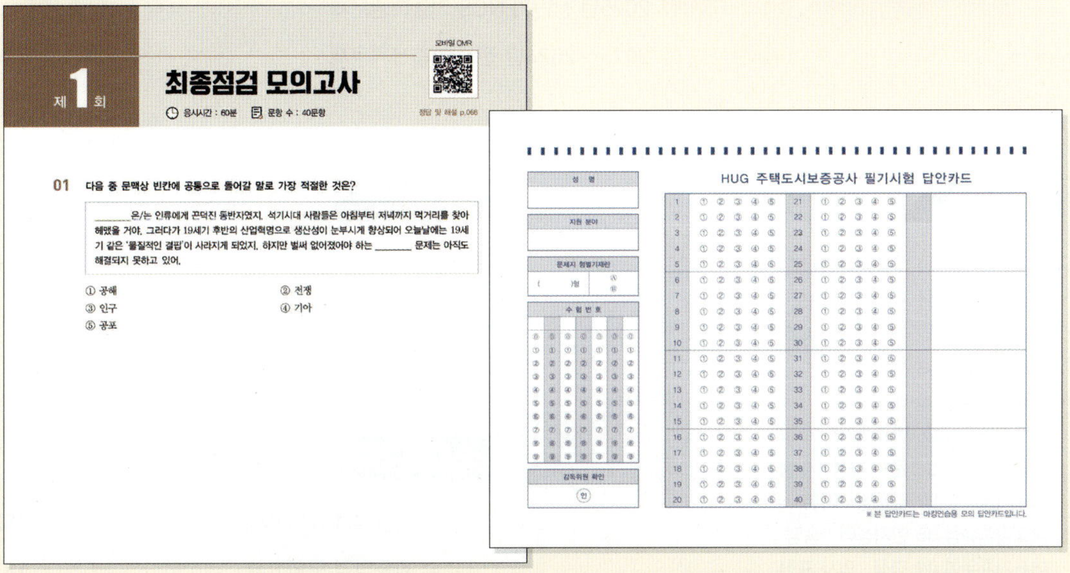

제 1 회 최종점검 모의고사

모바일 OMR

응시시간 : 60분 문항 수 : 40문항

정답 및 해설 p.066

01 다음 중 문맥상 빈칸에 공통으로 들어갈 말로 가장 적절한 것은?

_______은/는 인류에게 끈덕진 동반자였지. 석기시대 사람들은 아침부터 저녁까지 먹거리를 찾아 헤맸을 거야. 그러다가 19세기 후반의 산업혁명으로 생산성이 눈부시게 향상되어 오늘날에는 19세기 같은 '물질적인 결핍'이 사라지게 되었지. 하지만 벌써 없어졌어야 하는 _______ 문제는 아직도 해결되지 못하고 있어.

① 공해 ② 전쟁
③ 인구 ④ 기아
⑤ 공포

▸ 최종점검 모의고사와 OMR 답안카드를 수록하여 실제로 시험을 보는 것처럼 마무리 연습을 할 수 있도록 하였다.
▸ 모바일 OMR 답안채점/성적분석 서비스를 통해 필기전형에 대비할 수 있도록 하였다.

4 인성검사부터 면접까지 한 권으로 최종 마무리

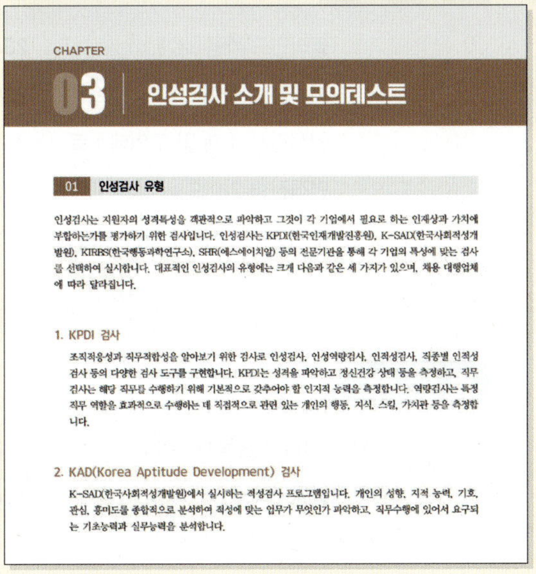

CHAPTER 03 인성검사 소개 및 모의테스트

01 인성검사 유형

인성검사는 지원자의 성격특성을 객관적으로 파악하고 그것이 각 기업에서 필요로 하는 인재상과 가치에 부합하는가를 평가하기 위한 검사입니다. 인성검사는 KPDI(한국인재개발진흥원), K-SAD(한국사회적성개발원), KIRBS(한국행동과학연구소), SHR(에스에이치알) 등의 전문기관을 통해 각 기업의 특성에 맞는 검사를 선택하여 실시합니다. 대표적인 인성검사의 유형에는 크게 다음과 같은 세 가지가 있으며, 채용 대행업체에 따라 달라집니다.

1. KPDI 검사

조직적응성과 직무적합성을 알아보기 위한 검사로 인성검사, 인성역량검사, 인적성검사, 직종별 인적성검사 등의 다양한 검사 도구를 구현합니다. KPDI는 성격을 파악하고 정신건강 상태 등을 측정하고, 직무검사는 해당 직무를 수행하기 위해 기본적으로 갖추어야 할 인지적 능력을 측정합니다. 역량검사는 특정 직무 역할을 효과적으로 수행하는 데 직접적으로 관련 있는 개인의 행동, 지식, 스킬, 가치관 등을 측정합니다.

2. KAD(Korea Aptitude Development) 검사

K-SAD(한국사회적성개발원)에서 실시하는 적성검사 프로그램입니다. 개인의 성향, 지적 능력, 기호, 관심, 흥미도를 종합적으로 분석하여 적성에 맞는 업무가 무엇인가 파악하고, 직무수행에 있어서 요구되는 기초능력과 실무능력을 분석합니다.

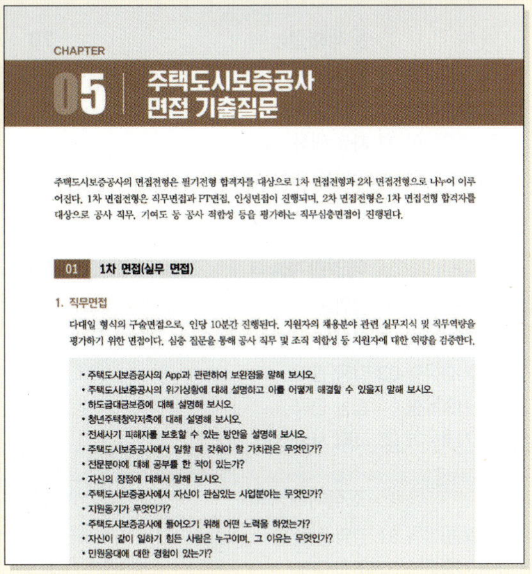

CHAPTER 05 주택도시보증공사 면접 기출질문

주택도시보증공사의 면접전형은 필기전형 합격자를 대상으로 1차 면접전형과 2차 면접전형으로 나누어 이루어진다. 1차 면접전형은 직무면접과 PT면접, 인성면접이 진행되며, 2차 면접전형은 1차 면접전형 합격자를 대상으로 공사 직무, 기여도 등 공사 적합성 등을 평가하는 직무심층면접이 진행된다.

01 1차 면접(실무 면접)

1. 직무면접

다대일 형식의 구술면접으로, 인당 10분간 진행된다. 지원자의 채용분야 관련 실무지식 및 직무역량을 평가하기 위한 면접이다. 심층 질문을 통해 공사 직무 및 조직 적합성 등 지원자에 대한 역량을 검증한다.

- 주택도시보증공사의 App과 관련하여 보완점을 말해 보시오.
- 주택도시보증공사의 위기상황에 대해 설명하고 이를 어떻게 해결할 수 있을지 말해 보시오.
- 하도급대금보증에 대해 설명해 보시오.
- 청년주택청약저축에 대해 설명해 보시오.
- 전세사기 피해자를 보호할 수 있는 방안을 설명해 보시오.
- 주택도시보증공사에서 일할 때 갖춰야 할 가치관은 무엇인가?
- 전문분야에 대해 공부를 한 적이 있는가?
- 자신의 장점에 대해서 말해 보시오.
- 주택도시보증공사에서 자신이 관심있는 사업분야는 무엇인가?
- 지원동기가 무엇인가?
- 주택도시보증공사에 들어오기 위해 어떤 노력을 하였는가?
- 자신이 같이 일하기 힘든 사람은 누구이며, 그 이유는 무엇인가?
- 민원응대에 대한 경험이 있는가?

▸ 인성검사 모의테스트를 수록하여 인성검사 유형 및 문항을 확인할 수 있도록 하였다.
▸ 주택도시보증공사 면접 기출질문을 통해 실세 면접에서 나오는 질문을 미리 파악하고 연습할 수 있도록 하였다.

이 책의 차례 CONTENTS

Add+

주요 공기업 기출복원문제

NCS 기출복원문제

정답 및 해설 p.002

※ 다음 글의 내용으로 적절하지 않은 것을 고르시오. [1~2]

| 코레일 한국철도공사 / 의사소통능력

01

> 요즘은 콘텐츠 이용 편의를 위해 오디오북을 제공하는 책들을 종종 접할 수 있다. 하지만 모든 책들이 오디오북화되고 있는 것은 아닌데, 이는 제작 환경에서 발생하는 막대한 비용 때문이다.
> 10시간짜리 오디오북을 만들기 위해서는 그 이상의 실제 녹음 시간이 필요하다. 또한 편집 과정에 들어가는 시간과 비용, 전문 성우에게 지급하는 비용까지 고려하면 결국 제작 비용의 한계에 부딪히게 된다.
> 이러한 현실에서 고안된 방법이 AI 음성 합성 기술이다. 이 기술을 통해 오디오북 제작 비용과 시간은 줄이고, 오디오북 제작률은 높여 이용자의 편의를 높일 수 있게 된 것이다.
> 하지만 이 기술에도 한계는 존재하는데, 이는 현재 AI 음성 합성 기술이 사람의 감정까지 담아 표현할 수 없다는 것이다. 이에 따라 현재는 전문 성우가 반드시 필요하지는 않은 경제, 과학 등과 관련된 비문학 도서들은 AI 음성 합성 기술로 제작하고, 소설・동화 등 문학 도서는 전문 성우들이 낭독하는 방식으로 제작이 되고 있다.

① AI 음성 합성 기술이 전문 성우의 녹음보다 더 효율적이다.
② AI 음성 합성 기술이 오디오북 제작에서 전문 성우의 역할을 대체할 수 있다.
③ 문학보다는 비문학이 AI 음성 합성 기술을 통한 오디오북화에 더 유리하다.
④ 전문 성우들의 오디오북 녹음에는 많은 시간이 소요되어 제작에 어려움을 겪고 있다.
⑤ 전문 성우들의 오디오북 녹음에는 막대한 비용이 소요되어 현실적으로 제작이 어렵다.

02

민족의 대명절인 설날과 추석은 가족과 친지를 만나기 위해 전국 각지로 이동하는 사람들이 급증하는 시기다. 이때 코레일의 기차 이용률은 평소보다 훨씬 높아진다. 예매가 시작되면 몇 분 만에 전 노선의 승차권이 매진되고, 예매 경쟁률이 수십 배에 달하는 경우도 흔하다. 그만큼 명절 기간 기차는 국민들의 중요한 이동 수단으로 자리 잡았지만, 최근에는 '노쇼' 문제로 인해 심각한 어려움을 겪고 있다. 이 문제는 명절 기간에 더욱 두드러지며 해마다 노쇼 비율이 증가하는 추세이다.
2024년 설 연휴 기간 코레일이 판매한 승차권은 약 408만 매에 이른다. 추석 연휴 역시 약 120만 매가 판매되어 명절에 기차 이용 수요가 얼마나 폭발적인지 알 수 있다. 하지만 이 중 상당수가 실제 탑승하지 않아 공석으로 남는 일이 반복되고 있다. 2024년 설날 노쇼 비율은 무려 46%에 달했으며, 이 중 약 19만 매 이상의 좌석이 재판매되지 못해 빈 좌석으로 운행되었다. 추석 연휴에도 비슷한 수준의 노쇼와 공석 운행 문제가 발생했다. 이는 단순히 좌석이 비어 있는 것 이상의 심각한 문제를 야기한다.
공석 운행은 여러 측면에서 부정적인 영향을 끼친다. 우선, 실제로 기차를 타고자 하는 실수요자들이 좌석을 구하지 못하는 상황이 발생한다. 예매 경쟁이 매우 치열한 명절 기간에 노쇼로 인해 좌석이 비어 있음에도 불구하고, 다른 승객들이 그 좌석을 이용하지 못하는 것은 매우 불합리하다. 결국 노쇼는 국민들의 이동권을 제한하는 결과를 낳는다. 두 번째로, 공석 운행은 철도 운영의 효율성을 떨어뜨린다. 빈 좌석을 채우지 못한 채 열차를 운행하는 것은 불필요한 에너지와 인력, 비용 낭비로 이어진다. 이는 코레일뿐 아니라 국가적으로도 큰 손실이다. 세 번째로, 노쇼 문제는 사회적 비용 증가로 연결된다. 노쇼를 줄이기 위한 정책 마련과 시스템 개선에 투입되는 비용, 그리고 이에 따른 환불 정책 변경 등은 모두 국민의 부담으로 돌아올 수밖에 없다.
이러한 문제를 해결하기 위해 코레일은 다양한 대책을 시행하고 있다. 2025년부터 명절 특별수송기간에 출발 후 20분까지의 위약금을 기존 15%에서 30%로 상향 조정하는 등 노쇼 억제에 나서고 있으며, 취소·반환 기준 시점을 앞당겨 승객들이 불필요한 예약을 조기에 취소할 수 있도록 유도하고 있다. 이와 함께 좌석 재판매율을 높이기 위한 시스템 개선 작업도 진행 중이다.
하지만 노쇼 문제는 단순히 코레일의 노력만으로 해결되기 어렵다. 근본적인 제도 개선과 국민 인식 변화가 함께 이루어져야 한다. 예매 시스템의 투명성 강화, 노쇼에 대한 법적 제재 강화 그리고 국민들의 책임감 있는 예약 문화 정착이 필요하다. 또한 실수요자 중심의 예약 정책과 더불어, 노쇼 발생 시 불이익을 명확히 하는 제도적 장치도 마련되어야 한다. 이러한 종합적인 접근이 이루어질 때 비로소 명절 노쇼 문제를 효과적으로 줄이고, 국민 모두가 편리하고 공정하게 기차를 이용할 수 있을 것이다.

① 명절에는 승차권 예매 경쟁이 평소보다 수십 배에 달한다.
② 노쇼로 인해 발생하는 비용은 결국 국민의 부담으로 돌아온다.
③ 2024년 설날에 판매된 승차권 중 46%는 노쇼로 인해 공석으로 운행되었다.
④ 2025년부터 명절 특별수송기간에는 승차권 취소 위약금이 평소보다 높아진다.
⑤ 노쇼 문제를 해결하기 위해서는 코레일의 노력뿐만 아니라 국민 의식 변화와 정부의 제도 개선이 필요하다.

03 다음 제시된 표현법에 대한 사례로 가장 적절한 것은?

> 관용의 격률이란 자신의 이익은 최소화하고 부담은 최대화하여 말하는 표현법이다. 관용의 격률에 따르면 자신의 부담이 커질수록 상대에게는 예의 있는 표현으로 여겨지기 때문에 어떠한 문제를 자신 탓으로 돌려 말하는 것이라고도 해석된다.

① 민재 : 조은 씨는 좋겠네요. 아들이 훤칠한데 공부까지 잘해서요.
② 지우 : 설명이 너무 어려워서 이해가 되지 않아요. 더 쉽게 설명해 주시겠어요?
③ 다예 : 제가 다음 주에 발표가 있으니, 이번 주까지 자료 정리해서 보내줄 수 있나요?
④ 동현 : 짐을 옮겨야 되는데 너무 무거워서, 미안한데 잠깐 도와줄 수 있을까요?
⑤ 선주 : 제가 시력이 안 좋아서 잘 보이지가 않네요. 조금 더 크게 보여주실 수 있나요?

| 코레일 한국철도공사 / 수리능력

04 다음 수식을 계산한 결과는 $\frac{q}{p}$의 기약분수 형태로 나타낼 수 있으며, p와 q는 서로소이다. 이때, $q+p$의 값을 구하면?

$$\frac{18\times(15^2+12+3)}{90^2-2\times45\times4}+1$$

① 90
② 100
③ 110
④ 120
⑤ 130

| 코레일 한국철도공사 / 수리능력

05 K시의 전철 요금은 1회 탑승 시 1,500원이며, 오전 6시 30분 이전에 탑승할 경우 20%의 할인이 적용된다. K시에 사는 A씨는 전철을 이용하여 한 달간 총 22일의 출근과 퇴근을 할 예정이다. 한 달 전철 요금을 62,000원 이하로 유지하려면 A씨가 할인을 받아야 하는 날은 최소 며칠이어야 하는가?(단, A씨는 오후 6시에 회사에서 퇴근한다)

① 12일
② 13일
③ 14일
④ 15일
⑤ 16일

| 코레일 한국철도공사 / 수리능력

06 K공사의 사내 보안시스템은 숫자 1부터 6까지를 사용해 4자리 비밀번호를 설정할 수 있다. 이때, 다음 〈조건〉을 만족하는 4자리 비밀번호는 모두 몇 가지인가?

조건

- 각 자릿수에는 1부터 6까지의 숫자 중 하나가 들어간다.
- 같은 숫자는 최대 2번까지만 사용할 수 있다.
  예 1123, 2331, 4455 가능 / 1112, 2122, 4444 불가능

① 1,170가지
② 1,196가지
③ 1,236가지
④ 1,241가지
⑤ 1,296가지

| 코레일 한국철도공사 / 수리능력

07 다음은 K쇼핑몰에서 판매된 상품에 대한 월별 리뷰 수와 반품 및 환불률을 조사한 자료이다. 상품을 구매한 사람이 모두 1건씩 리뷰를 작성하였다고 가정할 때, 조사기간 동안 발생한 반품 건수와 환불 건수를 모두 합하면?

〈K쇼핑몰 월별 리뷰 수 및 반품·환불 비율〉

(단위 : 건, %)

구분	리뷰 수	반품률	환불률
1월	1,000	3	2
2월	1,200	2	3
3월	1,500	4	1
4월	1,300	3	2

① 240건
② 246건
③ 248건
④ 250건
⑤ 252건

| 코레일 한국철도공사 / 수리능력

08 **다음은 서울시 전철 3개 주요 역사에서 시간대별 탑승 및 하차 인원수를 정리한 자료이다. 이에 대한 설명으로 옳은 것은?**

〈서울시 전철 3개 주요 역사 시간대별 탑승 및 하차 인원수〉

(단위 : 명)

구분	역삼역		시청역		구로디지털단지역	
	탑승	하차	탑승	하차	탑승	하차
07:00 ~ 09:00 (출근시간)	1,150	350	620	870	2,300	400
12:00 ~ 14:00 (점심시간)	480	520	530	500	900	950
17:00 ~ 19:00 (퇴근시간)	390	1,250	420	1,480	280	2,150

① 역삼역은 모든 시간대에서 탑승 인원이 하차 인원보다 많다.
② 시청역은 점심시간대보다 퇴근시간대에 탑승 인원이 더 많다.
③ 역삼역은 전 시간대를 통틀어 탑승보다 하차 인원이 많은 유일한 역이다.
④ 시청역은 출근시간대 대비 퇴근시간대 하차 인원의 증가 폭이 역삼역보다 크다.
⑤ 구로디지털단지역은 퇴근시간대 하차 인원이 출근시간대 하차 인원의 5배 이상이다.

| 코레일 한국철도공사 / 문제해결능력

09 **다음 사례에서 나타나는 창의적 사고 개발방법으로 옳은 것은?**

3개의 노선이 교차하는 환승역인 K역은 복잡한 역사 구조로 인해 승객들이 길을 헤매는 문제가 있다. A주임은 이러한 문제를 창의적으로 해결하기 위해 지하철역과 비슷하게 사람이 많고 구조가 복잡한 쇼핑센터의 사례를 탐색하였다. 탐색 결과 쇼핑센터에서 입점 가게 위치를 스마트폰 증강현실 지도로 보여주는 기술이 있음을 확인하고, 이를 바탕으로 K역에 적용하여 QR코드를 찍고, 환승구역이나 나가는 곳을 입력하면 그 위치를 스마트폰 증강현실을 통해 안내하는 서비스를 기획하였다.

① NM법
② Synectics
③ 체크리스트
④ SCAMPER
⑤ 브레인스토밍

10 **다음 사례에서 나타나는 A씨의 논리적 오류로 가장 적절한 것은?**

> 매일 지하철을 이용하여 출퇴근하는 A씨는 혼잡해진 지하철 상황에 불만을 가지고 있다. 어느 날 혼잡한 출근 시간에 지하철이 흔들려 어떤 학생이 A씨와 부딪히게 되었다. 부딪힌 학생은 즉시 A씨에게 사과하였지만, A씨는 화를 내며 요즘 젊은이들은 전부 조심성도 없고 남을 배려하지도 않는다고 학생을 비난하였다.

① 무지의 오류
② 결합의 오류
③ 애매성의 오류
④ 과대 해석의 오류
⑤ 성급한 일반화의 오류

11 **다음은 철도사업을 수행하는 K공사에 대한 SWOT 분석 결과이다. 기회(Opportunity) 요인에 해당하는 사례를 〈보기〉에서 모두 고르면?**

보기

ㄱ. 신재생 관련 법안 개정으로 인한 철도 이용객 수 증가
ㄴ. 높은 국내 철도망 운영 노하우
ㄷ. 도시철도에 대한 민간투자의 확대
ㄹ. 정부의 교통요금 동결 정책 지속
ㅁ. 직원 수 부족으로 인해 저조한 고객 만족도
ㅂ. 글로벌 공동 철도 프로젝트 참여

① ㄱ, ㄴ, ㅁ
② ㄱ, ㄷ, ㅂ
③ ㄴ, ㄷ, ㄹ
④ ㄴ, ㅁ, ㅂ
⑤ ㄷ, ㅁ, ㅂ

12 다음은 한국철도공사의 문제해결 사례이다. 〈보기〉의 사례와 문제해결 방법을 바르게 연결한 것은?

보기

ㄱ. 한국철도공사는 65세 이상의 노인을 위한 복지 정책으로 노인 무임승차 제도를 실시하고 있다. 그러나 한국철도공사의 재정 문제와 더불어 이용자 세대별 형평성 문제로 인해 무임승차 혜택에 대해 이용자들의 갈등이 첨예해졌다. 이 문제를 해결하기 위해 A차장은 노인 이용자 대표를 한국철도공사에 초청하여 노인 무임승차 제도 혜택 축소를 목적으로 합의점을 찾기 위한 토론회를 개최하였다.

ㄴ. 최근 한국철도공사의 고객센터에는 노인들이 매표 키오스크를 사용하기 불편하다는 불만이 자주 들어오고 있다. A센터장은 직원들에게 이 사실을 알리고, 노인 이용자가 편하게 키오스크를 사용할 수 있는 방법을 모색하기 위해 노인 역할극 및 브레인스토밍을 통해 아이디어를 모으도록 유도하였다. 그 결과 직원들의 아이디어를 결합하여 키오스크를 조작하는 동안 잠시 기대어 앉을 수 있는 간이 의자와 주요 기능을 크게 강조하는 방안이 채택되어 노인 이용자들이 편하게 이용할 수 있게 되었다.

ㄷ. 신입사원 B는 철도회사 업무에 익숙하지 않아 발생하는 실수로 팀 내부에서 갈등을 일으키고 있다. 이를 해결하기 위해 A팀장은 B사원에게 철도 업무에서 실수가 있을 때, 어떤 상황이 일어날 수 있는지 넌지시 이야기하며 헷갈리는 일이 있을 때는 팀원들의 도움을 받는 것이 좋다고 조언하였고, 다른 팀원들에게는 신입사원 시절에는 모두가 실수가 많았다며 B사원이 업무에 빨리 적응할 수 있도록 도와달라고 격려하였다. 이후 B사원과 다른 팀원들의 노력으로 B사원은 빠르게 업무에 적응하게 되었다.

	ㄱ	ㄴ	ㄷ
①	소프트 어프로치	하드 어프로치	퍼실리테이션
②	소프트 어프로치	퍼실리테이션	하드 어프로치
③	하드 어프로치	소프트 어프로치	퍼실리테이션
④	하드 어프로치	퍼실리테이션	소프트 어프로치
⑤	퍼실리테이션	소프트 어프로치	하드 어프로치

13 다음 중 제시된 단어와 가장 비슷한 어휘는?

된서리

① 타계(他界)
② 타격(打擊)
③ 타점(打點)
④ 타락(墮落)
⑤ 타산(打算)

14 다음 중 빈칸에 들어갈 단어로 옳은 것은?

정조는 애민주의를 ______하며 백성들을 위한 정책을 펼쳤다.

① 표징(表徵)
② 표집(標集)
③ 표방(標榜)
④ 표류(漂流)
⑤ 표리(表裏)

※ 다음 글의 주제로 가장 적절한 것을 고르시오. [15~16]

| 한국전력공사 / 의사소통능력

15

온실가스를 적게 배출하면서도 높은 경제성을 가진 원자력 발전소는 원전에서 나오는 방사성 물질의 차단이나, 외부 오염 물질의 유입을 방지하기 위한 강력한 공기조화 시스템(공조 시스템)이 필요하다. 특히 공기 중으로 떠다닐 수 있는 에어로졸 형태의 방사성 물질 크기는 1 ~ 10㎛ 정도의 아주 작은 물질이지만, 높은 밀도의 방사성 기체는 인체에 치명적일 수 있으며, 환경 오염 문제 또한 발생할 수 있다. 따라서 원자력 발전소의 공조 시스템에는 이러한 미립자를 걸러내기 위하여 헤파필터(HEPA Filter)를 사용하고 있다.

헤파필터는 'High Efficiency Particulate Air Filter'의 약자로, 공기 중의 아주 미세한 입자까지 효과적으로 걸러내는 고성능 필터이다. 일상 생활에서는 주로 공기청정기, 진공청소기, 에어컨 등에 사용되며, 0.3㎛ 크기의 입자(MPPS; Most Penetrating Particle Size)를 99.97% 이상 포획할 수 있는 고성능 필터이다. 헤파필터는 주로 유리섬유나 폴리프로필렌 같은 합성섬유로 만들어지는데, 0.5 ~ 2.0㎛의 섬유가 불규칙하게 얽혀 있는 거미줄 구조로 구성되어 있다. 오염 물질이 포함된 공기가 헤파필터를 통과할 때, 헤파필터의 간격보다 큰 오염 물질은 걸러지고 그보다 작은 오염 물질은 공기 흐름을 따라 진행하다 섬유에 닿아 달라붙게 된다. 헤파필터는 등급에 따라 E10(85%), E11(95%), E12(99.5%), H13(99.75%), H14(99.975%) 등으로 나뉘며, 등급이 높을수록 더 작은 입자까지 더 많이 걸러낼 수 있다. 특히 H13 이상을 트루 헤파필터라고 부르며 원자력 발전소의 경우 H13 이상의 트루 헤파필터를 사용하는 등 일반적인 산업용 필터보다 더욱 엄격한 기준을 충족해야 한다.

이처럼 헤파필터는 원자력 발전소의 안전을 지키는 핵심 장치로 방사성 입자와 미세먼지, 바이러스까지도 효과적으로 제거하는 중요한 역할을 한다. 특히 헤파필터의 정화 성능을 보장하기 위하여 ASME AG-1이나 KEPIC-MH 등 국내외에서 기술기준을 정해 시설·유지·보수 등 관리법의 기준을 제시하고 있으며, 엄격한 안전관리가 필요한 원자력 발전소 특성상 없어서는 안 될 중요한 안전 설비이다.

① 헤파필터의 여과 원리
② 헤파필터의 등급별 성능
③ 방사성 물질의 위험과 대처 방법
④ 원자력 발전소에서의 헤파필터의 역할
⑤ 원자력 발전소의 발전 효율과 미래 전망

16

결핵은 기원전 7000년경 석기 시대의 화석에서도 흔적이 발견될 만큼 인류와 오랜 시간을 함께 해 온 질병이다. 결핵균(Mycobacterium Tuberculosis)에 의해 발병하는 결핵은 치료법이 없던 시기에는 수많은 사람의 생명을 앗아가 백색 페스트라고 불릴 정도로 전염성과 치명률이 높은 질병이다.
그러나 결핵균에 감염된다 하더라도 모든 사람이 즉시 결핵이 발병하지는 않는다. 상당수의 감염자는 결핵균에 노출된 후에도 바로 증상을 보이지 않는데, 이를 잠복결핵감염(LTBI; Latent TuBerculosis Infection)이라 한다. 잠복결핵감염은 결핵균에 감염되어 있지만, 몸속에 들어온 결핵균이 활동하지 않아 결핵 증상이 없고, 몸 밖으로 균이 배출되지 않아 전염성 또한 없는 상태이다. 증상과 전염성이 없어 잠복결핵감염은 별것 아닌 것 같아 보이지만, 이는 면역체계가 결핵균을 억제하고 있기 때문이며, 면역력이 약해지는 경우 언제든지 결핵으로 이어질 가능성이 있음을 의미한다.
잠복결핵감염이 결핵으로 악화되는 경우는 약 5 ~ 10% 수준으로 특히 고령자, 당뇨병 환자, 면역억제 치료를 받는 환자 등 면역력이 저하된 사람들에게서 더욱 빈번하게 발생한다. 잠복결핵감염이 활동성 결핵으로 진행된 경우 이미 다른 요인에 의해 면역력이 떨어진 상황이므로 독성이 더욱 강력하며, 본인은 물론 주변 사람들에게도 광범위하게 결핵을 전파할 수 있어 공중보건상의 심각한 문제를 야기한다.
잠복결핵감염은 증상이 없기 때문에 본인이 감염 사실을 인지하지 못하는 경우가 많다. 따라서 결핵 발생률이 높은 국가에서는 결핵 환자와 밀접하게 접촉한 사람, 면역 저하자, 의료업계 종사자 등 고위험군을 대상으로 잠복결핵감염 검사를 권고하고 있다. 대표적인 검사 방법으로는 투베르쿨린 피부반응 검사(TST)와 인터페론 감마 분비 검사(IGRA)가 있다. 만일 잠복결핵감염에 양성 반응이 있을 경우 3 ~ 9개월 동안 꾸준한 투약 치료가 필요하며, 적절한 치료를 받을 경우 결핵 발병 확률을 60 ~ 90%까지 예방할 수 있다.
잠복결핵감염의 위험성은 단순히 개인의 건강 문제를 넘어 사회 전체의 공중보건과 직결되는 문제이므로 무증상이라고 방치할 것이 아니라, 적극적인 검사와 예방적 치료를 통해 결핵의 확산을 차단하는 노력이 필요하다. 특히 우리나라의 경우 보건소나 가까운 의료 기관에서 잠복결핵감염 치료를 전액 무료로 치료받을 수 있으므로 평소에 잠복결핵감염에 관심을 가지고, 미연에 예방하는 것이 가장 중요할 것이다.

① 잠복결핵감염의 위험성
② 잠복결핵감염의 치료 과정
③ 잠복결핵의 증상과 전염성
④ 효과적인 결핵의 억제 방법
⑤ 잠복결핵감염이 활동성 결핵으로 이어지는 과정

17 다음은 K식당의 메뉴에 따른 판매가격과 재료비 및 고정비용에 대한 정보이다. 손익분기점을 넘기 위해 필요한 판매량이 가장 많은 메뉴는?

〈K식당 메뉴의 판매가격·재료비·고정비용〉

(단위 : 원)

구분	판매가격	재료비	고정비용
제육볶음	10,000	2,000	2,800,000
오징어볶음	12,000	2,000	3,300,000
돈가스	9,000	1,500	2,600,000
라면	6,000	800	1,800,000
고등어구이	11,000	2,000	3,100,000

※ 판매가격과 재료비는 1인분당 비용임
※ 손익분기점 넘기 위해서는 순이익[(판매가격)−(재료비)]이 고정비용을 초과해야 함

① 제육볶음
② 오징어볶음
③ 돈가스
④ 라면
⑤ 고등어구이

18 **K주임이 다음 〈조건〉에 따라 출장을 갈 때, C지점에 도착한 시각과 A지점에서 C지점까지 이동할 때의 평균 속력이 바르게 연결된 것은?(단, 평균 속력에는 B지점에서의 업무 시간을 포함하지 않으며, 가속·정차 등 제시된 조건 이외의 사항은 고려하지 않는다)**

조건

- K주임은 A지점에서 정오에 회사 차량을 이용하여 출장을 간다.
- K주임의 이동 경로는 A지점 → B지점 → C지점 순서이다.
- A지점에서 B지점까지 시속 100km로 이동하였다.
- B지점에서 C까지는 시속 80km로 이동하였다.
- A지점에서 C지점까지의 거리는 190km이다.
- A지점에서 B지점까지의 거리는 B지점에서 C지점까지의 거리보다 110km 길다.
- K사원은 B지점에 도착하여 1시간 업무를 수행하였다.

	도착 시각	평균 속력
①	오후 2시	90km/h
②	오후 2시	92km/h
③	오후 2시	95km/h
④	오후 3시	90km/h
⑤	오후 3시	95km/h

19 다음 중 J공사 직원들이 본회의를 시작할 수 있는 가장 빠른 시각은?

J공사의 직원들은 프로젝트 회의를 1시간 동안 진행하려고 한다. 회의 시작 30분 전에는 반드시 회의실에서 회의 준비를 해야 하며, 본회의 이후 30분 동안 회의록을 작성해야 한다. 회의 준비, 본회의, 회의록 작성은 다음 조건에 따라 연속적으로 이루어져야 한다.

- 회의실은 오전 9시부터 오후 6시 사이에 사용할 수 있다.
- J공사의 점심시간은 12:00 ~ 13:00로 이 시간에는 회의 및 준비, 회의록 작성이 불가능하다.
- 참석자 중 1명은 15:00 ~ 16:00에 외부 미팅이 있어 이 시간에는 회의 및 준비, 회의록 작성이 불가능하다.
- 현재 회의실은 10:00 ~ 10:30, 14:00 ~ 14:30에 이미 예약되어 사용할 수 없다.

① 오전 9시 30분
② 오전 11시
③ 오후 1시
④ 오후 4시
⑤ 오후 4시 30분

20 다음은 J국가자격 필기시험 결과이다. 이를 토대로 할 때 합격한 사람은 모두 몇 명인가?

〈J국가자격 필기시험 결과〉

(단위 : 점)

구분	필기시험				가점
	객관식 1과목	객관식 2과목	논술형	약술형	
A	85	52	61	57	6
B	75	71	67	81	–
C	67	81	72	54	2
D	87	72	57	48	5
E	66	82	58	78	–

※ 한 과목이라도 50점 이하 득점 시 과락 처리
※ 전체 평균 점수에 가점을 합하여 70점 이상 득점 시 합격

① 1명
② 2명
③ 3명
④ 4명
⑤ 5명

21 **다음 중 SSD와 비교했을 때, HDD의 특징으로 옳은 것은?**

① 무게가 가볍다.
② 전력 소모가 적다.
③ 가격이 저렴하다.
④ 데이터 접근 속도가 빠르다.
⑤ 외부 충격에 대한 내구력이 높다.

22 **다음 중 점수(참조 대상)가 90점 이상이면 '합격'을, 그렇지 않으면 '불합격'을 출력하는 엑셀 함수식으로 옳은 것은?**

① =IF(참조 대상>90,“합격”,“불합격”)
② =IF(참조 대상>=90,“불합격”,“합격”)
③ =IF(참조 대상>=90,“합격”,“불합격”)
④ =CHOOSE(참조 대상<=90,“불합격”,“합격”)
⑤ =CHOOSE(참조 대상>=90,“합격”,“불합격”)

23 다음 글의 주제로 가장 적절한 것은?

> 일생에 한 번쯤 누구나 경험할 수 있는 건강 문제인 허리 통증은 다양한 원인으로 인해 발생한다. 허리 통증은 나이 증가에 따른 허리 근력 약화, 허리에 무리를 주는 취미 생활, 임신과 출산을 경험한 여성 등 개인적 요인으로 인해 발생할 수 있지만, 가장 큰 원인은 바로 직업적 요인이다.
> 첫 번째 직업적 요인은 중량물 취급이다. 중량물을 한 번만 들어도 급성 요통이나 추간판탈출증이 발생할 수 있으며, 이러한 작업을 반복하면 허리 통증의 위험이 더욱 높아질 뿐 아니라 척추와 추간판의 퇴행성 변화가 촉진되어 추간판탈출증과 척추협착증의 위험도 증가한다. 특히 10kg 이상의 물건을 들어야 할 때는 허리를 구부려 드는 것이 아니라, 물건을 몸에 밀착시키고 다리의 힘으로 들어 올려야 한다는 점에 유의해야 한다.
> 두 번째 직업적 요인은 허리의 자세이다. 허리를 앞으로 혹은 옆으로 구부리거나 비트는 동작은 허리가 구부러지는 각도가 커질수록 추간판에 가해지는 압력이 증가해 허리 부상의 위험이 높아진다. 특히 구부린 자세로 장시간 작업할 경우 허리 통증과 추간판탈출증이 유발될 수 있다. 실제로 건설 노동자나 조선업 노동자처럼 허리 구부림이 많은 업종에서 타 업종보다 허리 통증 관련 산재 신청률과 승인율이 높은 것으로 알려져 있다.
> 마지막 직업적 요인은 전신 진동이다. 전신 진동은 몸 전체가 상하로 흔들리는 상태로 주로 버스, 트럭, 건설용 차량 운전자가 경험한다. 이러한 진동은 척추와 추간판에 자극을 가해 퇴행성 변화를 일으키고, 결국 추간판탈출증과 척추협착증의 위험을 높인다. 최근 도로 노면이 개선되고 버스 운전석 의자에 진동 흡수 기능이 도입되면서 위험성이 줄었으나, 트럭이나 건설장비 운전자는 여전히 허리 질환에 노출되어 있다.

① 허리 통증의 직업적 요인
② 허리 질환별 통증 관리 방법
③ 직업에 따라 다르게 유발되는 허리 질환
④ 직업 환경에 따라 다른 허리 통증 관련 산재 신청 빈도

24 다음은 보건의료 빅데이터 심포지엄의 발표 순서이다. 이를 참고할 때, 각 발표자의 자료 준비로 적절하지 않은 것은?

〈2024년 보건의료 빅데이터 활용 성과 공유 심포지엄〉

1부 : 빅데이터 · AI 기반 건강보험 서비스 혁신

1. 인공지능(AI) 기술을 통해 공단이 어떻게 데이터 기반의 가입자 맞춤형 서비스를 제공하고, 보험자의 역할을 보다 강화할 수 있을지에 대한 비전
   – ○○대병원 A교수
2. ‘sLLM(소형 언어 모델)을 활용한 건강보험 내 · 외부 서비스 향상’을 주제로 인공지능(AI) 기술을 통한 고객 서비스와 업무 효율성 증대 사례
   – ○○대 B교수
3. 공단이 보유한 방대한 건강보험 데이터를 어떻게 인공지능(AI)을 통해 분석하고 활용할 수 있는지에 대한 방안
   – 공단 C실장(빅데이터연구개발실)

2부 : 건강보험 빅데이터를 활용한 우수 연구 성과

1. 야간 인공조명이 인간의 건강에 미치는 영향에 대한 분석 결과
   – ○○대 D교수
2. 결핵 빅데이터인 국가결핵통합자료원(K-TB-N Cohort) 구축을 통해 국가 결핵 관리 정책 · 사업의 효과를 평가, 정책을 수립 · 보완할 근거를 생산
   – ○○청 E과장
3. 병원 내에서 발생하는 폐렴 데이터의 분석을 통해, 이를 예방하기 위한 실효성 있는 병원 내 감염관리 체계 마련 필요성 제시
   – 공단 F팀장(빅데이터연구개발실)

① A교수 : 사람과의 직접 대면이 아닌 인공지능 기술로 대체할 수 있는 공단의 서비스에 대한 자료가 필요하겠군.

② B교수 : 인공지능 기술을 활용해 건강보험 서비스를 이용한 고객과 공단 근로자에게 편리성 및 효율성에 대한 설문조사를 진행해야겠군.

③ D교수 : 자연광에만 주로 노출된 사람과 자연광과 더불어 인공조명에 많이 노출된 사람의 건강상태를 비교할 수 있는 자료가 필요하겠군.

④ F팀장 : 병원 내 병동별 폐렴 발생 현황과 주로 발병하는 연령대에 대한 조사가 필요하겠군.

25 다음 글을 읽고 추론한 내용으로 적절하지 않은 것은?

> 만성질환이란 증상이 극심하지는 않지만 오래 지속되는 질환인 탓에 삶의 질을 저하시키고, 관리를 소홀히 할 경우 합병증의 발생으로 사망까지 이를 수 있어, 운동이나 식이 등 꾸준한 관리가 필요한 질환을 말한다.
> 만성질환에는 당뇨·천식·심장병·허리 통증 등이 있으며, 만성질환이라 하더라도 모든 운동이 좋은 것은 아니며, 질환별로 또 환자의 상태에 따라 맞는 운동 방법과 강도는 천차만별이다.
> 당뇨병의 경우 인슐린 분비량이 없거나 또는 적어 인슐린이 혈당을 낮추는 기능을 정상적으로 수행할 수 없는 상태를 말한다. 따라서 혈당 조절에 효과적인 유산소 운동을 통해 인슐린이 더 효율적으로 사용되도록 하여 혈당 수치를 낮출 수 있다. 또한 규칙적인 유산소 운동은 심혈관계를 향상시켜 심장 건강을 개선시킬 수 있다.
> 운동 중 또는 운동 후에 호흡곤란과 반복적이고 발작적인 기침이 나타날 수 있는 천식의 경우 운동 시 각별히 주의하여야 한다. 특히 건조하거나 찬 공기가 있는 환경에서 운동하거나, 갑작스레 격렬한 운동을 할 경우 천식 발작이 일어날 수 있다. 따라서 수영과 같이 건조하지 않고, 심장 박동이나 호흡수가 급격히 증가하지 않는 환경에서 운동하는 것이 도움이 될 수 있다.
> 허리 통증의 경우는 유산소 운동보다는 코어 운동이 도움이 된다. 코어 운동을 통해 척추 주위의 근육이 강화되면서 척추를 지지하는 힘이 늘어나 허리 통증이 감소되는 것이다.

① 당뇨 환자는 달리기나 등산, 수영과 같은 운동을 하는 것이 혈당 개선에 도움이 된다.
② 규칙적인 걷기 운동은 당뇨 환자와 심장병 환자의 질환을 개선시킬 수 있다.
③ 천식 환자는 심장박동 및 호흡수를 증가시키는 달리기나 줄넘기보다는 등산이 좋다.
④ 허리 통증을 겪고 있는 환자에게는 허리의 중심 부위를 강화시키는 플랭크나 브릿지와 같은 운동이 좋다.

26 다음 문단을 논리적 순서대로 바르게 나열한 것은?

> 국민건강보험공단은 담배 소송 제12차 변론에서 직접 손해배상 청구권을 포함해 지금까지의 주요 쟁점에 관련한 전반적 입장을 적극적으로 표명했다.
>
> (가) 또한 흡연과 암 발생의 인과관계를 과학적 근거에 따라 분명히 하기 위해 대상 암종을 소세포암과 편평세포암으로 흡연 기간이 30년 이상이고, 하루 한 갑의 담배를 20년 이상 흡연한 대상자로 구분하였기에 이번 변론에서는 흡연과 암 발생의 인과관계를 의학적으로 또 국민 상식에 부합하도록 인정하여야 한다고 강조했다.
>
> (나) 공단은 담배 회사들이 담배라는 제품에 대한 중독성과 건강 유해성을 인지하고 있음에도 수십 년 동안 이를 소비자에게 정확히 알리지 않고 막대한 이득을 취한 것은 소비자를 기만한 것이자 기업의 사회적 책임을 다하지 않은 중대한 문제임을 지적하며, 특히 담배 회사가 흡연 중독 피해를 개인의 선택으로 치부한 것은 소비자를 두 번 기만한 것이라며 비판했다.
>
> (다) 마지막으로 공단은 이번 변론을 준비하면서 국민들의 보험료가 주요 재원인 건강보험 재정이 담배로 인해 발생되는 질병으로 재산상 손해가 발생한 점에 대해 당연히 담배 회사에 법적으로 책임을 물어야 한다고 주장하며, 이에 대한 국민들의 관심과 지지가 필요하다고 호소했다.
>
> (라) 아울러 공단은 이 주장을 입증하기 위한 뒷받침 자료로 대한폐암학회와 호흡기내과 전문의 의견서, 담배 중독에 대한 한국중독정신의학회와 정신건강의학과 전문의 의견서, 대한금연학회에서 실시한 담배 중독 감정서와 이들 중 일부에 대한 흡연 경험 심층 사례 분석 결과, 공단 내부 연구 결과 등을 추가 증거로 제출하였다.

① (가) – (나) – (라) – (다) ② (가) – (라) – (나) – (다)

③ (나) – (가) – (라) – (다) ④ (나) – (라) – (가) – (다)

※ 다음은 K국의 지역별 및 5대 업종별 기업 현황이다. 이어지는 질문에 답하시오. **[27~28]**

〈K국의 조사 지역별 기업 현황〉

(단위 : 개소)

구분	대기업	중소기업	5인 미만	법인			기타	합계
					사단법인	재단법인		
수도권	5,000	10,000	200,000	60,000	50,000	(　)	5,000	(　)
강원권	500	2,000	10,000	1,000	500	(　)	500	(　)
충청권	2,000	3,000	30,000	2,500	(　)	800	500	(　)
호남권	3,000	5,000	30,000	3,000	(　)	1,000	1,000	(　)
영남권	3,000	5,000	20,000	2,500	1,500	(　)	500	(　)
전체	13,500	25,000	290,000	69,000	55,700	13,300	7,500	405,000

※ 조사 기업 종류는 대기업, 중소기업, 5인 미만, 법인, 기타만 존재함

※ 조사 지역은 수도권, 강원권, 충청권, 호남권, 영남권으로만 구성함

〈K국의 5대 업종별 기업 현황〉

(단위 : 개소)

구분	대기업	중소기업	5인 미만	법인			기타
					사단법인	재단법인	
IT업	6,000	5,000	30,000	3,000	2,000	1,000	500
건설업	2,000	5,000	70,000	4,000	3,000	1,000	300
운송업	1,000	9,000	100,000	7,000	5,000	2,000	200
마케팅업	1,000	1,000	30,000	7,000	5,000	2,000	500
제조업	1,000	2,000	5,000	8,000	5,000	3,000	500
합계	11,000	22,000	235,000	29,000	20,000	9,000	2,000

27 **다음 중 자료에 대한 설명으로 옳지 않은 것은?**

① 조사 지역별 법인 기업에서 사단법인이 차지하는 비율이 세 번째로 높은 지역은 영남권이다.
② 5대 업종의 대기업 중 IT업에 속하지 않는 기업의 수는 수도권 지역 기타 기업의 수와 같다.
③ 조사 지역에서 대기업이 20% 증가하고, 중소기업이 10% 감소한다면 전체 기업 수는 증가한다.
④ 조사 지역의 재단법인 중 강원권 재단법인이 차지하는 비율은 조사 지역의 대기업 중 강원권 대기업이 차지하는 비율보다 크다.

28 **다음은 자료를 토대로 작성한 보고서이다. 이에 대한 내용으로 옳지 않은 것은?**

〈기업 현황 보고서〉

① 조사 지역의 전체 기업 중 5인 미만인 기업은 70% 이상을 차지하고 있으며, 이는 중소기업 수의 10배 이상이다. 특히 5인 미만인 기업은 수도권에 밀집되어 있는데, ② 조사 지역의 5인 미만 기업 중 수도권이 차지하는 비율 또한 60% 이상이다.
모든 지역에 걸쳐 대기업보단 중소기업이, 중소기업보단 5인 미만 기업의 수가 많았는데, 5인 미만 기업 수 대비 대기업의 수는 영남권이 가장 높았다. 5대 업종만을 분석했을 때 대기업보단 중소기업이, 중소기업보단 5인 미만 기업이 많았으며, 사단법인이 재단법인보다 많았다. ③ 이에 따라 조사 지역의 전체 기업 중 5대 업종에 해당하지 않는 기업도 앞선 순서와 동일하였다. 또한 ④ 조사 지역의 전체 기업 중 운송업에 해당하는 기업의 비율은 5인 미만 기업이 중소기업보다 높았다.

※ 다음은 K국의 연도별 7대 주요 범죄 발생 현황과 교도소별 복역자 현황에 대한 자료이다. 이어지는 질문에 답하시오. [29~30]

〈K국의 연도별 7대 주요 범죄 발생 현황〉

(단위 : 건)

구분	살인	사기	폭행	강도	절도	성범죄	방화
1989년	500	2,000	5,000	4,000	25,000	3,000	500
1990년	600	2,500	7,000	8,000	20,000	2,500	600
1991년	700	3,000	10,000	5,000	23,000	2,000	800
1992년	800	2,000	15,000	8,000	18,000	2,500	700
1993년	900	3,000	10,000	10,000	20,000	3,000	1,000
1994년	1,000	2,000	20,000	10,000	27,000	5,000	900
1995년	1,100	3,500	17,000	9,000	34,000	2,000	1,100

※ 현 시점은 2025년임

〈K국 교도소의 잔여 형량별 복역자 수〉

(단위 : 명)

구분	A교도소	B교도소	C교도소	D교도소	E교도소	F교도소
1년 미만	3,000	4,000	5,000	6,000	7,000	8,000
1년 이상 3년 미만	1,500	1,000	2,000	3,000	2,000	2,500
3년 이상 5년 미만	400	400	500	600	800	1,000
5년 이상 10년 미만	350	250	250	300	400	50
10년 이상 20년 미만	30	35	40	60	55	35
20년 이상	20	15	10	40	45	15
합계	5,300	5,700	7,800	10,000	10,300	11,600

※ K국의 교도소는 A ~ F 6개만 존재함

29 **다음 중 자료에 대한 설명으로 옳지 않은 것은?**

① 살인이 가장 많이 발생한 해에는 절도 역시 가장 많이 발생하였다.
② 모든 교도소에서 잔여 형량이 많을수록 복역자 수는 감소한다.
③ 범죄가 가장 많이 발생한 해는 폭행도 가장 많이 발생하였다.
④ 잔여 형량이 1년 미만인 경우가 가장 많은 교도소는 전체 복역자 수가 가장 많다.

30 **다음 중 자료를 계산하여 해석한 내용으로 옳지 않은 것은?**

① 1990년부터 1995년까지 전년 대비 살인 사건 발생 변화율은 매년 감소한다.
② K국 전체 교도소 복역자 수 중 D교도소 복역자 수의 비율은 20% 이하이다.
③ 1993년부터 1995년까지 7대 주요 발생 범죄 중 절도가 차지하는 비율은 45% 이하이다.
④ 교도소별 잔여 형량이 1년 미만인 복역자 수 대비 3년 이상 5년 미만인 복역자 수의 비율은 F교도소가 가장 높다.

※ 다음은 2025년 2월 10일 기준 국내 월평균 식재료 가격이다. 이어지는 질문에 답하시오. **[31~32]**

〈월평균 식재료 가격(2025.02.10 기준)〉

구분	세부항목	2024년						2025년
		7월	8월	9월	10월	11월	12월	1월
곡류	쌀 (원/kg)	1,992	1,083	1,970	1,895	1,850	1,809	1,805
채소류	양파 (원/kg)	1,385	1,409	1,437	1,476	1,504	1,548	1,759
	배추 (원/포기)	2,967	4,556	7,401	4,793	3,108	3,546	3,634
	무 (원/개)	1,653	1,829	2,761	3,166	2,245	2,474	2,543
수산물	물오징어 (원/마리)	2,286	2,207	2,267	2,375	2,678	2,784	2,796
	건멸치 (원/kg)	23,760	23,760	24,100	24,140	24,870	25,320	25,200
축산물	계란 (원/30개)	5,272	5,332	5,590	5,581	5,545	6,621	9,096
	닭 (원/kg)	5,436	5,337	5,582	5,716	5,579	5,266	5,062
	돼지 (원/kg)	16,200	15,485	15,695	15,260	15,105	15,090	15,025
	소_국산 (원/kg)	52,004	52,220	52,608	52,396	51,918	51,632	51,668
	소_미국산 (원/kg)	21,828	22,500	23,216	21,726	23,747	22,697	21,432
	소_호주산 (원/kg)	23,760	23,777	24,122	23,570	23,047	23,815	24,227

※ 주요 식재료 소매가격(물오징어는 냉동과 생물의 평균 가격, 계란은 특란의 평균 가격, 돼지는 국내 냉장과 수입 냉동의 평균 가격, 국산 소고기는 갈비, 등심, 불고기의 평균 가격, 미국산 소고기는 갈비, 갈빗살, 불고기의 평균 가격, 호주산 소고기는 갈비, 등심, 불고기의 평균 가격임)

※ 표시 가격은 주요 재료의 월평균 가격이며, 조사 주기는 일별로 조사함

31 다음 중 자료를 이해한 내용으로 옳지 않은 것은?

① 2024년 8월 대비 9월 쌀 가격의 증가율은 2024년 11월 대비 12월 무 가격의 증가율보다 크다.
② 소의 가격은 국산, 미국산, 호주산 모두 2024년 7월부터 9월까지 증가하다가 10월에 감소한다.
③ 계란 가격은 2024년 7월부터 2025년 1월까지 꾸준히 증가하고 있다.
④ 쌀 가격은 2024년 8월에 감소했다가 9월에 증가한 후 그 후로 계속 감소하고 있다.

32 K식품회사에 재직 중인 A사원은 국내 농수산물의 가격 동향과 관련한 보고서를 쓰기 위해 자료를 참고하여 2024년 12월 대비 2025년 1월 식재료별 가격의 증감률을 구하고 있으며, 다음은 A사원이 작성한 보고서의 일부이다. 이를 토대로 했을 때 증감률이 가장 큰 식재료는?(단, 소수점 셋째 자리에서 버림한다)

〈국내 농수산물 가격 동향에 따른 보고서〉

식품개발팀 A사원

저희 개발팀에서 올해 기획하고 있는 신제품 출시를 위하여 국내 농수산물 가격 동향을 조사하였습니다. 하단에 월평균 식재료 증감률을 첨부하였으니 신제품 개발 일정을 수립하는 데 참고하시면 될 것 같습니다. 자세한 사항은 식품개발팀 B과장님께 문의하십시오.

〈월평균 식재료 증감률(2025.02.10 기준)〉

구분	세부항목	2024년 12월	2025년 1월	증감률(%)
곡류	쌀(원/kg)	1,809	1,805	
채소류	양파(원/kg)	1,548	1,759	
	무(원/개)	2,474	2,543	
수산물	건멸치(원/kg)	25,320	25,200	
… 생략 …				

① 쌀
② 양파
③ 무
④ 건멸치

33 다음은 K사의 신입사원 선발 조건이다. 〈보기〉의 지원자 중 최고득점자와 최저득점자를 바르게 연결한 것은?

〈K사 신입사원 선발 조건〉

• 다음과 같은 항목에 따른 점수를 합산하여 최종점수(100점 만점)을 산정하여 점수가 가장 높은 지원자 2명을 신입사원으로 선발한다.

– 학위점수(30점 만점)

학위	학사	석사	박사
점수(점)	18	25	30

– 어학능력점수(20점 만점)

어학시험점수 (300점 만점)	0점 이상 50점 미만	50점 이상 150점 미만	150점 이상 220점 미만	220점 이상
점수(점)	8	14	17	20

– 면접점수(30점 만점)

면접	미흡	보통	우수
점수(점)	18	24	30

– 실무경험점수(20점 만점)

총 인턴근무 기간	4개월 미만	4개월 이상 8개월 미만	8개월 이상 12개월 미만	12개월 이상
점수(점)	12	16	18	20

보기

구분	학위	어학시험점수	면접	총 인턴근무 기간
A	학사	228	우수	8개월
B	석사	204	보통	11개월
C	학사	198	보통	9개월
D	박사	124	미흡	3개월

	최고득점자	최저득점자
①	A	B
②	A	D
③	B	C
④	C	D

| 한국중부발전 / 의사소통능력

34 다음 글과 가장 관련 있는 한자성어는?

> A씨는 대학 졸업 후 창업에 도전하기로 결심했다. 그는 자신의 아이디어에 확신을 가지고 작은 카페를 열었지만, 예상치 못한 문제들이 끊임없이 발생했다. 위치 선정이 잘못되었고, 경쟁이 치열했으며, 운영 경험 부족으로 인해 손님을 끌어들이지 못했다. 결국 1년 만에 카페는 문을 닫아야 했고, A씨는 큰 빚과 좌절감 속에서 실패를 받아들여야 했다.
> 하지만 A씨는 실패를 통해 얻은 교훈을 놓치지 않았다. 그는 자신이 부족했던 점들을 분석하며 경영과 마케팅에 대해 더 깊이 공부하기 시작했다. 또한 카페를 운영하며 쌓은 고객 관리 경험과 식음료 산업에 대한 이해를 바탕으로 새로운 방향을 모색했다. 그러던 중, 그는 소규모 카페 운영자들이 겪는 어려움 해소를 돕기 위해 전문 컨설팅 서비스를 제공하는 사업 아이디어를 떠올렸다.
> A씨는 이전의 실패를 발판 삼아 철저히 준비한 끝에 컨설팅 회사를 설립했다. 그의 서비스는 소규모 카페 운영자들에게 실질적인 도움을 제공하며 빠르게 입소문을 탔고, 사업은 성공적으로 성장했다.

① 전화위복(轉禍爲福)
② 사필귀정(事必歸正)
③ 일취월장(日就月將)
④ 우공이산(愚公移山)

| 한국중부발전 / 의사소통능력

35 다음 중 밑줄 친 단어의 의미가 다른 것은?

① 인간은 네 번째 <u>차원</u>인 시간을 인식하며 살아간다.
② 그의 능력은 취미의 <u>차원</u>을 넘어 예술의 경지로 나아갔다.
③ 과도한 사탕발림이 예의의 <u>차원</u>을 넘어 불편하게 다가왔다.
④ 독창적인 아이디어가 한 <u>차원</u> 높은 수준의 품질을 이끌어 내었다.

36 다음 글에 대한 설명으로 적절하지 않은 것은?

> 큐비트(Qubit)는 양자 컴퓨터에서 정보를 저장하고 처리하는 기본 단위다. 기존의 컴퓨터가 정보를 0과 1로 이루어진 비트(Bit)로 표현하는 것과 달리, 큐비트는 양자역학의 특성을 활용해 더 복잡하고 강력한 방식으로 정보를 다룬다.
> 큐비트는 0과 1의 상태를 동시에 가질 수 있는 양자 중첩 특성을 가지고 있다. 양자 중첩이란 빛이 입자와 파동 2가지 상태를 가진 것과 마찬가지로 미시적 세계에서 여러 양자 상태가 동시에 존재할 수 있는 현상을 뜻하며, 측정하기 전까지는 양자 상태를 정확히 파악할 수 없고 관측과 동시에 상태가 결정되는 것을 의미한다. 이처럼 큐비트 또한 측정하기 전까지 0과 1의 상태를 동시에 가진 중첩 상태가 유지되며 측정 시에는 0 또는 1 중 하나의 값으로 확정된다. 이를 통해 큐비트는 병렬 계산을 가능하게 만들어 복잡한 문제를 빠르게 해결할 수 있다.
> 또한 두 개 이상의 큐비트가 양자 얽힘 상태에 있으면, 한 큐비트의 상태가 다른 큐비트의 상태와 즉각적으로 연결된다. 이에 따라 한 큐비트가 측정되면 얽혀 있는 다른 큐비트의 상태 또한 자동으로 결정되므로 큐비트 간의 빠른 정보 전달과 협력 계산을 가능하게 한다.
> 양자 컴퓨터에 사용되는 큐비트는 다양한 방식으로 개발되고 있으며 대표적인 방식은 초전도 회로, 이온 트랩, 광자, 스핀 등이 있다. 초전도 회로는 전기적 초전도체를 활용해 양자 상태를 생성하고, 이온 트랩은 전기장으로 이온을 가두고 조작한다. 광자는 빛 입자를 이용한 정보 저장 및 전송에 사용되며, 스핀은 전자의 스핀 상태를 활용한다.
> 큐비트는 기존 컴퓨터보다 훨씬 더 많은 정보를 처리할 수 있다. 예를 들어, 20개의 큐비트를 활용하면 2^{20}, 즉 약 100만 개의 상태를 동시에 표현할 수 있다. 이는 암호 해독이나 복잡한 시뮬레이션 같은 문제에서 기존 컴퓨터보다 월등히 빠른 성능을 발휘한다. 하지만 현재 기술로는 큐비트를 안정적으로 유지하고 제어하는 데 한계가 있다. 환경적 요인으로 인해 양자 상태가 쉽게 붕괴되기 때문에 이를 극복하기 위한 연구가 활발히 진행 중이다.
> 큐비트는 양자역학의 원리를 기반으로 기존 컴퓨터와는 완전히 다른 방식으로 정보를 처리한다. 중첩과 얽힘 같은 특성 덕분에 복잡한 계산 문제를 해결하는 데 강력한 도구가 될 수 있지만, 기술적 도전 과제도 많다. 앞으로 양자 컴퓨팅 기술이 발전하면 큐비트를 활용한 혁신적인 응용이 더욱 확대될 것으로 기대된다.

① 큐비트의 값은 측정과 동시에 정해진다.
② 큐비트는 정보를 0와 1의 2진수로 나타내는 것이다.
③ 큐비트는 측정하기 전까지는 양자 중첩 상태로 존재한다.
④ 4개의 큐비트를 활용하면 16번의 상태를 동시에 표현할 수 있다.

37 다음 글에 대한 설명으로 가장 적절한 것은?

> 소형 모듈 원전(SMR; Small Modular Reactor)은 기존 대형 원자로와는 다른 설계와 운영 방식을 가진 차세대 원자력 발전 기술이다. SMR은 전기 출력이 300MWe 이하로 소형화된 원자로를 의미하며, 크기가 작고 유연한 설계 덕분에 다양한 환경에서 활용 가능하다. 주요 특징 중 하나는 모듈화된 설계로, 주요 기기를 모듈화하여 공장에서 제작한 뒤 현장으로 운송해 조립한다. 이로 인해 건설 기간이 단축되고 초기 투자 비용을 줄일 수 있다.
> SMR은 기존 원전에 비해 안정성 또한 높다. 자연 순환 냉각 방식을 채택해 전력 공급 없이도 중력과 밀도 차, 자연 대류를 활용해 원자로를 냉각할 수 있다. 이는 사고 발생 시 노심 용융 가능성을 낮추며, 방사성 물질의 저장 및 관리 측면에서도 유리하다. 또한 다양한 입지 조건에서 설치가 가능하여 전력망이 없는 지역이나 해상에서도 활용할 수 있다. 이는 탄소 배출이 적은 에너지원으로서 기후 변화 대응에도 기여할 수 있다.
> SMR의 경제성도 강점이다. 공장에서 미리 제작된 모듈을 현장에서 조립하는 방식은 전통적인 대형 원전보다 건설 비용과 기간을 줄인다. 그러나 단위 출력당 건설 비용이 높아질 수 있어 대량 생산과 표준화를 통해 비용을 절감해야 한다. 기술적 검증도 중요한 과제로, 안전성과 경제성을 동시에 만족시켜야 한다. 기후 변화에 따른 환경적 취약성도 고려해야 하며, 이를 극복하기 위해 각국 정부와 민간 기업들은 협력하여 연구 개발에 투자하고 있다.
> SMR은 탄소 중립 시대를 맞아 중요한 에너지원으로 주목받고 있으며, 다양한 분야에서 활용 가능성이 높다. 한국을 포함한 여러 국가가 SMR 개발에 적극적으로 나서고 있으며, 이를 통해 글로벌 에너지 시장에서 새로운 패러다임을 제시할 것으로 보인다. SMR은 단순히 기존 원전을 대체하는 것을 넘어 안전하고 지속 가능한 에너지 시스템 구축에 기여할 핵심 기술로 자리 잡아가고 있다.

① SMR은 방사성 폐기물이 발생하지 않는다.
② SMR은 기존의 원전보다 다양한 환경에서 건설이 가능하다.
③ SMR은 원전 부지에서 모듈을 생산하여 조립하는 방식으로 건설된다.
④ 선진국에서는 기존 원전 대부분이 SMR로 전환되어 탄소 중립을 실천하고 있다.

| 한국중부발전 / 문제해결능력

38 **다음은 J공사의 컴퓨터 비밀번호 규칙에 대한 글이다. 〈보기〉 중 J공사 비밀번호 규칙에 맞지 않는 것은 모두 몇 개인가?**

> J공사의 직원들은 업무를 시작하기 위해 컴퓨터에 직원별 비밀번호를 입력해야 한다. 직원들의 비밀번호는 9자리의 숫자와 문자로 구성되어 있다. 첫 번째 자리는 직원 종류별 코드로 정직원은 1, 계약직은 2, 파견직은 3이 부여된다. 두 번째 자리부터는 직원별 입사일이 YYMMDD 방식으로 부여된다. 이후 데이터의 진위 여부를 확인하기 위해 체크데이터로 앞의 숫자를 모두 더한 뒤, 2를 뺀 값에 해당하는 알파벳이 대문자로 부여된다. 마지막으로 비밀번호 식별의 용이성을 위해 첫 번째 자리의 숫자와 동일한 숫자가 부여된다.

보기

- 3011210F3
- 1942131S1
- 2981111U2
- 1840624W1
- 3051231M3
- 1211014H1
- 1241215N2
- 2210830P2
- 4200817T4
- 2191229Z2

① 2개
② 3개
③ 4개
④ 5개

| 한국중부발전 / 문제해결능력

39 **다음 사례에서 나타나는 논리적 오류로 가장 적절한 것은?**

> A씨는 오랜만에 고향 친구를 만났다. 약속 장소에서 A씨는 고향 친구가 말끔한 정장을 입고 나온 것을 보고, 그가 부자일 확률보다 부자이면서 좋은 차를 끌고 다닐 확률이 높다고 생각하였다.

① 결합의 오류
② 무지의 오류
③ 연역법의 오류
④ 과대 해석의 오류

※ 다음은 J기업의 본사와 부속 공장 간의 도로에 대한 자료이다. 이어지는 질문에 답하시오. **[40~41]**

〈J기업의 본사와 부속 공장 간 도로〉

(단위 : km)

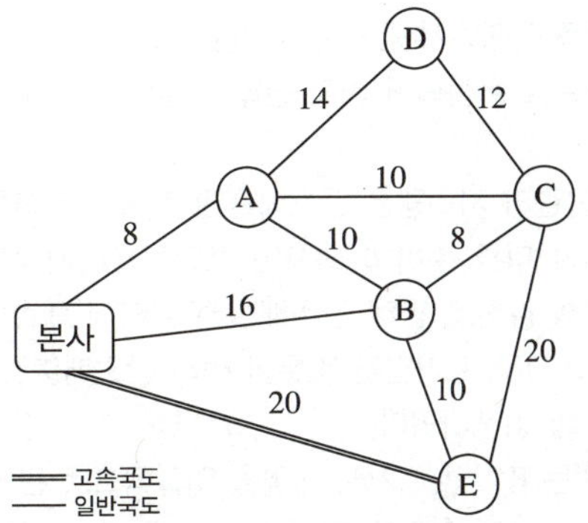

| 한국중부발전 / 자원관리능력

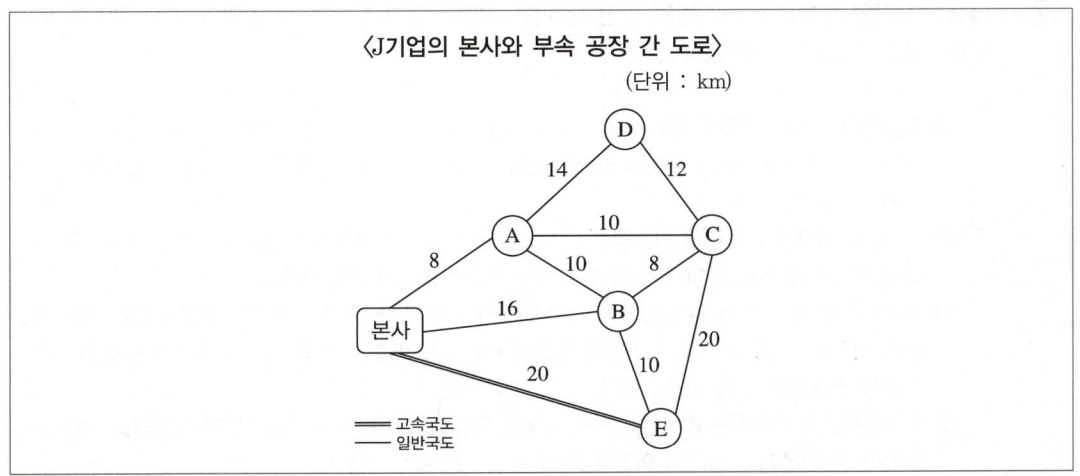

40 S대리는 본사에서 출발하여 모든 부속 공장을 방문한 뒤, 본사로 복귀하려고 한다. S대리가 일반국도만을 이용한다면, 최단거리는 몇 km인가?(단, 한 번 방문한 공장은 다시 방문하지 않는다)

① 72km
② 76km
③ 80km
④ 84km

| 한국중부발전 / 자원관리능력

41 S대리는 회사로부터 교통비를 지원받아 고속국도를 이용할 수 있게 되었다. S대리가 고속국도를 이용하여 모든 부속 공장을 방문한 뒤, 본사로 복귀할 때의 최단거리는 고속국도를 이용하지 않을 때의 최단거리와 몇 km 차이가 나는가?(단, 한 번 방문한 공장은 다시 방문하지 않는다)

① 6km
② 8km
③ 10km
④ 12km

| 한국중부발전 / 기술능력

42 **다음은 K기업 종합관리 시스템의 발전 단계를 나타낸 글이다. 기술 시스템의 발전 단계에 따라 (가)~(라) 문단을 순서대로 나열한 것은?**

> (가) 종합관리 시스템 납품 경쟁에서 승리한 K기업의 종합관리 시스템은 정부기관에서도 사용하게 되었으며, 기술표준으로 확립되어 여러 산업 기술이 K기업의 종합관리 시스템에 맞춰져 개발되기에 이르렀다.
>
> (나) K기업이 개발한 종합관리 시스템은 탄소배출권 거래에서 실무적 안정성을 인정받아 K기업 내 다른 부서뿐만 아니라 다른 분야의 회사에서도 차용하기 시작하였다.
>
> (다) 정부의 탄소중립 정책 강화로 인해 탄소배출권 거래에 대한 국책 사업이 활발해졌고, 국가적 관리 시스템이 필요해지자, K기업을 비롯한 여러 탄소배출권 거래 기업이 자사의 종합관리 시스템을 납품하기 위해 경쟁하였다.
>
> (라) 탄소배출권을 거래하는 K기업은 거래 내역을 일괄적으로 관리하는 종합관리 시스템을 자체 개발하여 사용하였고, 실무적 여건에 따라 유연하게 발전시켰다.

① (다) – (가) – (나) – (라)　　② (다) – (라) – (나) – (가)
③ (라) – (나) – (다) – (가)　　④ (라) – (다) – (나) – (가)

| 한국중부발전 / 정보능력

43 **다음은 A주임의 상사가 평소 엑셀을 능숙하게 다루는 A주임에게 요청한 내용이다. A주임이 상사의 요청을 수행하면서 사용한 엑셀 단축키가 아닌 것은?**

> A주임, 지금 회사 거래 내역이 담긴 엑셀 파일을 수정해야 하는데, 제 컴퓨터의 마우스가 고장이 나서 단축키로만 작업을 해야 합니다. A주임이 엑셀을 능숙하게 쓴다고 들어서 도와주셨으면 합니다. [F12] 셀에서 왼쪽에 있는 값을 모두 선택하여 차트를 만들고, [F13] 셀에는 오늘 날짜를 입력해 주세요.

① 〈Ctrl〉+〈1〉　　② 〈Ctrl〉+〈;〉
③ 〈Alt〉+〈F1〉　　④ 〈Shift〉+〈Home〉

44 다음 중 단어의 뜻이 나머지와 다른 것은?

① 호도(糊塗) ② 맹아(萌芽)
③ 무마(撫摩) ④ 은폐(隱蔽)

45 다음 중 밑줄 친 어휘가 나머지와 다른 의미로 사용된 것은?

① 건조한 환경으로 인해 쉽게 <u>불이 붙었다</u>.
② 새로운 소재로 <u>불이 붙는</u> 것을 방지하였다.
③ 토론은 양측이 첨예하게 대립해 <u>불이 붙었다</u>.
④ 들판에 <u>불이 붙자</u> 걷잡을 수 없이 퍼져 나갔다.

46 K고등학교의 운동장은 윗변이 20m, 밑변이 50m, 높이가 20m인 등변 사다리꼴 형태이다. 운동장의 가장자리에 2m마다 의자를 놓고 학생을 앉힐 때, 의자에 앉을 수 있는 학생의 수는?

① 59명 ② 60명
③ 61명 ④ 62명

47 다음 중 제시된 자료를 그래프로 바르게 변환한 것은?

〈K-water 한강유역 대수력 발전소 연간 발전량〉

(단위 : GWh)

구분	2019년	2020년	2021년	2022년	2023년	2024년
소양강댐	347	551	314	600	430	490
충주댐	484	769	574	680	706	759

①
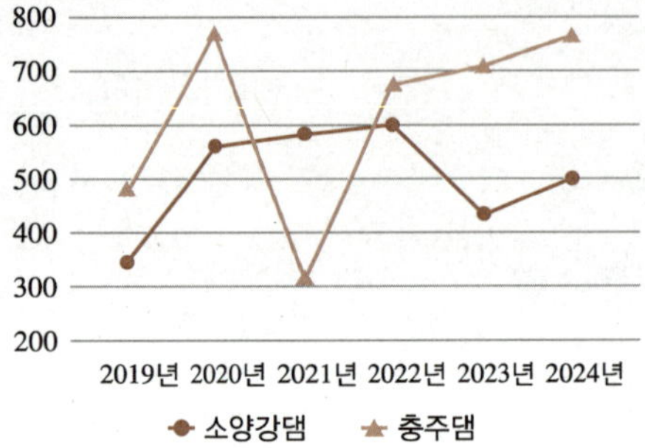

②
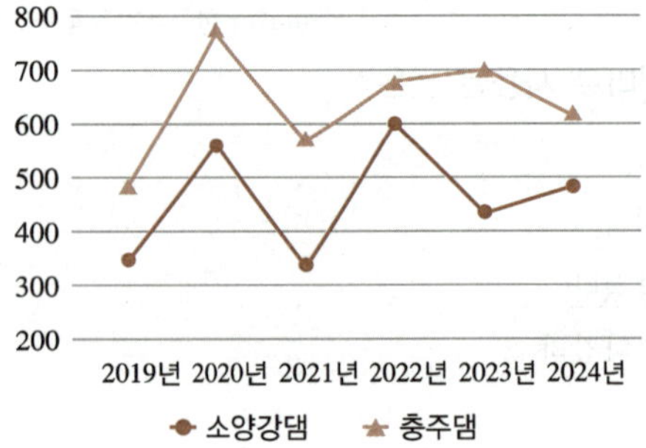

③
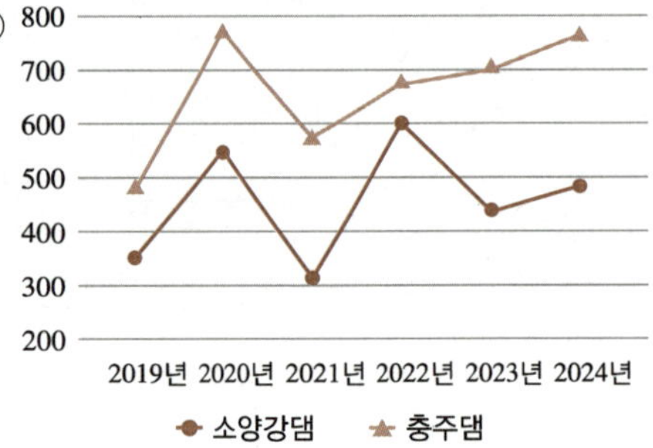

④
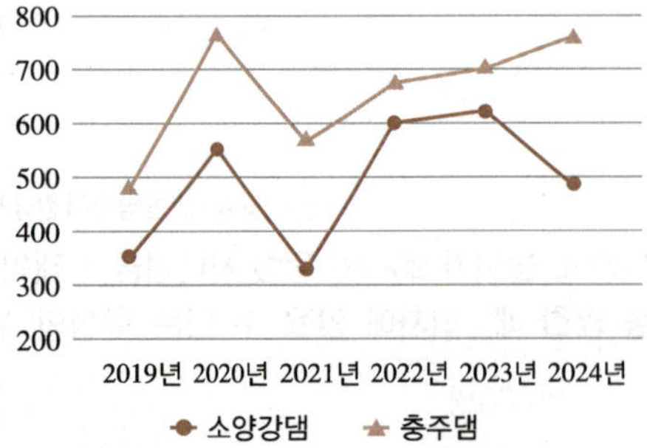

| K-water 한국수자원공사 / 자원관리능력

48 **다음 중 효과적인 시간관리를 통하여 빠르고 효율적인 생산으로 작업 소요 시간을 단축시켰을 때, 기업의 입장에서 나타나는 효과로 옳지 않은 것은?**

① 가격 인상　　② 위험 감소
③ 정확한 예산 분배　　④ 시장 점유율 증가

| K-water 한국수자원공사 / 자원관리능력

49 **효율적이고 합리적인 인사관리 원칙 중 해당 직무 수행에 가장 적합한 인재를 배치해야 한다는 원칙으로 옳은 것은?**

① 단결의 원칙　　② 공정 인사의 원칙
③ 종업원 안정의 원칙　　④ 적재적소 배치의 원칙

| K-water 한국수자원공사 / 자원관리능력

50 **다음 사례에서 나타나는 물적자원관리의 원칙으로 옳은 것은?**

> 편의점 점장인 A씨는 상품의 판매량과 입고량을 파악하여 많이 팔리고, 많이 들어오는 상품은 출입구에 가깝게 위치시켰으며, 적게 팔려서 주문할 양이 적은 상품은 매장 안쪽에 배치하여 상품의 입·출하가 원활하게 이루어지도록 하였다.

① 동일성의 원칙　　② 유사성의 원칙
③ 회전대응의 원칙　　④ 기호화의 원칙

2025 ~ 2024년 전공 기출복원문제

정답 및 해설 p.015

01 경영

| 25상 / 코레일 한국철도공사

01 다음 중 주식회사에 대한 설명으로 옳은 것을 〈보기〉에서 모두 고르면?

보기

ㄱ. 주식회사의 최고 의사결정기구는 이사회가 담당한다.
ㄴ. 주식회사를 설립할 때 정관 작성은 발기인이 한다.
ㄷ. 주식회사의 채무가 과다할 경우 주주가 회사의 채권자에게 변제할 의무가 발생한다.
ㄹ. 우리나라에서 주식회사에 대한 사무업무는 금융감독원과 한국예탁결제원에서 맡고 있다.

① ㄱ, ㄴ
② ㄱ, ㄷ
③ ㄱ, ㄹ
④ ㄴ, ㄷ
⑤ ㄴ, ㄹ

| 25상 / 코레일 한국철도공사

02 다음 경영관리 순환 과정에 대한 설명으로 옳지 않은 것은?

① 계획 : 미래에 기업에 발생할 문제를 사전에 예측하여 해결 방안을 결정하는 과정이다.
② 조직 : 수립된 계획을 실천하는 데 필요한 자원들을 필요에 맞게 배분하는 과정이다.
③ 지휘 : 구체적인 업무 수행을 위해 지시하는 과정이다.
④ 조정 : 지휘가 잘 이뤄질 수 있도록 업무, 조직 등을 수정하는 과정이다.
⑤ 통제 : 계획과 결과를 비교하여 발생한 차이를 수정하고 다음 계획에 반영하는 과정이다.

| 25상 / 코레일 한국철도공사

03 **다음 중 고객 페르소나에 대한 설명으로 옳지 않은 것은?**

① 기업의 제품 또는 서비스를 구매할 가능성이 높은 고객을 가상의 인물로 설정한다.
② 유사한 특징을 가진 고객을 그룹으로 분류한다.
③ 인구 통계, 행동 패턴, 라이프스타일 등 다양한 데이터로 전략을 수립한다.
④ 설문조사, 인터뷰 등을 통해 고객 정보를 파악한다.
⑤ 설정된 고객 페르소나와 실제 고객이 얼마나 일치하는지 검증이 필요하다.

| 25상 / 코레일 한국철도공사

04 **다음 중 매슬로의 욕구 단계 중 관계 욕구 이하에 해당하는 것은?**

① 자아실현 욕구, 존경 욕구
② 자아실현 욕구, 안전 욕구
③ 자아실현 욕구, 생리적 욕구
④ 생리적 욕구, 존경 욕구
⑤ 생리적 욕구, 안전 욕구

| 25상 / 코레일 한국철도공사

05 **다음 중 명목집단법에 대한 설명으로 옳지 않은 것은?**

① 참여자들이 서로 문제나 이슈 등을 분석하고 순위를 정하는 가중서열화 방법이다.
② 참여자 간 대화를 통한 의사소통을 금지하고 서면으로 아이디어를 작성한다.
③ 참여자의 다양한 생각을 제약조건 없이 짧은 시간에 이끌어 낼 수 있다.
④ 최종 아이디어 선정은 투표를 통하여 결정한다.
⑤ 자유분방하게 다양한 아이디어를 비판 없이 제시하는 자유연상법이다.

| 24상 /코레일 한국철도공사

06 **다음 중 테일러의 과학적 관리법과 관계가 없는 것은?**

① 시간연구
② 동작연구
③ 동등 성과급제
④ 과업관리
⑤ 표준 작업조건

| 24상 / 코레일 한국철도공사

07 다음 중 근로자가 직무능력 평가를 위해 개인능력평가표를 활용하는 제도는 무엇인가?

① 자기신고 제도
② 직능자격 제도
③ 평가센터 제도
④ 직무순환 제도
⑤ 기능목록 제도

| 24상 / 코레일 한국철도공사

08 다음 중 데이터베이스 마케팅에 대한 설명으로 옳지 않은 것은?

① 기업 규모와 관계없이 모든 기업에서 활용이 가능하다.
② 기존 고객의 재구매를 유도하며, 장기적인 마케팅 전략 수립이 가능하다.
③ 인구통계, 심리적 특성, 지리적 특성 등을 파악하여 고객별 맞춤 서비스가 가능하다.
④ 단방향 의사소통으로 고객과 1 : 1 관계를 구축하여 즉각적으로 반응을 확인할 수 있다.
⑤ 고객 자료를 바탕으로 고객 및 매출 증대에 대한 마케팅 전략을 실행하는 데 목적이 있다.

| 24상 / 코레일 한국철도공사

09 다음 중 공정성 이론에서 절차적 공정성에 해당하지 않는 것은?

① 접근성
② 반응 속도
③ 형평성
④ 유연성
⑤ 적정성

| 24상 / 코레일 한국철도공사

10 다음 중 e-비즈니스 기업의 장점으로 옳지 않은 것은?

① 빠른 의사결정을 진행할 수 있다.
② 양질의 고객서비스를 제공할 수 있다.
③ 배송, 물류비 등 각종 비용을 절감할 수 있다.
④ 소비자에게 더 많은 선택권을 부여할 수 있다.
⑤ 기업이 더 높은 가격으로 제품을 판매할 수 있다.

| 25상 / K-water 한국수자원공사

11 다음 설명에 해당하는 의사결정 방법은?

- 사회자만 주제를 알고 나머지 참가자들은 토론 주제를 알지 못한다.
- 고정관념이나 습관적인 사고에서 벗어나 창의적인 아이디어가 제시될 수 있다.
- 다양한 아이디어를 토론 주제와 연결시켜야 하기 때문에 사회자의 능력이 중요하다.

① 고든법
② 롤스토밍법
③ 직관상기법
④ 집단토론법

| 25상 / K-water 한국수자원공사

12 다음 중 전방통합에 대한 설명으로 옳지 않은 것은?

① 소비자의 접근성을 높이고, 시장지배력을 강화하기 위한 목적을 갖는다.
② 소비자 방향으로 기업통합을 시도하는 것이다.
③ 자동차 생산업체가 철강공장을 구입하는 사례가 해당된다.
④ 제품 판매 및 유통 부문에 대한 소유권을 확보하는 전략이다.

| 25상 / K-water 한국수자원공사

13 다음 설명에 해당하는 민츠버그의 조직 유형은?

- 전문화된 명확한 역할을 토대로 정해진 절차를 준수하는 것을 중요시한다.
- 사회적 변화, 상품 변화 등 외부 환경요인에 대한 적응력이 떨어질 수 있다.
- 의사결정 프로세스가 간소화되어 효율성이 높으나, 수평적인 의사결정은 제한적이다.

① 단순 구조
② 사업부제 구조
③ 임시조직 구조
④ 기계적 관료제 구조

| 25상 / K-water 한국수자원공사

14 다음 설명에 해당하는 면접법은?

> • 면접관마다 각각 다른 평가요소를 중심으로 질문 및 평가를 한다.
> • 다수의 면접관이 한 명이나 소수의 지원자를 면접한다.
> • 한 명의 면접관에게 질문을 받아도 답변은 전체 면접관에게 하듯이 하는 것이 좋다.

① 집단 면접
② 스트레스 면접
③ 상황 면접
④ 패널 면접

| 25상 / K-water 한국수자원공사

15 다음 중 귀인오류에 해당하지 않는 것은?

① 근본적 귀인오류
② 외부요인 귀인
③ 자존적 편견
④ 행위자 – 관찰자 편견

| 25상 / K-water 한국수자원공사

16 다음 설명에 해당하는 노동조합 숍 제도는?

> • 노동조합 가입을 고용의 조건으로 삼아 모든 노동자를 노동조합에 가입시킨다.
> • 노사 간 단체협약 조항으로 노동조합 측에 가장 유리한 제도이다.
> • 기업별 노동조합을 단위로 하는 우리나라에서는 활성화되어 있지 않은 제도이다.

① 에이전시 숍
② 유니언 숍
③ 오픈 숍
④ 클로즈드 숍

| 25상 / K-water 한국수자원공사

17 다음 중 ISO 26000에 대한 설명으로 옳지 않은 것은?

① 국제표준화기구(ISO)에서 개발한 기업의 사회적 책임의 국제표준이다.
② 2010년에 제정 및 발표되었다.
③ 책임성, 투명성, 윤리적 행동 등 총 7개의 기본원칙으로 구성된다.
④ 기업의 사회적 책임을 위한 기존 방법이나 계획을 대체하는 역할을 한다.

| 25상 / K-water 한국수자원공사

18 **다음 중 진입장벽이 높은 경우가 아닌 것은?**

① 초기 투자가 많이 필요한 경우
② 제품 차별화가 낮은 경우
③ 법적 규제가 있는 경우
④ 기존 경쟁업체가 많은 경우

| 25상 / K-water 한국수자원공사

19 **다음 중 포터의 가치사슬에서 지원적 활동에 해당하는 것은?**

① 인적자원관리
② 생산운영
③ 마케팅
④ 외부물류

| 25상 / K-water 한국수자원공사

20 **다음 중 카르텔에 대한 설명으로 옳지 않은 것은?**

① OPEC의 경우 석유 생산 국가 간 공식적인 카르텔로 볼 수 있다.
② 카르텔로 인해 구성원들의 위험은 더욱 커지게 된다.
③ 경쟁기업과 소비자 모두에게 불이익을 초래할 수 있다.
④ 기업들이 서로 협력하여 경쟁을 제한하거나 시장을 조작하는 형태의 비합법적인 협력을 일컫는다.

| 24하 / K-water 한국수자원공사

21 **다음 중 매트릭스 조직의 단점으로 옳지 않은 것은?**

① 책임, 목표, 평가 등에 대한 갈등이 유발되어 혼란을 줄 수 있다.
② 관리자 및 구성원 모두에게 역할 등에 대한 스트레스를 유발할 수 있다.
③ 힘의 균형을 유지하기 어려워 경영자의 개입이 빈번하게 일어날 수 있다.
④ 구성원의 창의력을 저해하고, 문제해결에 필요한 전문지식이 부족할 수 있다.

| 24하 / K-water 한국수자원공사

22 다음 중 BCG 매트릭스에 대한 설명으로 옳지 않은 것은?

① X축은 상대적 시장 점유율, Y축은 성장률을 의미한다.
② 1970년대 미국 보스턴컨설팅그룹에 의해 개발된 경영전략 분석 기법이다.
③ 수익이 많고 안정적이어서 현상을 유지하는 것이 필요한 사업은 별(Star)이다.
④ 물음표(Question), 별(Star), 현금젖소(Cash Cow), 개(Dog)의 4개 영역으로 구성된다.

| 24하 / K-water 한국수자원공사

23 다음 중 변혁적 리더십의 특성으로 옳지 않은 것은?

① 구성원들은 리더가 이상적이며 높은 수준의 기준과 능력을 지니고 있다고 생각한다.
② 리더는 구성원 모두가 공감할 수 있는 바람직한 목표를 설정하고, 그들이 이를 이해하도록 한다.
③ 리더는 구성원들의 생각·가치·신념 등을 발전시키고, 그들이 창의적으로 행동하도록 이끈다.
④ 구성원들을 리더로 얼마나 육성했는지보다 구성원의 성과 측정을 통해 객관성을 가질 수 있다는 효과가 있다.

| 24하 / K-water 한국수자원공사

24 다음 중 변혁적 리더십의 구성 요소에 해당하지 않는 것은?

① 감정적 치유　　② 카리스마
③ 영감적 동기화　　④ 지적 자극

| 24하 / K-water 한국수자원공사

25 다음 중 가치사슬 분석을 통해 얻을 수 있는 효과로 옳지 않은 것은?

① 프로세스 혁신　　② 원가 절감
③ 매출 확대　　④ 품질 향상

02 경제

| 25상 / K-water 한국수자원공사

01 **다음 중 소비자 물가지수에 대한 설명으로 옳지 않은 것은?**

① 한 국가의 소비자가 구입하는 재화 및 용역의 평균가격을 측정한 지수이다.
② 명목 GDP를 실질 GDP로 나눈 값에 100을 곱하여 계산할 수 있다.
③ 소비자 물가지수의 변동률로 인플레이션을 측정할 수 있다.
④ 국가데이터처에서 작성한다.

| 25상 / K-water 한국수자원공사

02 **다음 중 테일러 준칙에 대한 설명으로 옳지 않은 것은?**

① 중앙은행이 금리를 결정할 때 경제성장률과 물가상승률을 고려한다는 원칙이다.
② 실제 인플레이션율이 목표치보다 높은 경우 금리를 인상한다.
③ 실제 성장률이 잠재 성장률보다 낮은 경우 금리를 인하한다.
④ 인플레이션율이 1% 상승한 경우 중앙은행은 실질이자율을 1% 이상 상승시켜야 한다.

| 25상 / K-water 한국수자원공사

03 **다음 중 IS－LM 모형에 대한 설명으로 옳지 않은 것은?**

① 거시경제에서 이자율과 국민소득 간의 관계를 나타내는 모형이다.
② IS 곡선의 IS는 투자와 화폐 공급을 의미한다.
③ IS 곡선과 LM 곡선이 만나는 교차점에서는 모든 시장이 균형이 된다.
④ 유동성 선호 이론은 LM 곡선의 이론적 기반이라 할 수 있다.

| 25상 / K-water 한국수자원공사

04 다음 중 GDP를 구하는 공식으로 옳은 것은?

① (소비)+(투자)+(수출)+(수입)
② (소비)−(투자)+(수출)+(수입)
③ (소비)+(투자)−(수출)−(수입)
④ (소비)+(투자)+(수출)−(수입)

| 24하 / 한국자산관리공사

05 다음 중 독점적 경쟁시장의 특징에 대한 설명으로 옳지 않은 것은?

① 독점시장과 완전경쟁시장의 성격이 혼합된 시장이다.
② 독점적 경쟁시장의 수요곡선은 우하향한다.
③ 기업마다 판매하는 재화의 속성을 차별화하여 다른 기업들과 경쟁하는 시장이다.
④ 시장에 새로 진출하는 신규 기업을 차단하는 진입장벽이 낮다.
⑤ 독점적 경쟁시장에서 기업은 완전한 시장 지배력을 가질 수 있다.

| 24하 / 한국자산관리공사

06 다음 중 종량세에 대한 설명으로 옳지 않은 것은?

① 종량세는 과세단위 기준을 금액에 둔다.
② 종량세를 생산자에게 부과할 경우 공급곡선은 왼쪽으로 이동한다.
③ 종량세를 부과할 경우 수요공급곡선은 평행이동하게 된다.
④ 세액 산정이 비교적 간편하여 행정 능률을 높일 수 있는 장점이 있다.
⑤ 현재 우리나라 주류 과세체계는 종가세 방식을 채택하고 있다.

| 24하 / 한국자산관리공사

07 **다음 중 유위험 이자율 평가설에 기본 가정으로 옳지 않은 것은?**

① 비대칭 정보가 존재하지 않는다.
② 국가 간 자산이 완전대체재 성격을 갖는다.
③ 거래비용이 없다.
④ 자본이동에 대한 제약사항이 없다.
⑤ 투자자가 위험회피 성향을 갖는다.

| 24하 / 한국자산관리공사

08 **다음 중 먼델 – 플레밍 모형의 기본 가정으로 옳지 않은 것은?**

① 현물 환율과 선물 환율은 동일하다.
② 국내 물가 수준이 일정하게 유지되고, 국내 생산량의 공급은 탄력적이다.
③ 소득에 따라 세금과 저축이 증가한다.
④ 국가 규모가 매우 작아 해외 국가소득이나 국제 이자율 수준에 영향을 미칠 수 없다.
⑤ 화폐에 대한 수요는 이자율에 의존하며, 투자는 소득과 이자율에 의존한다.

| 24하 / 근로복지공단

09 **다음 중 보완재의 관계로 볼 수 있는 것은?**

① 천연가스 – 석탄
② 소고기 – 돼지고기
③ 빵 – 잼
④ 보리 – 쌀
⑤ 기차 – 버스

| 24하 / 근로복지공단

10 **다음 중 실업의 종류에 해당하지 않는 것은?**

① 경기적 실업
② 마찰적 실업
③ 구조적 실업
④ 계절적 실업
⑤ 생산적 실업

| 24하 / 근로복지공단

11 **다음 중 과점시장의 특징으로 옳지 않은 것은?**

① 시장 내 기업 간 밀접한 의존관계를 갖는다.
② 비가격경쟁을 통해 가격의 경직성이 나타난다.
③ 시장에서 판매되는 제품의 차별화가 나타난다.
④ 담합 등과 같은 비경쟁행위가 나타난다.
⑤ 독점시장보다는 약하지만 비교적 높은 진입장벽을 갖는다.

| 24상 / 건강보험심사평가원

12 **다음 중 수요 · 공급의 가격탄력성에 대한 설명으로 옳지 않은 것은?**

① 수요가 탄력적일수록 수요의 가격탄력성은 1보다 커진다.
② 수요곡선이 비탄력적일수록 기울기는 더 가파르게 된다.
③ 대체재가 존재하는 경우 수요의 가격탄력성이 커지게 된다.
④ 장기공급의 가격탄력성이 단기공급의 가격탄력성보다 작다.

| 24상 / 건강보험심사평가원

13 다음 중 국내 총수요를 계산하는 산식으로 옳은 것은?

① (소비)+(투자)−(정부지출)−(수출)−(수입)
② (소비)+(투자)−(정부지출)−(수출)+(수입)
③ (소비)+(투자)+(정부지출)+(수출)+(수입)
④ (소비)+(투자)+(정부지출)+(수출)−(수입)

| 24상 / 건강보험심사평가원

14 다음 〈조건〉을 참고하여 최적생산량을 구하면 얼마인가?

조건
- 총비용 : $50+Q^2$
- 총수입 : $60Q-Q^2$

① 10 ② 15
③ 20 ④ 25

| 24상 / 건강보험심사평가원

15 다음 중 장기적인 경제성장을 위해 필요한 전략으로 옳지 않은 것은?

① 장기적 성장을 위해서는 자본투자와 생산가능인구 확대를 통해 잠재성장률을 끌어올려야 한다.
② 노동, 자본 등의 양적 생산요소 및 기술, 지식 등의 질적 생산요소의 경쟁력을 강화하여야 한다.
③ 제조업 제품뿐만 아니라 고부가 서비스제품의 수출 확대를 통해 글로벌 산업구조에 대응하여야 한다.
④ 경제의 외부충격에 대비하기 위해 내수시장을 집중하여 키우고, 이후 수출주도 경제성장 전략을 도입하여야 한다.

시대에듀

M E M O

PART 1

직무적합평가

CHAPTER 01

의사소통능력

합격 Cheat Key

의사소통능력은 평가하지 않는 공사·공단이 없을 만큼 필기시험에서 중요도가 높은 영역으로, 세부 유형은 문서 이해, 문서 작성, 의사 표현, 경청, 기초 외국어로 나눌 수 있다. 문서 이해·문서 작성과 같은 지문에 대한 주제 찾기, 내용 일치 문제의 출제 비중이 높으며, 문서의 특성을 파악하는 문제도 출제되고 있다.

1 문제에서 요구하는 바를 먼저 파악하라!

의사소통능력에서 가장 중요한 것은 제한된 시간 안에 빠르고 정확하게 답을 찾아내는 것이다. 의사소통능력에서는 지문이 아니라 문제가 주인공이므로 지문을 보기 전에 문제를 먼저 파악해야 하며, 문제에 따라 전략적으로 빠르게 풀어내는 연습을 해야 한다.

2 잠재되어 있는 언어 능력을 발휘하라!

세상에 글은 많고 우리가 학습할 수 있는 시간은 한정적이다. 이를 극복할 수 있는 방법은 다양한 글을 접하는 것이다. 실제 시험장에서 어떤 내용의 지문이 나올지 아무도 예측할 수 없으므로 평소에 신문, 소설, 보고서 등 여러 글을 접하는 연습이 필요하다.

3 상황을 가정하라!

업무 수행에 있어 상황에 따른 언어 표현은 중요하다. 같은 말이라도 상황에 따라 다르게 해석될 수 있기 때문이다. 그런 의미에서 자신의 의견을 효과적으로 전달할 수 있는 능력을 평가하는 것이다. 업무를 수행하면서 발생할 수 있는 여러 상황을 가정하고 그에 따른 올바른 언어 표현을 정리하는 것이 필요하다.

4 말하는 이의 입장에서 생각하라!

잘 듣는 것 또한 하나의 능력이다. 상대방의 이야기에 귀 기울이고 공감하는 태도는 업무를 수행하는 관계 속에서 필요한 요소이다. 그런 의미에서 다양한 상황에서 듣는 능력을 평가하는 것이다. 말하는 이가 요구하는 듣는 이의 태도를 파악하고, 이에 따른 판단을 할 수 있도록 언제나 말하는 사람의 입장이 되는 연습이 필요하다.

대표기출유형

01 문서 내용 이해

| 유형분석 |

- 주어진 지문을 읽고 선택지를 고르는 전형적인 독해 문제이다.
- 지문은 주로 신문기사(보도자료 등)나 업무 보고서, 시사 등이 제시된다.
- 공사공단에 따라 자사와 관련된 내용의 기사나 법조문, 보고서 등이 출제되기도 한다.

다음 글의 내용으로 적절하지 않은 것은?

현대 우주론의 출발점은 1917년 아인슈타인이 발표한 정적 우주론이다. 아인슈타인은 우주는 팽창하지도 수축하지도 않는다고 주장했다. 그런데 이 이론의 토대가 된 아인슈타인의 일반 상대성 이론을 면밀히 살핀 러시아의 수학자 프리드먼과 벨기에의 신부 르메트르의 생각은 아인슈타인과 달랐다. 프리드먼은 1922년 "우주는 극도의 고밀도 상태에서 시작돼 점차 팽창하면서 밀도가 낮아졌다."라는 주장을, 르메트르는 1927년 "우주가 원시 원자들의 폭발로 시작됐다."라는 주장을 각각 논문으로 발표했다. 그러나 아인슈타인은 그들의 논문을 무시해 버렸다.

① 프리드먼의 이론과 르메트르의 이론은 양립할 수 없는 관계이다.
② 정적 우주론은 일반 상대성 이론의 연장선상에 있는 이론이다.
③ 아인슈타인의 정적 우주론에 대한 반론이 제기되었다.
④ 아인슈타인의 이론과 프리드먼의 이론은 양립할 수 없는 관계이다.
⑤ 아인슈타인은 프리드먼과 르메트르의 주장을 받아들이지 않았다.

정답 ①

프리드먼의 '우주는 극도의 고밀도 상태에서 시작돼 점차 팽창하면서 밀도가 낮아졌다.'라는 이론과 르메트르의 '우주가 원시 원자들의 폭발로 시작됐다.'라는 이론은 상호 간에 성립하는 이론이다.
따라서 프리드먼의 이론과 르메트르의 이론은 양립할 수 없는 관계라는 해석은 적절하지 않다.

풀이 전략!

지문을 읽기 전에 문제와 선택지를 먼저 읽는 습관을 들여야 한다. 이를 통해 지문 속에서 알아내야 할 정보가 무엇인지를 먼저 인지한 후 지문을 읽어야 문제 푸는 시간을 단축할 수 있다. 대부분의 공사공단 필기시험은 짧은 시간 내에 많은 문제를 풀어야 하므로, 한 지문을 두세 번 읽으면 그만큼 다른 문제의 풀이 시간에 손해가 생긴다.

대표기출유형 01 기출응용문제

※ 다음 글의 내용으로 적절하지 않은 것을 고르시오. [1~5]

01

참여예산제는 예산 편성의 단계에서 시민들의 참여를 가능하게 하는 제도이다. 행정부의 독점적인 예산 편성은 계층제적 권위에 의한 참여의 부족을 불러와 비효율성의 또 다른 원인이 될 수 있기 때문에, 참여예산제의 시행은 재정 민주주의의 실현을 위해서 뿐만 아니라 예산 배분의 효율성 제고를 위해서도 필요한 것이라 할 수 있다. 그러나 참여가 형식에 그치게 되거나 예기치 못한 형태의 주민 간 갈등이 나타날 수 있다는 문제점이 존재한다. 또한 인기 영합적 예산 편성과 예산 수요의 증가 및 행정부 의사 결정의 곤란과 같은 문제점도 지적된다.

① 참여예산제의 시행은 민주성의 실현이라는 의의가 있다.
② 참여예산제의 시행은 예산 편성상의 효율성을 제고할 것이다.
③ 참여예산제는 주민들의 다양한 이익을 반영할 수 있을 것이다.
④ 참여예산제는 재정 상태를 악화시킬 것이다.
⑤ 참여예산제의 시행은 행정부의 권위주의를 견제하기 위해서 필요할 것이다.

02

세슘은 알칼리 금속에 속하는 화학 원소로 무르고 밝은 금색이며 실온에서 액체 상태로 존재하는 세 가지 금속 중 하나이다. 세슘은 공기 중에서도 쉽게 산화하며 가루 세슘 또한 자연발화를 하는 데다 물과 폭발적으로 반응하기 때문에 소방법에서는 위험물로 지정하고 있다. 나트륨이나 칼륨은 물에 넣으면 불꽃을 내며 타는데, 세슘의 경우에는 물에 넣었을 때 발생하는 반응열과 수소 기체가 만나 더욱 큰 폭발을 일으킨다. 세슘에는 약 30종의 동위원소가 있는데, 이 중 세슘 – 133만이 안정된 형태이며 나머지는 모두 자연적으로 붕괴한다. 이 중 세슘 – 137은 감마선을 만드는데, 1987년에 이 물질에 손을 댄 4명이 죽고 200명 이상이 피폭당한 고이아니아 방사능 유출사고가 있었다.

① 세슘은 실온에서 액체로 존재하는 세 가지 금속 중 하나이다.
② 액체 상태의 세슘은 위험물에서 제외하고 있다.
③ 세슘은 물에 넣었을 때 큰 폭발을 일으킨다.
④ 세슘 – 137을 부주의하게 다룰 경우 생명이 위독할 수 있다.
⑤ 세슘의 동위원소 대부분은 안정적이지 못하다.

03

위기지학(爲己之學)이란 15세기의 사림파 선비들이 『소학(小學)』을 강조하면서 내세운 공부 태도를 가리킨다. 원래 이 말은 위인지학(爲人之學)과 함께 『논어(論語)』에 나오는 말이다. '옛날에 공부하던 사람들은 자기를 위해 공부했는데, 요즘 사람들은 남을 위해 공부한다.' 즉, 공자는 공부하는 사람의 관심이 어디에 있느냐를 가지고 학자를 두 부류로 구분했다. 어떤 학자는 '위기(爲己)란 자아가 성숙하는 것을 추구하며, 위인(爲人)이란 남들에게서 인정받기를 바라는 태도'라고 했다.
조선 시대를 대표하는 성리학자인 퇴계 이황(李滉)은 이렇게 말했다. '위기지학이란 우리가 마땅히 알아야 할 바가 도리이며, 우리가 마땅히 행해야 할 바가 덕행이라는 것을 믿고, 가까운 데서부터 착수해 나가되 자신의 이해를 통해서 몸소 실천하는 것을 목표로 삼는 공부이다. 반면 위인지학이란, 내면의 공허함을 감추고 관심을 바깥으로 돌려 지위와 명성을 취하는 공부이다.' 위기지학과 위인지학의 차이는 공부의 대상이 무엇이냐에 있다기보다 공부를 하는 사람의 일차적 관심과 태도가 자신을 내면적으로 성숙시키는 데 있느냐 아니면 다른 사람으로부터 인정을 받는 데 있느냐에 있다는 것이다.
이것은 학문의 목적이 외재적 가치에 의해서가 아니라 내재적 가치에 의해서 정당화된다는 사고방식이 나타났음을 뜻한다. 이로써 당시 사대부들은 출사(出仕)를 통해 정치에 참여하는 것 외에 학문과 교육에 종사하면서도 자신의 사회적 존재 의의를 주장할 수 있다고 믿었다. 더 나아가 학자 또는 교육자로서 사는 것이 관료 또는 정치가로서 사는 것보다 더 훌륭하다고 주장할 수 있게 되었다. 또한 위기지학의 출현은 종래 과거제에 종속되어 있던 교육에 독자적 가치를 부여했다는 점에서 역사적 사건으로 평가받아 마땅하다.

① 국가가 위기지학을 권장함으로써 그 위상이 높아졌다.
② 위인지학을 추구하는 사람들은 체면과 인정을 중시했다.
③ 위기적 태도를 견지한 사람들은 자아의 성숙을 추구했다.
④ 공자는 학문을 대하는 태도를 기준으로 삼아 학자들을 나누었다.
⑤ 위기지학은 사대부에게 출사만이 훌륭한 것은 아니라는 근거를 제공했다.

04

역사란 무엇인가 하는 대단히 어려운 물음에 아주 쉽게 답한다면, 그것은 인간 사회의 지난날에 일어난 사실(事實) 자체를 가리키기도 하고, 또 그 사실에 관해 적어 놓은 기록을 가리키기도 한다고 말할 수 있다. 그러나 지난날의 인간 사회에서 일어난 사실이 모두 역사가 되는 것은 아니다. 쉬운 예를 들면 김총각과 박처녀가 결혼한 사실은 역사가 될 수 없고, 한글이 만들어진 사실, 임진왜란이 일어난 사실 등은 역사가 된다.

이렇게 보면 사소한 일, 일상적으로 반복되는 일은 역사가 될 수 없고, 거대한 사실, 한 번만 일어나는 사실만이 역사가 될 것 같지만, 반드시 그런 것도 아니다. 고려 시대의 경우를 예로 들면, 주기적으로 일어나는 자연 현상인 일식과 월식은 모두 역사로 기록되었지만, 우리는 지금 세계 최고(最古)의 금속 활자를 누가 몇 년에 처음으로 만들었는지 모르고 있다. 일식과 월식은 자연 현상이면서도 하늘이 인간 세계의 부조리를 경고하는 것이라 생각했기 때문에 역사가 되었지만, 목판(木版)이나 목활자 인쇄술이 금속 활자로 넘어가는 중요성이 인식되지 않았기 때문에 금속 활자는 역사가 될 수 없었다.

이렇게 보면, 또 역사라는 것은 지난날의 인간 사회에서 일어난 사실 중에서 누군가에 의해 중요한 일이라고 인정되어 뽑힌 것이라 할 수 있다. 이 경우, 그것을 뽑은 사람은 기록을 담당한 사람, 곧 역사가라 할 수 있으며, 뽑힌 사실이란 곧 역사책을 비롯한 각종 기록에 남은 사실들이다. 다시 말하면 역사란 결국 기록에 남은 것이며, 기록에 남지 않은 것은 역사가 아니라 할 수 있다. 일식과 월식은 과학이 발달한 오늘날에는 역사로서 기록에 남지 않게 되었다. 금속 활자의 발견은 그 중요성을 안 훗날 사람들의 노력에 의해 최초로 발명한 사람과 정확한 연대(年代)는 모른 채 고려 말기의 중요한 역사로 추가 기록되었다.

'지난날의 인간 사회에서 일어난 수많은 사실 중에서 누군가가 기록해 둘 만한 중요한 일이라고 인정하여 기록한 것이 역사이다.'라고 생각해 보면, 여기에 좀 더 깊이 생각해 보아야 할 몇 가지 문제가 있다. 첫째는 '기록해 둘 만한 중요한 사실이란 무엇을 말하는 것인가?' 하는 문제이고, 둘째는 '과거에 일어난 일들 중에서 기록해 둘 만한 중요한 사실을 가려내는 사람의 생각과 처지'의 문제이다.

먼저 '무엇이 기록해 둘 만한 중요한 문제인가? 기록해 둘 만하다는 기준(基準)이 무엇인가?' 하고 생각해 보면, 아주 쉽게 말해서 후세(後世) 사람들에게 어떤 참고가 될 만한 일이라고 말할 수 있겠다. 다시 말하면, 오늘날의 역사책에 남아 있는 사실들은 모두 우리가 살아나가는 데 참고가 될 만한 일들이라 할 수 있다.

다음으로, 참고가 될 만한 일과 그렇지 않은 일을 가려 내는 일은 사람에 따라 다를 수 있으며, 또 시대에 따라 다를 수 있다. 고려 시대나 조선 시대 사람들에게는 일식과 월식이 정치를 잘못한 왕이나 관리들에 대한 하늘의 노여움이라 생각되었기 때문에 역사에 기록되었지만, 오늘날에는 그렇지 않다는 것을 알게 되었기 때문에 역사에는 기록되지 않는다.

① 인간 사회에서 일어난 모든 사실이 역사가 될 수 없다.
② 역사라는 것은 역사가의 관점에 의하여 선택된 사실이다.
③ 역사의 가치는 시대나 사회의 흐름과 무관한 절대적인 것이다.
④ 역사는 기록에 남은 것이며, 기록된 것은 가치가 있는 것이어야 한다.
⑤ 희소가치가 있는 것이나 거대한 사실이 반드시 역사가 되는 것은 아니다.

05

> 어떤 사회 현상이 나타나는 경우 그러한 현상은 '제도'의 탓일까, 아니면 '문화'의 탓일까? 이 논쟁은 정치학을 비롯한 모든 사회과학에서 두루 다루는 주제이다. 정치학에서 제도주의자들은 보다 선진화된 사회를 만들기 위해서 제도의 정비가 중요하다고 주장한다. 하지만 문화주의자들은 실제적인 '운용의 묘'를 살리는 문화가 제도의 정비보다 중요하다고 주장한다.
> 문화주의자들은 문화를 가치, 신념, 인식 등의 총체로서 정치적 행동과 행위를 특정한 방향으로 움직여 일정한 행동 양식을 만들어 내는 것으로 정의한다. 이러한 문화에 대한 정의를 토대로 이들은 국민이 정부에게 하는 정치적 요구인 투입과 정부가 생산하는 정책인 산출을 기반으로 정치 문화를 편협형, 신민형, 참여형의 세 가지로 유형화하였다.
> 편협형 정치 문화는 투입과 산출에 대한 개념이 모두 존재하지 않는 정치 문화이다. 투입이 없으며, 정부도 산출에 대한 개념이 없어서 적극적 참여자로서의 자아가 있을 수 없다. 사실상 정치 체계에 대한 인식이 국민들에게 존재할 수 없는 사회이다. 샤머니즘에 의한 신정 정치, 부족 또는 지역 사회 등 전통적인 원시 사회가 이에 해당한다.
> 다음으로 신민형 정치 문화는 투입이 존재하지 않으며, 적극적 참여자로서의 자아가 형성되지 못한 사회이다. 이런 상황에서 산출이 존재한다는 의미는 국민이 정부가 해주는 대로 받는다는 것을 의미한다. 이들 국민은 정부에 복종하는 성향이 강하다. 하지만 편협형 정치 문화와 달리 이들 국민은 정치 체계에 대한 최소한의 인식은 있는 상태이다. 일반적으로 독재 국가의 정치 체계가 이에 해당한다.
> 마지막으로 참여형 정치 문화는 국민들이 자신들의 요구 사항을 표출할 줄도 알고, 정부는 그러한 국민들의 요구에 응답하는 사회이다. 따라서 국민들은 적극적인 참여자로서의 자아가 형성되어 있으며, 그러한 적극적 참여자들로 형성된 정치 체계가 존재하는 사회이다. 이는 선진 민주주의 사회로서 현대의 바람직한 민주주의 사회상이다.
> 정치 문화 유형 연구는 어떤 사회가 민주주의를 제대로 구현하기 위해서 우선적으로 필요한 것이 무엇인가 하는 질문에 대한 답을 제시하고 있다. 문화주의자들은 국가를 특정 제도의 장단점에 의해서가 아니라 국가의 구성 요소들이 민주주의라는 보편적인 목적을 위해 얼마나 잘 기능하고 있는가를 기준으로 평가하고 있는 것이다.

① 문화주의자들은 정치문화를 편협형, 신민형, 참여형으로 나눈다.
② 편협형 정치 문화는 투입과 산출에 대한 개념이 없다.
③ 참여형 정치 문화는 국민과 정부가 소통하는 사회이다.
④ 신민형 정치 문화는 투입은 존재하지 않으며 산출은 존재하는 사회이다.
⑤ 독재 국가의 정치 체계는 편협형 정치 문화에 해당한다.

06 다음 중 '빌렌도르프의 비너스'에 대한 설명으로 가장 적절한 것은?

> 1909년 오스트리아 다뉴브 강가의 빌렌도르프 근교에서 철도 공사를 하던 중 구석기 유물이 출토되었다. 이 중 눈여겨볼 만한 것이 '빌렌도르프의 비너스'라 불리는 여성 모습의 석상이다. 대략 기원전 2만 년의 작품으로 추정되나 구체적인 제작연대나 용도 등에 대해 알려진 바가 거의 없다. 높이 11.1cm의 이 작은 석상은 굵은 허리와 둥근 엉덩이에 커다란 유방을 늘어뜨리는 등 여성 신체가 과장되어 묘사되어 있다. 가슴 위에 올려놓은 팔은 눈에 띄지 않을 만큼 작으며, 땋은 머리에 가려 얼굴이 보이지 않는다. 출산, 다산의 상징으로 주술적 숭배의 대상이 되었던 것이라는 의견이 지배적이다. 태고의 이상적인 여성을 나타내는 것이라고 보는 의견이나, 선사시대 유럽의 풍요와 안녕의 상징이었다고 보는 의견도 있다.

① 팔은 떨어져 나가고 없다.
② 빌렌도르프라는 사람에 의해 발견되었다.
③ 부족장의 부인을 모델로 만들어졌다.
④ 구석기 시대의 유물이다.
⑤ 평화의 상징이라는 의견이 지배적이다.

07 다음 글의 내용을 바르게 이해한 것은?

> 국회의원들의 천박한 언어 사용은 여야가 다르지 않고, 어제오늘의 일도 아니다. '잔대가리', '양아치', '졸개' 같은 단어가 예사로 입에서 나온다. 막말에 대한 무신경, 그릇된 인식과 태도가 원인이다. 막말이 부끄러운 언어 습관과 인격을 드러낸다고 여기기보다 오히려 투쟁성과 선명성을 상징한다고 착각한다.

① 모든 국회의원은 막말 쓰기를 좋아한다.
② 국회의원들의 천박한 언어 사용은 오래되었다.
③ '잔대가리', '양아치', '졸개' 등은 은어(隱語)에 속한다.
④ 국회의원들은 고운 말과 막말을 전혀 구분할 줄 모른다.
⑤ 국회의원들은 막말이 부끄러운 언어 습관을 드러낸다고 여긴다.

02 글의 주제 · 제목

| 유형분석 |

- 주어진 지문을 파악하여 전달하고자 하는 핵심 주제를 고르는 문제이다.
- 정보를 종합하고 중요한 내용을 구별하는 능력이 필요하다.
- 설명문부터 주장, 반박문까지 다양한 성격의 지문이 제시되므로 글의 성격별 특징을 알아 두는 것이 좋다.

다음 글의 제목으로 가장 적절한 것은?

요한 제바스티안 바흐는 '경건한 종교 음악가'로서 천직을 다하기 위한 이상적인 장소를 라이프치히라고 생각하여 27년 동안 그곳에서 열심히 칸타타*를 써 나갔다고 알려졌다. 그러나 실은 7년째에 라이프치히의 칸토르**직으로는 가정을 꾸리기에 수입이 충분치 못해서 다른 일을 하기도 했고 다른 궁정에 자리를 알아보기도 했다. 그것이 계기가 되어 칸타타를 쓰지 않게 되었다는 사실이 최근의 연구에서 밝혀졌다. 또한 볼프강 아마데우스 모차르트의 경우에는 비극적으로 막을 내린 35년이라는 짧은 생애에 걸맞게 '하늘이 이 위대한 작곡가의 죽음을 비통해하듯' 천둥 치고 진눈깨비 흩날리는 가운데 장례식이 행해졌고 그 때문에 그의 묘지는 행방을 알 수 없게 되었다고 하는데, 그 후 이러한 이야기는 빈 기상대에 남아 있는 기상자료와 일치하지 않는다는 사실도 밝혀졌다. 게다가 만년에 엄습해온 빈곤에도 불구하고 다수의 걸작을 남기고 세상을 떠난 모차르트가 실제로는 그 정도로 수입이 적지는 않았다는 사실도 드러나 최근에는 도박벽으로 인한 빈곤설을 주장하는 학자까지 등장하게 되었다.

*칸타타 : 17세기에서 18세기까지 바로크 시대에 발전한 성악곡의 한 형식. 독창 · 중창 · 합창과 기악 반주로 이루어지며, 이야기를 구성하는 가사의 내용에 따라 세속 칸타타와 교회 칸타타로 나뉨

**칸토르 : 교회의 음악감독이나 성가대 지휘자를 뜻함

① 음악가들의 쓸쓸한 최후
② 미화된 음악가들의 이야기와 그 진실
③ 음악가들을 괴롭힌 근거 없는 소문들
④ 음악가들의 명성에 가려진 빈곤한 생활
⑤ 음악가들의 헌신적인 열정

정답 ②

제시문에서는 유명 음악가 바흐와 모차르트에 대해 알려진 이야기들과 이와는 다르게 밝혀진 사실을 대비하여 이야기하고 있다. 또한 사실이 아닌 이야기가 바흐와 모차르트의 삶을 미화하는 경향이 있으므로 제목으로는 ②가 가장 적절하다.

풀이 전략!

- 선택지 중 세부적인 내용을 다루고 있는 것은 정답에서 제외시킨다.
- 주제가 되는 글 또는 문단의 앞과 뒤에 핵심어가 오는 경우가 있으므로 먼저 글을 읽어 핵심어를 잡아낸 뒤 중심 내용을 파악할 수 있도록 한다.
- 글의 전체적인 진행 중에 반전이 되는 내용이나 '그런데', '그러나' 등의 접속어가 나온다면 그 다음 내용이 중심 내용인 경우가 많다. 따라서 글의 분위기가 반전되는 경우 이에 집중하여 독해한다.

01 다음 글에서 필자가 주장하는 핵심 내용으로 가장 적절한 것은?

1948년에 제정된 대한민국 헌법은 공동체의 정치적 문제는 기본적으로 국민의 의사에 의해 결정된다는 점을 구체적인 조문으로 명시하고 있다. 그러나 이러한 공화제적 원리는 1948년에 이르러 갑작스럽게 등장한 것이 아니다. 이미 19세기 후반부터 한반도에서는 이와 같은 원리가 공공 영역의 담론 및 정치적 실천 차원에서 표명되고 있었다.

공화제적 원리는 1885년부터 발행되기 시작한 근대적 신문인 『한성주보』에서도 어느 정도 언급된 바 있지만, 특히 1898년에 출현한 만민 공동회에서 그 내용이 명확하게 드러난다. 독립협회를 중심으로 촉발되었던 만민 공동회는 민회를 통해 공론을 형성하고 이를 국정에 반영하고자 했던 완전히 새로운 형태의 정치운동이었다. 이것은 전통적인 집단상소나 민란과는 전혀 달랐다. 이 민회는 자치에 대한 국민의 자각을 기반으로 공동생활의 문제들을 협의하고 함께 행동해 나가려 하였다. 이것은 자신들이 속한 정치공동체에 대한 소속감과 연대감을 갖지 않고서는 불가능한 현상이었다. 즉, 만민 공동회는 국민이 스스로 정치적 주체가 되고자 했던 시도였다. 전제적인 정부가 법을 통해 제한하려고 했던 정치참여를 국민이 스스로 쟁취하여 정치체제를 변화시키고자 하였던 것이다.

19세기 후반부터 한반도에 공화제적 원리가 표명되고 있었다는 사례는 이뿐만이 아니다. 당시 독립협회가 정부와 함께 개최한 관민 공동회에서 발표한 「헌의 6조」를 살펴보면 제3조에 '예산과 결산은 국민에게 공표할 일'이라고 명시하고 있는 것을 확인할 수 있다. 이것은 오늘날의 재정운용의 기본원칙으로 여겨지는 예산공개의 원칙과 정확하게 일치하는 것으로, 국민과 함께 협의하여 정치를 하여야 한다는 공화주의 원리를 보여주고 있다.

① 만민 공동회는 전제 정부의 법적 제한에 맞서 국민의 정치 참여를 쟁취하고자 했다.
② 한반도에서 예산공개의 원칙은 19세기 후반 관민 공동회에서 처음으로 표명되었다.
③ 예산과 결산이라는 용어는 관민 공동회가 열렸던 19세기 후반에 이미 소개되어 있었다.
④ 만민 공동회를 통해 대한민국 헌법에 공화제적 원리를 포함시키는 것이 결정되었다.
⑤ 한반도에서 공화제적 원리는 이미 19세기 후반부터 담론 및 실천의 차원에서 표명되고 있었다.

02 다음 글의 제목으로 가장 적절한 것은?

올해로 출시 20주년을 맞은 구글어스가 세계 환경 보안관 역할을 톡톡히 하고 있어 화제다. 구글어스는 가상 지구본 형태로 제공되는 세계 최초의 위성영상지도 서비스로서, 간단한 프로그램만 내려받으면 지구 전역의 위성사진 및 지도, 지형 등의 정보를 확인할 수 있다. 구글은 그동안 축적된 인공위성 빅데이터 등을 토대로 환경 및 동물 보호 활동을 지원하고 있다.

지구에서는 지난 10여 년간 약 230만km^2의 삼림이 사라졌다. 병충해 및 태풍, 산불 등으로 손실된 것이다. 특히 개발도상국들의 산림 벌채와 농경지 확보가 주된 이유다. 이처럼 사라지는 숲에 비해 자연의 자생력으로 복구되는 삼림은 아주 적은 편이다.

그런데 최근에 개발된 초고해상도 '구글어스' 이미지를 이용해 정밀 분석한 결과, 식물이 살 수 없을 것으로 여겨졌던 건조지대에서도 훨씬 많은 숲이 분포한다는 사실이 밝혀졌다. 국제연합식량농업기구(FAO) 등 13개국 20개 기관과 구글이 참여한 대규모 국제공동연구진은 구글어스로 얻은 위성 데이터를 세부 단위로 쪼개 그동안 잘 알려지지 않은 전 세계 건조지역을 집중 분석했다.

그 결과 강수량이 부족해 식물의 정상적인 성장이 불가능할 것으로 알려졌던 건조지대에서 약 467만km^2의 숲을 새로이 찾아냈다. 이는 한반도 면적의 약 21배에 달한다. 연구진은 이번 발견으로 세계 삼림 면적의 추정치가 9% 정도 증가할 것이라고 주장했다.

건조지대는 지구 육지표면의 40% 이상을 차지하지만, 명확한 기준과 자료 등이 없어 그동안 삼림 분포에 대해서는 잘 알려지지 않았다. 그러나 이번 연구결과로 인해 전 세계 숲의 이산화탄소 처리량 등에 대해 보다 정확한 계산이 가능해짐으로써 과학자들의 지구온난화 및 환경보호 연구에 많은 도움이 될 것으로 기대되고 있다.

① 구글어스로 보는 환경훼손의 심각성
② 인간의 이기심으로 사라지는 삼림
③ 사막화 현상으로 건조해지는 지구
④ 환경오염으로 심각해지는 식량난
⑤ 전 세계 환경 보안관, 구글어스

03 다음 (가) ~ (마)의 핵심 주제로 적절하지 않은 것은?

(가) 한 아이가 길을 가다가 골목에서 갑자기 튀어나온 큰 개에게 발목을 물렸다. 아이는 이 일을 겪은 뒤 개에 대한 극심한 불안에 시달렸다. 멀리 있는 강아지만 봐도 몸이 경직되고 호흡 곤란을 느꼈으며 심할 경우 응급실을 찾기도 하였다. 이것은 한 번의 부정적인 경험이 공포증으로 이어진 경우라고 할 수 있다.

(나) '공포증'이란 위의 경우에서 보듯이 특정 대상에 대한 과도한 두려움으로 그 대상을 계속해서 피하게 되는 증세를 말한다. 특정한 동물, 높은 곳, 비행기나 엘리베이터 등이 공포증을 유발하는 대상이 될 수 있다. 물론 일반적인 사람들도 이런 대상을 접하여 부정적인 경험을 할 수 있지만 공포증으로까지 이어지는 경우는 드물다.

(다) 심리학자 와이너는 부정적인 경험을 한 상황을 어떻게 해석하느냐에 따라 이러한 공포증이 생길 수도 있고 그렇지 않을 수도 있으며, 공포증이 지속될 수도 있고 극복될 수도 있다고 했다. 그는 상황을 해석하는 방식을 설명하기 위해 상황의 원인을 어디에서 찾느냐, 상황의 변화 가능성에 대해 어떻게 인식하느냐의 두 가지 기준을 제시했다. 상황의 원인을 자신에게서 찾으면 '내부적'으로 해석한 것이고, 자신이 아닌 다른 것에서 찾으면 '외부적'으로 해석한 것이다. 또 상황이 바뀔 가능성이 전혀 없다고 생각하면 '고정적'으로 인식한 것이고, 상황이 충분히 바뀔 수 있다고 생각하면 '가변적'으로 인식한 것이다.

(라) 와이너에 의하면, 큰 개에게 물렸지만 공포증에 시달리지 않는 사람들은 개에게 물린 상황에 대해 '내 대처 방식이 잘못되었어.'라며 내부적이고 가변적으로 해석한다. 이것은 나의 대처 방식에 따라 상황이 충분히 바뀔 수 있다고 생각하는 것이므로 이들은 개와 마주치는 상황을 굳이 피하지 않는다. 그 후 개에게 물리지 않는 상황이 반복되면 '나도 어떤 경우라도 개를 감당할 수 있어.'라며 내부적이고 고정적으로 해석하는 단계로 나아가게 된다.

(마) 반면에 공포증을 겪는 사람들은 개에 물린 상황에 대해 '나는 약해서 개를 감당하지 못해.'라며 내부적이고 고정적으로 해석하거나 '개는 위험한 동물이야.'라며 외부적이고 고정적으로 해석한다. 자신의 힘이 개보다 약하다고 생각하거나 개를 맹수로 여기는 것이므로 이들은 자신이 개에게 물린 것을 당연한 일로 받아들인다. 하지만 공포증에 시달리지 않는 사람들처럼 상황을 해석하고 개를 피하지 않는 노력을 기울이면 공포증에서 벗어날 수 있다.

① (가) : 공포증이 생긴 구체적 상황
② (나) : 공포증의 개념과 공포증을 유발하는 대상
③ (다) : 와이너가 제시한 상황 해석의 기준
④ (라) : 공포증을 겪지 않는 사람들의 상황 해석 방식
⑤ (마) : 공포증을 겪는 사람들의 행동 유형

03 문단 나열

| 유형분석 |

- 각 문단의 내용을 파악하고 논리적 순서에 맞게 배열하는 복합적인 문제이다.
- 전체적인 글의 흐름을 이해하는 것이 중요하며, 각 문장의 지시어나 접속어에 주의한다.

다음 문단을 논리적 순서대로 바르게 나열한 것은?

(가) 그런데 '의사, 변호사, 사장' 등은 그 직업이나 직책에 있는 모든 사람을 가리키는 것임에도 실제로는 남성을 가리키는 데 주로 사용되고, 여성을 가리킬 때는 '여의사, 여변호사, 여사장' 등이 따로 사용되고 있다. 즉, 여성을 예외적인 경우로 취급함으로써 남녀 차별의 가치관을 이 말들에 반영하고 있는 것이다.

(나) 언어에는 사회상의 다양한 측면이 반영되어 있다. 그렇기 때문에 남성과 여성의 차이도 언어에 반영되어 있다. 한편 우리 사회는 꾸준히 양성평등을 향해서 변화하고 있지만, 언어의 변화 속도는 사회의 변화 속도를 따라가지 못한다. 따라서 국어에는 남녀차별의 사회상을 알게 해 주는 증거들이 있다.

(다) 오늘날 남녀의 사회적 위치가 과거와 다르고 지금 이 순간에도 계속 변하고 있다. 여성의 사회적 지위 향상의 결과가 앞으로 언어에 반영되겠지만, 현재 언어에 남아 있는 과거의 흔적은 우리 스스로의 노력으로 지워감으로써 남녀의 '차이'가 더 이상 '차별'이 되지 않도록 노력을 기울여야 하겠다.

(라) 우리말에는 그 자체에 성별을 구분해 주는 문법적 요소가 없다. 따라서 남성을 지칭하는 말과 여성을 지칭하는 말, 통틀어 지칭하는 말이 따로 존재해야 하지만, 국어에는 그런 경우도 있고 그렇지 않은 경우도 있다. 예를 들어 '아버지'와 '어머니'는 서로 대등하게 사용되고, '어린이'도 남녀를 구별하지 않고 가리킬 때 쓰인다.

① (나) – (가) – (라) – (다)
② (나) – (라) – (가) – (다)
③ (다) – (가) – (라) – (나)
④ (다) – (나) – (라) – (가)
⑤ (다) – (라) – (나) – (가)

정답 ②

제시문은 사회의 변화 속도를 따라가지 못하는 언어의 변화 속도에 대해 문제를 제기하며 구체적 예시와 함께 이를 시정할 것을 촉구하고 있다. 따라서 (나) 사회의 변화 속도를 따라가지 못하고 있는 언어의 실정 → (라) 성별을 구분하는 문법적 요소가 없는 우리말 → (가) 성별을 구분하여 사용하는 단어들의 예시 → (다) 언어의 남녀 차별에 대한 시정노력 촉구의 순으로 나열해야 한다.

풀이 전략!

- 각 문단에 위치한 지시어와 접속어를 살펴본다. 문두에 접속어가 오거나 문장 중간에 지시어가 나오는 경우 첫 번째 문단이 될 수 없다.
- 각 문단의 첫 문장과 마지막 문장에 집중하면서 글의 순서를 하나씩 맞춰 나간다.
- 선택지를 참고하여 문단의 순서를 생각해 보는 것도 시간을 단축하는 좋은 방법이 될 수 있다.

※ 다음 문단을 논리적 순서대로 바르게 나열한 것을 고르시오. [1~4]

01

(가) 최초로 입지를 선정하는 업체는 시장의 어디든 입지할 수 있으나 소비자의 이동 거리를 최소화하기 위하여 시장의 중심에 입지한다.

(나) 최대수요입지론은 산업 입지와 상관없이 비용은 고정되어 있다고 가정한다. 이 이론에서는 경쟁 업체와 가격 변동을 고려하여 수요가 극대화되는 입지를 선정한다.

(다) 그다음 입지를 선정해야 하는 경쟁 업체는 가격 변화에 따라 수요가 변하는 정도가 크지 않은 경우, 시장의 중심에서 멀어질수록 시장을 빼기게 되므로 경쟁 업체가 있더라도 가능한 중심에 가깝게 입지하려고 한다.

(라) 하지만 가격 변화에 따라 수요가 크게 변하는 경우에는 두 경쟁자는 서로 적절히 떨어져 입지하여 보다 낮은 가격으로 제품을 공급하려고 한다.

① (가) – (나) – (라) – (다)
② (가) – (다) – (라) – (나)
③ (나) – (가) – (다) – (라)
④ (나) – (라) – (다) – (가)
⑤ (라) – (가) – (다) – (나)

02

(가) 과거에 한 월간 잡지가 여성 모델이 정치인과 사귄다는 기사를 내보냈다가 기자는 손해배상을 하고 잡지도 폐간된 경우가 있었다. 일부는 추측 기사이고 일부는 사실도 있었지만, 사실이든 허위든 관계없이 남의 명예와 인권을 침해하였기에 그 책임을 진 것이다.
(나) 인권이라는 이름으로 남의 사생활을 침해하는 일은 자기 인권을 내세워 남의 불행을 초래하는 것이므로 보호받을 수 없다. 통상 대중 스타나 유명인들의 사생활은 일부 노출되어 있고, 이러한 공개성 속에서 상품화되므로 비교적 보호 강도가 약하기는 하지만 그들도 인간으로서 인권이 보호되는 것은 마찬가지다.
(다) 우리 사회에서 이제 인권이라는 말은 강물처럼 넘쳐흐른다. 과거에는 인권을 말하면 붙잡혀 가고 감옥에도 가곤 했지만, 이제는 누구나 인권을 스스럼없이 주장한다. 그러나 중요한 점은 인권이라 하더라도 무제한 보장되는 것이 아니라 남의 행복과 공동체의 이익을 침해하지 않는 범위 안에서만 보호된다는 것이다.
(라) 그런데 남의 명예를 훼손하여도 손해배상해 주면 그로써 충분하고, 자기 잘못을 사죄하는 광고를 신문에 강제로 싣게 할 수는 없다. 헌법재판소는 남의 명예를 훼손한 사람이라 하더라도 강제로 사죄 광고를 싣게 하는 것은 양심에 반하는 가혹한 방법이라 하여 위헌으로 선고했다.

① (가) – (나) – (다) – (라)
② (나) – (가) – (다) – (라)
③ (다) – (나) – (가) – (라)
④ (다) – (나) – (라) – (가)
⑤ (라) – (다) – (나) – (가)

03

(가) 이어 경제위기로 인한 경색이 나타나기도 했으나, 1991년에는 거의 모든 산업 분야를 아울러 단일시장을 지향하는 유럽연합(EU) 조약이 체결되었다.

(나) 그 후 이 세 공동체가 통합하여 공동시장을 목표로 하는 유럽공동체(EC)로 발전하였다.

(다) 유럽 석탄철강공동체(ECSC)는 당시 가장 중요한 자원의 하나였던 석탄과 철강이 국제 분쟁의 주요 요인이 되면서 자유로운 교류의 필요성이 대두됨에 따라 관련 국가들이 체결한 관세동맹이었다.

(라) 지향하는 바에 따라 국가를 대체하게 될 새로운 단일 정치체제를 수립하려던 시도는 일부 회원국 내에서의 비준 반대로 실패로 돌아갔다.

(마) 유럽연합(EU)의 기원은 1951년 독일, 프랑스, 이탈리아 및 베네룩스 3국이 창설한 유럽 석탄철강공동체(ECSC)이다.

(바) 이러한 과정과 효과가 비경제적 부문으로 확산되어 암스테르담 조약과 니스 조약 체결을 통해 유럽은 정치적 공동체를 지향하게 되었다.

(사) 그러나 상당수의 전문가들은 장기적으로는 유럽지역이 하나의 연방체제를 구성하는 정치 공동체가 될 것이라고 예측하고 있다.

(아) 이 관세동맹을 통해 다른 산업분야에서도 상호의존이 심화되었으며, 그에 따라 원자력 교류 동맹체인 유럽 원자력공동체(EURATOM)와 여러 산업 부문을 포괄하는 유럽 경제공동체(EEC)가 설립되었다.

① (다) – (라) – (가) – (아) – (나) – (사) – (마) – (바)
② (다) – (라) – (아) – (가) – (마) – (나) – (바) – (사)
③ (마) – (나) – (아) – (가) – (바) – (사) – (다) – (라)
④ (마) – (다) – (아) – (나) – (가) – (바) – (라) – (사)
⑤ (마) – (아) – (가) – (나) – (다) – (사) – (바) – (라)

PART 1

04

(가) 콘크리트가 굳은 뒤에 당기는 힘을 제거하면, 철근이 줄어들면서 콘크리트에 압축력이 작용하여 외부의 인장력에 대한 저항성이 높아진 프리스트레스트 콘크리트가 만들어진다.
(나) 이러한 과정을 통해 만들어진 프리스트레스트 콘크리트가 사용된 킴벨 미술관은 개방감을 주기 위하여 기둥 사이를 30m 이상 벌리고 내부의 전시 공간을 하나의 층으로 만들었다.
(다) 이 간격은 프리스트레스트 콘크리트 구조를 활용하였기에 구현할 수 있었고, 일반적인 철근 콘크리트로는 구현하기 어려웠다.
(라) 특히 근대 이후에는 급격한 기술의 발전으로 혁신적인 건축 작품들이 탄생할 수 있었고, 건축 재료와 건축 미학의 유기적인 관계는 앞으로도 지속될 것이다.
(마) 철근 콘크리트는 근대 이후 가장 중요한 건축 재료로 널리 사용되어 왔으며, 철근 콘크리트의 인장 강도를 높이려는 연구가 계속되어 프리스트레스트 콘크리트가 등장하였다.
(바) 이처럼 건축 재료에 대한 기술적 탐구는 언제나 새로운 건축 미학의 원동력이 되어 왔다.
(사) 이 구조로 이루어진 긴 지붕의 틈새로 들어오는 빛이 넓은 실내를 환하게 채우며 철근 콘크리트로 이루어진 내부를 대리석처럼 빛나게 한다.
(아) 프리스트레스트 콘크리트는 다음과 같이 제작되는데, 먼저 거푸집에 철근을 넣고 철근을 당긴 상태에서 콘크리트 반죽을 붓는다.

① (가) – (라) – (다) – (아) – (나) – (사) – (마) – (바)
② (가) – (라) – (아) – (다) – (마) – (나) – (바) – (사)
③ (마) – (나) – (아) – (가) – (바) – (사) – (다) – (라)
④ (마) – (다) – (아) – (나) – (가) – (바) – (라) – (사)
⑤ (마) – (아) – (가) – (나) – (다) – (사) – (바) – (라)

05 다음 글을 읽고 주어진 문단을 논리적 순서대로 바르게 나열한 것은?

아놀드 토인비는 『역사의 연구』를 펴내며 역사 연구의 기본단위를 국가가 아닌 문명으로 설정했다. 그는 예를 들어 영국이 대륙과 떨어져 있을지라도 유럽의 다른 나라들과 서로 영향을 미치며 발전해 왔으므로, 영국의 역사는 그 자체만으로는 제대로 이해할 수 없고 서유럽 문명이라는 틀 안에서 바라보아야 한다고 하였다. 그는 문명 중심의 역사를 이해하기 위한 몇 가지 가설들을 세웠다. 그리고 방대한 사료를 바탕으로 그 가설들을 검증하여 문명의 발생과 성장 그리고 쇠퇴 요인들을 규명하려 하였다.

(가) 여기서 중요한 것은 그 환경이 역경이라는 점이다. 인간의 창의적 행동은 역경에 처해 이를 이겨 내려는 분투 과정에서 발생하기 때문이다.

(나) 토인비가 세운 가설들의 중심축은 '도전과 응전' 및 '창조적 소수와 대중의 모방' 개념이다. 그에 의하면 환경의 도전에 대해 성공적으로 응전하는 인간 집단이 문명을 발생시키고 성장시킨다.

(다) 즉 도전의 강도가 지나치게 크면 응전이 성공적일 수 없게 되며, 반대로 너무 작을 경우에는 전혀 반응이 나타나지 않고, 최적의 도전에서만 성공적인 응전이 나타난다는 것이다.

(라) 토인비는 이 가설이 단순하게 도전이 강력할수록 그 도전이 주는 자극의 강도가 커지고 응전의 효력도 이에 비례한다는 식으로 해석되는 것을 막기 위해, 소위 '세 가지 상호 관계의 비교'를 제시하여 이 가설을 보완하고 있다.

이렇게 성공적인 응전을 통해 나타난 문명이 성장하기 위해서는 그 후에도 지속적으로 나타나는 문제, 즉 새로운 도전들을 해결해야만 한다. 토인비에 따르면 이를 해결하기 위해서는 그 사회의 창조적 인문들이 역량을 발휘해야 한다. 그러나 이들은 소수이기 때문에 응전을 성공적으로 이끌기 위해서는 다수의 대중까지 힘을 결집해야 한다. 이때 대중은 일종의 사회적 훈련인 '모방'을 통해 그들의 역할을 수행한다. 물론 모방은 모든 사회의 일반적인 특징으로서 문명을 발생시키지 못한 원시 사회에서도 찾아볼 수 있다. 여기에 대해 토인비는 모방의 유무가 중요한 것이 아니라 모방의 작용 방향이 중요하다고 설명한다.

① (가) – (나) – (라) – (다)
② (나) – (가) – (라) – (다)
③ (나) – (라) – (다) – (가)
④ (라) – (나) – (다) – (가)
⑤ (라) – (다) – (나) – (가)

04 내용 추론

| 유형분석 |

- 주어진 지문을 토대로 도출할 수 있는 내용을 찾는 문제이다.
- 선택지의 내용을 정확하게 확인하고 지문의 정보와 비교하여 추론하는 능력이 필요하다.

다음 글을 토대로 한 추론으로 옳지 않은 것은?

'파블로프의 개' 실험에서 영감을 받은 행동주의 심리학자들은 적절한 보상과 강화를 통해서 인간을 통제할 수 있다고 믿었다. 가령 책을 잘 읽지 않는 학생들에게도 현금으로 보상하면 자연스레 독서로 유인할 수 있다는 식이다. 그렇다면 우등생이 인센티브를 통해서 만들어질 수 있는 것일까? 『돈으로 살 수 없는 것들』의 저자 마이클 샌델은 그런 식의 금전적 보상이 독서라는 '재화'의 가치를 변화시킨다고 말한다. 독서의 가치가 '돈'으로 환원될 것이고, 그럴 경우 자발적인 독서가 갖는 의미와 만족감 또한 훼손될 수밖에 없다. '행위와 인센티브'라는 보상체계가 우리를 어떤 행위의 주체가 아닌 단순한 수행자의 위치로 떨어뜨리기 때문이다.

① 독서를 하면 우등생이 되리라는 전제 하에서 내용이 전개되고 있다.
② 행동주의 심리학자들은 '행위와 인센티브'라는 보상체계를 지지한다.
③ 자발적인 독서와 보상을 통한 독서는 다르다.
④ 마이클 샌델은 행동주의 심리학자들의 믿음을 비판하는 입장이다.
⑤ 책을 잘 읽지 않는 학생들은 단순한 수행자의 위치에 머물러 있다.

정답 ⑤

제시문에서 말하는 '단순한 수행자'는 자발적 독서가 갖는 의미와 만족감이 훼손된 채로 보상체계에 의해 독서를 하는 학생들을 일컫는다. 따라서 책을 잘 읽지 않는 학생들은 아직 보상에 의한 독서로 유인되지 못한 상태이기 때문에 수행자의 위치에 있다고 조차 할 수 없다.

풀이 전략!

주어진 제시문이 어떠한 내용을 다루고 있는지 파악한 후 선택지의 키워드를 확실하게 체크하고, 제시문의 정보에서 도출할 수 있는 내용을 찾는다.

대표기출유형 04 기출응용문제

PART 1

01 다음 글을 읽은 독자의 반응으로 가장 적절한 것은?

> 국가 간의 경제 거래 가운데 가장 기본적이고 중요한 거래는 국제무역이다. 각 나라의 정부는 무역 활동에 개입하지 않고 자유방임의 입장을 취할 수도 있고, 자국의 산업을 보호하고 육성하기 위하여 수입을 규제하거나 수출을 지원하는 등 무역에 개입할 수도 있다. 그렇다면 정부는 어떤 방법으로 수입을 규제할 수 있을까?
>
> 수입 규제 수단 가운데 대표적인 것은 관세와 수입 수량 할당이다. 관세란 수입 상품에 부과하는 세금을 말한다. 관세가 부과되면 해당 상품의 국내 가격이 상승하여 수요가 감소하게 되고 그렇게 되면 수입량도 감소한다. 예를 들어 우리나라가 농산물을 관세 없이 자유롭게 수입하다가 정부에서 농산물에 관세를 부과하였다고 하자. 그러면 수입 농산물의 국내 가격은 관세를 더한 만큼 높아져 소비자들의 수요량은 감소한다.
>
> 수입 수량 할당은 일정 기간의 수입량을 일정 수준으로 제한하는 것이다. 자유무역에서는 국내 생산이 수요를 충족시키지 못할 경우 부족한 만큼을 수입할 수 있다. 이때의 시장가격은 수요와 공급이 만나는 지점에서 형성되고 시장거래량은 수요량과 일치한다. 그런데 수입 수량을 제한할 경우에는 수입이 자유로운 경우보다 수입량이 감소하게 된다. 예를 들어 포도주의 국내 생산이 수요를 충족시키지 못한다면 생산량을 늘리거나 초과수요만큼 수입을 해야 한다. 그런데 국내 생산량에 변함이 없고 수입도 일정량만 할 수 있다면 수요에 비해 공급이 부족한 상황이 된다. 그러면 국내에서의 포도주 가격이 상승하게 되고 이것은 수요량 감소로 이어지게 된다.
>
> 수입 수량 할당이 적용되거나 관세가 부과되면 수입 상품의 국내 가격이 상승하면서 수입 상품에 대한 소비를 억제하는 한편 해당 품목의 국내 생산을 촉진하는 효과가 있다. 이때 수입 상품의 가격 상승분은 관세를 부과하는 경우에는 정부의 수입이 되는 반면에 수입 수량을 할당하는 경우에는 수입업자의 이윤이 된다.
>
> 한편 현실 경제에서는 관세를 인하하고 수입 수량 할당을 완화하는 경우가 많다. 가계나 기업의 경우는 소득이 지출보다 많은 것이 바람직하지만 국가 경제에서는 무역수지가 균형을 이루는 것이 바람직하기 때문이다. 물론 단기적으로 보면 국제 거래에서도 흑자가 바람직하다. 수출이 잘되어 생산이 늘면 고용이 증가하고 소득이 증대되는 효과가 있기 때문이다. 그러나 장기적인 흑자는 국내 경기를 과열시키고 물가를 상승시킬 우려가 있고 거래 상대국과의 마찰을 초래할 수 있다. 따라서 한 국가의 물가 안정과 경제 성장을 위해서는 무역수지가 균형을 이루는 것이 바람직하다.

① 정부가 수입을 규제하는 정책을 펼 경우에 수입 상품의 가격 상승은 국내 생산자와 소비자 모두에게 영향을 끼치겠군.

② 정부가 수입을 규제하고 수출을 지원하는 정책을 늘린다면 국제 거래 상대국과의 마찰을 없앨 수 있겠군.

③ 국제 거래에서 장기적인 흑자를 기록한다면 국내 상품의 수출이 활발해지면서 물가가 안정되겠군.

④ 무역 활동 가운데 정부가 수출을 지원할 수 있는 품목은 미리 정해져 있겠군.

⑤ 수출에 대해서는 자유방임의 입장을 취하는 나라가 더 많겠군.

02 다음 기사를 읽고 난 후의 감상으로 적절하지 않은 것은?

> 고등학교 환경 관련 교과서 대부분이 특정 주장을 검증 없이 게재하는 등 많은 오류가 존재한다는 보수 환경·시민단체의 지적이 제기됐다. 사단법인 환경정보평가원과 바른 사회시민행동은 지난 5월부터 6개월간 고등학교 환경 관련 교과서 23종을 분석한 결과 총 1,175개의 오류를 발견했다고 밝혔다. 이들 단체에 따르면 교과서 23종 모두 편향적 내용을 검증 없이 인용하거나 부실한 통계를 일반화하는 등의 문제점을 보였으며 환경과 녹색성장 교과서 5종에서만 오류 897건이 확인됐다. 우선 교과서 13종이 서울, 부산 등 6대 대도시의 온도 상승 평균값만을 보고 한반도의 기온 상승이 세계 평균보다 2배 높다고 과장해 기술한 것으로 나타났다. 도시화의 영향을 받지 않은 강원도 추풍령은 100년간 기온이 0.79℃ 상승했지만 이런 사실을 언급한 교과서는 1종에 불과했다. 방조제를 허물고 간척한 농경지를 갯벌로 만든 역간척 사례는 우리나라에서 찾을 수 없지만, 교과서 7종이 일부 환경단체의 주장만을 인용해 역간척을 사실인 것처럼 서술하고 있다고 이들 단체는 주장했다. 우리나라 전력 생산의 상당 부분을 차지하는 원자력 발전의 경우 단점만을 자세히 기술하고, 경제성과 효율성이 낮은 신재생에너지는 장점만 언급한 교과서도 있었다고 덧붙였다.
> 환경정보평가원의 사무처장은 "환경 관련 교과서 대부분이 표면적으로 드러나는 사실을 검증하지 않고 그대로 싣는 문제점을 보였다."라며 "고등학생들이 보는 교과서인 만큼 객관적 사실에 기반을 둬 균형 있는 내용을 실어야 한다."라고 주장했다.

① 갑 : 교과서의 잘못된 내용을 바로잡는 일은 계속 이어져야 합니다.

② 을 : 교과서를 집필할 때 객관성 유지의 원칙을 지키지 못하면, 일부 자료를 확대하여 해석함으로써 사실을 왜곡할 수 있습니다.

③ 병 : 중·고교생들이 쓰는 교과서 전체를 검토해 사실이 아닌 것을 모두 솎아내는 일이 시급합니다.

④ 정 : 일부 환경 관련 교과서에 실린 원전 폐쇄 찬반문제에 대해 대부분의 환경 보호 단체들은 찬성하지만, 원전 폐쇄는 또 다른 사회적 혼란을 일으킬 수 있습니다.

⑤ 무 : 대부분 표면적으로 드러나는 사실을 검증하지 않고 그대로 사용해 잘못된 정보를 전달하는 경우가 있습니다.

03 다음 글의 결론으로 적절하지 않은 것은?

지구와 태양 사이의 거리와 지구가 태양 주위를 도는 방식은 인간의 생존에 유리한 여러 특징을 지니고 있다. 인간을 비롯한 생명이 생존하려면 행성이 액체 상태의 물을 포함하면서 너무 뜨겁거나 차갑지 않아야 한다. 이를 위해 행성은 태양과 같은 별에서 적당히 떨어져 있어야 한다. 이 적당한 영역을 '골디락스 영역'이라고 한다. 또한 지구가 태양의 중력장 주위를 도는 타원 궤도는 충분히 원에 가깝다. 따라서 연중 태양에서 오는 열에너지가 비교적 일정하게 유지될 수 있다. 만약 태양과의 거리가 일정하지 않았다면 지구는 여름에는 바다가 모두 끓어 넘치고 겨울에는 거대한 얼음덩어리가 되는 불모의 행성이었을 것이다.
우리 우주에 작용하는 근본적인 힘의 세기나 물리법칙도 인간을 비롯한 생명의 탄생에 유리하도록 미세하게 조정되어 있다. 예를 들어 근본적인 힘인 강한 핵력이나 전기력의 크기가 현재 값에서 조금만 달랐다면, 별의 내부에서 탄소처럼 무거운 원소는 만들어질 수 없었고 행성도 만들어질 수 없었을 것이다. 최근 들어 물리학자들은 이들 힘을 지배하는 법칙이 현재와 다르다면 우주는 구체적으로 어떤 모습이 될지 컴퓨터 모형으로 계산했다. 그 결과를 보면 강한 핵력의 강도가 겨우 0.5% 다르거나 전기력의 강도가 겨우 4% 다를 경우에도 탄소나 산소는 우주에서 합성되지 않는다. 따라서 생명 탄생의 가능성도 사라진다. 결국 강한 핵력이나 전기력을 지배하는 법칙들을 조금이라도 건드리면 우리가 존재할 가능성은 사라지는 것이다.
결론적으로 지구 주위 환경뿐만 아니라 보편적 자연법칙까지지도 인류와 같은 생명이 진화해 살아가기에 알맞은 범위 안에 제한되어 있다고 할 수 있다. 만일 그러한 제한이 없었다면 태양계나 지구가 탄생할 수 없었을 뿐만 아니라 생명 또한 진화할 수 없었을 것이다. 우리가 아는 행성이나 생명이 탄생할 가능성을 열어두면서 물리법칙을 변경할 수 있는 폭은 매우 좁다.

① 탄소가 없는 상황에서도 생명은 자연적으로 진화할 수 있다.
② 중력법칙이 현재와 조금만 달라도 지구는 태양으로 빨려 들어간다.
③ 원자핵의 질량이 현재보다 조금 더 크다면 우리 몸을 이루는 원소는 합성되지 않는다.
④ 별 주위의 '골디락스 영역'에 행성이 위치할 확률은 매우 낮지만 지구는 그 영역에 위치한다.
⑤ 우주에 작용하는 힘의 세기나 물리법칙은 생명의 탄생에 유리하도록 미세하게 조정되어 있다.

04 다음 글을 읽고 추론할 수 있는 내용으로 가장 적절한 것은?

> 10월 9일은 오늘의 한글을 창제해서 세상에 펴낸 것을 기념하고, 한글의 우수성을 기리기 위한 국경일이다. 한글은 인류가 사용하는 문자 중에서 창제자와 창제연도가 명확히 밝혀진 문자임은 물론, 체계적이고 과학적인 원리로 어린아이도 배우기 쉬운 문자이다. 한글의 우수성은 한자나 영어와 비교해 봐도 쉽게 알 수 있다. 기본적인 생활을 하기 위해서 3,000자에서 5,000자 정도의 수많은 문자의 모양과 의미를 외워야 하는 표의문자 한자와는 달리, 한글은 소리를 나타내는 표음문자이기 때문에 24개의 문자만 익히면 쉽게 조합하여 학습할 수 있다.
>
> 한글의 이러한 과학적인 부분은 실제로 세계 학자들 사이에서도 찬탄을 받는다. 한글이 세계 언어학계에 본격적으로 알려진 것은 1960년대이다. 영국의 저명한 언어학자인 샘프슨(G. Sampson) 교수는 '한글은 세계에서 과학적인 원리로 창제된 가장 훌륭한 글자'라고 평가한다. 그는 특히 '발성 기관이 소리를 내는 모습을 따라 체계적으로 창제된 점이 과학적이며 문자 자체가 소리의 특징을 반영했다는 점이 놀랍다.'라고 평가한다. 동아시아 역사가 라이샤워(O. Reichaurer)도 '한글은 전적으로 독창적이고 놀라운 음소문자로, 세계의 어떤 나라의 일상 문자에서도 볼 수 없는 가장 과학적인 표기 체계이다.'라고 찬탄하고 있으며, 미국의 다이아몬드(J. Diamond) 교수 역시 '세종이 만든 28자는 세계에서 가장 훌륭한 알파벳이자 가장 과학적인 표기법 체계'라고 평가한다.
>
> 이러한 점을 반영하여 유네스코에서는 훈민정음을 기록유산으로 등록함은 물론, 세계적으로 문맹퇴치에 이바지한 사람에게 '세종대왕'의 이름을 붙인 상을 주고 있다. 이처럼 세계적으로 인정받는 우리의 독창적이고 고유한 글자인 '한글'에 대해 우리는 더욱더 큰 자긍심을 느껴야 할 것이다.

① 한글을 배우기 위해서는 문자의 모양과 의미를 외워야 한다.

② 한글은 소리를 나타내는 표음문자이기 때문에 한자와 달리 문자를 따로 익힐 필요는 없다.

③ 세계적으로 문맹 퇴치에 이바지한 사람에게 유네스코에서 '세종대왕 상'을 수여하는 이유는 한글 창제에 담긴 세종대왕의 정신을 기리기 위함일 것이다.

④ 영국의 저명한 언어학자인 샘프슨(G. Sampson) 교수는 '세종이 만든 28자는 세계에서 가장 훌륭한 알파벳'이라고 평가했다.

⑤ 한글이 세계 언어학계에 본격적으로 알려진 것은 1970년대로, 샘프슨(G.Sampson) 교수, 동아시아 역사가 라이샤워(O. Reichaurer) 등의 저명한 학자들로부터 찬탄을 받았다.

05 다음 글의 내용을 통해 추론할 수 없는 것은?

> 공유와 경제가 합쳐진 공유경제는 다양한 맥락에서 정의되는 용어이지만, 공유경제라는 개념은 소유권(Ownership)보다는 접근권(Accessibility)에 기반을 둔 경제모델을 의미한다. 전통경제에서는 생산을 담당하는 기업들이 상품이나 서비스를 생산하기 위해서 원료, 부품, 장비 등을 사거나 인력을 고용했던 것과 달리, 공유경제에서는 기업뿐만 아니라 개인들도 자산이나 제품이 제공하는 서비스에 대한 접근권의 거래를 통해서 자원을 효율적으로 활용하여 가치를 창출할 수 있다. 소유권의 거래에 기반한 기존 자본주의 시장경제와는 다른 새로운 게임의 법칙이 대두한 것이다.
> 공유경제에서는 온라인 플랫폼이라는 조직화된 가상공간을 통해서 접근권의 거래가 이루어진다. 온라인 플랫폼은 인터넷의 연결성을 기반으로 유휴자산(遊休資産)을 보유하거나 필요로 하는 수많은 소비자와 공급자가 모여서 소통할 수 있는 기반이 된다. 다양한 선호를 가진 이용자들이 거래 상대를 찾는 작업을 사람이 일일이 처리하는 것은 불가능한 일인데, 공유경제 기업들은 고도의 알고리즘을 이용하여 검색, 매칭, 모니터링 등의 거래 과정을 자동화하여 처리한다.
> 공유경제에서 거래되는 유휴자산의 종류는 자동차나 주택에 국한되지 않는다. 개인이나 기업들이 소유한 물적·금전적·지적 자산에 대한 접근권을 온라인 플랫폼을 통해서 거래할 수만 있다면 거의 모든 자산의 거래가 공유경제의 일환이 될 수 있다. 가구, 가전 등의 내구재, 사무실, 공연장, 운동장 등의 물리적 공간, 전문가나 기술자의 지식, 개인들의 여유 시간이나 여유 자금 등이 모두 접근권 거래의 대상이 될 수 있다.

① 기존의 시장경제는 접근권(Accessibility)보다 소유권(Ownership)에 기반을 두었다.
② 공유경제의 등장에는 인터넷의 발달이 중요한 역할을 하였다.
③ 인터넷 등장 이전에는 이용자와 그에 맞는 거래 상대를 찾는 작업을 일일이 처리할 수 없었다.
④ 공유경제에서는 온라인 플랫폼을 통해 거의 모든 자산에 대한 접근권(Accessibility)을 거래할 수 있다.
⑤ 온라인 플랫폼을 통해 자신이 타던 자동차를 판매하여 소유권을 이전하는 것도 공유경제의 일환이 될 수 있다.

05 빈칸 삽입

| 유형분석 |

- 주어진 지문을 토대로 빈칸에 들어갈 내용을 찾는 문제이다.
- 선택지의 내용을 정확하게 확인하고 빈칸 앞뒤 문맥을 파악하는 능력이 필요하다.

다음 중 글의 빈칸에 들어갈 내용으로 가장 적절한 것은?

> 사회가 변하면 사람들은 그때까지의 생활을 그대로 수긍하지 못한다. 새로운 생활에 맞는 새로운 언어를 필요로 하게 된다. 그 언어가 자연스럽게 육성되기를 기다릴 수도 있지만, 사람들은 대개 외국으로부터 그러한 개념의 언어를 빌려오려고 한다. 돈이나 기술을 빌리는 것에 비하면 언어는 대가 없이 빌려 쓸 수 있으므로 대개는 제한 없이 외래어를 빌린다. 특히 ____________________ 광복 이후 우리 사회에서 외래어가 넘쳐나는 것은 그간 우리나라의 고도성장과 절대 무관하지 않다.

① 외래어의 증가는 사회의 팽창과 함께 진행된다.
② 새로운 언어는 사회의 변화를 선도하기도 한다.
③ 외래어가 증가하면 범람한다는 비판을 받게 된다.
④ 새로운 언어는 인간의 욕망을 적절히 표현해 준다.
⑤ 새로운 언어는 필연적으로 외국의 개념을 빌릴 수밖에 없다.

정답 ①

빈칸의 다음 문장에서 '외래어가 넘쳐나는 것은 그간 우리나라의 고도성 장과 절대 무관하지 않다.'라고 했다. 즉, '사회의 성장과 외래어의 증가는 관계가 있다.'라는 의미이므로, 이를 포함하는 일반적 진술이 빈칸에 위치해야 한다.

풀이 전략!

- 제시문의 전체적인 내용을 우선적으로 판단하고 글의 흐름과 맞지 않는 선택지를 먼저 제거한다.
- 빈칸의 앞뒤 문장에 있는 키워드와 지시어, 접속어 사이의 관계를 판단한다.

대표기출유형 05 기출응용문제

※ 다음 중 빈칸에 들어갈 내용으로 가장 적절한 것을 고르시오. [1~5]

01

질병(疾病)이란 유기체의 신체적, 정신적 기능이 비정상으로 된 상태를 일컫는다. 인간에게 있어 질병이란 넓은 의미에서는 극도의 고통을 비롯하여 스트레스, 사회적인 문제, 신체기관의 기능 장애와 죽음까지를 포괄하며, 넓게는 개인에서 벗어나 사회적으로 큰 맥락에서 이해되기도 한다.
하지만 다분히 진화 생물학적 관점에서, 질병은 인간의 몸 안에서 일어나는 정교하고도 합리적인 자기조절 과정이다. 질병은 정상적인 기능을 할 수 없는 상태임과 동시에, 진화의 역사 속에서 획득한 자기 치료 과정이 ＿＿＿＿＿＿＿＿이기도 하다. 가령, 기침을 하고, 열이 나고, 통증을 느끼고, 염증이 생기는 것 따위는 자기 조절과 방어 시스템이 작동하는 과정인 것이다.

① 문제를 일으킨 상태
② 비일상적인 특이 상태
③ 정상적으로 가동하고 있는 상태
④ 인구의 개체 변이를 도모하는 상태
⑤ 보다 새로운 정보를 습득하려는 상태

02

어떻게 그 공이 세 가지가 있다고 말하는가. 그 하나는 직통(直通)이요 다른 하나는 합통(合通)이요, 또 다른 하나는 추통(推通)이다. 직통(直通)이라는 것은 여러 물건을 일일이 취하되 순수하고 섞이지 않는 것이다. 합통(合通)이라는 것은 두 물건을 화합하여 아울러서 거두되 그렇고 그렇지 않은 것을 분별한다. 추통(推通)이라는 것은 이 물건으로써 전 물건에 합하고 또 다른 물건에 유추하는 것이다. 직통(直通)은 모두 참되고 오류가 없으니 하나의 사물이 스스로 하나의 사물이 되기 때문이다. 합통(合通)과 추통(推通)은 참도 있고 오류도 있으니 이것으로써 저것에 합하고, 맞는 것도 있고 맞지 않은 것도 있다. ＿＿＿＿＿＿＿＿ 더욱 많으면 맞지 않은 경우가 있기 때문이다.

— 최한기, 『기학』

① 이것으로 저것에 합하는 것은 참이고, 이것으로 저것을 분별하는 것은 거짓이니
② 이것으로써 저것에 합하고 또 다른 것을 유추하는 데는 위험이 더욱 많으니
③ 이것으로써 저것에 합하는 것은 맞지 않는 것보다 맞는 것이 더욱 많으니
④ 무릇 추통은 다만 사람만이 가능하고 유추하는 데는 위험이 더욱 적으니
⑤ 무릇 추통은 다만 사람은 가능하지만 금수는 추통을 하지 못하니

03

오존층 파괴의 주범인 프레온 가스로 대표되는 냉매는 그 피해를 감수하고도 사용할 수밖에 없는 필요악으로 인식되어 왔다. 지구 온난화 문제를 해결할 수 있는 대체 물질이 요구되는 이러한 상황에서 최근 이를 만족할 수 있는 4세대 신냉매가 새롭게 등장해 각광을 받고 있다. 그중 온실가스 배출량을 크게 줄인 대표적인 4세대 신냉매가 수소불화올레핀(HFO)계 냉매이다.
HFO는 기존 냉매에 비해 비싸고 불에 탈 수 있다는 단점이 있으나, 온실가스 배출이 거의 없고 에너지 효율성이 높은 장점이 있다. 이러한 장점으로 4세대 신냉매에 대한 관심이 최근 급격히 증가하고 있다. 지난 2008 ~ 2022년 중 냉매 관련 특허 출원 건수는 총 686건이었고, 온실가스 배출량을 크게 줄인 4세대 신냉매 관련 특허 출원들은 꾸준히 늘어나고 있다. 특히 2013년부터 HFO계 냉매를 포함한 출원 건수가 큰 폭으로 증가하면서 같은 기간의 HFO계 비중이 65%까지 증가했다. 이러한 출원 경향은 국제 규제로 2013년부터 온실가스를 많이 배출하는 기존 3세대 냉매의 생산과 사용을 줄이면서 4세대 신냉매가 필수적으로 요구됐기 때문으로 분석된다.
냉매는 자동차, 냉장고, 에어컨 등 우리 생활 곳곳에 사용되는 물질로서 시장 규모가 대단히 크지만, 최근 환경 피해와 관련된 엄격한 국제 표준이 요구되고 있다. 우수한 친환경 냉매가 조속히 개발될 수 있도록 관련 특허 동향을 제공해야 할 것이며, 4세대 신냉매 개발은 ____________________

① 인공지능 기술의 확장을 열게 될 것이다.
② 엄격한 환경 국제 표준을 약화시킬 것이다.
③ 또 다른 오존층 파괴의 원인으로 이어질 것이다.
④ 지구 온난화 문제해결의 열쇠가 될 것이다.
⑤ 새로운 일자리 창출에 많은 도움이 될 것이다.

04

> 민주주의의 목적은 다수가 폭군이나 소수의 자의적인 권력행사를 통제하는 데 있다. 민주주의의 이상은 모든 자의적인 권력을 억제하는 것으로 이해되었는데 이것이 오늘날에는 자의적 권력을 정당화하기 위한 장치로 변화되었다. 이렇게 변화된 민주주의는 민주주의 그 자체를 목적으로 만들려는 이념이다. 이것은 법의 원천과 국가권력의 원천이 주권자 다수의 의지에 있기 때문에 국민의 참여와 표결 절차를 통하여 다수가 결정한 법과 정부의 활동이라면 그 자체로 정당성을 갖는다는 것이다. 즉, 유권자 다수가 원하는 것이면 무엇이든 실현할 수 있다는 말이다.
> 이런 민주주의는 '무제한적 민주주의'이다. 어떤 제약도 없는 민주주의라는 의미이다. 이런 민주주의는 자유주의와 부합할 수가 없다. 그것은 다수의 독재이고 이런 점에서 전체주의와 유사하다. 폭군의 권력이든, 다수의 권력이든, 군주의 권력이든, 위험한 것은 권력 행사의 무제한성이다. 중요한 것은 이러한 권력을 제한하는 일이다.
> 민주주의 그 자체를 수단이 아니라 목적으로 여기고 다수의 의지를 중시한다면, 그것은 다수의 독재를 초래하고, 그것은 전체주의만큼이나 위험하다. 민주주의 존재 그 자체가 언제나 개인의 자유에 대한 전망을 밝게 해준다는 보장은 없다. 개인의 자유와 권리를 보장하지 못하는 민주주의는 본래의 민주주의가 아니다. 본래의 민주주의는 ______________________

① 다수의 의견을 수렴하여 이를 그대로 정책에 반영해야 한다.
② 서로 다른 목적의 충돌로 인한 사회적 불안을 해소할 수 있어야 한다.
③ 다수 의견보다는 소수 의견을 채택하면서 진정한 자유주의의 실현에 기여해야 한다.
④ 무제한적 민주주의를 과도기적으로 거치며 개인의 자유와 권리 보장에 기여해야 한다.
⑤ 민주적 절차 준수에 그치는 것이 아니라 과도한 권력을 실질적으로 견제할 수 있어야 한다.

05

일반적으로 물체, 객체를 의미하는 프랑스어 오브제(Objet)는 라틴어에서 유래된 단어로, 어원적으로는 앞으로 던져진 것을 의미한다. 미술에서 대개 인간이라는 '주체'와 대조적인 '객체'로서의 대상을 지칭할 때 사용되는 오브제가 미술사 전면에 나타나게 된 것은 입체주의 이후이다.
20세기 초 입체파 화가들이 화면에 나타나는 공간을 자연의 모방이 아닌 독립된 공간으로 인식하기 시작하면서 회화는 재현미술로서의 단순한 성격을 벗어나기 시작한다. 즉, '미술은 그 자체가 실재이다. 또한 그것은 객관세계의 계시 혹은 창조이지 그것의 반영이 아니다.'라는 세잔의 사고에 의하여 공간의 개방화가 시작된 것이다. 이는 평면에 실제 사물이 부착되는 콜라주 양식의 탄생과 함께 일상의 평범한 재료들이 회화와 자연스레 연결되는 예술과 비예술의 결합으로 차츰 변화하게 된다. 이러한 오브제의 변화는 다다이즘과 쉬르리얼리즘에서 '일용의 기성품과 자연물 등을 원래의 그 기능이나 있어야 할 장소에서 분리하고, 그대로 독립된 작품으로서 제시하여 일상적 의미와는 다른 상징적·환상적인 의미를 부여하는' 것으로 일반화된다. 그리고 동시에, 기존 입체주의에서 단순한 보조 수단에 머물렀던 오브제를 캔버스와 대리석의 대체하는 확실한 표현 방법으로 완성시켰다. 이후 오브제는 그저 예술가가 지칭하는 것만으로도 우리의 일상생활과 환경 그 자체가 곧 예술작품이 될 수 있음을 주장한다. ________________________ 거기에서 더 나아가 오브제는 일상의 오브제를 다양하게 전환시켜 다양성과 대중성을 내포하고, 오브제의 진정성과 상징성을 제거하는 팝아트에서 다시 한 번 새롭게 변화하기에 이른다.

① 무너진 베를린 장벽의 조각을 시내 한복판에 장식함으로써 예술과 비예술이 결합한 것이다.
② 화려하게 채색된 소변기를 통해 일상성에 환상적인 의미를 부여한 것이다.
③ 폐타이어나 망가진 금관악기 등으로 제작된 자동차를 통해 일상의 비일상화를 나타낸 것이다.
④ 평범한 세면대일지라도 예술가에 의해 오브제로 정해진다면 일상성을 간직한 미술과 일치되는 것이다.
⑤ 기존의 수프 통조림을 실크 스크린으로 동일하게 인쇄하여 손쉽게 대량생산되는 일상성을 풍자하는 것이다.

06 다음 글의 논지 전개상 빈칸 A에 들어갈 내용으로 가장 적절한 것은?

〈사이버 중독의 문제점과 대책〉

논지 전개	주요 내용
무엇이 문제인가?	• 현실과 가상 세계를 구분하지 못하여 범죄나 사고가 발생한다. • 인터넷에 접속하지 못하면 불안해하고 안절부절못하는 금단 현상이 발생한다.
	⇩
문제의 원인은?	• 사이버 공간은 인간의 욕망을 자극하는 요소를 갖추고 있어 '권리욕'과 '소영웅심리'를 부추긴다. • 사이버 공간에 지나치게 의존하는 사람들이 갈수록 늘고 있다.
	⇩
문제의 해결책은?	A

① 사이버 중독에 빠진 원인을 조사하여 그 유형을 분류해 본다.

② 사이버 공간에서의 폭력적인 행위를 금지하는 관련 법규를 제정하고 홍보한다.

③ 사이버 중독의 부정적인 측면보다는 집중력 향상이라는 긍정적인 측면을 부각한다.

④ 사이버 공간을 어떻게 이용해야 단점보다는 장점이 더 커질 수 있을지 조사한다.

⑤ 인터넷 사용 시간을 줄이도록 권유하고, 현실에서 충족하지 못한 욕구를 해소할 수 있는 문화 공간을 확대한다.

06 문서 작성 · 수정

| 유형분석 |

- 기본적인 어휘력과 어법에 대한 지식을 필요로 하는 문제이다.
- 글의 내용을 파악하고 문맥을 읽을 줄 알아야 한다.

다음 글의 밑줄 친 ㉠~㉤의 수정 방안으로 적절하지 않은 것은?

> 최근 비만에 해당되는 인구가 증가하고 있다. 비만은 다른 질병들을 ㉠ 유발할 수 있어 주의를 필요로 ㉡ 하는 데, 특히 학생들의 비만이 증가하여 제일 큰 문제가 되고 있다. 학생들의 비만 원인으로 교내 매점에서 판매되는 제품에 설탕이 많이 ㉢ 함유되어 있음이 거론되고 있다. 예를 들어 매점의 주요 판매 품목인 탄산음료, 빵 등은 다른 제품들에 비해 설탕 함유량이 높다. 학생들의 비만 문제를 해결하기 위한 방안으로 매점에서 판매되는 설탕 함유량이 높은 제품에 설탕세를 ㉣ 메겨서 학생들의 구매를 억제하자는 주장이 있다. 영국의 한 과학자는 생쥐에게 일정 기간 동안 설탕을 주입한 후 변화를 관찰하여 설탕이 비만에 상당한 영향력을 미치고 있으며, 운동 능력도 저하시킬 수 있다는 실험 결과를 발표하였다. 권장량 이상의 설탕은 비만의 주요한 요인이 될 수 있고, 이로 인해 다른 질병에 노출될 가능성도 ㉤ 높이는 것이다. 이렇게 비만을 일으키는 주요한 성분 중 하나인 설탕이 들어간 제품에 대해 그 함유량에 따라 부과하는 세금을 '설탕세'라고 한다. 즉, 설탕세는 설탕 함유량이 높은 제품의 가격을 올려 소비를 억제하기 위한 방법이라고 할 수 있다.

① ㉠은 사동의 뜻을 가진 '유발시킬'로 수정해야 한다.
② ㉡의 '-ㄴ데'는 연결 어미로 '하는데'와 같이 붙여 써야 한다.
③ ㉢은 문맥상 같은 의미인 '포함되어'로 바꾸어 쓸 수 있다.
④ ㉣은 잘못된 표기이므로 '매겨서'로 수정해야 한다.
⑤ ㉤은 피동의 뜻을 가진 '높아지는'으로 수정해야 한다.

정답 ①

'유발하다'는 '어떤 것이 다른 일을 일어나게 하다.'의 의미를 지닌 단어로, 이미 사동의 의미를 지니고 있다. 따라서 사동 접미사 '-시키다'와 결합하지 않고 ㉠과 같이 사용할 수 있다.

풀이 전략!

문장에서 주어와 서술어의 호응 관계가 적절한지 주어와 서술어를 찾아 확인해 보는 연습을 하며, 문서 작성의 원칙과 주의사항은 미리 알아 두는 것이 좋다.

대표기출유형 06 기출응용문제

※ 다음 글의 밑줄 친 ㉠~㉤의 수정 방안으로 적절하지 않은 것을 고르시오. [1~2]

01

행동경제학은 기존의 경제학과 ㉠ <u>다른</u> 시선으로 인간을 바라본다. 기존의 경제학은 인간을 철저하게 합리적이고 이기적인 존재로 상정(想定)하여, 인간은 시간과 공간에 관계없이 일관된 선호를 보이며 효용을 극대화하는 방향으로 선택을 한다고 본다. ㉡ <u>기존의</u> 경제학자들은 인간의 행동이 예측 가능하다는 것을 전제(前提)로 경제 이론을 발전시켜 왔다. 반면 행동경제학에서는 인간이 제한적으로 합리적이며 감성적인 존재라고 보며, 처한 상황에 따라 선호가 바뀌기 때문에 그 행동을 예측하기 어렵다고 생각한다. 또한 인간은 효용을 ㉢ <u>극대화하기 보다는</u> 어느 정도 만족하는 선에서 선택을 한다고 본다. 행동경제학은 기존의 경제학이 가정하는 인간관을 지나치게 이상적이고 비현실적이라고 비판한다. ㉣ <u>그러나</u> 행동경제학은 인간이 때로는 이타적인 행동을 하고 비합리적인 행동을 하는 존재라는 점을 인정하며, 현실에 ㉤ <u>실제하는</u> 인간을 연구 대상으로 한다.

① ㉠ : 문맥을 고려하여 '같은'으로 고친다.

② ㉡ : 문장을 자연스럽게 연결하기 위해 문장 앞에 '그러므로'를 추가한다.

③ ㉢ : 띄어쓰기가 올바르지 않으므로 '극대화하기보다는'으로 고친다.

④ ㉣ : 앞 문장과의 내용을 고려하여 '그래서'로 고친다.

⑤ ㉤ : 맞춤법에 어긋나므로 '실재하는'으로 고친다.

02

> 동양의 산수화에는 자연의 다양한 모습을 대하는 화가의 개성 혹은 태도가 ㉠ 드러나 있는데, 이를 표현하는 기법 중의 하나가 준법이다. 준법(皴法)이란 점과 선의 특성을 활용하여 산, 바위, 토파(土坡) 등의 입체감, 양감, 질감, 명암 등을 나타내는 기법으로 산수화 중 특히 수묵화에서 발달하였다. 수묵화는 선의 예술이다. 수묵화에서는 먹(墨)만을 사용하기 때문에 대상의 다양한 모습이나 질감을 ㉡ 표현하는데 한계가 있다. ㉢ 거친 선, 부드러운 선, 곧은 선, 꺾은 선 등 다양한 선을 활용하여 대상에 대한 느낌, 분위기를 표현한다. 이 과정에서 선들이 지닌 특성과 효과 등이 점차 유형화되어 발전된 것이 준법이다.
> 준법 가운데 보편적으로 쓰이는 것에는 피마준, 수직준, 절대준, 미점준 등이 있다. 일정한 방향과 간격으로 선을 여러 개 그어 산의 등선을 표현하여 부드럽고 차분한 느낌을 주는 것이 피마준이다. 반면 수직준은 선을 위에서 아래로 죽죽 내려 그어 강하고 힘찬 느낌을 주어 뾰족한 바위산을 표현할 때 주로 사용한다. 절대준은 수평으로 선을 긋다가 수직으로 꺾어 내리는 것을 반복하여 마치 'ㄱ'자 모양이 겹쳐진 듯 표현한 것이다. 이는 주로 모나고 거친 느낌을 주는 지층이나 바위산을 표현할 때 쓰인다. 미점준은 쌀알 같은 타원형의 작은 점을 연속적으로 ㉣ 찍혀 주로 비 온 뒤의 습한 느낌이나 수풀을 표현할 때 사용한다.
> ㉤ 준법은 화가가 자연에 대해 인식하고 표현하는 수단이다. 화가는 준법을 통해 단순히 대상의 외양뿐만 아니라 대상에 대한 자신의 느낌, 인식의 깊이까지 화폭에 그려내는 것이다.

① ㉠ : 문맥의 흐름을 고려하여 '들어나'로 고친다.
② ㉡ : 띄어쓰기가 올바르지 않으므로 '표현하는 데'로 고친다.
③ ㉢ : 문장을 자연스럽게 연결하기 위해 문장 앞에 '그래서'를 추가한다.
④ ㉣ : 목적어와 서술어의 호응 관계를 고려하여 '찍어'로 고친다.
⑤ ㉤ : 필요한 문장 성분이 생략되었으므로 '표현하는' 앞에 '인식의 결과를'을 추가한다.

03 다음은 직장에서 문서를 작성할 경우 지켜야 하는 문서작성 원칙이다. A ~ E 중 문서작성 원칙에 대해 잘못 이해하고 있는 사람은?

〈문서작성의 원칙〉

- 문장은 짧고, 간결하게 작성하도록 한다.
- 상대방이 이해하기 쉽게 쓴다.
- 중요하지 않은 경우 한자의 사용을 자제해야 한다.
- 간결체로 작성한다.
- 문장은 긍정문의 형식으로 써야 한다.
- 간단한 표제를 붙인다.
- 문서의 주요한 내용을 먼저 쓰도록 한다.

① A : 문장에서 끊을 수 있는 부분은 가능한 한 끊어서 짧은 문장으로 작성하되, 실질적인 내용을 담아 작성해야 해.

② B : 상대방이 이해하기 어려운 글은 좋은 글이 아니야. 우회적인 표현이나 현혹적인 문구는 되도록 삭제하는 것이 좋겠어.

③ C : 문장은 되도록 자세하게 작성하여 빠른 이해를 돕도록 하고, 문장마다 행을 바꿔 문서가 깔끔하게 보이도록 해야겠군.

④ D : 표제는 문서의 내용을 일목요연하게 파악할 수 있게 도와줘. 간단한 표제를 붙인다면 상대방이 내용을 쉽게 이해할 수 있을 거야.

⑤ E : 일반적인 글과 달리 직장에서 작성하는 문서에서는 결론을 먼저 쓰는 것이 좋겠군.

07 맞춤법 · 어휘

| 유형분석 |

- 맞춤법에 맞는 단어를 찾거나 주어진 지문의 내용에 어울리는 단어를 찾는 문제가 주로 출제된다.
- 단어 사이의 관계에 대한 문제가 출제되므로 뜻이 비슷하거나 반대되는 단어를 함께 학습하는 것이 좋다.
- 자주 출제되는 단어나 헷갈리는 단어에 대한 학습을 꾸준히 하는 것이 좋다.

다음 중 밑줄 친 단어의 표기가 옳은 것은?

① 벌써 사흘이 지났건만 그는 콧배기도 내밀지 않는다.
② 힘없이 걸어가는 그의 모습이 가엾어 보였다.
③ 얼마 전에 담근 알타리무 김치가 맛있게 익었어.
④ 짐을 구루마에 실어 옮겨야겠어.
⑤ 안절부절하는 태도를 보니 그 말은 거짓이 틀림없군.

정답 ②

'가엾다'는 '가엽다'와 함께 쓰이는 표준어이므로 ② '가엾어'는 올바른 표기이다.

오답분석

① '콧배기'는 비표준어로 '코빼기'가 올바른 표기이다.
③ '알타리무'는 비표준어로 '총각무'가 올바른 표기이다.
④ '구루마'는 일본어로 '수레'가 올바른 표기이다.
⑤ '안절부절하다'는 비표준어로 '안절부절못하는'이 올바른 표기이다.

풀이 전략!

자주 틀리는 맞춤법

틀린 표현	옳은 표현	틀린 표현	옳은 표현
몇일	며칠	오랫만에	오랜만에
귀뜸	귀띔	선생으로써	선생으로서
웬지	왠지	안되	안돼
왠만하면	웬만하면	돼고 싶다	되고 싶다
어떻해	어떻게 해 / 어떡해	병이 낳았다	병이 나았다
금새	금세	내일 뵈요	내일 봬요
구지	굳이	고르던지 말던지	고르든지 말든지
서슴치	서슴지	합격하길 바래요	합격하길 바라요

대표기출유형 07 기출응용문제

01 다음 중 밑줄 친 단어의 표기가 옳은 것은?

① 김 팀장님, 여기 서류에 결제 부탁드립니다.
② 한국 남자 수영팀이 10년 만에 한국 신기록을 갱신했다.
③ 일제강점기 독립운동가들은 일제 경찰에게 갖은 곤혹을 당했다.
④ 재난 당국은 실종자들의 생사 유무를 파악 중이다.
⑤ 그녀는 솔직하고 담백하게 자신의 마음을 표현했다.

02 다음 중 띄어쓰기가 옳은 것은?

① 철수가 떠난지가 한 달이 지났다.
② 얼굴도 예쁜 데다가 마음씨까지 곱다.
③ 허공만 바라볼뿐 아무 말도 하지 않았다.
④ 회의 중에는 잡담을 하지 마시오.
⑤ 그 일을 책임지기는 커녕 모른척 하기 바쁘다.

03 다음 글에서 틀린 단어는 모두 몇 개인가?(단, 띄어쓰기는 무시한다)

> 프랑스 리옹대학 심리학과 스테파니 마차 교수팀은 학습 시간 사이에 잠을 자면 복습 시간이 줄어들고 더 오랜동안 기억할 수 있다는 점을 발명했다고 발표했다. 마차 교수팀은 성인 40명을 두 집단으로 나누어 단어 학습과 기억력을 검사했는데, 한 집단은 오전에 1차 학습을 한 후 오후에 복습을 시켰고 다른 한 집단은 저녁에 1차 학습을 한 후 잠을 자고 다음날 오전 복습을 시킨 결과 수면 집단이 비수면 집단에 비해 획기적으로 학습 효과가 올라간 것을 볼 수 있었다. 이는 수면 집단이 상대적으로 짧은 시간에 좋은 성과를 얻은 것으로 '수면이 기억을 어떤 방식으로인가 전환한 것으로 보인다.'고 설명했다. 학령기 자녀를 둔 부모라면 수면과 학습 효과의 상관성을 더욱 관심 있게 지켜봐야 할 것 같다.

① 1개
② 2개
③ 3개
④ 4개
⑤ 5개

08 한자성어 · 속담

| 유형분석 |

- 실생활에서 활용되는 한자성어를 이해할 수 있는지 평가한다.
- 제시된 상황과 일치하는 한자성어를 고르거나 한자의 훈음 · 독음을 맞히는 등 다양한 유형이 출제된다.

다음 글의 내용에 가장 적절한 한자성어는?

> 부채위기를 해결하겠다고 나선 유럽 국가들의 움직임이 당장 눈앞에 닥친 위기 상황을 모면하려는 미봉책이라서 안타깝다. 이것은 유럽중앙은행(ECB)의 대차대조표에서 명백한 정황이 드러난다. ECB에 따르면 지난해 말 대차대조표가 2조 730억 유로를 기록해 사상 최고치를 기록했다. 3개월 전에 비해 5,530억 유로 늘어난 수치다. 문제는 ECB의 장부가 대폭 부풀어 오른 배경이다. 유로존 주변국의 중앙은행은 채권을 발행해 이를 담보로 ECB에서 자금을 조달한다. 이렇게 ECB의 자금을 손에 넣은 중앙은행은 정부가 발행한 국채를 사들인다. 금융시장에서 '팔기 힘든' 국채를 소화하기 위한 임기응변인 셈이다.

① 피발영관(被髮纓冠)
② 탄주지어(呑舟之魚)
③ 양상군자(梁上君子)
④ 하석상대(下石上臺)
⑤ 배반낭자(杯盤狼藉)

정답 ④

부채위기를 해결하려는 유럽 국가들이 당장 눈앞에 닥친 위기만을 극복하기 위해 임시방편으로 대책을 세운다는 내용을 비판하는 글이다. 글과 가장 관련이 있는 한자성어는 '아랫돌 빼서 윗돌 괴고, 윗돌 빼서 아랫돌 괴기'라는 뜻으로, '임기응변으로 어려운 일을 처리함'을 의미하는 '하석상대(下石上臺)'이다.

오답분석

① 피발영관(被髮纓冠) : '머리를 흐트러뜨린 채 관을 쓴다.'는 뜻으로 머리를 손질할 틈이 없을 만큼 바쁨
② 탄주지어(呑舟之魚) : '배를 삼킬만한 큰 고기'라는 뜻으로 큰 인물을 비유하는 말
③ 양상군자(梁上君子) : '들보 위의 군자'라는 뜻으로 도둑을 지칭하는 말
⑤ 배반낭자(杯盤狼藉) : '술을 마시고 한참 신명나게 노는 모습'을 가리키는 말

풀이 전략!

- 한자성어 관련 문제의 경우 일정 수준 이상의 사전지식을 요구하므로, 지원 기업 관련 기사 및 이슈를 틈틈이 찾아보며 한자성어에 대입하는 연습을 하면 효과적으로 대처할 수 있다.
- 문제에 제시된 한자성어의 의미를 파악하기 어렵다면, 먼저 알고 있는 한자가 있는지 확인한 후 글의 문맥과 상황에 대입하며 선택지를 하나씩 소거해 나가는 것이 효율적이다.

01 다음 글과 관련 있는 한자성어로 가장 적절한 것은?

지난해 중국, 동남아, 인도, 중남미 등의 신흥국이 우리나라의 수출 시장에서 차지하는 비중은 57% 수준으로 미국, 일본, 유럽 등의 선진국 시장을 앞섰다. 특히 최근 들어 중국이 차지하는 비중이 주춤하면서 다른 신흥 시장의 비중이 늘어나고 있다.
중국의 사드 보복과 미·중 간 무역마찰의 영향 등 중국발 위험이 커짐에 따라 여타 신흥국으로의 수출 시장을 다변화할 필요성이 대두되고 있다. 이에 따라 정부에서도 기업의 새로운 수출 시장을 개척하기 위해 마케팅과 금융지원을 강화하고 있다.
그러나 이러한 단기적인 대책으로는 부족하다. 신흥국과 함께하는 파트너십을 강화하는 노력이 병행되어야 한다. 신흥국과의 협력은 단기간 내에 성과를 거두기는 어렵지만, 일관성과 진정성을 갖고 꾸준히 추진한다면 해외 시장에서 어려움을 겪고 있는 우리 기업들에게 큰 도움이 될 수 있다.

① 안빈낙도(安貧樂道)
② 호가호위(狐假虎威)
③ 각주구검(刻舟求劍)
④ 우공이산(愚公移山)
⑤ 사면초가(四面楚歌)

02 다음 글과 관련 있는 속담으로 가장 적절한 것은?

한국을 방문한 외국인들을 대상으로 한 설문조사에서 인상 깊은 한국의 '빨리빨리' 문화로 '자판기에 손 넣고 기다리기, 웹사이트가 3초 안에 안 나오면 창 닫기, 엘리베이터 닫힘 버튼 계속 누르기' 등이 뽑혔다. 외국인들에게 가장 큰 충격을 준 것은 바로 '가게 주인의 대리 서명'이었다. 외국인들은 가게 주인이 카드 모서리로 대충 사인을 하는 것을 보고 큰 충격을 받았다고 하였다. 외국에서는 서명을 대조하여 확인하기 때문에 대리 서명은 상상도 할 수 없다는 것이다.

① 가재는 게 편이다.
② 우물에 가 숭늉 찾는다.
③ 봇짐 내어 주며 앉으라 한다.
④ 하나를 듣고 열을 안다.
⑤ 낙숫물이 댓돌을 뚫는다.

09 경청 · 의사 표현

| 유형분석 |

- 주로 특정 상황을 제시한 뒤 올바른 경청 방법을 묻는 형태의 문제이다.
- 경청과 관련한 이론에 대해 묻거나 몇 개의 대화문 중에서 올바른 경청 자세로 이루어진 것을 고르는 유형으로도 출제된다.

다음 글에서 나타나는 경청의 방해요인은?

> 내 친한 친구는 한 번도 약속을 지킨 적이 없던 것 같다. 작년 크리스마스 때의 약속, 지난 주말에 했던 약속 모두 늦게 오거나 당일에 문자로 취소 통보를 했었다. 그 친구가 오늘 학교에서 나에게 다음 주말에 개봉하는 영화를 함께 보러 가자고 했고, 나는 당연히 다음 주에는 그 친구와 만날 수 없을 것이라고 생각했다.

① 판단하기
② 조언하기
③ 언쟁하기
④ 걸러내기
⑤ 비위 맞추기

정답 ①

'판단하기'는 상대방에 대한 부정적인 판단 때문에, 또는 상대방을 비판하기 위해 상대방의 말을 듣지 않는 것이다. 약속을 자꾸 어기는 친구에 대한 부정적인 판단으로 다음 주에 만날 수 없을 것이라고 생각했으므로 글에서 나타난 경청의 방해요인은 '판단하기'이다.

오답분석

② 조언하기 : 다른 사람의 문제를 본인이 해결해 주고자 하는 것이다.
③ 언쟁하기 : 반대하고 논쟁하기 위해서만 상대방의 말에 귀를 기울이는 것이다.
④ 걸러내기 : 듣고 싶지 않은 것들을 막아버리는 것이다.
⑤ 비위 맞추기 : 상대방을 위로하기 위해서 혹은 비위를 맞추기 위해서 너무 빨리 동의하는 것을 말한다.

풀이 전략!

별다른 암기 없이도 풀 수 있는 문제가 대부분이지만, 올바른 경청을 방해하는 요인이나 경청훈련 등에 대한 내용은 미리 숙지하고 있는 것이 좋다.

01 A사원은 직장 내에서의 의사소통능력 향상 방법에 대한 강연을 들으면서 다음과 같이 메모하였다. 다음 ㉠~㉤ 중 A사원이 잘못 작성한 내용은 모두 몇 개인가?

〈2025년 4월 10일 의사소통능력 향상 방법 강연을 듣고...〉

- 의사소통의 저해 요인

… 중략 …

- 의사소통에 있어 자신이나 타인의 느낌을 건설적으로 처리하는 방법
  - ㉠ 얼굴을 붉히는 것과 같은 간접적 표현을 피한다.
  - ㉡ 자신의 감정을 주체하지 못하고 과격한 행동을 하지 않는다.
  - ㉢ 자신의 감정 상태에 대한 책임을 타인에게 전가하지 않는다.
  - ㉣ 자신의 감정을 조절하기 위하여 상대방으로 하여금 그의 행동을 변하도록 강요하지 않는다.
  - ㉤ 자신의 감정을 명확하게 하지 못할 경우라도 즉각적인 의사소통이 될 수 있도록 노력한다.

① 1개
② 2개
③ 3개
④ 4개
⑤ 5개

02 의사소통이란 두 사람 이상 사이의 상호작용이다. 자신의 의도를 효과적으로 전달하는 것뿐만 아니라 상대의 의도를 제대로 파악하는 것도 매우 중요하다. 그러나 '잘 듣는 것', 즉 '경청'은 단순히 소리를 듣는 것이 아니기 때문에 생각보다 쉽지 않다. 다음 중 효과적으로 경청하는 방법이 아닌 것은?

① 상대방의 메시지를 자신의 삶과 관련시켜 본다.
② 표정, 몸짓 등 말하는 사람의 모든 것에 집중한다.
③ 들은 내용을 요약하는 것은 앞으로의 내용을 예측하는 데도 도움이 된다.
④ 대화 내용에 대해 적극적으로 질문한다.
⑤ 대화 중 상대방이 무엇을 말할 것인가 추측하는 것은 선입견을 갖게 할 가능성이 높기 때문에 지양한다.

CHAPTER 02

수리능력

합격 Cheat Key

수리능력은 사칙 연산 · 통계 · 확률의 의미를 정확하게 이해하고 이를 업무에 적용하는 능력으로, 기초 연산과 기초 통계, 도표 분석 및 작성의 문제 유형으로 출제된다. 수리능력 역시 채택하지 않는 공사 · 공단이 거의 없을 만큼 필기시험에서 중요도가 높은 영역이다.

특히, 난이도가 높은 공사 · 공단의 시험에서는 도표 분석, 즉 자료 해석 유형의 문제가 많이 출제되고 있고, 응용 수리 역시 꾸준히 출제하는 공사 · 공단이 많기 때문에 기초 연산과 기초 통계에 대한 공식의 암기와 자료 해석 능력을 기를 수 있는 꾸준한 연습이 필요하다.

1 응용 수리의 공식은 반드시 암기하라!

응용 수리는 공사 · 공단마다 출제되는 문제는 다르지만, 사용되는 공식은 비슷한 경우가 많으므로 자주 출제되는 공식을 반드시 암기하여야 한다. 문제에서 묻는 것을 정확하게 파악하여 그에 맞는 공식을 적절하게 적용하는 꾸준한 노력과 공식을 암기하는 연습이 필요하다.

2 자료의 해석은 자료에서 즉시 확인할 수 있는 지문부터 확인하라!

수리능력 중 도표 분석, 즉 자료 해석 능력은 많은 시간을 필요로 하는 문제가 출제되므로, 증가·감소 추이와 같이 눈으로 확인이 가능한 지문을 먼저 확인한 후 복잡한 계산이 필요한 지문을 확인하는 방법으로 문제를 풀이한다면 시간을 조금이라도 아낄 수 있다. 또한, 여러 가지 보기가 주어진 문제 역시 지문을 잘 확인하고 문제를 풀이한다면 불필요한 계산을 생략할 수 있으므로 항상 지문부터 확인하는 습관을 들여야 한다.

3 도표 작성에서 지문에 작성된 도표의 제목을 반드시 확인하라!

도표 작성은 하나의 자료 혹은 보고서와 같은 수치가 표현된 자료를 도표로 작성하는 형식으로 출제되는데, 대체로 표보다는 그래프를 작성하는 형태로 많이 출제된다. 지문을 살펴보면 각 지문에서 주어진 도표에도 소제목이 있는 경우가 대부분이다. 이때, 자료의 수치와 도표의 제목이 일치하지 않는 경우 함정이 존재하는 문제일 가능성이 높으므로 도표의 제목을 반드시 확인하는 것이 중요하다.

01 응용 수리

| 유형분석 |

- 문제에서 제공하는 정보를 파악한 뒤, 사칙연산을 활용하여 계산하는 전형적인 수리문제이다.
- 문제를 풀기 위한 정보가 산재되어 있는 경우가 많으므로 주어진 조건 등을 꼼꼼히 확인해야 한다.

A씨가 결혼 전 모은 현금의 40%를 배우자와 공동자산으로 합쳐 총 3억 원을 마련했다고 한다. A씨의 공동자산 축적 기여도가 48%일 때, A씨가 결혼 전 모은 현금은 얼마인가??

① 3억 2천만 원
② 3억 6천만 원
③ 4억 원
④ 4억 4천만 원
⑤ 4억 8천만 원

정답 ②

A씨가 결혼 전 모은 현금을 x억 원이라고 하면, 공동자산으로 합친 현금은 $0.4x$억 원이다.
공동자산 축적 기여도가 48%이므로 A씨가 공동자산에 기여한 금액은 $3\times0.48=1.44$억 원이다.
$0.4x=1.44$
$\therefore x=3.6$
따라서 A씨가 결혼 전 모은 현금은 3억 6천만 원이다.

풀이 전략!

문제에서 묻는 바를 정확하게 확인한 후, 필요한 조건 또는 정보를 구분하여 신속하게 풀어 나간다. 단, 계산에 착오가 생기지 않도록 유의한다.

대표기출유형 01 기출응용문제

01 8%의 소금물 400g에서 한 컵의 소금물을 퍼내고 그 양만큼 물을 부은 다음 다시 2%의 소금물을 넣었더니 6%의 소금물 520g이 되었다. 퍼낸 소금물의 양은 얼마인가?

① 10g
② 20g
③ 30g
④ 40g
⑤ 50g

02 농도가 10%인 소금물 500L가 있는데, 생수를 채워서 소금물 농도를 5%로 줄이려고 한다. 생수는 얼마나 더 넣어야 하는가?

① 400L
② 450L
③ 500L
④ 550L
⑤ 600L

03 주머니 A, B가 있는데 A주머니에는 흰 공 3개, 검은 공 2개가 들어있고, B주머니에는 흰 공 1개, 검은 공 4개가 들어있다. A, B주머니에서 순서대로 1개씩 공을 꺼낼 때, 검은 공이 1개 이상 뽑힐 확률은?

① $\frac{16}{25}$
② $\frac{18}{25}$
③ $\frac{20}{25}$
④ $\frac{22}{25}$
⑤ $\frac{24}{25}$

04 H회사에 근무 중인 S사원은 업무 계약 건으로 출장을 가야 한다. 시속 75km로 이동하던 중 점심시간이 되어 전체 거리의 40% 지점에 위치한 휴게소에서 30분 동안 점심을 먹었다. 시계를 확인하니 약속된 시간에 늦을 것 같아 시속 25km를 더 올려 이동하였더니, 회사에서 출장지까지 총 3시간 20분이 걸려 도착하였다. H회사에서 출장지까지의 거리는?

① 100km
② 150km
③ 200km
④ 250km
⑤ 300km

05 민호는 자신의 집에서 수지네 집으로 3m/s의 속력으로 가고, 수지는 자신의 집에서 민호네 집으로 2m/s의 속력으로 간다. 수지와 민호네 집은 900m 떨어져 있고 수지가 민호보다 3분 늦게 출발했을 때, 민호는 집에서 출발한 지 얼마 만에 수지와 만나는가?(단, 민호와 수지네 집 사이의 길은 한 가지밖에 없다)

① 1분 12초
② 2분 12초
③ 3분 12초
④ 4분 12초
⑤ 5분 12초

06 두 자연수 a, b에 대해 a가 짝수일 확률은 $\frac{2}{3}$, b가 짝수일 확률은 $\frac{3}{5}$이다. 이때 a와 b의 곱이 짝수일 확률은?

① $\frac{11}{15}$
② $\frac{4}{5}$
③ $\frac{13}{15}$
④ $\frac{14}{15}$
⑤ $\frac{1}{3}$

07 4명의 야구선수가 안타를 칠 확률이 각각 $\frac{1}{6}$, $\frac{1}{8}$, $\frac{1}{4}$, $\frac{1}{5}$ 이라고 한다. 이때 4명 중 3명 이상이 안타를 칠 확률은?

① $\frac{1}{48}$
② $\frac{1}{36}$
③ $\frac{1}{24}$
④ $\frac{1}{19}$
⑤ $\frac{1}{10}$

08 수현이의 부모님은 미국에 거주 중이고, 동생은 일본에서 유학 중이다. 미국과 일본에 국제전화를 걸면 분당 통화요금이 각각 40원, 60원이다. 이번 달에 수현이가 부모님과 동생에게 전화를 건 시간을 합하면 1시간이고, 부모님과 통화하는 데 들어간 요금이 동생과 통화하는 데 들어간 요금의 2배일 때, 수현이가 내야 하는 국제전화 요금 총액은 얼마인가?

① 2,400원
② 2,500원
③ 2,600원
④ 2,700원
⑤ 2,800원

09 희진이는 단팥빵과 크림빵만 만드는 빵집을 운영하고 있다. 빵집에는 빵을 1개씩만 구울 수 있는 오븐이 있고, 단팥빵과 크림빵을 굽는 데는 각각 3분, 7분이 걸리며, 1개를 굽고 나서 바로 다음 것을 굽는다. 희진이가 반죽을 만드는 데 걸리는 시간은 12분이고, 반죽은 신선도를 유지하기 위해 1시간에 한 번씩 만든다. 희진이가 1시간을 모두 활용하여 단팥빵과 크림빵을 최대한 많이 굽는다고 할 때, 굽는 순서를 다르게 할 수 있는 방법은 총 몇 가지인가?(단, 희진이는 모든 빵을 2개 이상 만든다)

① 200가지
② 212가지
③ 224가지
④ 248가지
⑤ 268가지

02 자료 계산

| 유형분석 |

- 제시된 자료를 통해 문제에서 주어진 특정한 값을 계산하거나 자료의 변동량을 구할 수 있는지 평가하는 유형이다.
- 자료상에 주어진 공식을 활용하는 계산문제와 증감률, 비율, 합, 차 등을 활용한 문제가 출제된다.
- 출제 비중은 낮지만, 숫자가 큰 경우가 많으므로 제시된 수치와 조건을 꼼꼼히 확인하여 정확하게 계산하는 것이 중요하다.

다음은 2019년부터 2024년까지 K동의 자원봉사 참여 현황에 대한 자료이다. 6년 동안 참여율이 4번째로 높은 해의 전년 대비 참여율의 증가율을 구하면?(단, 증가율은 소수점 첫째 자리에서 반올림한다)

〈자원봉사 참여 현황〉

(단위 : 명, %)

구분	2019년	2020년	2021년	2022년	2023년	2024년
총 성인 인구수	35,744	36,786	37,188	37,618	38,038	38,931
자원봉사 참여 성인 인구수	1,621	2,103	2,548	3,294	3,879	4,634
참여율	4.5	5.7	6.9	8.8	10.2	11.9

① 약 17%
② 약 19%
③ 약 21%
④ 약 23%
⑤ 약 25%

정답 ③

참여율이 4번째로 높은 해는 2021년이다.

(참여율의 증가율)=$\frac{\text{(해당연도 참여율)}-\text{(전년도 참여율)}}{\text{(전년도 참여율)}}\times100$이므로 $\frac{6.9-5.7}{5.7}\times100 \fallingdotseq 21\%$이다.

풀이 전략!

자료 계산 유형의 경우 일반적으로 표에 숫자 값을 제시하고, 주어진 값을 바탕으로 계산을 하는 문제가 출제된다. 그러므로 문제가 요구하는 것이 무엇인지 정확히 파악하고 관련 값을 표에서 찾아 표시한 다음, 표시한 값을 바탕으로 사칙연산을 정확하고 빠르게 수행해야 한다. 증가율, 감소율 등 비율 계산을 요구하는 경우가 많으므로 관련 공식을 필수로 암기해두자.

- (백분율)=$\frac{\text{(비교하는 양)}}{\text{(기준량)}}\times100$
- (증감률)=$\frac{\text{(비교대상의 값)}-\text{(기준값)}}{\text{(기준값)}}\times100$
- (증감량)=(비교대상 값 A)−(또 다른 비교대상의 값 B)

대표기출유형 02 기출응용문제

01 금연프로그램을 신청한 흡연자 A씨는 H공단에서 진료 및 상담 비용과 금연보조제 비용의 일정 부분을 지원받고 있다. A씨는 의사와 상담을 6회 받았고, 금연보조제로 니코틴패치 3묶음을 구입했다고 할 때, 다음 지원 현황에 따라 흡연자 A씨가 지불하는 부담금은 얼마인가?

〈금연프로그램 지원 현황〉

구분	진료 및 상담	금연보조제(니코틴패치)
가격	30,000원/회	12,000원/묶음
지원금 비율	90%	75%

※ 진료 및 상담료 지원금은 6회까지 지원함

① 21,000원
② 23,000원
③ 25,000원
④ 27,000원
⑤ 28,000원

02 H회사는 LED 전구를 수입하여 국내에 판매할 계획을 세우고 있다. 다음 자료는 LED 전구를 생산하는 해외업체들의 가격정보이다. 판매단가의 가격 경쟁력이 가장 높은 기업은?

구분	A기업	B기업	C기업	D기업	E기업
판매단가(개당)	8USD	50CNY	270TWD	30AED	550INR
교환비율	1	6	35	3	70

※ 교환비율 : USD를 기준으로 다른 화폐와 교환할 수 있는 비율

① A기업
② B기업
③ C기업
④ D기업
⑤ E기업

03 H자동차 회사에서 새로운 두 모델 S, E에 대해 연비 테스트를 하였다. 각각 휘발유를 3L와 5L 주입 후 동일한 조건에서 주행하였을 때 차가 멈출 때까지 운행한 거리를 측정하였고, 그 결과는 다음과 같았다. 3L로 시험했을 때 두 자동차의 주행거리의 합은 48km였고, 연비 테스트에서 모델 E가 달린 주행거리의 합은 56km였다면, 두 자동차 연비의 곱은 얼마인가?

구분	3L	5L
모델 S	$a$km	$b$km
모델 E	$c$km	$d$km

※ (연비)$=\frac{km}{L}$(단위 주행 거리당 소비하는 연료의 양)

① 52 ② 56
③ 60 ④ 63
⑤ 64

04 다음은 어느 가족의 한 달 통신비 내역이다. 이를 참고하여 모든 혜택을 적용한 최저 요금을 바르게 구한 것은?

구분	요금(원)	비고
인터넷 요금	38,500	• 인터넷과 휴대폰, TV를 동시 가입한 경우 두 가지 품목 합산 요금의 20% 할인(셋톱박스 대여료 제외) • 휴대폰 가입자 2인(20%), 3인(30%), 4인 이상(40%) 할인 • 인터넷과 TV 셋톱박스 대여료는 비싼 가격 1대만 청구 • 총요금의 천 원 미만 절사 ※ 한 품목에 대해 중복 할인 불가 ※ 자동이체 시 10% 추가 할인
인터넷 셋톱박스 대여료	3,300	
휴대폰 요금	48,400	
	59,400	
	25,300	
TV 수신료	27,300	
TV 셋톱박스 대여료	4,400	
할인 및 혜택 미적용 요금	206,600	
총요금 (자동이체 적용)		

① 135,000원 ② 139,000원
③ 147,000원 ④ 152,000원
⑤ 167,000원

05 다음은 각 국가의 연도별 이산화탄소 배출량에 대한 자료이다. 〈조건〉에 따라 빈칸 ㉠~㉣에 해당하는 국가명을 순서대로 나열한 것은?

〈각 국가의 연도별 이산화탄소 배출량〉

(단위 : 백만 CO_2톤)

구분	1995년	2005년	2015년	2020년	2024년
일본	1,041	1,141	1,112	1,230	1,189
미국	4,803	5,642	5,347	5,103	5,176
㉠	232	432	551	572	568
㉡	171	312	498	535	556
㉢	151	235	419	471	507
독일	940	812	759	764	723
인도	530	890	1,594	1,853	2,020
㉣	420	516	526	550	555
중국	2,076	3,086	7,707	8,980	9,087
러시아	2,163	1,474	1,529	1,535	1,468

조건

- 한국과 캐나다는 제시된 5개 연도의 이산화탄소 배출량 순위에서 8위를 두 번 했다.
- 사우디아라비아의 2020년 대비 2024년의 이산화탄소 배출량 증가율은 5% 이상이다.
- 이란과 한국의 이산화탄소 배출량의 합은 2015년부터 이란과 캐나다의 배출량의 합보다 많아진다.

① 캐나다, 이란, 사우디아라비아, 한국
② 한국, 사우디아라비아, 이란, 캐나다
③ 한국, 이란, 캐나다, 사우디아라비아
④ 한국, 이란, 사우디아라비아, 캐나다
⑤ 이란, 한국, 사우디아라비아, 캐나다

03 자료 이해

| 유형분석 |

- 제시된 자료를 분석하여 선택지의 정답 유무를 판단하는 문제이다.
- 자료의 수치 등을 통해 변화량이나 증감률, 비중 등을 비교하여 판단하는 문제가 자주 출제된다.
- 지원하고자 하는 기업이나 산업과 관련된 자료 등이 문제의 자료로 많이 다뤄진다.

다음은 A신도시 쓰레기 처리 관련 통계 자료이다. 이에 대한 설명으로 옳지 않은 것은?

〈A신도시 쓰레기 처리 관련 통계〉

구분	2021년	2022년	2023년	2024년
1kg 쓰레기 종량제 봉투 가격	100원	200원	300원	400원
쓰레기 1kg당 처리비용	400원	400원	400원	400원
A신도시 쓰레기 발생량	5,013톤	4,521톤	4,209톤	4,007톤
A신도시 쓰레기 관련 적자 예산	15억 원	9억 원	4억 원	0원

① 쓰레기 종량제 봉투 가격이 100원이었던 2021년에 비해 400원이 된 2024년에는 쓰레기 발생량이 약 20%나 감소하였고 쓰레기 관련 적자 예산은 0원이 되었다.
② 연간 쓰레기 발생량 감소 곡선보다 쓰레기 종량제 봉투 가격의 인상 곡선이 더 가파르다.
③ 쓰레기 1kg당 처리비용이 인상될수록 A신도시의 쓰레기 발생량과 쓰레기 관련 적자가 급격히 감소한다.
④ 봉투 가격이 인상됨으로써 주민들은 비용에 부담을 느끼고 쓰레기 배출량을 줄였다.
⑤ 쓰레기 종량제 봉투 가격상승과 A신도시의 쓰레기 발생량은 반비례한다.

정답 ③

쓰레기 1kg당 처리비용은 400원으로 동결상태이다. 오히려 쓰레기 종량제 봉투 가격이 인상될수록 A신도시의 쓰레기 발생량과 쓰레기 관련 적자 예산이 급격히 감소하는 것을 볼 수 있다.

풀이 전략!

간단한 선택지부터 해결하기
계산이 필요 없거나 자료를 눈으로만 봐도 해결 가능한 선택지를 먼저 해결한다.
예 ⑤는 계산할 필요 없이 자료만 봐도 풀 수 있는 선택지이므로 가장 먼저 풀이한다.

옳은 것 / 옳지 않은 것 헷갈리지 않게 표시하기
자료해석은 옳은 것 또는 옳지 않은 것을 찾는 문제가 출제된다. 문제마다 매번 바뀌므로 이를 확인하는 것은 매우 중요하다. 따라서 선택지에 표시할 때에도 선택지가 옳지 않은 내용이라서 '×' 표시를 했는지, 옳은 내용이지만 문제가 옳지 않은 것을 찾는 문제라 '×' 표시를 했는지 헷갈리지 않도록 표시 방법을 정해야 한다.

제시된 자료를 통해 계산할 수 있는 값인지 확인하기
제시된 자료만으로 계산할 수 없는 값을 묻는 선택지인지 먼저 판단해야 한다. 문제를 읽고 바로 계산부터 하면 함정에 빠지기 쉽다.

01 다음은 2020 ~ 2024년의 한부모 및 미혼모·부 가구 수를 조사한 자료이다. 이에 대한 설명으로 옳지 않은 것은?

〈2020 ~ 2024년 한부모 및 미혼모·부 가구 수〉

(단위 : 천 명)

구분		2020년	2021년	2022년	2023년	2024년
한부모 가구	모자가구	1,600	2,000	2,500	3,600	4,500
	부자가구	300	340	480	810	990
미혼모·부 가구	미혼모 가구	80	68	55	72	80
	미혼부 가구	28	17	22	27	30

① 한부모 가구 중 모자가구 수는 2021 ~ 2024년까지 2023년을 제외하고 매년 1.25배씩 증가한다.
② 한부모 가구에서 부자가구가 모자가구 수의 20%를 초과한 연도는 2023년과 2024년이다.
③ 2023년 미혼모 가구 수는 모자가구 수의 2%이다.
④ 2021 ~ 2024년 전년대비 미혼모 가구와 미혼부 가구 수의 증감추이가 바뀌는 연도는 동일하다.
⑤ 2021년 부자가구 수는 미혼부 가구 수의 20배이다.

02 다음은 국가별 디스플레이 세계시장 점유율에 대한 자료이다. 이에 대한 설명으로 옳은 것은?

〈국가별 디스플레이 세계시장 점유율〉

(단위 : %)

구분	2018년	2019년	2020년	2021년	2022년	2023년	2024년
한국	45.7	47.6	50.7	44.7	42.8	45.2	45.8
대만	30.7	29.1	25.7	28.1	28.8	24.6	20.8
일본	19.4	17.9	14.6	15.5	15.0	15.4	15.0
중국	4.0	5.0	8.2	10.5	12.5	14.2	17.4
기타	0.2	0.4	0.8	1.2	0.9	0.6	1.0

① 일본의 디스플레이 세계시장 점유율은 2021년까지 계속 하락한 후 2022년부터 15% 정도를 유지하고 있다.

② 조사기간 중 국가별 디스플레이 세계시장 점유율은 매해 한국이 1위를 유지하고 있으며, 한국 이외의 국가의 순위는 2022년까지 변하지 않았으나, 2023년부터 순위가 바뀌었다.

③ 중국의 디스플레이 세계시장 점유율은 지속적인 성장세를 보이고 있으며, 중국의 2018년 대비 2024년의 세계시장 점유율의 증가율은 335%이다.

④ 2023년 대비 2024년의 디스플레이 세계시장 점유율의 증감률이 가장 낮은 국가는 일본이다.

⑤ 2019 ~ 2024년 중 한국의 디스플레이 세계시장 점유율의 전년 대비 증가폭은 2023년에 가장 컸다.

03 다음은 H보험사에서 조사한 직업별 생명보험 가입 건수를 나타낸 자료이다. 이에 대한 설명으로 옳지 않은 것은?

〈직업별 생명보험 가입 건수〉

(단위 : %)

구분	사례 수	1건	2건	3건	4건	5건	6건	7건 이상	평균
관리자	40건	1.6	30.2	14.9	25.9	3.9	8.9	14.6	4건
전문가 및 관련종사자	108건	7.3	20.1	19.5	18.3	5.3	12.6	16.9	4.3건
사무 종사자	410건	10.3	16.9	16.8	24.1	18.9	5.9	7.1	3.8건
서비스 종사자	259건	13.4	18.9	20.5	20.8	12.1	4.1	10.2	3.7건
판매 종사자	443건	10.6	22.2	14.5	18.6	12	10.7	11.4	4건
농림어업 숙련 종사자	86건	26.7	25.2	22.2	13.6	6.1	4.1	2.1	2.7건
기능원 및 관련 종사자	124건	7.3	25.6	17.1	21.3	19.4	6.2	3.1	3.5건
기계조작 및 조립 종사자	59건	11.0	18.3	18.2	25.4	17.6	5.4	4.1	3.7건
단순 노무 종사자	65건	26.0	33.8	15.4	9.3	3.5	7.2	4.8	2.8건
주부	9건	55.2	13.7	20.8	0	10.3	0	0	2건
기타	29건	19.9	39.2	6.1	15.1	6.2	5.6	7.9	3.1건

① 3건 가입한 사례 수를 비교하면 판매 종사자가 서비스 종사자보다 많다.
② 5건 가입한 사례 수가 가장 많은 직업은 사무 종사자이다.
③ 전문가 및 관련종사자와 단순 노무 종사자 모두 2건 가입한 사례 수가 가장 많다.
④ 6건 가입한 사례 수를 비교하면 서비스 종사자가 기능원 및 관련 종사자보다 적다.
⑤ 기계조작 및 조립 종사자가 단순 노무 종사자보다 평균적으로 생명보험을 많이 가입함을 알 수 있다.

04 다음은 직무분야별 기능사 시험 응시 및 합격 현황에 대한 자료이다. 이에 대한 설명으로 옳지 않은 것은?

〈직무분야별 기능사 시험 응시 및 합격 현황〉

(단위 : 명, %)

구분		필기시험				실기시험			
		신청자	응시자	합격자	합격률	신청자	응시자	합격자	합격률
디자인 분야	전체	29,661	25,780	16,601	64.4	24,453	19,274	11,900	61.7
	여성	20,585	18,031	12,283	68.1	17,138	13,367	8,333	62.3
	남성	9,076	7,749	4,318	55.7	7,315	5,907	3,567	60.4
영사 분야	전체	471	471	181	38.4	281	281	103	36.7
	여성	123	123	49	39.8	65	65	34	52.3
	남성	348	348	132	37.9	216	216	69	31.9
운전·운송 분야	전체	391	332	188	56.6	189	175	149	85.1
	여성	7	6	1	16.7	1	1	0	0
	남성	384	326	187	57.4	188	174	149	85.6
토목 분야	전체	10,225	8,974	4,475	49.9	8,406	7,733	5,755	74.4
	여성	950	794	459	57.8	881	771	493	63.9
	남성	9,275	8,180	4,016	49.1	7,525	6,962	5,262	75.6
건축 분야	전체	13,105	11,072	5,085	45.9	24,040	20,508	14,082	68.7
	여성	5,093	4,292	2,218	51.7	5,666	4,620	3,259	70.5
	남성	8,012	6,780	2,867	42.3	18,374	15,888	10,823	68.1

※ 합격률은 응시자 대비 합격자이며, 소수점 둘째 자리에서 반올림한 값임

① 각 분야에서 필기시험 전체 합격률이 실기시험 전체 합격률보다 높은 직무분야는 두 분야이다.

② 남성 실기시험 응시자가 가장 많은 분야는 남성 필기시험 응시자도 가장 많다.

③ 여성 필기시험 응시자가 남성보다 많은 분야는 실기시험 응시자도 여성이 더 많다.

④ 건축 분야의 여성 실기시험 합격률은 토목 분야의 남성 실기시험 합격률보다 5.1%p 낮다.

⑤ 필기·실기시험 전체 응시율이 100%인 직무분야는 영사 분야이다.

05 다음은 1인당 일평균 스팸 수신량에 대한 자료이다. 이를 보고 이해한 내용으로 옳지 않은 것은?

〈일평균 스팸 수신량〉

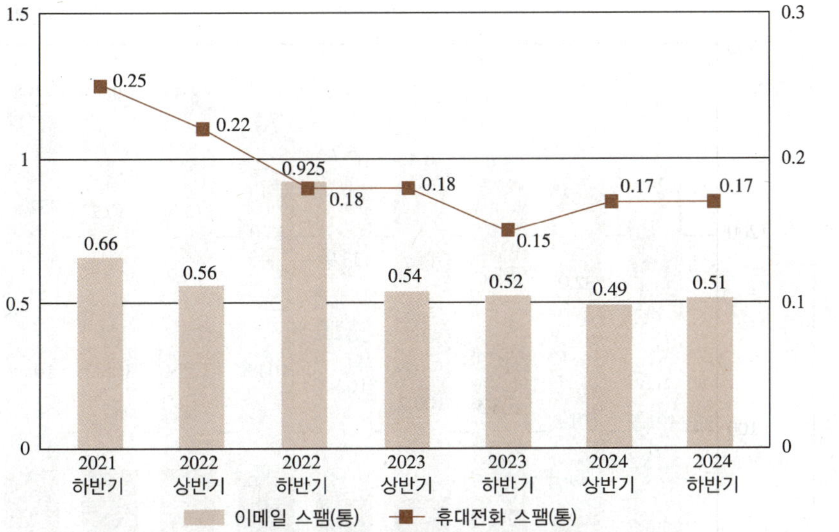

① 이메일과 휴대전화 모두 스팸 수신량이 가장 많은 시기는 2022년 하반기이다.

② 이메일 스팸 수신량은 휴대전화 스팸 수신량보다 항상 많다.

③ 이메일과 휴대전화 스팸 수신량 사이에 밀접한 관련이 있다고 보기 어렵다.

④ 이메일 스팸 총수신량의 평균은 휴대전화 스팸 총수신량 평균의 3배 이상이다.

⑤ 컴퓨터 사용량과 이메일 스팸 수신량이 정비례 관계에 있다고 한다면, 2022년 하반기 우리나라 국민의 평균 컴퓨터 사용량이 제일 높았을 것이다.

06 다음은 우리나라 1차 에너지 소비량 현황 자료이다. 이에 대한 설명으로 옳은 것은?

〈1차 에너지 소비량 현황〉

(단위 : 백만 TOE)

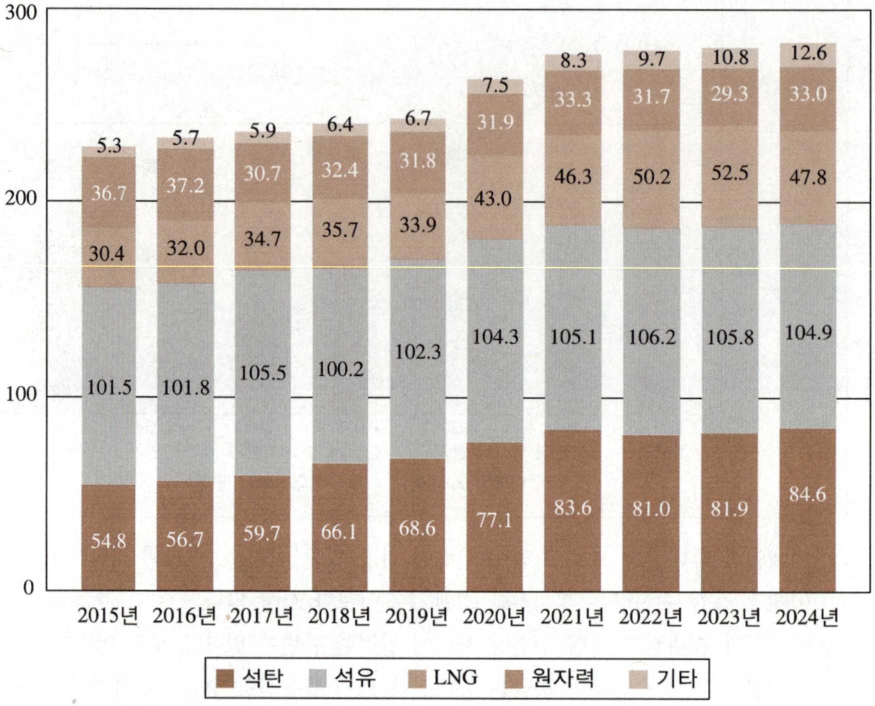

① 매년 석유 소비량이 나머지 에너지 소비량의 합보다 많다.

② 석탄 소비량은 완만한 하락세를 보이고 있다.

③ 기타 에너지 소비량이 지속적으로 감소하는 추세이다.

④ 2016 ~ 2020년 원자력 소비량은 증감을 반복하고 있다.

⑤ 2016 ~ 2020년 LNG 소비량의 증가 추세는 그 정도가 심화되었다.

07 다음은 소나무재선충병 발생지역에 대한 자료이다. 이를 참고할 때 고사한 소나무 수가 가장 많은 발생지역은?

〈소나무재선충병 발생지역별 소나무 수〉

(단위 : 천 그루)

발생지역	소나무 수
거제	1,590
경주	2,981
제주	1,201
청도	279
포항	2,312

〈소나무재선충병 발생지역별 감염률 및 고사율〉

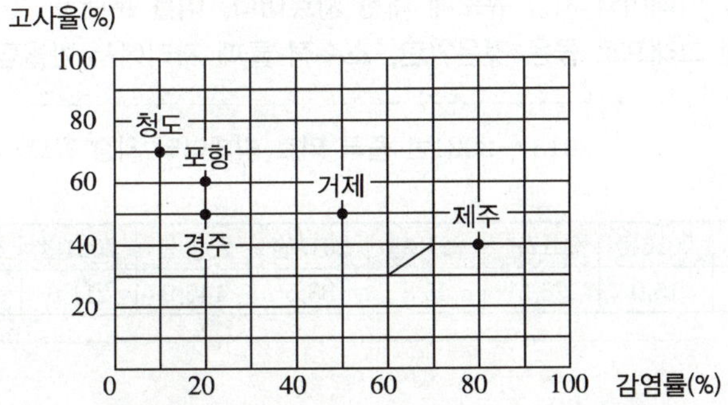

• [감염률(%)]$=\frac{\text{(발생지역의 감염된 소나무 수)}}{\text{(발생지역의 소나무 수)}}\times 100$

• [고사율(%)]$=\frac{\text{(발생지역의 고사한 소나무 수)}}{\text{(발생지역의 감염된 소나무 수)}}\times 100$

① 거제
② 경주
③ 제주
④ 청도
⑤ 포항

04 자료 변환

| 유형분석 |

- 문제에 주어진 자료를 도표로 변환하는 문제이다.
- 주로 자료에 있는 수치와 그래프 또는 표에 있는 수치가 서로 일치하는지의 여부를 판단한다.

다음은 중국의 의료 빅데이터 시장 규모에 대한 자료이다. 이를 토대로 그래프를 작성하였을 때, 전년 대비 성장률에 대한 그래프로 옳은 것은?(단, 소수점 둘째 자리에서 반올림한다)

〈2015 ~ 2024년 중국 의료 빅데이터 시장 규모〉

(단위 : 억 위안)

구분	2015년	2016년	2017년	2018년	2019년	2020년	2021년	2022년	2023년	2024년
규모	9.6	15.0	28.5	45.8	88.5	145.9	211.6	285.6	371.4	482.8

①
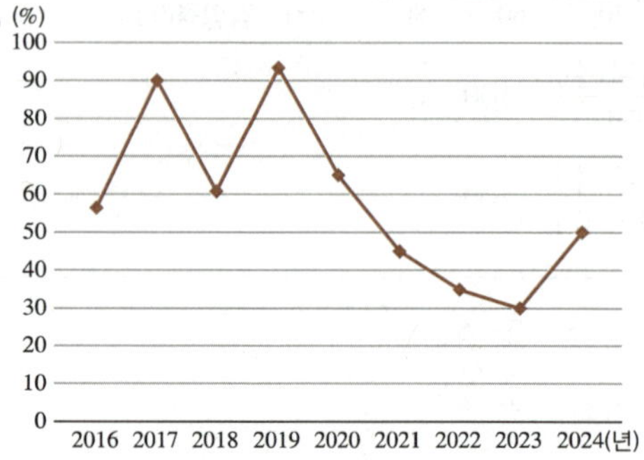

②
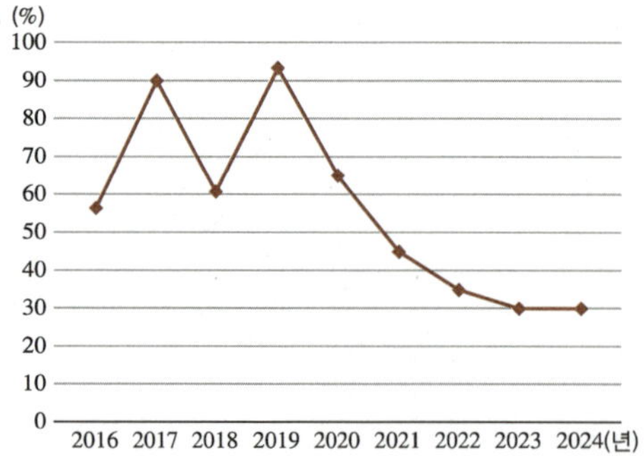

③

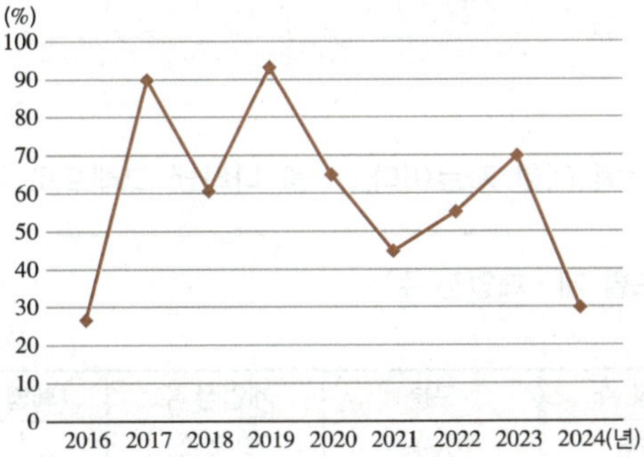

④

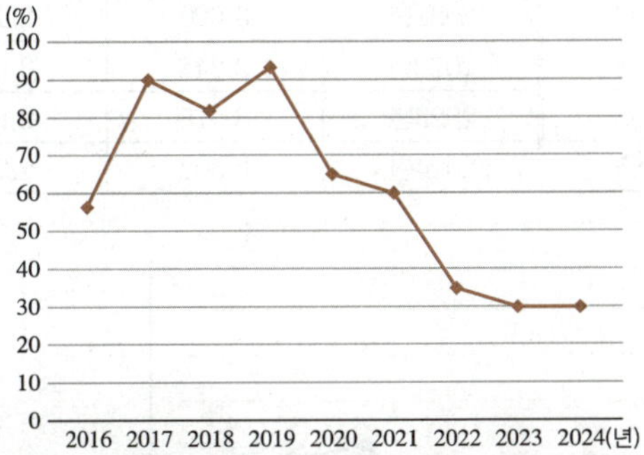

정답 ①

중국의 의료 빅데이터 시장 규모의 전년 대비 성장률을 구하면 다음과 같다.

구분	2015년	2016년	2017년	2018년	2019년	2020년	2021년	2022년	2023년	2024년
성장률(%)	–	56.3	90.0	60.7	93.2	64.9	45.0	35.0	30.0	30.0

따라서 옳은 그래프는 ②이다.

풀이 전략!

- 수치를 일일이 확인하는 것보다 증감 추이를 먼저 판단해서 선택지를 일차적으로 거르고 나머지 선택지 중 그래프의 모양이 크게 차이나는 곳을 확인한다.
- 각 선택지에 도표의 제목이 제시된 경우 제목을 먼저 확인한다. 그다음 어떠한 정보가 필요한지 확인한 후, 문제에서 주어진 자료를 빠르게 확인하여 일치 여부를 판단한다.

대표기출유형 04 기출응용문제

01 다음은 연도별 치킨전문점 개·폐업점 수에 대한 자료이다. 이를 나타낸 그래프로 옳은 것은?

〈연도별 개·폐업점 수〉

(단위 : 개)

구분	개업점 수	폐업점 수	구분	개업점 수	폐업점 수
2013년	3,449	1,965	2019년	3,252	2,873
2014년	3,155	2,121	2020년	3,457	2,745
2015년	4,173	1,988	2021년	3,620	2,159
2016년	4,219	2,465	2022년	3,244	3,021
2017년	3,689	2,658	2023년	3,515	2,863
2018년	3,887	2,785	2024년	3,502	2,758

①

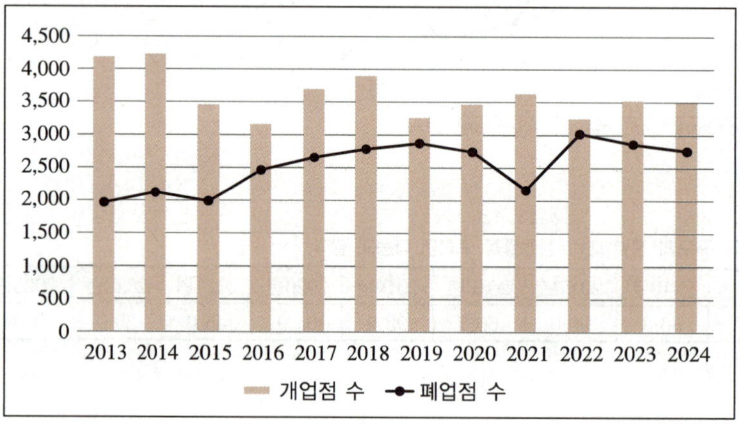

②

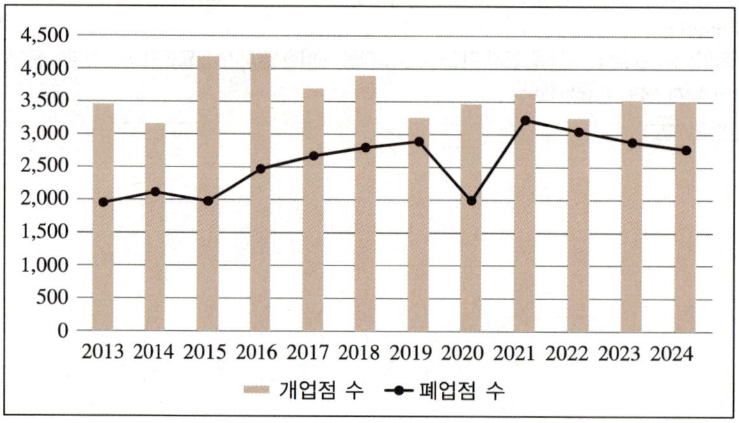

③

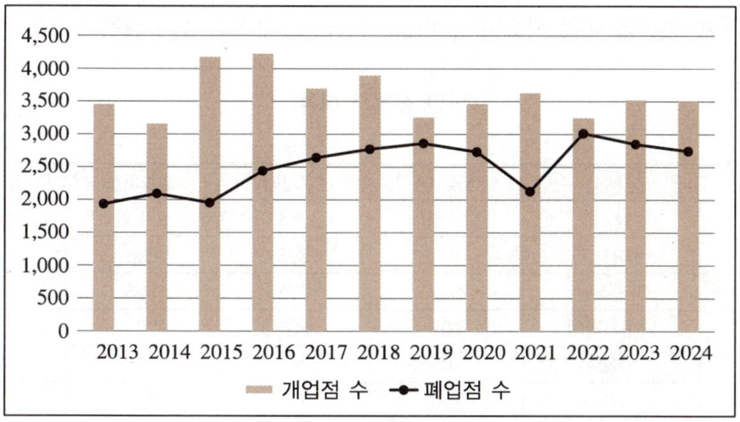
4,500
4,000
3,500
3,000
2,500
2,000
1,500
1,000
500
0
2013 2014 2015 2016 2017 2018 2019 2020 2021 2022 2023 2024
개업점 수
폐업점 수

④

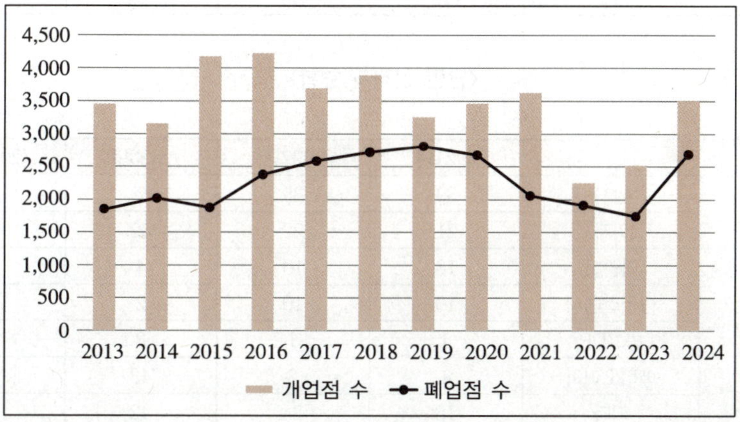
4,500
4,000
3,500
3,000
2,500
2,000
1,500
1,000
500
0
2013 2014 2015 2016 2017 2018 2019 2020 2021 2022 2023 2024
개업점 수
폐업점 수

⑤

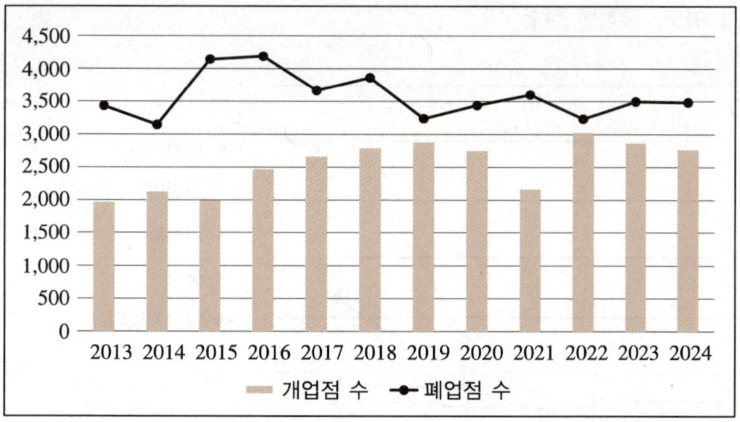
4,500
4,000
3,500
3,000
2,500
2,000
1,500
1,000
500
0
2013 2014 2015 2016 2017 2018 2019 2020 2021 2022 2023 2024
개업점 수
폐업점 수

02 다음은 난민 통계 현황에 대한 자료이다. 이를 나타낸 그래프로 옳지 않은 것은?

〈난민 신청자 현황〉

(단위 : 명)

구분		2021년	2022년	2023년	2024년
성별	남자	1,039	1,366	2,403	4,814
	여자	104	208	493	897
국적	파키스탄	242	275	396	1,143
	나이지리아	102	207	201	264
	이집트	43	97	568	812
	시리아	146	295	204	404
	중국	3	45	360	401
	기타	178	471	784	2,687

〈난민 인정자 현황〉

(단위 : 명)

구분		2021년	2022년	2023년	2024년
성별	남자	39	35	62	54
	여자	21	22	32	51
국적	미얀마	18	19	4	32
	방글라데시	16	10	2	12
	콩고DR	4	1	3	1
	에티오피아	4	3	43	11
	기타	18	24	42	49

① 난민 신청자 연도·국적별 현황

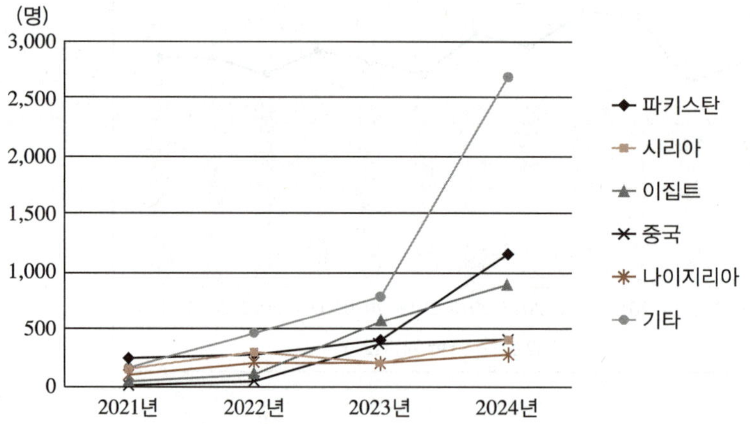

② 전년 대비 난민 인정자 증감률(2022 ~ 2024년)

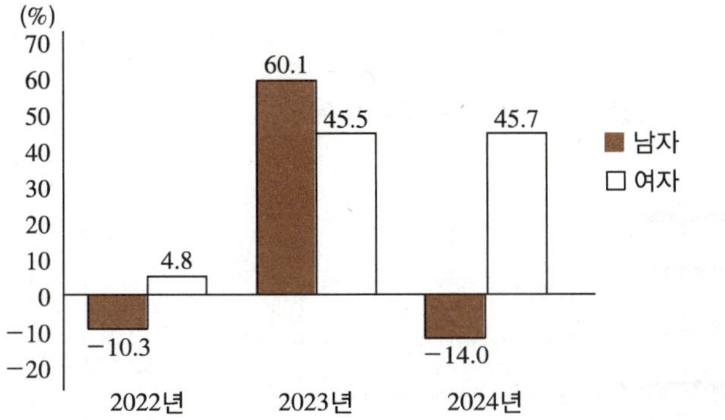

③ 난민 신청자 현황

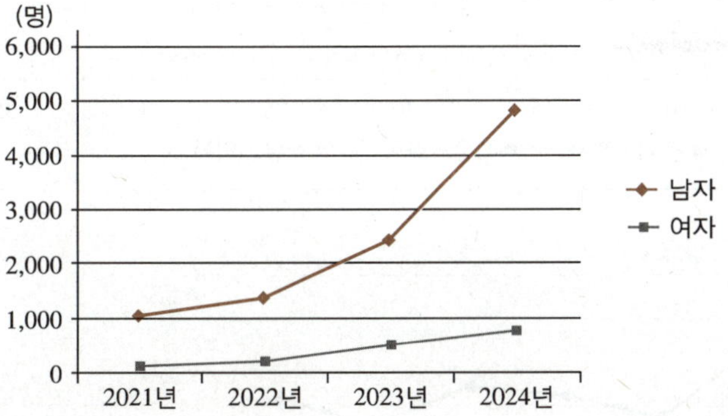

④ 난민 인정자 비율

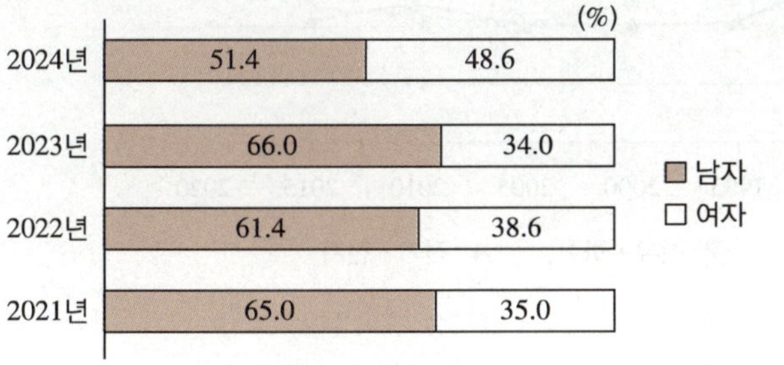

⑤ 2024년 국가별 난민 신청자 비율

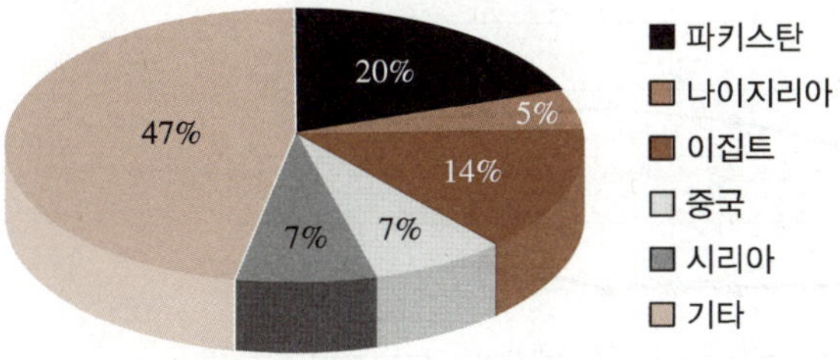

03 다음은 우리나라 제조업 상위 3개 업종 종사자수를 나타낸 자료이다. 이를 나타낸 그래프로 옳은 것은?

〈제조업 상위 3개 업종 종사자수〉

(단위 : 십만 명)

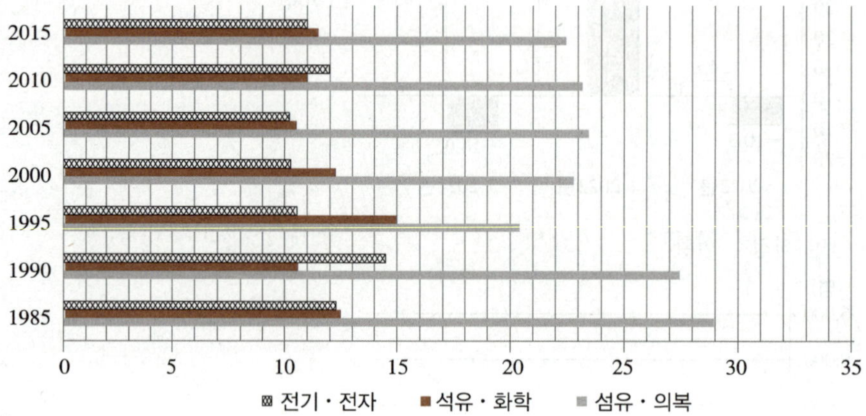

① (십만 명)

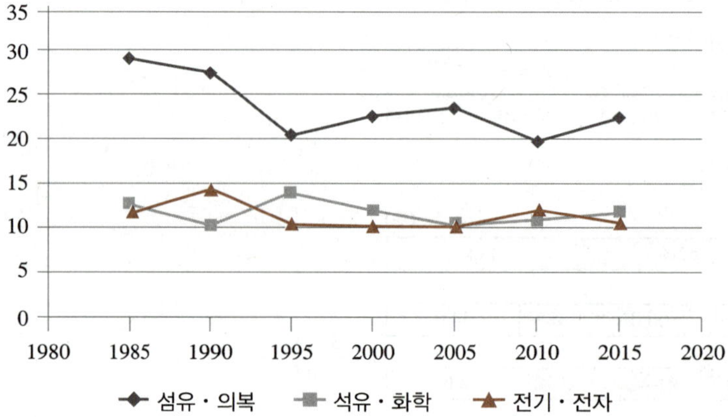

② (십만 명)

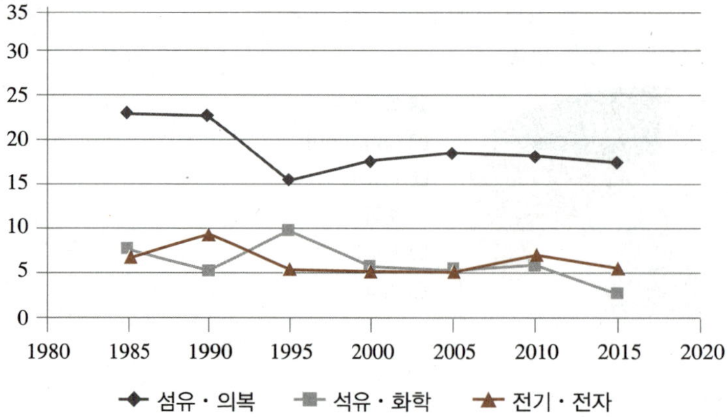

③

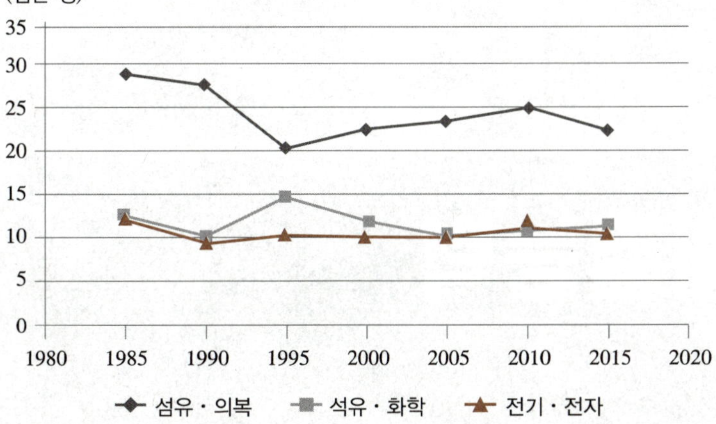
(십만 명)
35
30
25
20
15
10
5
0
1980
1985
1990
1995
2000
2005
2010
2015
2020
섬유 · 의복
석유 · 화학
전기 · 전자

④

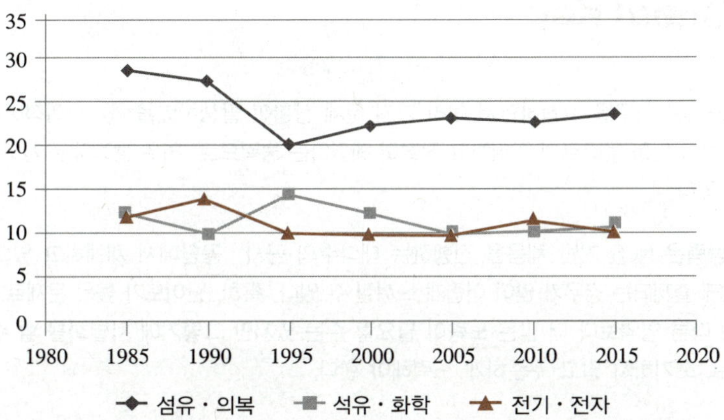
(십만 명)
35
30
25
20
15
10
5
0
1980
1985
1990
1995
2000
2005
2010
2015
2020
섬유 · 의복
석유 · 화학
전기 · 전자

⑤

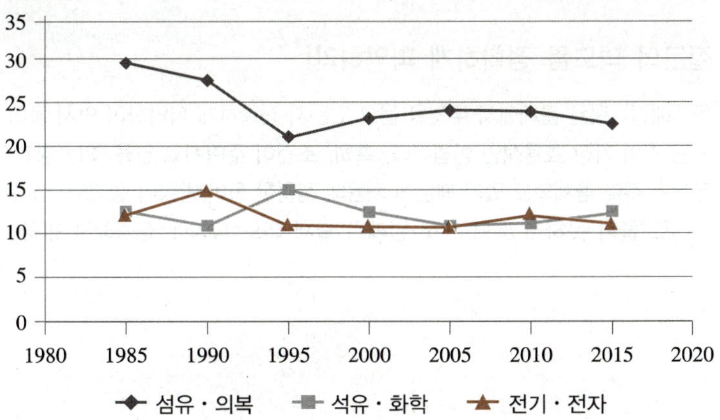
(십만 명)
35
30
25
20
15
10
5
0
1980
1985
1990
1995
2000
2005
2010
2015
2020
섬유 · 의복
석유 · 화학
전기 · 전자

CHAPTER 03

문제해결능력

합격 Cheat Key

문제해결능력은 업무를 수행하면서 여러 가지 문제 상황이 발생하였을 때, 창의적이고 논리적인 사고를 통하여 이를 올바르게 인식하고 적절히 해결하는 능력으로, 하위 능력에는 사고력과 문제처리능력이 있다.

문제해결능력은 NCS 기반 채용을 진행하는 대다수의 공사·공단에서 채택하고 있으며, 다양한 자료와 함께 출제되는 경우가 많아 어렵게 느껴질 수 있다. 특히, 난이도가 높은 문제로 자주 출제되기 때문에 다른 영역보다 더 많은 노력이 필요할 수는 있지만 그렇기에 차별화를 할 수 있는 득점 영역이므로 포기하지 말고 꾸준하게 노력해야 한다.

1 질문의 의도를 정확하게 파악하라!

문제해결능력은 문제에서 무엇을 묻고 있는지 정확하게 파악하여 먼저 풀이 방향을 설정하는 것이 가장 효율적인 방법이다. 특히, 조건이 주어지고 답을 찾는 창의적·분석적인 문제가 주로 출제되고 있기 때문에 처음에 정확한 풀이 방향이 설정되지 않는다면 문제를 제대로 풀지 못하게 되므로 첫 번째로 출제 의도 파악에 집중해야 한다.

2 중요한 정보는 반드시 표시하라!

출제 의도를 정확히 파악하기 위해서는 문제의 중요한 정보를 반드시 표시하거나 메모하여 하나의 조건, 단서도 잊고 넘어가는 일이 없도록 해야 한다. 실제 시험에서는 시간의 압박과 긴장감으로 정보를 잘못 적용하거나 잊어버리는 실수가 많이 발생하므로 사전에 충분한 연습이 필요하다.

3 반복 풀이를 통해 취약 유형을 파악하라!

문제해결능력은 특히 시간관리가 중요한 영역이다. 따라서 정해진 시간 안에 고득점을 할 수 있는 효율적인 문제 풀이 방법을 찾아야 한다. 이때, 반복적인 문제 풀이를 통해 자신이 취약한 유형을 파악하는 것이 중요하다. 정확하게 풀 수 있는 문제부터 빠르게 풀고 취약한 유형은 나중에 푸는 효율적인 문제 풀이를 통해 최대한 고득점을 맞는 것이 중요하다.

01 명제 추론

| 유형분석 |

- 주어진 문장을 토대로 논리적으로 추론하여 참 또는 거짓을 구분하는 문제이다.
- 대체로 연역추론을 활용한 명제 문제가 출제된다.
- 자료를 제시하고 새로운 결과나 자료에 주어지지 않은 내용을 추론해 가는 형식의 문제가 출제된다.

A사원은 다음 사내규정에 따라 비품을 구매하려고 한다. 작년에 가을이 아닌 같은 계절에 가습기와 에어컨을 구매했다면, 어떠한 경우에도 작년 구매 목록에 대한 설명으로 참이 될 수 없는 것은?(단, 가습기는 10만 원 미만, 에어컨은 50만 원 이상이다)

〈사내규정〉

- 매년 10만 원 미만, 10만 원 이상, 30만 원 이상, 50만 원 이상의 비품으로 구분지어 구매 목록을 만든다.
- 매 계절마다 적어도 구매 목록 중 하나는 구매한다.
- 매년 최대 6번까지 구매할 수 있다.
- 한 계절에 같은 가격대의 구매 목록을 2번 이상 구매하지 않는다.
- 두 계절 연속으로 같은 가격대의 구매 목록을 구매하지 않는다.
- 50만 원 이상 구매 목록은 매년 2번 구매한다.
- 봄에 30만 원 이상 구매 목록을 구매한다.

① 봄에 50만 원 이상 구매 목록을 구매하였다.
② 여름에 10만 원 미만 구매 목록을 구매하였다.
③ 여름에 50만 원 이상 구매 목록을 구매하였다.
④ 가을에 30만 원 이상 구매 목록을 구매하였다.
⑤ 겨울에 10만 원 이상 구매 목록을 구매하였다.

정답 ①

다섯 번째와 여섯 번째 규정에 의해 50만 원 이상 구매 목록은 매년 2번 이상 구매해야 하며, 두 계절 연속으로 같은 가격대의 구매 목록을 구매할 수 없다. 가을을 제외한 계절에 50만 원 이상인 에어컨을 구매하였으므로 봄에는 50만 원 이상인 구매 목록을 구매할 수 없다.

풀이 전략!

명제와 관련한 기본적인 논법에 대해서는 미리 학습해 두며, 이를 토대로 각 문장에 있는 핵심단어 또는 문구를 기호화하여 정리한 후, 선택지와 비교하여 참 또는 거짓을 판단한다.

대표기출유형 01 기출응용문제

01 H공사 직원 A ~ E 5명은 점심식사를 하고 카페에서 각자 원하는 음료를 주문하였다. 다음 〈조건〉을 참고할 때, 카페라테 한 잔의 가격은 얼마인가?

조건

- 5명이 주문한 음료의 총 금액은 21,300원이다.
- A를 포함한 3명의 직원은 아메리카노를 주문하였다.
- B는 혼자 카페라테를 주문하였다.
- 나머지 한 사람은 5,300원인 생과일주스를 주문하였다.
- A와 B의 음료 금액은 총 8,400원이다.

① 3,800원
② 4,000원
③ 4,200원
④ 4,400원
⑤ 4,600원

02 H공사의 갑 ~ 정은 각각 다른 팀에 근무하고 있으며, 각 팀은 2 ~ 5층에 위치하고 있다. 다음 〈조건〉을 참고할 때, 항상 참인 것은?

조건

- 갑, 을, 병, 정 중 2명은 부장, 1명은 과장, 1명은 대리이다.
- 대리의 사무실은 을보다 높은 층에 있다.
- 을은 과장이다.
- 갑은 대리가 아니다.
- 갑의 사무실이 가장 높다.

① 부장 중 한 명은 반드시 2층에 근무한다.
② 갑은 부장이다.
③ 대리는 4층에 근무한다.
④ 을은 2층에 근무한다.
⑤ 병은 대리이다.

03 **다음 명제에 근거할 때 항상 참인 것은?**

- 물을 녹색으로 만드는 조류는 냄새 물질을 배출한다.
- 독소 물질을 배출하는 조류는 냄새 물질을 배출하지 않는다.
- 물을 황색으로 만드는 조류는 물을 녹색으로 만들지 않는다.

① 독소 물질을 배출하지 않는 조류는 물을 녹색으로 만든다.
② 물을 녹색으로 만들지 않는 조류는 냄새 물질을 배출하지 않는다.
③ 독소 물질을 배출하는 조류는 물을 녹색으로 만들지 않는다.
④ 냄새 물질을 배출하지 않는 조류는 물을 황색으로 만들지 않는다.
⑤ 냄새 물질을 배출하는 조류는 독소 물질을 배출한다.

04 **수덕, 원태, 광수는 임의의 순서로 빨간색 · 파란색 · 노란색 지붕을 가진 집에 나란히 이웃하여 살고, 개 · 고양이 · 원숭이 중 서로 다른 애완동물을 기르며, 광부 · 농부 · 의사라는 서로 다른 직업을 갖는다. 제시된 〈조건〉을 근거로 할 때, 다음 중 항상 참인 것을 〈보기〉에서 모두 고르면?**

조건

- 광수는 광부이다.
- 가운데 집에 사는 사람은 개를 키우지 않는다.
- 농부와 의사의 집은 서로 이웃해 있지 않다.
- 노란 지붕 집은 의사의 집과 이웃해 있다.
- 파란 지붕 집에 사는 사람은 고양이를 키운다.
- 원태는 빨간 지붕 집에 산다.

보기

ㄱ. 수덕은 빨간 지붕 집에 살지 않고 원태는 개를 키우지 않는다.
ㄴ. 노란 지붕 집에 사는 사람은 원숭이를 키우지 않는다.
ㄷ. 수덕이가 파란 지붕 집에 살거나, 원태는 고양이를 키운다.
ㄹ. 수덕이는 개를 키우지 않는다.
ㅁ. 원태는 농부이다.

① ㄱ, ㄴ
② ㄴ, ㄷ
③ ㄷ, ㄹ
④ ㄱ, ㄴ, ㅁ
⑤ ㄴ, ㄷ, ㄹ

05 장애인 인식 개선 교육을 받은 직원들은 월~금요일 중 하루를 택하여 2인 1조로 자원봉사를 가기로 하였다. 제시된 〈조건〉에 따라 자원봉사를 갈 때, 다음 중 금요일에 자원봉사를 가는 사람은?

조건
- A는 월요일에만 자원봉사를 갈 수 있다.
- B는 월요일과 수요일에 자원봉사를 갈 수 있다.
- B는 C와 반드시 같이 가야 한다.
- F는 G와 반드시 같이 가야 한다.
- D는 A와 같이 갈 수 없다.
- D와 G는 화요일에 중요한 회의가 있다.
- E는 목요일에만 자원봉사를 갈 수 있다.
- F와 H는 목요일에 중요한 회의가 있다.
- I와 J는 요일에 상관없이 자원봉사를 갈 수 있다.

① A, D
② H, I
③ B, E
④ F, G
⑤ D, E

06 A~D는 구두를 사기 위해 신발가게에 갔다. 신발가게에서 세일을 하는 품목은 빨간색, 주황색, 노란색, 초록색, 파란색, 남색, 보라색 구두이고 각각 한 켤레씩 남았다. 다음 〈조건〉을 만족할 때, A는 주황색 구두를 제외하고 어떤 색의 구두를 샀는가?(단, 빨간색 – 초록색, 주황색 – 파란색, 노란색 – 남색은 보색 관계이다)

조건
- A는 주황색을 포함하여 두 켤레를 샀다.
- C는 빨간색 구두를 샀다.
- B, D는 파란색을 좋아하지 않는다.
- C, D는 같은 수의 구두를 샀다.
- B는 C가 산 구두와 보색 관계인 구두를 샀다.
- D는 B가 산 구두와 보색 관계인 구두를 샀다.
- 모두 한 켤레 이상씩 샀으며, 네 사람은 세일품목을 모두 샀다.

① 노란색
② 초록색
③ 파란색
④ 남색
⑤ 빨간색

02 | 규칙 적용

| 유형분석 |

- 주어진 상황과 규칙을 종합적으로 활용하여 풀어 가는 문제이다.
- 일정, 비용, 순서 등 다양한 내용을 다루고 있어 유형을 한 가지로 단일화하기 어렵다.

A팀과 B팀은 보안등급 상에 해당하는 문서를 나누어 보관하고 있다. 이에 따라 두 팀은 보안을 위해 아래와 같은 규칙에 따라 각 팀의 비밀번호를 지정하였다. 다음 중 A팀과 B팀에 들어갈 수 있는 암호배열은?

〈규칙〉

- 1 ~ 9까지의 숫자로 (한 자릿수)×(두 자릿수)=(세 자릿수)=(두 자릿수)×(한 자릿수) 형식의 비밀번호로 구성한다.
- 가운데에 들어갈 세 자릿수의 숫자는 156이며 숫자는 중복 사용할 수 없다. 즉, 각 팀의 비밀번호에 1, 5, 6이란 숫자가 들어가지 않는다.

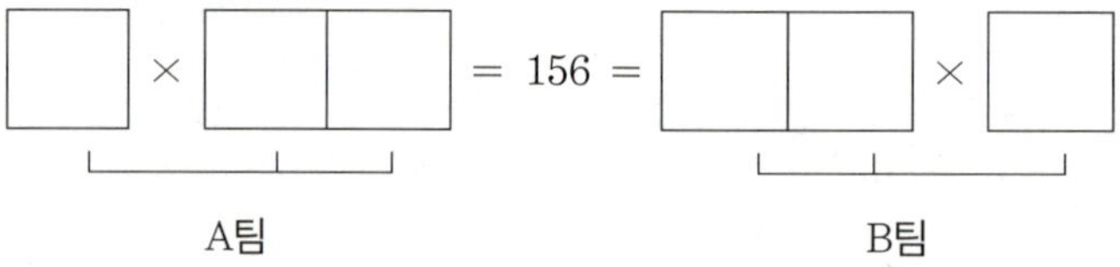

① 23　　② 27
③ 29　　④ 37
⑤ 39

정답 ⑤

규칙에 따라 사용할 수 있는 숫자는 1, 5, 6을 제외한 나머지 2, 3, 4, 7, 8, 9의 총 6개이다. (한 자릿수)×(두 자릿수)=156이 되는 수를 알기 위해서는 156을 소인수분해하면 된다. $156=2^2\times3\times13$으로 여기서 156이 되는 수의 곱 중에 조건을 만족하는 것은 2×78과 4×39이다. 따라서 선택지 중에 A팀 또는 B팀에 들어갈 수 있는 암호배열은 39이다.

풀이 전략!

문제에 제시된 조건이나 규칙을 정확히 파악한 후, 선택지나 상황에 적용하여 문제를 풀어 나간다.

대표기출유형 02 기출응용문제

01 H회사는 일정한 규칙에 따라 만든 암호를 팀별 보안키로 활용한다. x와 y의 합은?

A팀	B팀	C팀	D팀	E팀	F팀
1938	2649	3576	6537	9642	2766
G팀	H팀	I팀	J팀	K팀	L팀
19344	21864	53193	84522	$9023x$	$7y352$

① 11
② 13
③ 15
④ 17
⑤ 19

02 다음 자료를 참고할 때, 〈보기〉의 주민등록번호 빈칸에 해당하는 숫자로 옳은 것은?

우리나라에서 국민에게 발급하는 주민등록번호는 각각의 번호가 고유한 번호로, 13자리 숫자로 구성된다. 13자리 숫자는 생년, 월, 일, 성별, 출생신고지역, 접수번호, 검증번호로 구분된다.

230101 − 7933676

- 생년: 23
- 월: 01
- 일: 01
- 성별: 7
- 출생신고지역: 9336
- 접수번호: 7
- 검증번호: 6

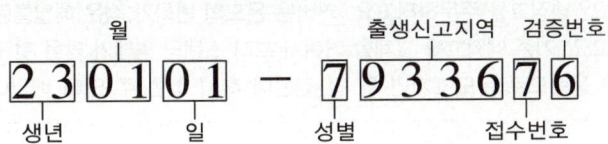

여기서 13번째 숫자인 검증번호는 주민등록번호의 정확성 여부를 검사하는 번호로, 앞의 12자리 숫자를 이용해서 구해지는데 계산법은 다음과 같다.

- 1단계 : 주민등록번호의 앞 12자리 숫자에 가중치 2, 3, 4, 5, 6, 7, 8, 9, 2, 3, 4, 5를 곱한다.
- 2단계 : 가중치를 곱한 값의 합을 계산한다.
- 3단계 : 가중치의 합을 11로 나눈 나머지를 구한다.
- 4단계 : 11에서 나머지를 뺀 수를 10으로 나눈 나머지가 검증번호가 된다.

보기

2 4 0 2 0 2 − 8 0 3 7 0 1 ( )

① 4
② 5
③ 6
④ 7
⑤ 8

※ 다음은 H사의 냉장고에 사용되는 기호와 주문된 상품이다. 이어지는 질문에 답하시오. **[3~6]**

〈기호〉

기능		설치형태		용량(L)		도어	
김치보관	RC	프리 스탠딩	F	840	84	4도어	TE
독립냉각	EF	키친 핏	C	605	60	2도어	DA
가변형	RQ	빌트인	B	584	58	1도어	DE
메탈쿨링	AX	–	–	486	48	–	–
다용도	ED	–	–	313	31	–	–

AXRQB58DA	
AX, RQ	기능(복수선택 가능) → 메탈쿨링, 가변형 기능
B	설치형태 → 빌트인
58	용량 → 584L
DA	도어 → 2도어

〈주문된 상품〉

RCF84TE	EDC60DE	RQB31DA	AXEFC48TE
AXF31DE	EFB60DE	RQEDF84TE	EDC58DA
EFRQB60TE	AXF31DA	EFC48DA	RCEDB84TE

03 다음 고객이 주문한 상품은 무엇인가?

안녕하세요? 냉장고를 주문하려고요. 커버는 온도의 변화가 적은 메탈쿨링이 유행하던데 저도 그거 사용하려고요. 기존 냉장고를 교체할 거여서 프리 스탠딩 형태가 맞을 것 같아요. 또 저 혼자 사니까 가장 작은 용량으로 문도 1개면 될 것 같은데 혹시 이번 주 안에 배달이 되나요?

① EDC60DE
② AXF31DE
③ AXEFC48TE
④ AXF31DA
⑤ RCEDB84TE

04 배달이 밀려서 주문된 상품 중 가변형 기능과 키친 핏 형태의 상품은 배송이 늦어진다고 할 때, 배송이 늦어지는 상품은 몇 개인가?

① 5개 ② 6개
③ 7개 ④ 8개
⑤ 9개

05 H사는 독립냉각 기능에 문제가 발견되어 주문된 상품 중 해당상품을 대상으로 무상수리를 진행하려 한다. 무상수리 대상이 되는 상품은 몇 개인가?

① 3개 ② 4개
③ 5개 ④ 6개
⑤ 7개

06 H사는 주문된 정보를 토대로 판매현황을 작성하려 한다. 다음 중 기능, 용량, 도어 각각 가장 인기가 없는 것의 기호로 옳은 것은?(단, 설치형태는 판매현황에 작성하지 않았다)

① RC48DE ② RQ58DA
③ RQ58DE ④ RC58DE
⑤ RC58DA

※ 김대리는 사내 메신저의 보안을 위해 암호화 규칙을 만들어 동료들과 대화하기로 하였다. 이어지는 질문에 답하시오. [7~8]

〈암호화 규칙〉

- 한글 자음은 사전 순서에 따라 바로 뒤의 한글 자음으로 변환한다.
  예 ㄱ → ㄴ … ㅎ → ㄱ
- 쌍자음의 경우 자음 두 개로 풀어 표기한다.
  예 ㄲ → ㄴㄴ
- 한글 모음은 사전 순서에 따라 알파벳 a, b, c …으로 변환한다.
  예 ㅏ → a, ㅐ → b… ㅢ → t, ㅣ → u
- 겹받침의 경우 풀어 표기한다.
  예 맑다 → ㅂaㅁㄴㄹa
- 공백은 0으로 표현한다.

07

메신저를 통해 김대리가 오늘 점심 메뉴로'ㄴuㅂㅋuㅊㅊuㄴb'를 먹자고 했을 때, 김대리가 말한 메뉴는?

① 김치김밥 ② 김치찌개
③ 계란말이 ④ 된장찌개
⑤ 부대찌개

08

김대리는 이번 주 금요일의 사내 워크숍에서 사용할 조별 구호를 '존중과 배려'로 결정하였고, 메신저를 통해 조원들에게 알리려고 한다. 다음 중 김대리가 전달할 구호를 암호화 규칙에 따라 바르게 변환한 것은?

① ㅊiㄷㅊuㅈㄴjㅅbㅁg ② ㅊiㄷㅊnㅈㄴjㅅbㅁg
③ ㅊiㄷㅊnㅈㄴj0ㅅbㅁg ④ ㅊiㄷㅊnㅈㄴia0ㅅbㅁg
⑤ ㅊiㄷㅊuㅈㄴia0ㅅbㅁg

09 A씨는 영업비밀 보호를 위해 자신의 컴퓨터 속 각 문서의 암호를 다음 규칙에 따라 만들었다. 파일 이름이 다음과 같을 때, 이 파일의 암호는 무엇인가?

〈규칙〉

1. 비밀번호 중 첫 번째 자리에는 파일 이름의 첫 문자가 한글일 경우 @, 영어일 경우 #, 숫자일 경우 *로 특수문자를 입력한다.
   → 고슴Dochi=@, haRAMY801=#, 1app루=*
2. 두 번째 자리에는 파일 이름의 총 자리 개수를 입력한다.
   → 고슴Dochi=@7, haRAMY801=#9, 1app루=*5
3. 세 번째 자리부터는 파일 이름 내에 숫자를 순서대로 입력한다. 숫자가 없을 경우 0을 두 번 입력한다.
   → 고슴Dochi=@700, haRAMY801=#9801, 1app루=*51
4. 그 다음 자리에는 파일 이름 중 한글이 있을 경우 초성만 순서대로 입력한다. 없다면 입력하지 않는다.
   → 고슴Dochi=@700ㄱㅅ, haRAMY801=#9801, 1app루=*51ㄹ
5. 그 다음 자리에는 파일 이름 중 영어가 있다면 뒤에 덧붙여 순서대로 입력하되, a, e, I, o, u만 'a=1, e=2, I=3, o=4, u=5'로 변형하여 입력한다(대문자·소문자 구분 없이 모두 소문자로 입력한다).
   → 고슴Dochi=@700ㄱㅅd4ch3, haRAMY801=#9801h1r1my, 1app루=*51ㄹ1pp

2022매운전골Cset3인기준recipe8

① @23202238ㅁㅇㅈㄱㅇㄱㅈcs2trecipe
② @23202238ㅁㅇㅈㄱㅇㄱㅈcs2tr2c3p2
③ *23202238ㅁㅇㅈㄱㅇㄱㅈcs2trecipe
④ *23202238ㅁㅇㅈㄱㅇㄱㅈcs2tr2c3p2
⑤ *23202238ㅁㅇㅈㄱㅇㄱㅈcsetrecipe

03 자료 해석

| 유형분석 |

- 주어진 자료를 해석하고 활용하여 풀어가는 문제이다.
- 꼼꼼하고 분석적인 접근이 필요한 다양한 자료들이 출제된다.

A사 인사팀 직원인 K씨는 사내 설문조사를 통해 요즘 사람들이 연봉보다는 일과 삶의 균형을 더 중요시하고 직무의 전문성을 높이고 싶어 한다는 결과를 도출했다. 다음 중 설문조사 결과와 A사 임직원의 근무여건에 대한 자료를 참고하여 인사제도를 합리적으로 변경한 것은?

〈임직원 근무여건〉

구분	주당 근무 일수(평균)	주당 근무시간(평균)	직무교육여부	퇴사율
정규직	6일	52시간 이상	○	17%
비정규직 1	5일	40시간 이상	○	12%
비정규직 2	5일	20시간 이상	×	25%

① 정규직의 연봉을 7% 인상한다.

② 정규직을 비정규직으로 전환한다.

③ 비정규직 1의 직무교육을 비정규직 2와 같이 조정한다.

④ 정규직의 주당 근무시간을 비정규직 1과 같이 조정하고 비정규직 2의 직무교육을 시행한다.

⑤ 비정규직 2의 근무 일수를 정규직과 같이 조정한다.

정답 ④

정규직의 주당 근무시간을 비정규직 1과 같이 줄여 근무여건을 개선하고, 퇴사율이 가장 높은 비정규직 2의 사원교육을 시행하여 퇴사율을 줄이는 것이 가장 적절하다.

오답분석

① 설문조사 결과에서 연봉보다는 일과 삶의 균형을 더 중요시한다고 하였으므로 연봉이 상승하는 것은 퇴사율에 영향을 미치지 않음을 알 수 있다.
② 정규직을 비정규직으로 전환하는 것은 고용의 안정성을 낮추어 퇴사율을 더욱 높일 수 있다.
③ 사원교육을 안 하는 비정규직 2보다 사원교육을 하는 정규직과 비정규직 1의 퇴사율이 더 낮기 때문에 이는 적절하지 않다.
⑤ 비정규직 2의 주당 근무 일수를 정규직과 같이 조정하면, 주 6일 20시간을 근무하게 되어 비효율적인 업무를 수행한다.

풀이 전략!

문제해결을 위해 필요한 정보가 무엇인지 먼저 파악한 후, 제시된 자료를 분석적으로 읽고 해석한다.

01 H기업은 현재 모든 사원과 연봉 협상을 하는 중이다. 연봉은 전년도 성과지표에 따라서 결정되고 사원들의 성과지표 결과가 다음과 같을 때, 가장 많은 연봉을 받을 사람은 누구인가?

〈성과지표별 가중치〉

(단위 : 원)

성과지표	수익 실적	업무 태도	영어 실력	동료 평가	발전 가능성
가중치	3,000,000	2,000,000	1,000,000	1,500,000	1,000,000

〈사원별 성과지표 결과〉

구분	수익 실적	업무 태도	영어 실력	동료 평가	발전 가능성
A사원	3	3	4	4	4
B사원	3	3	3	4	4
C사원	5	2	2	3	2
D사원	3	3	2	2	5
E사원	4	2	5	3	3

※ (당해 연도 연봉)=3,000,000원+(성과급)

※ 성과급은 각 성과지표와 그에 해당하는 가중치를 곱한 뒤 모두 더함

※ 성과지표의 평균이 3.5 이상인 경우 당해 연도 연봉에 1,000,000원이 추가됨

① A사원
② B사원
③ C사원
④ D사원
⑤ E사원

02 김주임은 해외 주택청약 사례와 관련된 세미나를 준비하기 위해 서울 지부에서 부산 본사로 출장을 갈 예정이다. 제시된 자료와 김주임의 세미나 일정을 참고할 때, 부산 본사 출장 이후 서울 지부로 다시 돌아오기까지의 물품 구입비와 교통비의 합으로 옳은 것은?

〈김주임의 세미나 일정〉

- 세미나는 6월 24일 오후 2시에 시작하여 오후 6시에 끝나며, 김주임은 당일에 내려갔다가 세미나가 종료된 직후 서울 본사로 복귀한다(교통비는 가능한 최소화한다).
- 김주임은 세미나 시작 2시간 전에 부산 본사에 도착할 예정이다.
- 김주임은 필요한 물품을 구입하여 부산으로 출발한다.
- 서울 지부와 김포공항 간에는 택시를 이용하며, 소요 시간은 30분, 비용은 2만 원이다(부산 본사와 김해공항 간에도 동일한 시간과 요금이 소요된다).

〈김포공항 – 김해공항 항공편〉

항공편	출발일	출발시간	도착시간	요금(편도)
AX381	6월 24일	09:30	10:40	38,500원
TA335	6월 24일	10:40	11:40	33,000원
AC491	6월 24일	11:30	12:50	45,000원
BU701	6월 24일	12:20	13:30	29,000원

〈김해공항 – 김포공항 항공편〉

항공편	출발일	출발시간	도착시간	요금(편도)
TC830	6월 24일	18:20	19:40	44,800원
YI830	6월 24일	18:30	20:00	48,000원

〈필요 물품 수량 및 비용〉

물품명	필요 수량	개당 가격
유리잔	2개	5,000원
파일	4권	1,000원
유성매직	1자루	2,000원
테이프	2개	1,500원

① 125,500원
② 148,000원
③ 165,000원
④ 185,500원
⑤ 213,000원

03 부산에 사는 어느 고객이 버스터미널에서 근무하는 A씨에게 버스 정보에 대해 문의를 해왔다. 〈보기〉의 대화에서 A씨가 고객에게 바르게 안내한 것을 모두 고르면?

〈부산 터미널〉

도착지	서울 종합 버스터미널
출발 시간	매일 15분 간격(06:00 ~ 23:00)
소요 시간	4시간 30분 소요
운행 요금	우등 29,000원 / 일반 18,000원

〈부산 동부 터미널〉

도착지	서울 종합 버스터미널
출발 시간	06:30, 08:15, 13:30, 17:15, 19:30
소요 시간	4시간 30분 소요
운행 요금	우등 30,000원 / 일반 18,000원

※ 도로 교통 상황에 따라 소요 시간에 차이가 있을 수 있음

보기

고객 : 안녕하세요. 제가 서울에 볼일이 있어 버스를 타고 가려고 하는데요. 어떻게 하면 되나요?
(가) : 네, 고객님 부산에서 서울로 출발하는 버스 터미널은 부산 터미널과 부산 동부 터미널이 있는데요. 고객님 댁이랑 어느 터미널이 더 가깝나요?
고객 : 부산 동부 터미널이 더 가까운 것 같아요.
(나) : 부산 동부보다 부산 터미널에 더 많은 버스들이 배차되고 있거든요. 새벽 6시부터 밤 11시까지 15분 간격으로 운행되고 있으니 부산 터미널을 이용하시는 것이 좋을 것 같습니다.
고객 : 그럼 서울에 1시까지는 도착해야 하는데 몇 시 버스를 이용하는 것이 좋을까요?
(다) : 부산에서 서울까지 4시간 30분 정도 소요되므로 1시 이전에 여유 있게 도착하시려면 오전 8시 또는 8시 15분 출발 버스를 이용하시면 될 것 같습니다.
고객 : 4시간 30분보다 더 소요되는 경우도 있나요?
(라) : 네, 도로 교통 상황에 따라 소요 시간에 차이가 있을 수 있습니다.
고객 : 그럼 운행 요금은 어떻게 되나요?
(마) : 부산 터미널 출발 서울 종합 버스터미널 도착 운행 요금은 29,000원입니다.

① (가), (나)
② (가), (다)
③ (가), (다), (라)
④ (다), (라), (마)
⑤ (나), (다), (라), (마)

04 새롭게 비품관리를 담당하게 된 A사원은 기존에 거래하던 A문구와 다른 업체들과의 가격 비교를 위해 B문구와 C문구에 견적서를 요청한 뒤 세 곳을 비교하려고 한다. 비품의 성능 차이는 다르지 않으므로 비교 후 가격이 저렴한 곳과 거래할 예정이다. 견적서의 총 합계금액과 최종적으로 거래할 업체를 바르게 연결된 것은?(단, 배송료는 총 주문금액 계산 이후 더하며 백 원 미만은 절사한다)

A문구	(사업자 702-34-2345 / 전화 02-324-2234)		
품명	수량	단가	공급가액
MLT-D209S(호환)	1	28,000원	32,000원
A4 복사용지 80G(2박스 묶음)	1	18,900원	31,900원
친환경 진행 문서 파일	1	1,500원	2,500원

※ 총 주문금액에서 20% 할인 쿠폰 사용 가능
※ 배송료 : 4,000원(10만 원 이상 구매 시 무료 배송)

B문구	(사업자 702-98-4356 / 전화 02-259-2413)		
품명	수량	단가	공급가액
PGI-909-PINK(호환)	1	20,000원	25,000원
더블비 A4 복사용지 80G(2박스 묶음)	1	17,800원	22,800원
친환경 진행 문서 파일	1	1,200원	1,800원

※ 회원가 구매 시 판매가의 7% 할인
※ 배송료 : 2,500원(7만 원 이상 구매 시 무료 배송)

C문구	(사업자 470-14-0097 / 전화 02-763-9263)		
품명	수량	단가	공급가액
MST-D128S	1	20,100원	24,100원
A4 복사용지 75G(2박스 묶음)	1	18,000원	28,000원
문서 파일	1	1,600원	3,600원

※ 첫 구매 적립금 4,000포인트 사용 가능
※ 50,000원 이상 구매 시 문서 파일 1개 무료 증정
※ 배송료 : 4,500원(6만 원 이상 구매 시 무료 배송)

① A문구 – 49,000원
② B문구 – 46,100원
③ B문구 – 48,600원
④ C문구 – 48,200원
⑤ C문구 – 49,600원

05 다음은 H공단이 공개한 부패공직자 사건 및 징계 현황이다. 이에 대한 설명으로 옳지 않은 것을 〈보기〉에서 모두 고르면?

〈부패공직자 사건 및 징계 현황〉

구분	부패행위 유형	부패금액	징계종류	처분일	고발 여부
1	이권개입 및 직위의 사적사용	23만 원	감봉 1월	2018.06.19.	미고발
2	직무관련자로부터 금품 및 향응 수수	75만 원	해임	2019.05.20.	미고발
3	직무관련자로부터 향응 수수	6만 원	견책	2020.12.22.	미고발
4	직무관련자로부터 금품 및 향응 수수	11만 원	감봉 1개월	2021.02.04.	미고발
5	직무관련자로부터 금품 수수	40만 원 가량	경고 (무혐의 처분, 징계시효 말소)	2022.03.06.	미고발
6	직권남용(직위의 사적이용)	–	해임	2022.05.24.	고발
7	직무관련자로부터 금품 수수	526만 원	해임	2022.09.17.	고발
8	직무관련자로부터 금품 수수 등	300만 원	해임	2023.05.18.	고발

보기

ㄱ. 공단에서 해당 사건의 부패금액이 일정 수준 이상인 경우 고발한 것으로 해석할 수 있다.
ㄴ. 해임당한 공직자들은 모두 고발되었다.
ㄷ. 직무관련자로부터 금품을 수수한 사건은 총 5건 있었다.
ㄹ. 동일한 부패행위 유형에 해당하더라도 다른 징계처분을 받을 수 있다.

① ㄱ, ㄴ
② ㄱ, ㄷ
③ ㄴ, ㄷ
④ ㄴ, ㄹ
⑤ ㄷ, ㄹ

04 SWOT 분석

| 유형분석 |

- 상황에 대한 환경 분석 결과를 통해 주요 과제를 도출하는 문제이다.
- 주로 3C 분석 또는 SWOT 분석을 활용한 문제들이 출제되고 있으므로 해당 분석도구에 대한 사전 학습이 요구된다.

다음은 어느 분식점에 대한 SWOT 분석 결과이다. 이에 대한 대응 방안으로 가장 적절한 것은?

〈SWOT 분석 결과〉

S(강점)	W(약점)
• 좋은 품질의 재료만 사용 • 청결하고 차별화된 이미지	• 타 분식점에 비해 한정된 메뉴 • 배달서비스를 제공하지 않음
O(기회)	**T(위협)**
• 분식점 앞에 곧 학교가 들어설 예정 • 최근 TV프로그램 섭외 요청을 받음	• 프랜차이즈 분식점들로 포화상태 • 저렴한 길거리 음식으로 취급하는 경향이 있음

① ST전략 : 비싼 재료들을 사용하여 가격을 올려 저렴한 길거리 음식이라는 인식을 바꾼다.
② WT전략 : 다른 분식점들과 차별화된 전략을 유지하기 위해 배달서비스를 시작한다.
③ SO전략 : TV프로그램에 출연해 좋은 품질의 재료만 사용한다는 점을 부각시킨다.
④ WO전략 : TV프로그램 출연용으로 다양한 메뉴를 일시적으로 개발한다.
⑤ WT전략 : 포화 상태의 시장에서 살아남기 위해 다른 가게보다 저렴한 가격으로 판매한다.

정답 ③

SO전략은 강점을 살려 기회를 포착하는 전략이므로 TV프로그램에 출연하여 좋은 품질의 재료만 사용한다는 점을 홍보하는 것이 적절하다.

풀이 전략!

문제에 제시된 분석도구를 확인한 후, 분석 결과를 종합적으로 판단하여 각 선택지의 전략 과제와 일치 여부를 판단한다.

01 다음은 중국에 진출한 프랜차이즈 커피전문점에 대해 SWOT 분석한 자료이다. 빈칸 (가) ~ (라)에 들어갈 전략이 바르게 나열된 것은?

S(Strength)	W(Weakness)
• 풍부한 원두커피의 맛 • 독특한 인테리어 • 브랜드 파워 • 높은 고객 충성도	• 중국 내 낮은 인지도 • 높은 시설비 • 비싼 임대료
O(Opportunity)	**T(Threat)**
• 중국 경제 급성장 • 서구문화에 대한 관심 • 외국인 집중 • 경쟁업체 진출 미비	• 중국의 차 문화 • 유명 상표 위조 • 커피 구매 인구의 감소

(가)	(나)
• 브랜드가 가진 미국 고유문화 고수 • 독특하고 차별화된 인테리어 유지 • 공격적 점포 확장	• 외국인 많은 곳에 점포 개설 • 본사 직영으로 인테리어
(다)	**(라)**
• 고품질 커피로 상위 소수고객에 집중	• 녹차 향 커피 • 개발 상표 도용 감시

	(가)	(나)	(다)	(라)
①	SO전략	ST전략	WO전략	WT전략
②	SO전략	WO전략	ST전략	WT전략
③	ST전략	WO전략	ST전략	WT전략
④	WT전략	ST전략	WO전략	SO전략
⑤	WT전략	WO전략	ST전략	SO전략

02 다음은 H섬유회사에 대한 SWOT 분석 자료이다. 분석에 따른 대응 전략으로 적절한 것을 〈보기〉에서 모두 고르면?

S(Strength)	W(Weakness)
• 첨단 신소재 관련 특허 다수 보유	• 신규 생산 설비 투자 미흡 • 브랜드의 인지도 부족
O(Opportunity)	**T(Threat)**
• 고기능성 제품에 대한 수요 증가 • 정부 주도의 문화 콘텐츠 사업 지원	• 중저가 의류용 제품의 공급 과잉 • 저임금의 개발도상국과 경쟁 심화

보기

ㄱ. SO전략으로 첨단 신소재를 적용한 고기능성 제품을 개발한다.
ㄴ. ST전략으로 첨단 신소재 관련 특허를 개발도상국의 경쟁업체에 무상 이전한다.
ㄷ. WO전략으로 문화 콘텐츠와 디자인을 접목한 신규 브랜드 개발을 통해 적극적 마케팅을 한다.
ㄹ. WT전략으로 기존 설비에 대한 재투자를 통해 대량생산 체제로 전환한다.

① ㄱ, ㄷ
② ㄱ, ㄹ
③ ㄴ, ㄷ
④ ㄴ, ㄹ
⑤ ㄷ, ㄹ

03 다음은 국내 금융기관에 대한 SWOT 분석 자료이다. 이를 통해 SWOT 전략을 세운다고 할 때, 〈보기〉에서 분석 결과에 대응하는 전략과 그 내용이 바르게 연결된 것을 모두 고르면?

> 국내 대부분의 예금과 대출을 국내 은행이 차지하고 있을 정도로 국내 금융기관에 대한 우리나라 국민들의 충성도는 높은 편이다. 또한 국내 금융기관은 철저한 신용 리스크 관리로 해외 금융기관과 비교해 자산건전성 지표가 매우 우수한 편이다. 시장 리스크 관리도 해외 선진 금융기관 수준에 도달한 것으로 평가받는다. 국내 금융기관은 외환위기와 글로벌 금융위기 등을 거치며 꾸준히 자산건전성을 강화해 왔기 때문이다.
> 그러나 은행과 이자 이익에 수익이 편중돼 있다는 점은 국내 금융기관의 가장 큰 약점이 된다. 대부분 예금과 대출 거래 중심의 영업구조로 되어 있기 때문이다. 취약한 해외 비즈니스도 문제로 들 수 있다. 최근 동남아 시장을 중심으로 해외 진출에 박차를 가하고 있지만, 아직은 눈에 띄는 성과가 많지 않은 상황이다.
> 많은 어려움에도 불구하고 국내 금융기관의 발전 가능성은 아직 무궁무진하다. 우선 해외 시장으로 눈을 돌리면 다양한 기회가 열려 있다. 전 세계 신용·단기 자금 확대, 글로벌 무역 회복세로 국내 금융기관의 해외 진출 여건은 양호한 편이다. 따라서 해외 시장 개척을 통해 어떻게 신규 수익원을 확보하느냐가 성장의 새로운 기회로 작용할 전망이다. IT 기술 발달에 따른 핀테크의 등장도 새로운 기회가 될 수 있다. 국내의 발달된 인터넷과 모바일뱅킹 서비스, IT 인프라를 활용한 새로운 수익 창출 가능성이 열려 있는 것이다.
> 그러나 역설적으로 핀테크의 등장은 오히려 국내 금융기관의 발목을 잡을 수 있다. 블록체인 기술에 기반한 암호화폐, 간편결제와 송금, 로보어드바이저, 인터넷 은행, P2P 대출 등 다양한 핀테크 분야의 새로운 서비스들이 기존 금융 서비스의 대체재로서 출현하고 있기 때문이다. 금융시장 개방에 따른 글로벌 금융기관과의 경쟁 심화도 넘어야 할 산이다. 특히 중국 은행을 비롯한 중국 금융이 급성장하고 있어 이에 대한 대비책 마련이 시급하다.

> **보기**
> ㄱ. SO전략 : 높은 국내 시장점유율을 기반으로 국내 핀테크 사업에 진출한다.
> ㄴ. WO전략 : 위기관리 역량을 강화하여 해외 금융시장에 진출한다.
> ㄷ. ST전략 : 해외 금융기관과 비교해 우수한 자산건전성을 강조하여 글로벌 금융기관과의 경쟁에서 우위를 차지한다.
> ㄹ. WT전략 : 해외 비즈니스 역량을 강화하여 해외 금융시장에 진출한다.

① ㄱ, ㄴ　　② ㄱ, ㄷ

③ ㄴ, ㄷ　　④ ㄴ, ㄹ

⑤ ㄷ, ㄹ

05 창의적 사고

| 유형분석 |

- 창의적 사고에 대한 개념을 묻는 문제가 출제된다.
- 창의적 사고 개발 방법에 대한 암기가 필요한 문제가 출제되기도 한다.

다음은 창의적 사고에 대한 설명이다. 빈칸에 들어갈 말로 적절하지 않은 것은?

> 창의적 사고란 당면한 문제를 해결하기 위해 이미 알고 있는 경험지식을 해체하여 새로운 아이디어를 다시 도출하는 것을 말한다. 즉, 창의적 사고는 개인이 가지고 있는 경험과 지식을 통해 새로운 가치 있는 아이디어로 다시 결합함으로써 참신한 아이디어를 산출하는 힘을 의미하며, ________ 특징을 지닌다.

① 발산적
② 독창성
③ 가치 지향성
④ 다양성
⑤ 통상적

정답 ⑤

창의적인 사고는 통상적인 것이 아니라 기발하거나, 신기하며 독창적이다. 또한 발산적 사고로서 아이디어가 많고, 다양하고, 독특한 것을 의미하며, 유용하고 가치가 있어야 한다.

풀이 전략!

모듈이론에 대한 전반적인 학습을 미리 해두어야 하며, 이를 주어진 문제에 적용하여 빠르게 풀이한다.

대표기출유형 05 기출응용문제

01 **다음 〈보기〉에서 창의적 사고에 대해 잘못 설명하고 있는 사람을 모두 고르면?**

보기

A : 창의적 사고는 아무것도 없는 무에서 유를 만들어 내는 것이다.
B : 창의적 사고는 끊임없이 참신한 아이디어를 산출하는 힘이다.
C : 우리는 매일매일 끊임없이 창의적 사고를 계속하고 있다.
D : 필요한 물건을 싸게 사기 위해서 하는 많은 생각은 창의적 사고에 해당하지 않는다.
E : 창의적 사고를 대단하게 여기는 사람들의 편견과 달리 창의적 사고는 누구에게나 존재한다.

① A, C
② A, D
③ C, D
④ C, E
⑤ D, E

02 **다음 대화에서 대리가 제안할 수 있는 보완 방법으로 가장 적절한 것은?**

팀장 : 오늘 발표 내용 정말 좋았어. 준비를 열심히 한 것 같더군.
대리 : 감사합니다.
팀장 : 그런데 고객 맞춤형 서비스 실행방안이 조금 약한 것 같아. 보완할 수 있는 방안을 찾아서 추가해 주게.
대리 : 네, 팀장님. 보완 방법을 찾아본 후 다시 보고 드리도록 하겠습니다.

① 고객 접점에 있는 직원에게 고객상담 전용 휴대폰 지급
② 모바일용 고객지원센터 운영 서비스 제공
③ 고객지원센터 24시간 운영 확대
④ 빅데이터를 활용한 고객유형별 전문상담사 사전 배정 서비스
⑤ 서비스 완료 후 고객지원센터 만족도 조사 실시

CHAPTER 04

대인관계능력

합격 Cheat Key

대인관계능력은 직장생활에서 접촉하는 사람들과 원만한 관계를 유지하고 조직구성원들에게 도움을 줄 수 있으며 조직 내부 및 외부의 갈등을 원만히 해결하고 고객의 요구를 충족할 수 있는 능력을 의미한다. 또한, 직장생활을 포함한 일상에서 스스로를 관리하고 개발하는 능력을 말한다. 세부 유형은 팀워크, 갈등 관리, 협상, 고객 서비스로 나눌 수 있다.

1 일반적인 수준에서 판단하라!

일상생활에서의 대인관계를 생각하면서 문제에 접근하면 어렵지 않게 풀 수 있다. 그러나 수험생들 입장에서 직장 내에서의 상황, 특히 역할(직위)에 따른 대인관계를 묻는 문제는 까다롭게 느껴질 수 있고 일상과는 차이가 있을 수 있기 때문에 이런 유형에 대해서는 따로 알아둘 필요가 있다.

2 이론을 먼저 익혀라!

대인관계능력 이론을 접목한 문제가 종종 출제된다. 물론 상식 수준에서도 풀 수 있지만 정확하고 신속하게 해결하기 위해서는 이론을 정독한 후 자주 출제되는 부분들은 암기를 필수로 해야 한다. 자주 출제되는 부분은 리더십과 멤버십의 차이, 단계별 협상 과정, 고객 불만 처리 프로세스 등이 있다.

3 실제 업무에 대한 이해를 높여라!

출제되는 문제의 수는 많지 않으나, 고객과의 접점에 있는 서비스직군 시험에 출제될 가능성이 높은 영역이다. 특히 상황 제시형 문제들이 많이 출제되므로 실제 업무에 대한 이해를 높여야 한다.

4 애매한 유형의 빈출 문제, 선택지를 파악하라!

대인관계능력의 출제 문제들을 보면 이것도 맞고, 저것도 맞는 것 같은 선택지가 많다. 하지만 정답은 하나이다. 출제자들은 대인관계능력이란 공부를 통해 얻는 것이 아닌 본인의 독립적인 성품으로부터 자연스럽게 나오는 것이라고 생각한다. 수험생들이 선택하는 보기로 그 수험생들을 파악한다. 그러므로 대인관계능력은 빈출 유형의 문제와 선택지를 파악하고 가는 것이 애매한 문제들의 정답률을 높이는 데 도움이 될 것이다. 내가 맞다고 생각하는 선택지가 답이 아닐 가능성이 있기 때문이다.

01 | 팀워크

| 유형분석 |

- 하나의 조직 안에서 구성원 간의 관계, 즉 '팀워크'에 대한 이해를 묻는 문제이다.
- 직장 내 상황 중에서도 주로 갈등이나 부족한 부분이 제시되고, 그 속에서 구성원으로서 어떤 결정을 해야 하는지를 묻는다.
- 상식으로도 풀 수 있지만, 개인의 가치가 개입될 가능성이 높기 때문에 객관적인 판단이 중요시된다.

다음 중 훌륭한 팀워크를 유지하기 위한 기본요소로 옳지 않은 것은?

① 팀원 간 공동의 목표의식과 강한 도전의식을 가진다.

② 팀원 간에 상호신뢰하고 존중한다.

③ 서로 협력하면서 각자의 역할에 책임을 다한다.

④ 팀원 개인의 능력이 최대한 발휘되는 것이 핵심이다.

⑤ 강한 자신감으로 상대방의 사기를 드높인다.

정답 ④

팀워크는 개인의 능력이 발휘되는 것도 중요하지만 팀원들 간의 협력이 더 중요하다. 팀워크는 팀원 개개인의 능력이 최대치일 때, 가장 뛰어난 것은 아니다.

풀이 전략!

질문이나 내용상 실제 회사에서 한 번쯤 겪어볼 만한 상황이 제시된다. 자신이 문제 속의 입장이라고 생각하고 가장 모범적이며 이성적인 답이라고 생각되는 것을 찾아야 한다.

대표기출유형 01 기출응용문제

01 **다음 중 팀워크에 대한 설명으로 옳지 않은 것은?**

① 조직에 대한 이해 부족은 팀워크를 저해하는 요소이다.
② 팀워크를 유지하기 위해 구성원은 공동의 목표의식과 강한 도전의식을 가져야 한다.
③ 공동의 목적을 달성하기 위해 상호관계성을 가지고 협력하여 업무를 수행하는 것이다.
④ 사람들이 집단에 머물도록 만들고, 집단의 멤버로서 계속 남아있기를 원하게 만드는 힘이다.
⑤ 효과적인 팀은 갈등을 인정하고 상호신뢰를 바탕으로 건설적으로 해결한다.

02 **다음 중 팀워크 저해요인으로 가장 거리가 먼 것은?**

① 자기중심적인 이기주의
② 질투나 시기로 인한 파벌주의
③ 그릇된 우정과 인정
④ 팀원 간에 공동의 목표의식과 강한 도전의식
⑤ 사고방식의 차이에 대한 무시

03 **A대리는 같은 부서의 B사원 때문에 스트레스를 받고 있다. 빠르게 처리해야 할 업무에 대해 B사원은 항상 꼼꼼하게 검토하고 A대리에게 늦게 보고하기 때문이다. A대리가 B사원의 업무방식에 불만을 표현하자 B사원은 자신의 소심한 성격 때문이라고 대답한다. 이와 같은 상황에서 A대리에게 가장 필요한 역량은 무엇인가?**

① 통제적 리더십
② 감사한 마음
③ 상호 인정
④ 헌신의 자세
⑤ 책임감

02 리더십

| 유형분석 |

- 하나의 조직 안에서 팀을 맡아 이끌어나가는 사람들, 즉 '리더십'에 대한 이해를 묻는 문제이다.
- 직장 내 주로 팀원들이 불평을 제기하거나 팀 자체의 불만이 속출하는 상황을 제시하고, 지도자로서 어떤 결정을 해야 하는지를 묻는다.
- 팀원으로서의 입장과 리더로서의 입장이 다르기 때문에 그 둘의 차이를 잘 구분하고 문제를 푸는 것이 중요하다.

H사 관리팀에 근무하는 B팀장은 최근 부하직원 A씨 때문에 고민 중이다. B팀장이 보기에 A씨의 업무 방법은 업무의 성과를 내기에 부적절해 보이지만, 자존감이 강하고 자기결정권을 중시하는 A씨는 자기 자신이 스스로 잘하고 있다고 생각하며 B팀장의 조언이나 충고에 대해 반발심을 표현하고 있기 때문이다. 이와 같은 상황에서 B팀장이 부하직원인 A씨에게 할 수 있는 가장 효과적인 코칭 방법으로 옳은 것은?

① 징계를 통해 B팀장의 조언을 듣도록 유도한다.

② 대화를 통해 스스로 자신의 잘못을 인식하도록 유도한다.

③ A씨에 대한 칭찬을 통해 업무 성과를 극대화시킨다.

④ A씨를 더 강하게 질책하여 업무 방법을 개선시키도록 한다.

⑤ 스스로 업무방법을 고칠 때까지 믿어주고 기다려준다.

정답 ②

대화를 통해 부하직원인 A씨 스스로 업무성과가 떨어지고 있고, 업무방법이 잘못되었음을 인식시켜서 이를 해결할 방법을 스스로 생각하도록 해야 한다. 이후 B팀장이 조언하며 A씨를 독려한다면, B팀장은 A씨의 자존감과 자기결정권을 침해하지 않으면서도 A씨 스스로 책임감을 느끼고 문제를 해결할 가능성이 높아지게 할 수 있다.

오답분석

① 징계를 통해 억지로 조언을 듣도록 하는 것은 자존감과 자기결정권을 중시하는 A씨에게 적절하지 않다.
③ 칭찬은 A씨로 하여금 자신의 잘못을 인식하지 못하도록 할 수 있어 적절하지 않다.
④ 자존감과 자기결정권을 중시하는 A씨에게 강한 질책은 효과적이지 못하다.
⑤ A씨가 자기 잘못을 인식하지 못한 상태로 시간만 흘러갈 수 있다.

풀이 전략!

팀을 효과적으로 이끌기 위한 리더십 이론에 대한 이해가 필요하다. 리더십의 이론뿐만 아니라 실제적인 적용 방법 또한 익혀 두는 것이 좋다.

대표기출유형 02 기출응용문제

01 **다음 빈칸 ㉠~㉣에 들어갈 말이 바르게 연결된 것은?**

> 미국의 영웅인 아이젠하워는 2차 세계대전을 승리로 이끌고 미국의 34대 대통령에 당선되었다. 아이젠하워가 말하는 ___㉠___이란 성실하고 고결한 성품 그 자체이다. 그는 "___㉡___이란 잘못된 것에 대한 책임은 ___㉢___이 지고, 잘된 것에 대한 모든 공로는 ___㉣___에게 돌릴 줄 아는 것"이라고 말했다.

	㉠	㉡	㉢	㉣
①	리더십	관리자	자신	부하
②	리더십	멤버십	부하	자신
③	리더십	리더십	자신	부하
④	멤버십	리더십	자신	부하
⑤	멤버십	멤버십	부하	자신

02 **다음은 리더십의 유형 중 한 유형의 특징을 나타낸 것이다. 다음 특징에 해당하는 리더십 유형으로 가장 적절한 것은?**

> • 리더는 조직 구성원들 중 한 명일 뿐이다. 그는 물론 다른 조직 구성원들보다 경험이 더 풍부하겠지만 다른 구성원들보다 더 비중 있게 대우받아서는 안 된다.
> • 집단의 모든 구성원들은 의사결정 및 팀의 방향을 설정하는 데 참여한다.
> • 집단의 모든 구성원들은 집단의 행동의 성과 및 결과에 대해 책임을 공유한다.

① 독재자 유형

② 민주주의에 근접한 유형

③ 파트너십 유형

④ 변혁적 유형

⑤ 자유방임적 유형

03 갈등 관리

| 유형분석 |

- 조직 내 갈등을 심화시키는 요인에 대한 이해를 묻는 문제이다.
- 여러 사람이 협력해야 하는 직장에서 구성원 간의 갈등은 불가피하고 실제로 흔히 찾아볼 수 있는 문제이기 때문에 기업에서도 중요시하고 출제 빈도도 높다.

다음은 갈등해결 방법에 있어서 명심해야 될 점이다. 제시된 행동 중 옳지 않은 것은 모두 몇 개인가?

〈갈등해결 방법에 있어서 명심해야 될 점〉

- 다른 사람들의 입장을 이해한다.
- 어려운 문제는 피하도록 한다.
- 자신의 의견을 명확하게 밝히고 지속적으로 강화한다.
- 사람들과 눈을 자주 마주치지 않도록 한다.
- 마음을 열어놓고 적극적으로 경청한다.
- 타협하려 애쓴다.
- 어느 한쪽으로 치우치지 않는다.
- 논쟁하고 싶은 유혹을 떨쳐낸다.
- 존중하는 자세로 사람들을 대한다.

① 1가지
② 2가지
③ 3가지
④ 4가지
⑤ 5가지

정답 ②

갈등해결 방법에 있어서 명심해야 될 점 9가지 중 옳지 않은 행동은 '어려운 문제는 피하도록 한다.', '사람들과 눈을 자주 마주치지 않도록 한다.' 2가지이다.
어려운 문제를 피하는 것은 갈등증폭의 원인이 될 수 있기 때문에 어려운 문제는 피하지 말고 맞서 바로 해결하는 것이 중요하다. 또한 사람들과 눈을 자주 마주치는 것은 갈등 해결에 있어 상대방에게 신뢰감과 존중감을 줄 수 있는 적절한 행동으로 볼 수 있다.

풀이 전략!

갈등 발생 시 대처 방법에 대해서는 꼭 알아두도록 한다. 갈등의 개념·특징은 상식으로도 충분히 풀 수 있으나, 전반적인 이론에 대해 알아둘 필요가 있다.

대표기출유형 03 기출응용문제

01 **다음은 갈등의 유형 중 하나인 '불필요한 갈등'에 대한 설명이다. 이에 대한 설명으로 적절하지 않은 것은?**

> 개개인이 저마다의 문제를 다르게 인식하거나 정보가 부족한 경우, 또한 편견 때문에 발생한 의견 불일치로 적대적 감정이 생길 때 '불필요한 갈등'이 일어난다.

① 근심, 걱정, 스트레스, 분노 등의 부정적인 감정으로 나타날 수 있다.
② 두 사람의 정반대되는 욕구나 목표, 가치, 이해를 통해 발생할 수 있다.
③ 잘못 이해하거나 부족한 정보 등 전달이 불분명한 커뮤니케이션으로 나타날 수 있다.
④ 관리자의 신중하지 못한 태도로 인해 불필요한 갈등은 더 심각해질 수 있다.
⑤ 변화에 대한 저항, 항상 해오던 방식에 대한 거부감 등에서 나오는 의견 불일치가 원인이 될 수 있다.

02 **다음 중 조직 내 갈등에 대한 설명으로 적절하지 않은 것은?**

① 갈등상황을 형성하는 구성요소로서는 조직의 목표, 구성원의 특성, 조직의 규모, 분화, 의사전달, 권력구조, 의사결정에의 참여의 정도, 보상제도 등이 있다.
② 갈등은 직무의 명확한 규정, 직위 간 관계의 구체적 규정, 직위에 적합한 인원의 선발 및 훈련 등을 통해서 제거할 수 있다.
③ 갈등은 순기능이 될 수 없으므로, 갈등이 없는 상태가 가장 이상적이다.
④ 회피는 갈등을 일으킬 수 있는 의사결정을 보류하거나 갈등상황에 처한 당사자들이 접촉을 피하도록 하는 것이나 갈등행동을 억압하는 것이다.
⑤ 조직 내 갈등은 타협을 통해서도 제거할 수 있다.

※ 다음 글과 제시된 상황을 읽고 이어지는 질문에 답하시오. [3~6]

H공사의 영업팀은 최근 많은 영업 활동으로 잦은 출장을 다니고 있다. H공사는 출장에 대해 직원별로 수당을 비롯하여 출장 중 발생한 교통비, 식비, 숙박료 등의 비용에 대해 증빙이 가능한 사항에 대해서 출장료를 지급하고 있다. 영업팀 김성태 과장은 최근 지방 출장으로 발생한 왕복한 KTX 비용, 택시비, 호텔비, 식사비를 경리팀에 청구하였으나, 경리팀에서는 원칙상 택시는 비용청구 대상이 되지 않는다며 지급을 거부한 상태이다. 김성태 과장은 경리팀 곽재우 과장에게 자신이 출장을 간 지역은 버스나 지하철 등 다른 대중교통이 다니지 않아 어쩔 수 없었다고 설명하였으나, 곽재우 과장은 규정대로 처리하겠다고 하였다. 이러한 상황에서 점심식사를 마치고 구내식당을 지나가던 곽재우 과장은 맞은편에서 걸어오고 있는 김성태 과장을 마주치게 되었다.

〈상황〉

- 상황 1 : 곽재우 과장은 멈칫했지만, 이내 김성태 과장을 피해 옆 복도로 향하였다.
- 상황 2 : 곽재우 과장을 마주친 김성태 과장은 불같이 화를 내며 곽과장을 닦달하기 시작했다. 하지만 곽과장도 지지 않고 맞받아쳐 두 사람은 10분간 말다툼을 하였다. 결국 김과장은 곽과장에게 '출장 중 특별한 경우에 이용한 택시비용을 지급할 수 있도록 규정을 바꿔달라고 회사에 함께 요구하자.'라고 제안하였고, 곽과장은 그렇게 하자고 대답하였다.
- 상황 3 : 조금이라도 자신이 손해를 입는 것을 견디지 못하고, 자신이 손해를 입었을 경우 보복을 하는 김성태 과장의 성격을 잘 아는 곽재우 과장은 '규정을 위반해서라도 택시비용을 지급해 줄 테니 기다려 달라.'라고 말하였다.
- 상황 4 : 곽재우 과장은 김성태 과장에게 '규정대로 처리할 것이니 그렇게 알라.'며 자꾸 똑같은 일로 자신을 귀찮게 하면 인사팀에 정식으로 항의서를 제출할 것이라고 말하였다.
- 상황 5 : 김성태 과장은 본인도 절반은 손해를 볼 테니 택시비의 절반이라도 지급해달라고 재차 곽재우 과장에게 요청했다.

03 다음 중 윗글에 제시된 상황 1 ~ 5에서 갈등해결 방법에 대한 설명으로 옳지 않은 것은?

① 상황 1 : 갈등 상황에 대하여 상황이 나아질 때까지 문제를 덮어 두거나 피하려고 하는 경우이다.

② 상황 2 : 갈등 당사자들이 반대의 끝에서 시작하여 중간 정도 지점에서 타협하여 해결점을 찾는 것이다.

③ 상황 3 : '나는 지고 너는 이기는' 갈등해결 방법이다.

④ 상황 4 : 상대방의 목표 달성은 희생시키면서, 자신의 목표를 위해 전력을 다하려는 경우이다.

⑤ 상황 5 : 자신과 상대방 의견의 중간 정도 지점에서 절충하는 경우이다.

04 **다음 중 윗글과 상황에서 갈등의 쟁점이 되는 핵심 문제에 대한 설명으로 가장 적절한 것은?**

① 자존심에 대한 위협
② 통제나 권력 확보를 위한 싸움
③ 공존할 수 없는 개인적 스타일
④ 절차에 대한 불일치
⑤ 절대 하나라도 손해 보지 않겠다는 이기심

05 **다음 표는 갈등해결 방법별로 상대방(김성태 과장)과 나(곽재우 과장)의 관계를 나타낸 것이다. 상황 3에 해당하는 것은?**

<table>
<tr><td></td><td></td><td colspan="2">YOU</td></tr>
<tr><td></td><td></td><td>WIN</td><td>LOSE</td></tr>
<tr><td rowspan="3">I</td><td>WIN</td><td>①</td><td>③</td></tr>
<tr><td rowspan="2">LOSE</td><td colspan="2">⑤</td></tr>
<tr><td>②</td><td>④</td></tr>
</table>

06 **다음 중 상황 2의 갈등해결 방법에 대한 설명으로 적절하지 않은 것은?**

① 우선 나의 위치와 관심사는 배제한 채, 상대방의 입장과 관심사를 고려한다.
② 상대방이 필요로 하는 것에 대해 생각해 보았다는 점을 인정한다.
③ 갈등상태에 있는 두 사람의 입장을 명확히 하도록 한다.
④ 서로 기본적으로 다른 부분을 인정한다.
⑤ 먼저 자신의 위치와 관심사를 확인한다.

04 협상 전략

| 유형분석 |

- 협상전략은 문제에서 특징을 제시하고 이에 해당하는 협상이 무엇인지 묻는 단순한 형태와 상황이 주어지는 경우가 출제된다.

다음 글과 같은 상황에서 김대리가 선택한 협상전략으로 옳은 것은?

김대리는 H재단의 학자금대출부 소속이다. 어느 날 학자금대출 받은 것을 상환해야 하는데 전산오류로 상환이 이루어지지 않고 있다는 고객의 다급한 전화를 받게 되었다. 상환이 미뤄지면 추가적인 이자가 발생하는 등 고객 입장에서는 여러 가지 손해가 발생할 수 있는 사안이라 고객은 굉장히 예민한 상태로 전화 상담을 이어갔다. 일단 고객에게 사과하고 상황을 확인하여 처리한 후 다시 연락드리기로 하고 전화를 종료하였다. 김대리는 해당 건을 해결하기 위해 관련 시스템 담당자에게 전화를 했으나 담당자는 지금 급한 업무 처리중이라 바쁘니 나중에 다시 전화를 달라고 말하고는 서둘러 전화를 끊으려고 한다. 김대리는 상대방의 일방적인 태도에 다소 화가 났지만 더 얘기를 해봐야 상황이 달라지지 않을 것이라 생각하곤 알겠다고 말한 뒤 전화를 끊었다.

① 서로 잘 되어 모두 좋은 결과를 얻을 수 있도록 하는 협력전략
② 내가 직면하고 있는 문제를 해결하기 위해 상대방은 조금 손해를 봐도 괜찮다는 강압전략
③ 서로 힘든 상황이니 나도 손해를 감수하고, 상대방도 손해를 감수하는 선에서 타협하는 회피전략
④ 내가 처한 상황보다 상대방이 처한 상황이 더 급한 것 같으니 내가 손해를 보겠다는 유화전략
⑤ 자신이 상대방보다 힘에 있어서 우위를 점유하므로 자신의 이익을 극대화하기 위한 공격적 전략

정답 ④

유화전략은 상대방과의 우호관계를 중시하며 그 우호관계를 지속하기 위해서 자신의 입장이나 이익보다는 상대방의 이익과 입장을 고려하여 상대방에게 돌아갈 결과에 더 큰 관심을 가지고 상대방의 주장에 순순히 따르는 전략이다. 김대리는 시스템 담당자의 입장과 이익을 고려하고 있기 때문에 유화전략을 선택하였다.

풀이 전략!

이론적인 내용을 묻는 문제의 경우를 대비하여 대표적인 협상전략이론을 숙지하고 있어야 한다. 사례의 경우 제시된 키워드를 찾아 풀이한다. 협상전략마다 특징이 있기 때문에 어떤 예시든 그 안에 특징이 제시되므로 이를 토대로 적절한 협상전략을 찾으면 된다.

대표기출유형 04 기출응용문제

01 **초조하게 기다릴 고객 생각에 김대리는 다시 시스템 담당자를 설득하여 빨리 일을 처리하기로 마음먹었다. 김대리가 '사회적 입증 전략'을 활용해서 담당자를 설득하기로 하였다면, 가장 적절한 발언으로 옳은 것은?**

> 사회적 입증이란 어떤 과학적인 논리보다 동료나 사람들의 행동을 통해 상대방을 설득하는 협상 스킬이다.

① 많이 바쁘신가 보네요. 너무 죄송하지만 제가 지금 연락드린 사안도 워낙 긴급을 요하는 사안이라 잠시만 시간을 내주셨으면 좋겠습니다.

② 고객 민원이 시스템 장애에 대한 부분인데 이 문제를 해결해줄 분은 담당자님 밖에 안 계시네요. 바쁘시겠지만 지금 꼭 처리 부탁드립니다.

③ 민원이 원만히 해결되지 않아서 고객만족도 조사에서 나쁜 점수를 받게 되면 팀원들로부터 부정적인 피드백을 받게 되실 겁니다.

④ 제 민원인의 문제를 먼저 해결해주시면 서비스 만족도 조사에서 담당자님이 좋은 점수를 받을 수 있게 도와드리겠습니다.

⑤ 이번 민원이 매우 중요한 사항이어서 담당자님이 민원을 먼저 해결해 주시면 제가 담당자님의 일을 도와드리겠습니다.

02 **다음 〈보기〉에서 중 협상 전략에 대한 설명으로 옳지 않은 것을 모두 고르면?**

> 보기
>
> ㄱ. 상대방과의 협상 이외의 방법으로 쟁점해결을 위한 대안이 존재하는 경우 회피전략을 사용할 수 있다.
> ㄴ. Win – Lose전략은 상대방과 상호 간에 신뢰가 두텁고, 상대에 비해 협상력이 열위에 있는 경우에 효과적이다.
> ㄷ. 유화전략은 협상의 결과로 인한 이득보다 상대방과의 우호적 관계를 통해 협력관계를 이어가는 것을 중시하는 전략이다.
> ㄹ. 협상 과정에서 개발된 대안들에 대해 협상 참여자들이 공동으로 평가하는 것은 유화전략의 한 형태이다.

① ㄱ, ㄴ　　② ㄱ, ㄷ
③ ㄴ, ㄷ　　④ ㄴ, ㄹ
⑤ ㄷ, ㄹ

03 다음 사례에서 나타나는 A씨의 협상 방법에 대한 문제점은 무엇인가?

> 어느 날 A씨의 두 딸이 오렌지 하나를 가지고 서로 다투고 있었다. A씨는 두 딸에게 오렌지를 공평하게 반쪽으로 나눠주는 것이 가장 좋은 해결책인 듯해서 반으로 갈라 주었다. 하지만 A씨는 두 딸의 행동에 놀라고 말았다. 오렌지의 반쪽을 챙긴 큰 딸은 알맹이는 버리고 껍질만 챙겼으며, 작은 딸은 알맹이만 먹고 껍질은 버린 것이다. 두 딸에게 이유를 물어보니 제빵학원에 다니는 큰 딸은 오렌지 케이크를 만들기 위해 껍질이 필요했던 것이고, 작은 딸은 오렌지 과즙이 먹고 싶어서 알맹이를 원했던 것이다. 결과적으로 A씨의 해결책은 두 딸 모두에게 만족하지 못한 일이 되어 버렸다.

① 협상당사자들에게 친근하게 다가가지 않았다.
② 협상에 대한 갈등 원인을 확인하지 않았다.
③ 협상의 통제권을 확보하지 않았다.
④ 협상당사자의 특정 입장만 고집하였다.
⑤ 협상당사자에 대해 너무 많은 염려를 하였다.

04 다음의 사례에서 나타나는 협상 전략으로 가장 적절한 것은?

> 사람들은 합리적인 의사결정보다 감성적인 의사결정을 하곤 한다. 소비에 있어서 이와 같은 현상을 쉽게 발견할 수 있는데, 사람들은 물건을 살 때 제품의 기능이나 가격보다는 다른 사람들의 판단에 기대어 결정하거나 브랜드의 위치를 따르는 소비를 하는 경우를 쉽게 볼 수 있는 것이다. 명품에 대한 소비나 1위 브랜드 제품을 선호하는 것 모두 이러한 현상 때문으로 볼 수 있다.

① 상대방 이해 전략
② 권위 전략
③ 희소성 해결 전략
④ 호혜관계 형성 전략
⑤ 사회적 입증 전략

05 다음은 협상과정을 5단계로 구분한 것이다. 빈칸 (ㄱ) ~ (ㅁ)에 들어갈 내용으로 적절하지 않은 것은?

〈협상과정 5단계〉

단계	내용
협상 시작	• 협상당사자들 사이에 상호 친근감 쌓는다. • 간접적인 방법으로 협상의사를 전달한다. • ______(ㄱ)______ • 협상진행을 위한 체제를 계획한다.
↓	
상호 이해	• 갈등문제의 진행상황과 현재의 상황을 점검한다. • ______(ㄴ)______ • 협상을 위한 협상대상 안건을 결정한다.
↓	
실질 이해	• ______(ㄷ)______ • 분할과 통합 기법을 활용하여 이해관계를 분석한다.
↓	
해결 대안	• 협상 안건마다 대안들을 평가한다. • 개발한 대안들을 평가한다. • ______(ㄹ)______
↓	
합의 문서	• 합의문을 작성한다. • ______(ㅁ)______ • 합의문에 서명한다.

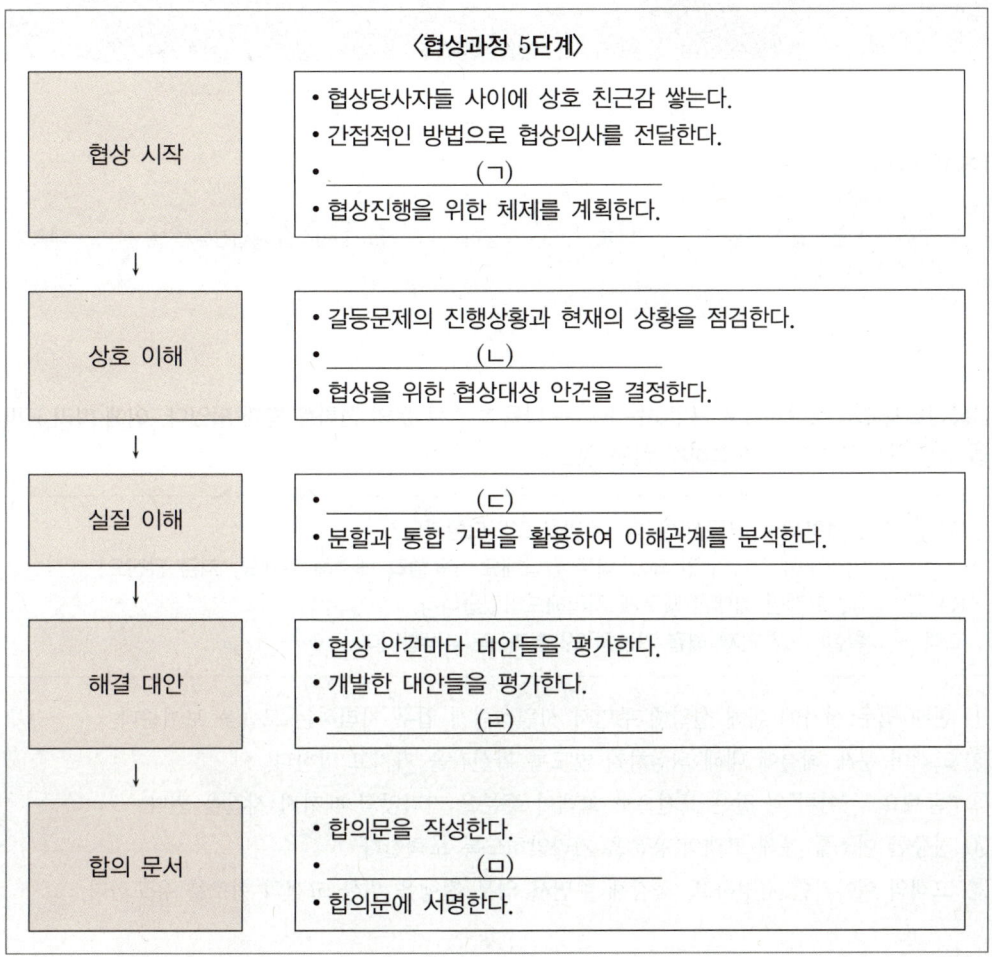

① (ㄱ) : 상대방의 협상의지를 확인한다.
② (ㄴ) : 최선의 대안에 대해서 합의하고 선택한다.
③ (ㄷ) : 겉으로 주장하는 것과 실제로 원하는 것을 구분하여 실제로 원하는 것을 찾아낸다.
④ (ㄹ) : 대안 이행을 위한 실행계획을 수립한다.
⑤ (ㅁ) : 합의내용, 용어 등을 재점검한다.

05 고객 서비스

| 유형분석 |

- 주로 고객 응대와 관련된 글이 제시되고, 서비스 직종이 아니더라도 일반적인 사업장에서 볼 수 있는 내용도 종종 볼 수 있다.

H통신회사에서 상담원으로 근무하는 K씨는 다음과 같은 문의 전화를 받게 되었다. 이에 따라 K씨가 고객을 응대하는 방법으로 적절하지 않은 것은?

K사원	: 안녕하세요. H통신입니다. 무엇을 도와드릴까요?
고객	: 인터넷이 갑자기 안 돼서 너무 답답해요. 좀 빨리 해결해 주세요. 지금 당장요!
K사원	: 네, 고객님 최대한 빠르게 처리해드리겠습니다.
고객	: 확실해요? 언제 해결 가능하죠? 빨리 좀 부탁합니다.

① 현재 업무 절차에 대해 설명해 주면서 시원스럽게 업무 처리하는 모습을 보여준다.
② 고객이 문제 해결에 대해 의심하지 않도록 확신감을 가지고 말한다.
③ "글쎄요.", "아마"와 같은 표현으로 고객이 흥분을 가라앉힐 때까지 시간을 번다.
④ 정중한 어조를 통해 고객의 흥분을 가라앉히도록 노력한다.
⑤ 고객의 이야기를 경청하고, 공감해 주면서 업무 진행을 위한 고객의 협조를 유도한다.

정답 ③

K씨와 통화 중인 고객은 고객의 불만표현 유형 중 하나인 빨리빨리형으로, 성격이 급하고, 확신 있는 말이 아니면 잘 믿지 못하는 모습을 보이고 있다. 이러한 경우 "글쎄요.", "아마"와 같은 애매한 표현은 고객의 불만을 더 높일 수 있다.

풀이 전략!

직원의 응대 방법과 관련된 문제인 경우, 직원이 어떤 식으로 고객을 응대했는지 먼저 확인하는 것이 중요하다. 반대로 상황에 따른 고객 응대에 관한 문제인 경우, 고객의 유형에 따라 응대 방법이 달라질 수 있으므로 고객의 유형과 응대 방법의 차이를 미리 알아둘 필요가 있다.

01 A사원은 H은행 고객서비스과에 배치된 신입사원이다. 고객의 불만이 접수되었고 고객 불만 처리 단계에 따라 응대하였다. 다음 중 불만에 대한 대처로 적절하지 않은 것은?

① 불만이 있는 고객이기 때문에 최대한 공손한 태도를 보이는 것이 좋다.
② 처리를 한 뒤 적절한 조치였는지 확인을 한다.
③ 적절하지 않은 불만이어도 고객이기 때문에 불편을 드린 점에 대해 사과를 드린다.
④ 일단 고객을 진정시키는 것이 중요하므로 무조건 신속하게 처리한다.
⑤ 불만에 대해 의사표현을 해 주신 것에 대해서는 감사의 태도를 보이고 고객의 불만에 공감하는 태도를 보여야 한다.

02 프랜차이즈 커피숍에서 바리스타로 근무하고 있는 귀하는 종종 '가격을 깎아달라.'는 고객 때문에 고민이 이만저만이 아니다. 이를 본 선배가 귀하에게 도움이 될 만한 몇 가지 조언을 해 주었다. 다음 중 선배가 귀하에게 한 조언으로 가장 적절한 것은?

① "절대로 안 된다."라고 딱 잘라 거절하는 태도가 필요합니다.
② 이번이 마지막이라고 말하면서 한 번만 깎아 주세요.
③ 못 본체하고 다른 손님의 주문을 받으면 됩니다.
④ 규정상 임의로 깎아줄 수 없다는 점을 상세히 설명해 드리세요.
⑤ 다음에 오실 때 깎아 드리겠다고 약속드리면 됩니다.

03 H은행의 행원인 귀하는 새로 입사한 A가 은행업무에 잘 적응할 수 있도록 근무 지도를 하고 있다. 다음 상황을 토대로 귀하가 A에게 지도할 사항으로 적절하지 않은 것은?

> A : 안녕하십니까? 고객님. 어떤 업무를 도와드릴까요?(자리에서 앉아 컴퓨터 모니터를 응시한 채로 고객을 반김)
> 고객 : 지난 한 달간 제가 거래한 내역이 필요해서요. 발급이 가능한가요?
> A : 네, 지난 한 달간 은행 입출금 거래내역서 발급을 도와드리겠습니다. 신분증을 확인할 수 있을까요?
> 고객 : 여기 있습니다.
> A : 네, 감사합니다(응대용 접시에서 신분증만 회수함). 1월 1일부터 1월 30일까지 거래내역을 조회해드리면 될까요?
> 고객 : 네. 그리고 체크카드 신청도 ….
> A : 우선 먼저 요청하신 거래내역서를 발급해 드리고 다른 업무를 도와드리겠습니다.
> 고객 : 알겠습니다.
> A : (거래내역서 인쇄 중) 거래내역서 발급 시에는 2천 원의 수수료가 발생합니다.

① 고객이 다가오면 하는 일을 멈추고 고객을 응시하여야 합니다.
② 고객을 맞이할 때에는 되도록이면 자리에서 일어나 밝은 모습으로 반기도록 합니다.
③ 업무에 필요한 고객의 물품을 가져갈 때에는 응대용 접시와 함께 회수하도록 합니다.
④ 고객과 대화할 때에는 고객의 말을 끊지 않도록 합니다.
⑤ 업무 처리와 관련하여 고객이 알아야 할 모든 사항은 업무가 완료된 후에 전달해야 합니다.

04 H전자 영업부에 근무하는 A사원은 제품에 대한 불만이 있는 고객의 전화를 받았다. 제품에 문제가 있어 담당부서에 고장수리를 요청했으나 연락이 없어 고객이 화가 많이 난 상태였다. 이때 A사원으로서 가장 적절한 응대로 옳은 것은?

① 고객에게 사과하여 고객의 마음을 진정시키고 전화를 상사에게 연결한다.
② 고객의 불만을 들어준 후, 고객에게 제품수리에 대해 담당부서로 다시 전화할 것을 권한다.
③ 화를 가라앉히시라고 말하고 그렇지 않으면 전화응대를 하지 않겠다고 한다.
④ 고객의 불만을 듣고 담당부서의 업무가 밀려서 연락을 못한 것이라며 부서를 옹호한다.
⑤ 회사를 대표해서 미안하다는 사과를 하고, 고객의 불만을 메모한 후 담당부서에 연락하여 해결해 줄 것을 의뢰한다.

05 다음 상황에서 알 수 있는 잘못된 고객응대 자세는?

> 직원 J씨는 규모가 큰 대형 마트에서 육류제품의 유통 업무를 담당하고 있다. 전화벨이 울리고 신속하게 인사와 함께 전화를 받았는데 채소류에 관련된 업무 문의였다. 직원 J씨는 고객에게 자신은 채소류에 관련된 담당자가 아니라고 설명하고, "지금 거신 전화는 육류에 관련된 부서로 연결되어 있습니다. 채소류 관련 부서로 전화를 돌려드릴 테니 잠시만 기다려 주십시오."라고 말하고 타 부서로 돌렸다.

① 신속하게 전화를 받지 않았다.
② 기다려 주신 데 대한 인사를 하지 않았다.
③ 고객의 기다림에 대해 양해를 구하지 않았다.
④ 전화를 다른 부서로 돌려도 괜찮은지 묻지 않았다.
⑤ 자신의 직위를 밝히지 않았다.

PART 1

06 다음 중 영업사원으로서 고객정보 수집 과정에 있어 중요한 내용으로 적절하지 않은 것은?

① 고객정보를 수집할 때에는 그 정보가 필요한 이유와 목적을 미리 안내하여야 한다. 그래야 고객도 적극적으로 자신의 정보를 제공해 주기 때문이다.
② 고객정보는 상품 상담을 위해서 수집하는 것이며, 비밀은 반드시 보장됨을 안내하여 고객을 안심시켜 드려야 한다.
③ 고객의 입장에서 우호적인 분위기를 만들되 사무적이거나 심문하는 듯한 말투는 삼가야 한다.
④ 고객과 커뮤니케이션을 할 때에는 고객이 답하기 쉬운 내용과 질문법을 이용하여야 한다. 주로 '예, 아니요' 등의 간단한 답변을 할 수 있는 질문을 많이 활용하여야 한다.
⑤ 고객정보는 정확해야 하므로 큰 소리로 대화하도록 해야 한다.

CHAPTER 05

조직이해능력

합격 Cheat Key

조직이해능력은 업무를 원활하게 수행하기 위해 조직의 체제와 경영을 이해하고 국제적인 추세를 이해하는 능력이다. 현재 많은 공사·공단에서 출제 비중을 높이고 있는 영역이기 때문에 미리 대비하는 것이 중요하다. 실제 업무 능력에서 조직이해능력을 요구하기 때문에 중요도는 점점 높아질 것이다.

세부 유형은 조직 체제 이해, 경영 이해, 업무 이해, 국제 감각으로 나눌 수 있다. 조직도를 제시하는 문제가 출제되거나 조직의 체계를 파악해 경영의 방향성을 예측하고, 업무의 우선순위를 파악하는 문제가 출제된다.

1 문제 속에 정답이 있다!

경력이 없는 경우 조직에 대한 이해가 낮을 수밖에 없다. 그러나 문제 자체가 실무적인 내용을 담고 있어도 문제 안에는 해결의 단서가 주어진다. 부담을 갖지 않고 접근하는 것이 중요하다.

2 경영·경제학원론 정도의 수준은 갖추도록 하라!

지원한 직군마다 차이는 있을 수 있으나, 경영·경제이론을 접목시킨 문제가 꾸준히 출제되고 있다. 따라서 기본적인 경영·경제이론은 익혀 둘 필요가 있다.

3 지원하는 공사 · 공단의 조직도를 파악하라!

출제되는 문제는 각 공사 · 공단의 세부내용일 경우가 많기 때문에 지원하는 공사 · 공단의 조직도를 파악해 두어야 한다. 조직이 운영되는 방법과 전략을 이해하고, 조직을 구성하는 체제를 파악하고 간다면 조직이해능력에서 조직도가 나올 때 단기간에 문제를 풀 수 있을 것이다.

4 실제 업무에서도 요구되므로 이론을 익혀라!

각 공사 · 공단의 직무 특성상 일부 영역에 중요도가 가중되는 경우가 있어서 많은 취업준비생들이 일부 영역에만 집중하지만, 실제 업무 능력에서 직업기초능력 10개 영역이 골고루 요구되는 경우가 많고, 현재는 필기시험에서도 조직이해능력을 출제하는 기관의 비중이 늘어나고 있기 때문에 미리 이론을 익혀 둔다면 모듈형 문제에서 고득점을 노릴 수 있다.

01 경영 전략

| 유형분석 |

- 경영 전략의 기본적인 이해와 구조를 물어보는 문제가 자주 출제되므로 전략별 특징 및 개념에 대한 이론 학습이 요구된다.

조직의 유지와 발전에 책임을 지는 조직의 경영자는 다양한 역할을 수행해야 한다. 다음 중 조직 경영자의 역할로 적절하지 않은 것은?

① 대외적으로 조직을 대표한다.
② 대외적 협상을 주도한다.
③ 조직 내에서 발생하는 분쟁을 조정한다.
④ 외부 변화에 대한 정보를 기밀로 한다.
⑤ 제한된 자원을 적재적소에 배분한다.

정답 ④

조직의 경영자는 조직을 둘러싼 외부 환경에 대해 항상 관심을 가져야 하며, 외부 환경에 변화가 생겼을 경우 이를 조직에 전달하여야 한다.

경영자의 역할
- 대인적 역할 : 조직의 대표자, 조직의 리더, 상징자・지도자
- 정보적 역할 : 외부환경 모니터, 변화 전달, 정보전달자
- 의사결정적 역할 : 문제 조정, 대외적 협상 주도, 분쟁조정자・자원배분자・협상가

풀이 전략!

대부분의 기업들은 경쟁전략을 사용하고 있다. 각 전략에 해당하는 대표적인 기업을 연결하고, 그들의 경영전략을 상기하며 문제를 풀어보도록 한다.

01 다음 중 제시된 협상 대화에서 가장 바르게 대답한 사람을 〈보기〉에서 고르면?

> H사 : 안녕하세요. 다름이 아니라 현재 단가로는 더 이상 귀사에 납품하는 것이 어려울 것 같아 자재의 단가를 조금 올리고 싶어서요. 이에 대해 어떻게 생각하시나요?
> 대답 : ________________________________

보기

A : 지난달 자재의 불량률이 너무 높은데 단가를 더 낮춰야 할 것 같습니다.
B : 저희도 이정도 가격은 꼭 받아야 해서요, 단가를 지금 이상 드리는 것은 불가능합니다.
C : 불량률을 3% 아래로 낮춰서 납품해 주시면 단가를 조금 올리도록 하겠습니다.
D : 단가를 올리면 저희 쪽에서 주문하는 수량이 줄어들 텐데, 귀사에서 괜찮을까요?
E : 단가에 대한 협상은 귀사의 사장님과 해 봐야 할 것 같네요.

① A
② B
③ C
④ D
⑤ E

02 다음 글의 밑줄 친 '마케팅 기법'에 대한 설명으로 옳은 것을 〈보기〉에서 모두 고르면?

> 기업들이 신제품을 출시하면서 한정된 수량만 제작 판매하는 한정판 제품을 잇따라 내놓고 있다. 이번 기회가 아니면 더 이상 구입할 수 없다는 메시지를 끊임없이 던지며 소비자의 호기심을 자극하는 마케팅 기법이다. H자동차 회사는 가죽 시트와 일부 외형이 기존 제품과 다른 모델을 8,000대 한정 판매하였는데, 단기간에 매진을 기록하였다.

보기

㉠ 소비자의 충동 구매를 유발하기 쉽다.
㉡ 이윤 증대를 위한 경영 혁신의 한 사례이다.
㉢ 의도적으로 공급의 가격탄력성을 크게 하는 방법이다.
㉣ 소장 가치가 높은 상품을 대상으로 하면 더 효과적이다.

① ㉠, ㉡
② ㉠, ㉢
③ ㉡, ㉣
④ ㉠, ㉡, ㉣
⑤ ㉡, ㉢, ㉣

03 **다음 사례 중 경영활동을 이루는 구성요소를 감안할 때 경영활동으로 적절하지 않은 것은?**

〈사례〉

(가) 다음 시즌 우승을 목표로 해외 전지훈련에 참여하여 열심히 구슬땀을 흘리고 있는 선수단과 이를 운영하는 구단 직원들

(나) 자발적인 참여로 뜻을 같이한 동료들과 함께 매주 어려운 이웃을 찾아다니며 봉사활동을 펼치고 있는 S씨

(다) 교육지원대대장으로서 사병들의 교육이 원활히 진행될 수 있도록 훈련장 관리와 유지에 최선을 다하고 있는 K대령과 참모진

(라) 영화 촬영을 앞두고 시나리오와 제작 콘셉트를 회의하기 위해 모인 감독 및 스태프와 출연 배우들

(마) 대기업을 그만두고 가족들과 함께 조그만 무역회사를 차려 손수 제작한 밀짚 가방을 동남아로 수출하고 있는 B씨

① (가) ② (나)

③ (다) ④ (라)

⑤ (마)

04 **다음은 마이클 포터(Michael E. Porter)의 본원적 경쟁전략에 대한 설명이다. 빈칸 ㉠~㉢에 들어갈 말이 바르게 연결된 것은?**

> 본원적 경쟁전략은 해당 사업에서 경쟁우위를 확보하기 위한 전략으로, ___㉠___ 전략, ___㉡___ 전략, ___㉢___ 전략으로 구분된다.
> ___㉠___ 전략은 원가절감을 통해 해당 산업에서 우위를 점하는 전략으로, 이를 위해서는 대량생산을 통해 단위 원가를 낮추거나 새로운 생산기술을 개발할 필요가 있다. 여기에는 70년대 우리나라의 섬유업체나 신발업체, 가발업체 등이 미국시장에 진출할 때 취한 전략이 해당한다.
> ___㉡___ 전략은 조직이 생산품이나 서비스를 ___㉡___하여 고객에게 가치가 있고 독특하게 인식되도록 하는 전략이다. ___㉡___ 전략을 활용하기 위해서는 연구개발이나 광고를 통하여 기술, 품질, 서비스, 브랜드이미지를 개선할 필요가 있다.
> ___㉢___ 전략은 특정 시장이나 고객에게 한정된 전략으로, ___㉠___나 ___㉡___ 전략이 산업전체를 대상으로 하는데 비해 ___㉢___ 전략은 특정 산업을 대상으로 한다. 즉, ___㉢___ 전략에서는 경쟁조직들이 소홀히 하고 있는 한정된 시장을 ___㉠___나 ___㉡___ 전략을 써서 집중적으로 공략하는 방법이다.

	㉠	㉡	㉢
①	원가우위	차별화	집중화
②	원가우위	집중화	차별화
③	차별화	집중화	원가우위
④	집중화	원가우위	차별화
⑤	집중화	차별화	원가우위

02 | 조직 구조

| 유형분석 |

- 조직 구조 유형에 대한 특징을 물어보는 문제가 자주 출제된다.
- 조직 구조 형태에 따라 기능적 조직, 사업별 조직으로 구분하여 출제되기도 한다.
- 조직과 관련된 개념 문제가 출제되기도 한다.

다음 중 조직 목표의 특징에 대한 설명으로 옳은 것은?

① 다수의 조직 목표들은 수평적 관계로 상호 영향을 주고받는다.
② 조직 자원의 변화에 따라 조직 목표가 수정 혹은 신설되는 경우도 있다.
③ 한 번 수립된 조직 목표는 달성할 때까지 지속된다.
④ 한 조직이 복수의 조직 목표를 갖고 있는 것보다 단일 조직 목표를 갖고 있는 것이 바람직하다.
⑤ 조직 목표의 변화를 야기하는 조직 내적 요인으로는 리더의 결단, 조직 내 권력구조 변화, 경쟁업체의 변화 등이 있다.

정답 ②

조직 목표는 조직 체제의 다양한 구성요소들과 상호관계를 가지고 있기 때문에 다양한 원인들에 의하여 변동되거나 없어지고 새로운 목표로 대치되기도 한다.

오답분석

① 조직 목표들은 위계적 상호관계가 있어서 서로 상하관계에 있으면서 영향을 주고받는다.
③ 조직 목표는 수립 이후에 변경되거나 필요성이 소멸됨에 따라 사라지기도 한다.
④ 조직은 복수 혹은 단일의 조직 목표를 갖고 있을 수 있다. 하지만 어느 경우가 더 바람직하다고 평가할 수는 없다.
⑤ 조직 목표의 변화를 야기하는 조직 내적 요인으로는 리더의 결단, 조직 내 권력구조 변화, 목표형성 과정 변화 등이 있고, 조직 외적 요인으로는 경쟁업체의 변화, 조직 자원의 변화, 경제정책의 변화 등이 있다.

풀이 전략!

조직은 목적이나 규모에 따라 다양하게 구성될 수 있다. 조직 내의 업무종류에 대해서 숙지하고 있다면 조직 구조 유형을 더욱 수월하게 파악할 수 있다.

대표기출유형 02 기출응용문제

01 다음은 집단(조직)에 대한 자료이다. 이에 대한 설명으로 적절하지 않은 것은?

구분		공식집단	비공식집단
①	개념	공식적인 목표를 추구하기 위해 조직에서 만든 집단	구성원들의 요구에 따라 자발적으로 형성된 집단
②	집단 간 경쟁의 원인	자원의 유한성, 목표 간의 충돌	
③	집단 간 경쟁의 장점	각 집단 내부의 응집성 강화, 활동 조직화 강화	
④	집단 간 경쟁의 단점	자원 낭비, 비능률	
⑤	예시	상설 위원회, 업무 수행을 위한 팀, 동아리	친목회, 스터디 모임, 임시 위원회

02 다음 상황에서 H사가 해외 시장 개척을 앞두고 기존의 조직 구조를 개편할 경우, H사가 추가해야 할 조직으로 적절하지 않은 것은?

> H사는 몇 년 전부터 자체 기술로 개발한 제품의 판매 호조로 인해 기대 이상의 수익을 창출하게 되었다. 경쟁 업체들이 모방할 수 없는 독보적인 기술력을 앞세워 국내 시장을 공략한 결과, 이미 더 이상의 국내 시장 경쟁자들은 없다고 할 만큼 탄탄한 시장 점유율을 확보하였다. 이러한 H사의 민 사장은 올 초부터 해외 시장 진출의 꿈을 갖고 필요한 자료를 수집하기 시작하였다. 충분한 자금력을 확보한 H사는 우선 해외 부품 공장을 인수한 후 현지에 생산 기지를 건설하여 국내에서 생산되는 물량의 절반 정도를 현지로 이전하여 생산하고, 이를 통한 물류비 절감을 통해 주변국들부터 시장을 넓혀가겠다는 야심찬 계획을 가지고 있다. 한국 본사는 내년까지 4 ~ 5곳의 해외 거래처를 더 확보하여 지속적인 해외 시장 개척에 매진한다는 중장기 목표를 대내외에 천명해 둔 상태다.

① 해외관리팀
② 기업회계팀
③ 외환업무팀
④ 국제법무팀
⑤ 통관물류팀

03 다음은 카메론(Cameron)과 퀸(Quinn)이 개발한 조직문화 진단 척도 중 일부이다. (가)에 들어갈 말로 가장 적절한 것은?

(가)	내용	점수
①	우리 회사는 인적자원개발을 중요시하며, 높은 신뢰도, 개방성, 참여도를 강조한다.	
②	우리 회사는 새로운 자원을 발굴하고, 도전하는 것을 중시하여 새로운 시도와 기회창조를 높이 평가한다.	
③	우리 회사는 경쟁과 성과를 중시하여 시장에서 목표달성과 경쟁에서 이기는 것을 강조한다.	
④	우리 회사는 영속성과 안정성을 강조한다. 효율성, 통제, 원활한 운영이 중요하다.	
총점		100

① 전략적 강조점
② 조직의 응집력
③ 성공의 기준
④ 조직의 리더십
⑤ 조직의 관리

04 다음 중 밑줄 친 ㉠, ㉡에 대한 설명으로 옳은 것은?

> 조직 구조는 조직마다 다양하게 이루어지며, 조직 목표의 효과적 달성에 영향을 미친다. 조직 구조에 대한 많은 연구를 통해 조직 구조에 영향을 미치는 요인으로는 조직의 전략, 규모, 기술, 환경 등이 있음을 확인할 수 있으며, 이에 따라 ㉠ 기계적 조직 혹은 ㉡ 유기적 조직으로 설계된다.

① ㉠은 의사결정 권한이 조직의 하부구성원들에게 많이 위임되어 있다.
② ㉡은 상하간의 의사소통이 공식적인 경로를 통해 이루어진다.
③ ㉠은 규제나 통제의 정도가 낮아, 의사소통 결정이 쉽게 변할 수 있다.
④ ㉡은 구성원들의 업무가 분명하게 정의된다.
⑤ 안정적이고 확실한 환경에서는 ㉠이, 급변하는 환경에서는 ㉡이 적합하다.

05 다음 중 조직 문화의 특징으로 적절하지 않은 것은?

① 구성 요소에는 리더십 스타일, 제도 및 절차, 구성원, 구조 등이 있다.
② 조직 구성원들에게 일체감과 정체성을 준다.
③ 조직의 안정성을 유지하는 데 기여한다.
④ 조직 몰입도를 향상시킨다.
⑤ 구성원들 개개인의 다양성을 강화해 준다.

06 다음 글에서 제시된 조직의 특성으로 가장 적절한 것은?

> 주택도시보증공사의 사내 봉사 동아리에 소속된 70여 명의 임직원이 연탄 나르기 봉사 활동을 펼쳤다. 이날 임직원들은 지역 주민들이 보다 따뜻하게 겨울을 날 수 있도록 연탄 총 3,000장과 담요를 직접 전달했다. 사내 봉사 동아리에 소속된 A대리는 "매년 연말마다 진행하는 연탄 나눔 봉사활동을 통해 지역사회에 도움의 손길을 전할 수 있어 기쁘다."라며, "오늘의 작은 손길이 큰 불씨가 되어 많은 분이 따뜻한 겨울을 보내길 바란다."라고 말했다.

① 인간관계에 따라 형성된 자발적인 조직이다.
② 이윤을 목적으로 하는 조직이다.
③ 규모와 기능 그리고 규정이 조직화되어 있는 조직이다.
④ 조직구성원들의 행동을 통제할 장치가 마련되어 있는 조직이다.
⑤ 공익을 요구하지 않는 조직이다.

07 인사팀 채부장은 신입사원들을 대상으로 '조직'의 의미를 다음과 같이 설명하였다. 채부장의 설명에 근거할 때, 다음 중 '조직'으로 적절하지 않은 것은?

> 조직은 특정한 목적을 추구하기 위하여 의도적으로 구성된 사람들의 집합체로서 외부 환경과 여러 가지 상호 작용을 하는 사회적 단위라고 말할 수 있지. 한데, 이러한 상호 작용이 유기적인 협력체제 하에서 행해지면서 조직이 추구하는 목적을 달성하기 위해서는 내부적인 구조가 있어야만 해. 업무와 기능의 분배, 권한과 위임을 통하여 어떤 특정한 조직 구성원들의 공통된 목표를 달성하기 위하여 여러 사람의 활동을 합리적으로 조정한 것이야말로 조직의 정의를 가장 잘 나타내 주는 말이라고 할 수 있다네.

① 영화 촬영을 위해 모인 스태프와 배우들
② 주말을 이용해 춘천까지 다녀오기 위해 모인 자전거 동호회원들
③ 열띤 응원을 펼치고 있는 야구장의 관중들
④ 야간자율학습을 하고 있는 G고등학교 3학년 2반 학생들
⑤ 미국까지 가는 비행기 안에 탑승한 기장과 승무원들

03 업무 종류

| 유형분석 |

- 직무별 업무 내용에 대해 묻는 문제이다.
- 부서별 특징과 담당 업무에 대한 이해가 필요하다.
- 직무전결규정 등 업무의 흐름을 이해하는 것도 중요하다.

다음은 A회사의 직무전결표의 일부분이다. 이에 따라 문서를 처리하였을 경우 적절하지 않은 것은?

직무 내용	대표이사	위임 전결권자		
		전무	이사	부서장
정기 월례 보고				○
각 부서장급 인수인계		○		
3천만 원 초과 예산 집행	○			
3천만 원 이하 예산 집행		○		
각종 위원회 위원 위촉	○			
해외 출장			○	

① 인사부장의 인수인계에 관하여 전무에게 결재받은 후 시행하였다.
② 인사징계위원회 위원을 위촉하기 위하여 대표이사 부재중에 전무가 전결하였다.
③ 영업팀장의 해외 출장을 위하여 이사에게 사인을 받았다.
④ 3천만 원에 해당하는 물품 구매를 위하여 전무 전결로 처리하였다.
⑤ 정기 월례 보고서를 작성한 후 부서장의 결재를 받았다.

정답 ②

각종 위원회 위원 위촉에 관한 전결규정은 없다. 따라서 정답은 ②가 된다. 단, 대표이사의 부재중에 부득이하게 위촉을 해야 하는 경우가 발생했다면 차하위자(전무)가 대결을 할 수는 있다.

풀이 전략!

조직은 목적의 달성을 위해 업무를 효과적으로 분배하고 처리할 수 있는 구조를 확립해야 한다. 조직의 목적이나 규모에 따라 구분되는 업무의 종류를 미리 이해하고 있어야 하며, 직무전결규정 등 조직 내 업무의 흐름을 파악하는 것이 중요하다.

01 다음 중 주혜정 씨가 가장 마지막에 처리할 업무로 가장 적절한 것은?

> Henry Thomas의 부하직원 주혜정은 Mr. Thomas와 국내 방송사 기자와의 인터뷰 일정을 최종 점검 중이다.
> 다음은 기자와의 통화 내용이다.
> 주혜정 : 공진호 기자님, 안녕하세요. 저는 Sun Capital의 주혜정입니다. Mr. Thomas와의 인터뷰 일정 확인 차 연락드립니다. 지금 통화 가능하세요?
> 공진호 : 네, 말씀하세요.
> 주혜정 : 인터뷰 예정일이 9월 10일 오후 2시인데 변동사항이 있나 확인하고자 합니다.
> 공진호 : 네, 예정된 일정대로 진행 가능합니다. Sun Capital의 회의실에서 하기로 했죠?
> 주혜정 : 맞습니다. 인터뷰 준비 관련해서 저희 측에서 더 준비해야 하는 사항이 있나요?
> 공진호 : 카메라 기자와 함께 가니 회의실 공간이 좀 넓어야 하겠고, 회의실 배경이 좀 깔끔해야 할 텐데 준비가 가능할까요?

① 총무팀에 연락하여 인터뷰 당일 회의실 예약을 미리 해 놓는다.

② 기자에게 인터뷰의 방영 일자를 확인하여 인터뷰 영상 내용을 자료로 보관하도록 한다.

③ 인터뷰 당일 Mr. Thomas의 점심 식사 약속은 될 수 있는대로 피하도록 한다.

④ 인터뷰를 진행할 때 질문을 미리 정리해 놓는다.

⑤ 인터뷰 진행 시 통역이 필요한지 아닌지 확인하고, 질문지를 사전에 받아 Mr. Thomas에게 전달한다.

02 다음 상황에서 K주임이 처리해야 할 업무 순서로 옳은 것은?

> 안녕하세요, K주임님. 언론홍보팀 L대리입니다. 다름이 아니라 이번에 공사에서 진행하는 '소셜벤처 성장지원사업'에 관한 보도 자료를 작성하려고 하는데, 디지털소통팀의 업무 협조가 필요하여 연락드렸습니다. 디지털소통팀 P팀장님께 K주임님이 협조해 주신다는 이야기를 전해 들었습니다. 자세한 요청 사항은 회의를 통해서 말씀드리도록 하겠습니다. 혹시 내일 오전 10시에 회의를 진행해도 괜찮을까요? 일정 확인하시고 오늘 내로 답변 주시면 감사하겠습니다. 일단 회의 전에 알아두시면 좋을 것 같은 자료는 메일로 발송하였습니다. 회의 전에 미리 확인하셔서 관련 사항을 숙지하시고 회의에 참석해 주시면 좋을 것 같습니다. 아! 그리고 오늘 2시에 홍보실 각 팀 팀장 회의가 있다고 하니, P팀장님께 꼭 전해 주세요.

① 팀장 회의 참석 – 익일 업무 일정 확인 – 메일 확인 – 회의 일정 답변 전달
② 팀장 회의 참석 – 메일 확인 – 익일 업무 일정 확인 – 회의 일정 답변 전달
③ 팀장 회의 일정 전달 – 메일 확인 – 회의 일정 답변 전달 – 익일 업무 일정 확인
④ 팀장 회의 일정 전달 – 익일 업무 일정 확인 – 회의 일정 답변 전달 – 메일 확인
⑤ 팀장 회의 일정 전달 – 익일 업무 일정 확인 – 메일 확인 – 회의 일정 답변 전달

※ 다음은 H공항공사 운항시설처의 업무분장표이다. 이어지는 질문에 답하시오. [3~4]

〈운항시설처 업무분장표〉

구분		업무분장
운항시설처	운항안전팀	• 이동지역 안전관리 및 지상안전사고 예방 안전 활동 • 항공기 이착륙시설 및 계류장 안전점검, 정치장 배정 및 관리 • 이동지역 차량 / 장비 등록, 말소 및 계류장 사용료 산정 • 야생동물 위험관리업무(용역관리 포함) • 공항안전관리시스템(SMS)운영계획 수립 · 시행 및 자체검사 시행 · 관리
	항공등화팀	• 항공등화시설 운영계획 수립 및 시행 • 항공등화시스템(A-SMGCS) 운영 및 유지관리 • 시각주기안내시스템(VDGS) 운영 및 유지관리 • 계류장조명등 및 외곽보안등 시설 운영 및 유지관리 • 에어사이드지역 전력시설 운영 및 유지관리 • 항공등화시설 개량계획 수립 및 시행
	기반시설팀	• 활주로 등 운항기반시설 유지관리 • 지하구조물(지하차도, 공동구, 터널, 배수시설) 유지관리 • 운항기반시설 녹지 및 계측관리 • 운항기반시설 제설작업 및 장비관리 • 운항기반시설 공항운영증명 기준관리 • 전시목표(활주로 긴급 복구) 및 보안시설 관리

03 다음은 H공항공사와 관련된 보도 자료의 제목이다. 운항시설처의 업무로 적절하지 않은 것은?

① H공항, 관계기관 합동 종합제설훈련 실시
② H공항, 전시대비 활주로 긴급 복구훈련 실시
③ H공항공사, 항공등화 핵심장비 국산화 성공
④ 골든타임을 사수하라! H공항 항공기 화재진압훈련 실시
⑤ H공항공사, 관계기관 합동 '야생동물통제관리 협의회' 발족

04 H공항공사의 운항안전팀에서는 안전회보를 발간한다. 다음 달에 발간하는 안전회보 제작을 맡게 된 A사원은 회보에 실을 내용을 고민하고 있다. 안전회보에 실릴 내용으로 적절하지 않은 것은?

① H공항 항공안전 캠페인 시행 – 이동지역 안전문화를 효과적으로 정착시키기 위한 분기별 캠페인 및 합동 점검 실시
② 안전관리시스템 위원회 개최 – 이동지역 안전 증진을 위해 매년 안전관리시스템 위원회 개최
③ 우수 운항안전 지킴이 선정 현황 – 이동지역 내 사고 예방에 공로가 큰 안전 신고 / 제안자 선정 및 포상
④ 이동지역 운전교육용 시뮬레이터 운영개시 – 이동지역 지형 · 지물에 대한 가상체험 공간 제공으로 운전교육 효과 극대화
⑤ 대테러 종합훈련 실시 – 여객터미널 출국장에서 폭발물 연쇄테러를 가정하여 이에 대응하는 훈련 진행

05 다음은 H공단의 직업능력개발 사업계획의 일부 내용이다. 〈보기〉를 참고하여 사업계획을 이해한 내용으로 적절하지 않은 것은?

〈직업능력개발 사업계획〉

전략 과제별 사업	2024년	
	목표	예산(백만 원)
사업주 직업능력개발훈련 참여 확대	2,102천 명	434,908
중소기업 훈련지원센터 관리	86,000명	
체계적 현장 훈련 지원	150기업	3,645
학습조직화 지원	150기업	
컨소시엄 훈련 지원	210,000명	108,256
청년취업아카데미 운영 관리	7,650명	3,262
내일이룸학교 운영 지원	240명	
직업방송 제작	2,160편	5,353

보기

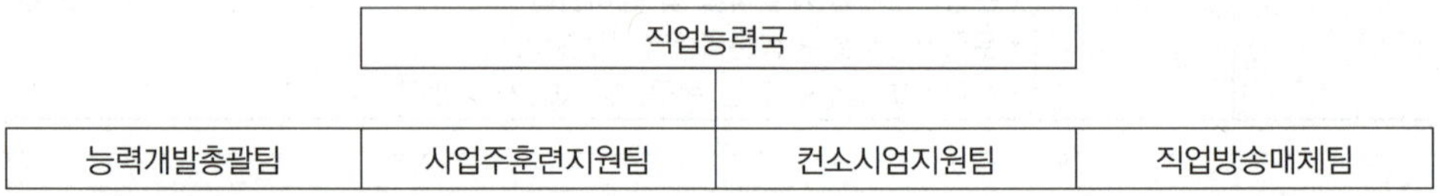

부서	분장업무
능력개발총괄팀	• 직업능력개발사업 장단기 발전계획 수립 • 직업능력개발사업 성과분석, 제도개선 및 신규사업 개발 • 직업능력의 달 기념식 및 HRD컨퍼런스 개최
사업주훈련지원팀	• 사업주 직업능력개발훈련 지원 • 청년취업아카데미 심사, 선정, 성과관리 등 운영 관리 • 내일이룸학교 운영 지원 • 중소기업 학습조직화 지원 • 기업맞춤형 현장훈련(S-OJT) 지원 • 중소기업 훈련지원센터 운영 관리
컨소시엄지원팀	• 국가 인적자원 개발컨소시엄 공동훈련센터(대중소상생형, 전략분야형) 지원 및 관리 • 국가 인적자원 개발컨소시엄 지원기관(허브사업단, 대중소상생인력양성협의회) 지원 및 관리 • 공동훈련센터(대중소상생형, 전략분야형), 지원기관 실적 및 성과평가
직업방송매체팀	한국직업방송 프로그램 기획, 편성 및 모니터링 한국직업방송 위탁방송사 선정 및 관리·운영 한국직업방송 멀티플랫폼 관리·운영

① 직업능력개발 사업계획 수립은 능력개발총괄팀이 담당한다.

② 계획된 사업 중 사업주훈련지원팀이 담당하는 사업의 수가 가장 많다.

③ 계획된 사업 중 컨소시엄지원팀과 직업방송매체팀이 담당하는 사업의 수는 같다.

④ 사업계획상 가장 적은 예산을 사용할 부서는 컨소시엄지원팀이다.

⑤ 사업계획상 가장 많은 예산을 사용할 부서는 사업주훈련지원팀이다.

06 다음은 H공단 디자인팀의 주간회의록이다. 이에 대한 설명으로 가장 적절한 것은?

<table>
<tr><th colspan="6">주간회의록</th></tr>
<tr><td>회의일시</td><td>2024-12-11(월)</td><td>부서</td><td>디자인팀</td><td>작성자</td><td>이사원</td></tr>
<tr><td>참석자</td><td colspan="5">김과장, 박주임, 최사원, 이사원</td></tr>
<tr><td>회의안건</td><td colspan="5">1. 개인 주간 스케줄 및 업무 점검
2. 2025년 회사 홍보 브로슈어 기획</td></tr>
<tr><td rowspan="3">회의내용</td><td colspan="3">내용</td><td colspan="2">비고</td></tr>
<tr><td colspan="3">1. 개인 주간 스케줄 및 업무 점검
• 김과장 : 브로슈어 기획 관련 홍보팀 미팅,
외부 디자이너 미팅
• 박주임 : 신제품 SNS 홍보 이미지 작업,
회사 영문 서브페이지 2차 리뉴얼 작업 진행
• 최사원 : 2025년도 홈페이지 개편 작업 진행
• 이사원 : 12월 사보 편집 작업</td><td colspan="2">• 12월 15일 AM 10:00
디자인팀 전시회 관람</td></tr>
<tr><td colspan="3">2. 2025년도 회사 홍보 브로슈어 기획
• 브로슈어 주제 : '신뢰'
– 창립 ○○주년을 맞아 고객의 신뢰로 회사가 성장했음을 강조
– 한결같은 모습으로 고객들의 지지를 받아왔음을 기업 이미지로 표현
• 20페이지 이내로 구성 예정</td><td colspan="2">• 12월 13일까지 홍보팀에서 2025년도 브로슈어 최종원고 전달 예정</td></tr>
<tr><td rowspan="3">결정사항</td><td colspan="2">내용</td><td>작업자</td><td colspan="2">진행일정</td></tr>
<tr><td colspan="2">브로슈어 표지 이미지 샘플 조사</td><td>최사원, 이사원</td><td colspan="2">2024-12-11 ~ 2024-12-12</td></tr>
<tr><td colspan="2">브로슈어 표지 시안 작업 및 제출</td><td>박주임</td><td colspan="2">2024-12-11 ~ 2024-12-15</td></tr>
<tr><td>특이사항</td><td colspan="5">다음 회의 일정 : 12월 18일
• 브로슈어 표지 결정, 내지 1차 시안 논의</td></tr>
</table>

① H공단은 외부 디자이너에게 브로슈어 표지 이미지 샘플을 요청하였다.

② 디자인팀은 이번 주 수요일에 전시회를 관람할 예정이다.

③ 김과장은 이번 주에 내부 미팅, 외부 미팅을 모두 할 예정이다.

④ 이사원은 이번 주에 12월 사보 편집 작업만 하면 된다.

⑤ 최사원은 2025년도 홈페이지 개편 작업을 완료한 후 브로슈어 표지 시안을 제출할 예정이다.

04 국제 동향

| 유형분석 |

- 국제동향을 파악하는 방법에 대해 묻는 문제이다.
- 국제적 식견을 평가하기 위해 다른 문화에 대한 이해 및 커뮤니케이션 방법에 대한 문제도 자주 출제된다.

H공사 해외사업팀의 조대리는 신규 해외사업을 발굴하는 업무를 담당하고 있다. 조대리는 이러한 업무와 관련하여 국제적인 감각을 키우기 위해 매일 아침 국제동향을 파악한다. 다음 중 국제동향을 파악하기 위한 행동으로 적절하지 않은 것은?

① 해외사이트를 방문하여 최신이슈를 확인한다.

② 매일 아침 신문의 국제면을 읽는다.

③ 업무와 관련된 분야의 국제잡지를 정기 구독한다.

④ 업무와 관련된 국내의 법률, 법규 등을 공부한다.

⑤ 업무와 관련된 주요 용어의 외국어를 공부한다.

정답 ④

국제동향을 파악하기 위해서는 국제적인 법규나 규정을 숙지해야 한다. 우리나라에서는 합법적인 행동이 다른 나라에서는 불법적일 수 있기 때문에 국제적인 업무를 수행하기 전에 반드시 숙지하여 피해를 방지해야 한다. 국내의 법률, 법규 등을 공부하는 것은 국제동향을 파악하는 행동으로 적절하지 않다.

풀이 전략!

활동범위가 세계로 확대되는 글로벌화를 위해서 조직은 세계시장에서 경쟁하고 살아남아야 한다. 이때 필요한 능력이 국제적 식견이다. 따라서 국제동향을 파악하는 방법을 숙지하고 실천하여 다른 문화에 대해 열린 자세로 수용하는 자세가 필요하다.

01 **해외공항이나 국제기구 및 정부당국 등과 교육협약(MOU)을 맺고 이를 관리하는 업무를 담당하는 글로벌교육팀의 K팀장은 업무와 관련하여 팀원들이 글로벌 경쟁력을 갖출 수 있도록 글로벌 매너에 대해 교육하고자 한다. 다음 중 팀원들에게 교육해야 할 글로벌 매너로 적절하지 않은 것은?**

① 미국 사람들은 시간엄수를 중요하게 생각한다.
② 아랍 국가 사람들은 약속한 시간이 지나도 상대방이 당연히 기다려줄 것으로 생각한다.
③ 아프리카 사람들과 이야기할 때는 눈을 바라보며 대화하는 것이 예의이다.
④ 미국 사람들과 인사를 하거나 이야기할 때는 적당한 거리를 유지하는 것이 좋다.
⑤ 러시아 사람들은 포옹으로 인사를 하는 경우가 많다.

02 **다음 중 국제매너와 관련된 식사 예절로 적절하지 않은 것은?**

① 뜨거운 수프는 숟가락으로 저어 식혀 먹는다.
② 생선 요리는 뒤집어 먹지 않는다.
③ 수프를 먹을 때는 숟가락을 몸 쪽에서 바깥쪽으로 사용한다.
④ 식사 시 포크와 나이프는 안쪽에 놓인 것부터 순서대로 사용한다.
⑤ 빵은 칼이나 치아로 자르지 않고 손으로 떼어 먹는다.

시대에듀

M E M O

PART 2

전공필기

적중예상문제

정답 및 해설 p.054

01 다음 중 기업의 경영이념에 대한 설명으로 옳지 않은 것은?

① 기업경영의 지도원리를 의미한다.
② 기업의 행동기준이 되는 존립철학이다.
③ 기업이 지향해 나가야 할 궁극적인 목적을 말한다.
④ 경영활동을 전개하는 데 있어 설정되어야 할 정신자세이다.
⑤ 장기적으로는 기업의 발전단계에 따라 변화한다.

02 다음 중 BCG 매트릭스에 대한 설명으로 옳지 않은 것은?

① 현금젖소(Cash Cow) 사업은 시장성장률이 높으므로 자금투입보다 자금산출이 많다.
② 별(Star) 사업은 성공사업으로 수익성과 성장성이 크다.
③ 물음표(Question) 사업은 신규 사업으로 상대적으로 낮은 시장점유율과 높은 시장성장률을 가진 사업을 말한다.
④ 개(Dog) 사업은 사양사업으로 사업을 철수해야 한다.
⑤ BCG 매트릭스는 자금의 투입과 산출 측면에서 사업이 현재 처해있는 상황을 파악하고 이에 맞는 처방을 내리기 위한 분석도구이다.

03 다음 중 워크아웃(Work – out)에 대한 설명으로 옳지 않은 것은?

① 기업재무구조 개선작업을 말한다.
② 감자, 출자전환 등의 과정이 선행된 연후에 금융권의 자금지원이 이루어진다.
③ 채권상환유예를 통한 부도의 유예조치와 협조융자, 출자전환까지 포괄한다.
④ 금융기관이 기업으로부터 매출채권 등을 매입하고, 이를 바탕으로 자금을 빌려준다.
⑤ 워크아웃의 목적을 달성하기 위해서는 우선 해당 기업이 금융기관의 빚을 갚는 노력을 하여야 한다.

04 다음 중 Off – JT에 대한 설명으로 옳은 것은?

① 신입사원이 직무를 착수하기 전에 특별한 훈련을 받지 않고 직접 어떤 직무에 배치되어 현장에서 작업을 하는 시간에 훈련을 받는 것이다.
② 신입사원이 기업에 들어오기 이전의 학교나 기타 훈련기관에서 받은 교육을 말하는 것이다.
③ 신입사원이 직무에 착수하기 전에 별도로 현장 밖에서 사전에 직무수행을 위한 훈련을 받는 것이다.
④ 신입사원이 현장에서 작업을 계속하는 도중에 직장이나 고참사원에 의하여 직무훈련을 받는 것이다.
⑤ 직장 내에서 정형적으로 실시하는 교육훈련을 말한다

05 다음 중 경영관리에 대한 설명으로 옳지 않은 것은?

① 경영관리란 기업의 목표를 달성하기 위하여 경영활동을 계획하는 것이다.
② 계획된 경영활동을 달성하기 위하여 자원을 효과적으로 배분하는 것이다.
③ 기업조직의 구성원이 그들의 능력을 최대한으로 발휘하도록 환경을 조성하는 것이다.
④ 기업이 이윤극대화를 위해서만 활동하는 것이다.
⑤ 경영내용의 복잡화, 경영환경의 급격한 변화 등으로 경영관리의 과학화가 필요하게 되었다.

06 회사의 당기순이익이 1,000이고 자기자본이 50이라고 할 때, 자기자본이익률은 얼마인가?

① 0.05
② 20
③ 50
④ 100
⑤ 50,000

07 다음 중 기업이 재정 상태나 경영 실적을 실제보다 좋게 보이게 할 목적으로 부당한 방법으로 자산이나 이익을 부풀려 계산하는 회계를 뜻하는 용어는?

① 공장회계
② 재특회계
③ 분식회계
④ 리스회계
⑤ 감손회계

08 H공사는 1년간 400개의 부품을 사용한다. 부품가격은 개당 1,000원, 주문비용은 회당 10,000원, 단위당 연간 재고유지비용은 부품가격의 20%라면 이 부품의 경제적 주문량(EOQ)으로 옳은 것은?

① 100개
② 150개
③ 200개
④ 250개
⑤ 300개

09 A기업의 기업가치는 10억 원(발행주식수 : 10만 주)이고, B기업의 기업가치는 5억 원(발행주식수 : 10만 주)이며 두 기업 모두 무부채기업이다. A기업이 B기업을 흡수 합병할 경우 합병 후의 기업가치는 18억 원이 될 것으로 예상된다. A기업이 B기업 주주에게 6억 원의 현금을 지불하고 합병한다면, A기업이 합병을 통해 얻는 NPV는?

① 1억 원
② 2억 원
③ 3억 원
④ 4억 원
⑤ 5억 원

10 **다음 중 매트릭스 조직에 대한 설명으로 옳지 않은 것은?**

① 매트릭스 조직은 제품과 기능 또는 제품과 지역이 동시에 강조될 때 적합한 조직 구조이다.
② 매트릭스 조직은 명령일원화에서 벗어나 두 명의 상사를 갖는 구조이다.
③ 매트릭스 조직의 특성상 역할갈등의 문제가 발생할 수 있다.
④ 매트릭스 조직은 부서 내에서의 규모의 경제 효과가 달성 가능하다.
⑤ 매트릭스 조직은 프로젝트성 과업을 수행하는 조직에 적합하다.

11 **다음 중 경영통제의 과정을 순서대로 바르게 나열한 것은?**

① 표준의 설정 → 편차의 수정 → 실제성과의 측정
② 표준의 설정 → 실제성과의 측정 → 편차의 수정
③ 실제성과의 측정 → 편차의 수정 → 표준의 설정
④ 실제성과의 측정 → 표준의 설정 → 편차의 수정
⑤ 편차의 수정 → 실제성과의 측정 → 표준의 설정

12 **다음 중 보스턴 컨설팅 그룹(BCG)의 사업 포트폴리오 매트릭스에 대한 설명으로 옳은 것은?**

① 산업의 매력도와 사업의 강점을 기준으로 분류한다.
② 물음표(Question)에 속해 있는 사업단위는 투자가 필요하나 성장가능성은 낮다.
③ 개(Dog)에 속해 있는 사업단위는 확대전략이 필수적이다.
④ 별(Star)에 속해 있는 사업단위는 철수나 매각이 필수적이다.
⑤ 현금젖소(Cash Cow)에 속해 있는 사업단위는 수익이 높고 안정적이다.

13 **투자자가 매년 240만 원씩 영구연금을 받기로 했다. 적용이자율이 12%일 때, 영구연금의 현재가치로 옳은 것은?**

① 1,500만 원　　② 2,000만 원
③ 2,500만 원　　④ 3,000만 원
⑤ 3,500만 원

14 H공사의 올해 예상매출액이 5,000원, 고정비가 1,500원이고 공헌이익률이 50%라면, 안전한계율은?

① 10%
② 20%
③ 30%
④ 40%
⑤ 50%

15 H공사는 현금 60억 원을 지급하여 B공사를 흡수합병 하려고 한다. H공사는 합병 후 영구적으로 매년 말 3억 원의 세후 영업현금흐름을 추가할 수 있으며, 이에 적용되는 적정할인율은 10%이다. 두 기업은 부채가 없고, B공사 순자산의 공정가치는 40억 원일 때, H공사의 합병이득은?

① 10억 원
② 20억 원
③ 30억 원
④ 40억 원
⑤ 50억 원

16 H주식의 금년도 말 1주당 배당금은 1,100원으로 추정되며, 이후 배당금은 매년 10%씩 증가할 것으로 예상된다. H주식에 대한 요구수익률이 15%일 경우, 고든(M. J. Gordon)의 항상성장모형에 의한 H주식의 1주당 현재가치는?

① 4,400원
② 7,333원
③ 11,000원
④ 22,000원
⑤ 33,000원

17 H제품의 연간 수요는 10,000개로 예상된다. 이 제품의 연간 재고유지비용이 단위당 200원이고, 주문 1회당 소요되는 주문비용은 100원이다. 이 경우 경제적 주문량(EOQ)에 의한 최적 주문횟수는?

① 50회
② 75회
③ 100회
④ 150회
⑤ 200회

18 **다음 중 생산관리에 대한 설명으로 옳지 않은 것은?**

① 메이요가 표준시간 설정에 따른 과학적 관리 및 과업관리를 주창하여 현대생산관리가 나타나게 되었다.

② 생산관리는 생산과 생산시스템을 연구의 대상으로 하고 있다.

③ 생산활동에 대한 이론은 스미스의 분업이론, 바비지의 시간연구 및 공정분석에 의한 분업 실천화 방안에 기초하고 있다.

④ 생산관리론은 SA, OR, 컴퓨터 과학 등 현대 과학기술의 발전으로 팽창되었다.

⑤ 경영의 생산활동을 능률화하고 생산력을 최고로 발휘시키기 위한 것이다.

19 **신제품의 개발 과정은 다음과 같은 일련의 단계로 이루어진다. (가) ~ (다)에 해당하는 내용이 바르게 연결된 것은?**

신제품 아이디어의 창출	→	아이디어 선별 및 평가	→	(가)	→	(나)	→	(다)	→	시장 생산

	(가)	(나)	(다)
①	사업타당성 분석	제품 개발	시험마케팅
②	사업타당성 분석	시험마케팅	제품 개발
③	시험마케팅	사업타당성 분석	제품 개발
④	시험마케팅	제품 개발	사업타당성 분석
⑤	제품 개발	사업타당성 분석	시험마케팅

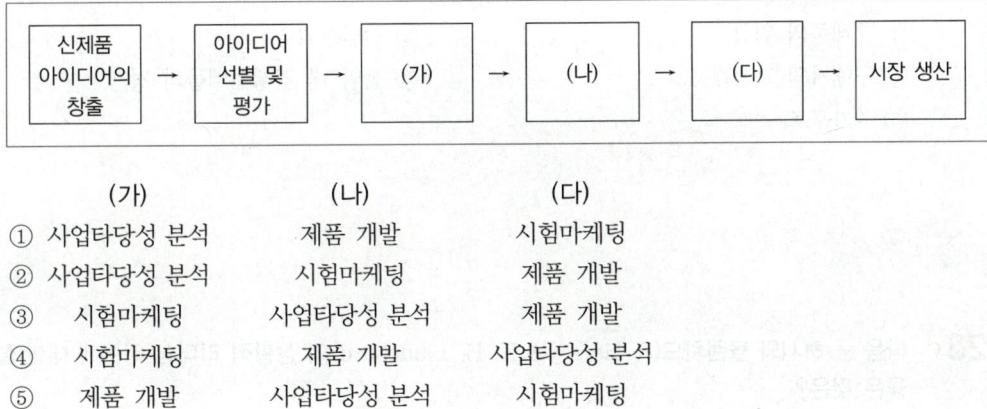

20 **회사의 기말재고자산금액에 다음의 사항이 포함되어 있는 경우 이를 고려하여 감액할 재고자산금액으로 옳은 것은?**

ㄱ. 반품권이 부여된(반품가능성 예측불가능) 재고자산 10,000원(원가 8,500원)
ㄴ. 판매하여 운송 중인 상품 5,000원(도착지 인도조건)
ㄷ. 수탁상품 6,500원
ㄹ. 시송품 4,000원(원가 3,500원)

① 7,500원 ② 8,000원

③ 8,500원 ④ 9,000원

⑤ 9,500원

21 **다음 자료를 이용한 당기순이익으로 옳은 것은?(단, 회계기간은 1월 1일부터 12월 31일까지이다)**

영업이익	300,000원
이자비용	10,000원
영업외 수익	50,000원
법인세비용	15,000원

① 275,000원
② 290,000원
③ 325,000원
④ 335,000원
⑤ 340,000원

22 **다음 중 포터(M. Porter)가 제시한 산업경쟁에 영향을 미치는 5개의 요인으로 옳지 않은 것은?**

① 대체품의 위협
② 진입장벽
③ 구매자의 교섭력
④ 산업 내 경쟁업체들의 경쟁
⑤ 원가구조

23 **다음 중 허시와 블랜차드(P. Hersey & K. H. Blanchard)의 상황적 리더십 이론에 대한 설명으로 옳은 것은?**

① 부하의 성과에 따른 리더의 보상에 초점을 맞춘다.
② 리더는 부하의 성숙도에 맞는 리더십을 행사함으로써 리더십 유효성을 높일 수 있다.
③ 리더가 부하를 섬기고 봉사함으로써 조직을 이끈다.
④ 리더십 유형은 지시형, 설득형, 거래형, 희생형의 4가지로 구분된다.
⑤ 리더십에 영향을 줄 수 있는 상황적 요소는 과업구조, 리더의 지위권력 등이다.

24 **다음 중 재무레버리지에서 궁극적인 원인으로 옳은 것은?**

① 감가상각비
② 제조원가
③ 변동비
④ 이자비용
⑤ 유통비용

25 **다음 중 인사고과에 대한 설명으로 옳지 않은 것은?**

① 대비오차(Contrast Errors)는 피고과자의 능력을 실제보다 높게 평가하는 경향을 말한다.
② 인사고과의 수용성은 종업원이 인사고과 결과가 정당하다고 느끼는 정도이다.
③ 인사고과의 타당성은 고과내용이 고과목적을 얼마나 잘 반영하고 있느냐에 관한 것이다.
④ 현혹효과(Halo Effect)는 피고과자의 어느 한 면을 기준으로 다른 것까지 함께 평가하는 경향을 말한다.
⑤ 인사고과란 종업원의 능력과 업적을 평가하여 그가 보유하고 있는 현재적 및 잠재적 유용성을 조직적으로 파악하는 방법이다.

26 **다음 중 동기부여의 내용이론으로 옳은 것은?**

① 성취동기이론
② 기대이론
③ 공정성이론
④ 목표설정이론
⑤ 인지평가이론

27 **다음 중 생산품의 결함발생률을 백만 개 중 3～4개 수준으로 낮추려는 데서 시작된 경영혁신 운동으로 측정 – 분석 – 개선 – 관리(MAIC)의 과정을 통하여 문제를 찾아 개선해 가는 과정으로 옳은 것은?**

① 식스 시그마(Six Sigma)
② 학습조직(Learning Organization)
③ 리엔지니어링(Reengineering)
④ ERP(Enterprise Resource Planning)
⑤ CRM(Customer Relationship Management)

28 **다음 기업의 재무제표 내용을 토대로 기업의 부채비율, 총자산이익률(ROA), 총자본회전율의 계산으로 옳은 것은?**

• 자산 : 140억 원	• 부채 : 60억 원
• 자본 : 80억 원	• 매출총액 : 168억 원
• 영업이익 : 40억 원	• 순이익 : 28억 원

	부채비율	ROA	총자본회전율
①	60%	15%	1.5
②	60%	15%	1.2
③	75%	20%	1.2
④	75%	20%	1.5
⑤	75%	35%	1.7

29 **다음 중 인간관계론에 대한 설명으로 옳은 것은?**

① 과학적 관리법과 유사한 이론이다.
② 인간 없는 조직이란 비판을 들었다.
③ 심리요인과 사회요인은 생산성에 영향을 주지 않는다.
④ 비공식집단을 인식했으나 그 중요성을 낮게 평가했다.
⑤ 메이요(E. Mayo)와 뢰슬리스버거(F. Roethlisberger)를 중심으로 호손 실험을 거쳐 정리되었다.

30 **다음 중 직무분석에 대한 설명으로 옳지 않은 것은?**

① 직무분석은 직무와 관련된 정보를 수집·정리하는 활동이다.
② 직무분석을 통해 얻어진 정보는 전반적인 인적자원관리 활동의 기초자료로 활용된다.
③ 직무분석을 통해 직무기술서와 직무명세서가 작성된다.
④ 직무기술서는 직무를 수행하는 데 필요한 인적요건을 중심으로 작성된다.
⑤ 직무평가는 직무분석을 기초로 이루어진다.

경제 적중예상문제

정답 및 해설 p.059

01 **국세청에 따르면 전체 근로자의 5%가 근로소득세의 70%를 부담하는 것으로 나타나 조세정책의 기본원칙인 이것이 훼손되고 있다는 비판이 나오고 있다. 다음 중 어느 것이 훼손되었다고 볼 수 있는가?**

① 근거과세원칙
② 능력원칙
③ 소급과세금지원칙
④ 신의성실원칙
⑤ 편익원칙

02 **다음 중 국내총생산(GDP)에 대한 설명으로 옳지 않은 것은?**

① GDP에는 의복, 자동차 등 가시적인 재화 생산은 물론 보이지 않는 이발과 같은 서비스도 포함된다.
② GDP에는 합법이든 불법이든 한 경제에서 생산되어 시장에서 팔린 모든 품목을 포함하는 포괄적인 지표이다.
③ GDP에는 그 해에 생산된 재화와 서비스만 포함하며, 과거에 생산된 물건의 거래는 포함되지 않는다.
④ 생산된 중간재가 그 해에 사용되지 않고 장래의 판매나 생산을 위해 보관되는 경우에는 최종재로 간주되어 GDP에 포함된다.
⑤ GDP는 한 국가의 영토 내에서 일어난 생산활동의 가치를 측정하기 때문에 현대차가 해외공장에서 생산한 재화의 가치는 우리나라의 GDP에 포함되지 않는다.

03 **독점기업에 대한 다음 설명 중 옳지 않은 것은?**

① 한계수입과 한계비용이 일치할 때 독점적 공급이 발생한다.
② 규모의 경제가 있는 산업에서 진입장벽이 없는 한 독점은 필연적으로 발생한다.
③ 독점기업은 제품가격과 제품공급량을 자기가 원하는 수준으로 동시에 결정할 수 있다.
④ 독점기업의 경우 한계수입이 가격보다 낮다.
⑤ 한계수입곡선 기울기는 수요곡선 기울기의 2배가 된다.

04 원자재가격 상승으로 물가수준이 상승하여 중앙은행이 기준금리를 인상하기로 결정하였다. 다음 〈보기〉에서 원자재가격 상승과 기준금리 인상의 경제적 효과를 단기 총수요－총공급 모형을 이용하여 분석한 내용으로 옳은 것을 모두 고르면?

보기

가. 총수요곡선은 왼쪽으로 이동한다.
나. 총공급곡선은 왼쪽으로 이동한다.
다. 총생산량은 크게 감소한다.
라. 물가는 크게 감소한다.

① 가, 나
② 나, 다
③ 가, 나, 다
④ 나, 다, 라
⑤ 가, 나, 다, 라

05 어떤 한 가지를 선택했기 때문에 포기해야 하는 다른 선택의 가치를 기회비용이라고 한다. 다음 중 기회비용의 사례에 해당하지 않는 것은?

① 영화관람을 위해 포기해야 하는 공부시간
② 돈이 부족하여 구입을 포기한 자동차
③ 점심식사 메뉴로 자장면을 주문하면서 포기한 짬뽕
④ 주차장으로 사용하는 공터의 다른 이용 가능성
⑤ 전세보증금을 지불하기 위해 포기한 은행이자

06 다음 중 국제수지표상 경상계정(Current Accounts)에 해당하지 않는 항목은?

① 정부 사이의 무상원조
② 해외교포로부터의 증여성 송금
③ 내국인의 해외여행 경비
④ 내국인의 해외주식 및 채권투자
⑤ 해외금융자산으로부터 발생하는 이자 등의 투자 소득

07 법정지불준비율이 0.2이고, 은행시스템 전체의 지불준비금은 300만 원이다. 은행시스템 전체로 볼 때 요구불예금의 크기로 옳은 것은?(단, 초과지불준비금은 없고, 현금통화비율은 0이다)

① 1,000만 원
② 1,200만 원
③ 1,500만 원
④ 2,000만 원
⑤ 2,500만 원

08 다음 중 노동수요의 임금탄력성에 대한 설명으로 옳지 않은 것은?

① 노동수요의 임금탄력성은 단기보다 장기에서 더 크다.
② 노동수요의 임금탄력성은 총생산비 중 노동비용이 차지하는 비중에 의해 영향을 받는다.
③ 노동을 대체할 수 있는 다른 생산요소로의 대체가능성이 클수록 동일한 임금상승에 대하여 고용감소는 적어진다.
④ 노동수요는 노동을 생산요소로 사용하는 최종생산물 수요의 가격탄력성에 영향을 받는다.
⑤ 노동수요의 임금탄력성은 노동수요량의 변화율을 임금변화율로 나눈 것이다.

09 다음 〈보기〉에서 총수요－총공급 이론에 대한 설명으로 옳은 것을 모두 고르면?

보기

가. 국제유가 상승은 총공급곡선을 왼쪽으로 이동시킨다.
나. 신기술 개발은 총공급곡선을 왼쪽으로 이동시킨다.
다. 정부지출 감소는 총수요곡선을 오른쪽으로 이동시킨다.
라. 정부조세 감소는 총수요곡선을 오른쪽으로 이동시킨다.

① 가, 다
② 가, 라
③ 나, 다
④ 나, 라
⑤ 다, 라

10 **다음 중 독점적 경쟁의 특징으로 옳지 않은 것은?**

① 완전경쟁과 마찬가지로 다수의 기업이 존재하며, 진입과 퇴출이 자유롭다.
② 독점적 경쟁기업은 차별화된 상품을 생산함으로써, 어느 정도 시장지배력을 갖는다.
③ 독점적 경쟁기업 간의 경쟁이 판매서비스, 광고 등의 형태로 일어날 때, 이를 비가격경쟁이라고 한다.
④ 독점적 경쟁기업은 독점기업과 마찬가지로 과잉설비를 갖지 않는다.
⑤ 독점적 경쟁기업의 상품은 독점기업의 상품과 달리 대체재가 존재한다.

11 **다음 중 소비이론에 대한 설명으로 옳은 것은?**

① 항상소득가설에 따르면, 호황기에 일시적으로 소득이 증가할 때 소비가 늘지 않지만 불황기에 일시적으로 소득이 감소할 때 종전보다 소비가 줄어든다.
② 생애주기가설에 따르면, 소비는 일생동안의 소득을 염두에 두고 결정되는 것은 아니다.
③ 한계저축성향과 평균저축성향의 합은 언제나 1이다.
④ 케인스의 소비함수에서는 소비가 미래에 예상되는 소득에 영향을 받는다.
⑤ 절대소득가설에 따르면, 소비는 현재의 처분가능소득으로 결정된다.

12 **국민소득 관련 방정식은 $Y=C+I+G+NX$, $Y=C+S+T$이다. 다음 자료를 이용하여 산출한 국민저축은?(단, Y는 국민소득, C는 소비, I는 투자, G는 정부지출, NX는 순수출, X는 수출, M은 수입, S는 민간저축, T는 세금이다)**

C : 8,000	X : 5,000
I : 2,000	M : 4,000
G : 2,000	T : 1,000

① 2,200
② 2,500
③ 2,800
④ 3,000
⑤ 4,000

13 다음 〈보기〉에서 화폐발행이득(Seigniorage)에 대한 설명으로 옳은 것을 모두 고르면?

보기

ㄱ. 정부가 화폐공급량 증가를 통해 얻게 되는 추가적 재정수입을 가리킨다.
ㄴ. 화폐라는 세원에 대해 부과하는 조세와 같다는 뜻에서 인플레이션 조세라 부른다.
ㄷ. 화폐공급량 증가로 인해 생긴 인플레이션이 민간이 보유하는 화폐자산의 실질가치를 떨어뜨리는 데서 나온다.

① ㄱ
② ㄴ
③ ㄱ, ㄷ
④ ㄴ, ㄷ
⑤ ㄱ, ㄴ, ㄷ

PART 2

14 다음 중 독점기업의 가격차별에 대한 설명으로 옳은 것은?

① 1급가격차별(완전가격차별)을 시행하더라도 자중손실(Deadweight Loss)이 발생한다.
② 1급가격차별(완전가격차별)을 시행할 경우 소비자잉여는 0이 된다.
③ 3급가격차별의 경우 수요의 가격탄력성이 상대적으로 작은 시장에서 더 낮은 가격이 설정된다.
④ 3급가격차별의 경우 한 시장에서는 한계수입이 한계비용보다 높게 되고, 다른 시장에서는 한계수입이 한계비용보다 낮게 된다.
⑤ 3급가격차별의 경우 한 시장에서는 가격을 한계비용보다 높게 설정하고, 다른 시장에서는 가격을 한계비용보다 낮게 설정한다.

15 다음 중 통화승수에 대한 설명으로 옳지 않은 것은?

① 통화승수는 법정지급준비율을 낮추면 커진다.
② 통화승수는 이자율 상승으로 요구불예금이 증가하면 작아진다.
③ 통화승수는 대출을 받은 개인과 기업들이 더 많은 현금을 보유할수록 작아진다.
④ 통화승수는 은행들이 지급준비금을 더 많이 보유할수록 작아진다.
⑤ 화폐공급에 내생성이 없다면 화폐공급곡선은 수직선의 모양을 갖는다.

16 다음 중 리카도의 대등정리가 성립할 때 옳은 것은?

① 조세징수가 국채발행이 더 효과적인 재원조달방식이다.
② 정부가 발행한 국채는 민간의 순자산을 증가시키지 않는다.
③ 조세감면으로 발생한 재정적자를 국채발행을 통해 보전하면 이자율이 상승한다.
④ 조세감면으로 재정적자가 발생하면 민간의 저축이 감소한다.
⑤ 재원조달방식의 중립성이 성립되지 않아 재정정책이 통화정책보다 효과적이다.

17 다음 중 실업에 대한 내용으로 옳은 것은?

① 정부는 경기적 실업을 줄이기 위하여 기업의 설비투자를 억제시켜야 한다.
② 취업자가 존재하는 상황에서 구직포기자의 증가는 실업률을 감소시킨다.
③ 전업주부가 직장을 가지면 경제활동참가율과 실업률은 모두 낮아진다.
④ 실업급여의 확대는 탐색적 실업을 감소시킨다.
⑤ 정부는 구조적 실업을 줄이기 위하여 취업정보의 제공을 축소해야 한다.

18 다음 중 수요의 탄력성에 대한 내용으로 옳은 것은?

① 재화가 기펜재라면 수요의 소득탄력성은 양(+)의 값을 갖는다.
② 두 재화가 서로 대체재의 관계에 있다면 수요의 교차탄력성은 음(−)의 값을 갖는다.
③ 우하향하는 직선의 수요곡선상에 위치한 두 점에서 수요의 가격탄력성은 동일하다.
④ 수요의 가격탄력성이 '1'이면 가격변화에 따른 판매총액은 증가한다.
⑤ 수요곡선이 수직선일 때 모든 점에서 수요의 가격탄력성은 '0'이다.

19 아래 그래프는 A국과 B국의 2016년과 2024년의 자동차와 TV 생산에 대한 생산가능곡선을 나타낸 그래프이다. 이에 대한 설명으로 옳은 것은?

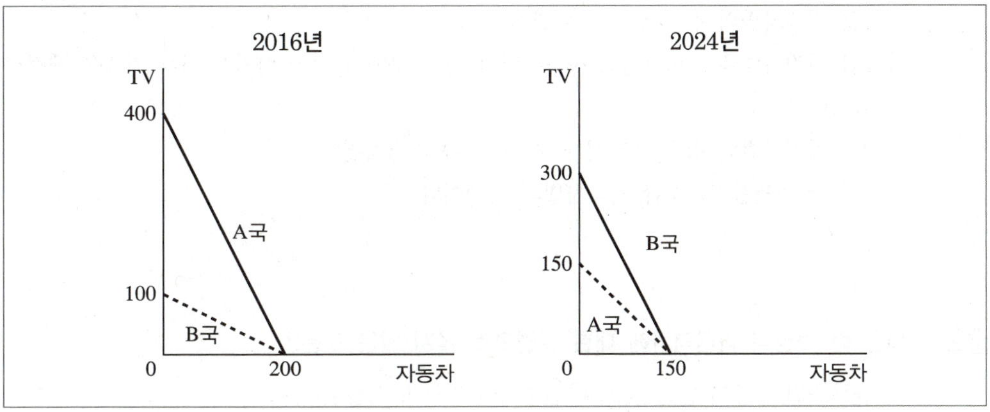

① 2016년도 자동차 수출국은 A국이다.

② B국의 자동차 1대 생산 기회비용은 감소하였다.

③ 두 시점의 생산가능곡선 변화 원인은 생산성 향상 때문이다.

④ 2024년도에 자동차 1대가 TV 2대와 교환된다면 무역의 이익은 B국만 갖게 된다.

⑤ 2016년도 A국이 생산 가능한 총생산량은 TV 400대와 자동차 200대이다.

20 다음 중 정부의 가격통제에 대한 설명으로 옳지 않은 것은?(단, 시장은 완전경쟁이며 암시장은 존재하지 않는다)

① 가격상한제란 정부가 설정한 최고가격보다 낮은 가격으로 거래하지 못하도록 하는 제도이다.

② 가격하한제는 시장의 균형가격보다 높은 수준에서 설정되어야 효력을 가진다.

③ 최저임금제는 저임금근로자의 소득을 유지하기 위해 도입하지만 실업을 유발할 수 있는 단점이 있다.

④ 전쟁 시에 식료품 가격안정을 위해서 시장균형보다 낮은 수준에서 최고가격을 설정하여야 효력을 가진다.

⑤ 시장 균형가격보다 낮은 아파트 분양가 상한제를 실시하면 아파트 수요량은 증가하고, 공급량은 감소한다.

PART 2

21 다음 중 독점기업의 가격전략에 대한 설명으로 옳지 않은 것은?

① 독점기업이 시장에서 한계수입보다 높은 수준으로 가격을 책정하는 것은 가격차별전략이다.
② 1급 가격차별의 경우 생산량은 완전경쟁시장과 같다.
③ 2급 가격차별은 소비자들의 구매수량과 같이 구매 특성에 따라서 다른 가격을 책정하는 경우 발생한다.
④ 3급 가격차별의 경우 재판매가 불가능해야 가격차별이 성립한다.
⑤ 영화관 조조할인은 3급 가격차별의 사례이다.

22 다음 중 보상적 임금격차에 대한 설명으로 옳지 않은 것은?

① 근무조건이 좋지 않은 곳으로 전출되면 임금이 상승한다.
② 성별 임금격차도 일종의 보상적 임금격차이다.
③ 비금전적 측면에서 매력적인 일자리는 임금이 상대적으로 낮다.
④ 물가가 높은 곳에서 근무하면 임금이 상승한다.
⑤ 더 비싼 훈련이 요구되는 직종의 임금이 상대적으로 높다.

23 다음 〈보기〉에서 과점시장의 특징에 대한 설명으로 옳은 것을 모두 고르면?

보기

가. 이 시장은 특허권이나 정부 허가에 의해 형성되기도 한다.
나. 정부는 공정거래위원회를 통해 공정한 경쟁을 유도한다.
다. 카르텔로 부당한 이득을 취하기도 한다.
라. 기업이 제품 가격을 높일수록 이윤도 증가한다.

① 가
② 다
③ 가, 라
④ 나, 다
⑤ 가, 나, 다, 라

24 다음 중 우리나라 고용통계에 대한 설명으로 옳은 것은?

① 부모가 경영하는 가게에서 무급으로 하루 5시간씩 주 5일 배달 일을 도와주는 아들은 취업자이다.
② 학생은 유급 파트타임 노동을 하더라도 주로 하는 활동이 취업이 아니므로 취업자가 될 수 없다.
③ 다른 조건이 모두 동일한 상태에서 고교 졸업생 중 취업자는 줄고 대학진학자가 증가하였다면, 취업률은 감소하지만 고용률은 변화가 없다.
④ 실업률은 '100-(고용률)'이다.
⑤ 실업자 수는 취업률 계산에 영향을 미치지 못한다.

25 시간당 임금이 5,000원에서 6,000원으로 인상될 때, 노동수요량이 10,000원에서 9,000원으로 감소하였다면 노동수요의 임금탄력성은?(단, 노동수요의 임금탄력성은 절대값이다)

① 0.5%
② 0.67%
③ 1%
④ 2%
⑤ 3%

26 아래 그래프는 단순케인스모형에서 투자와 저축의 곡선을 나타내고 있다. 현재 국민총생산이 Y_0 에서 달성되고 있을 경우, 다음 중 단순케인스모형에서 저축함수의 성격과 현재 생산물시장의 상황으로 옳은 것은?

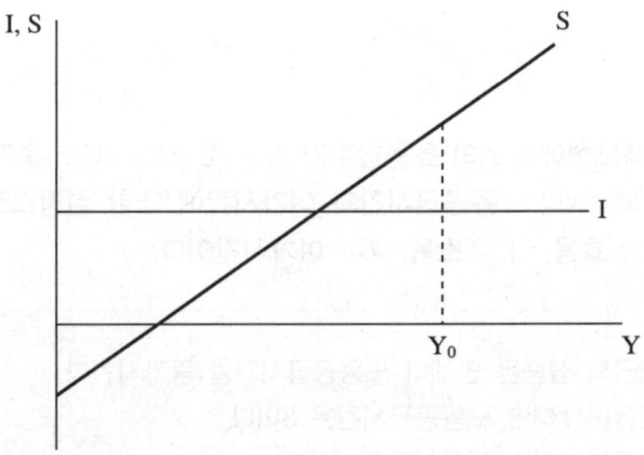

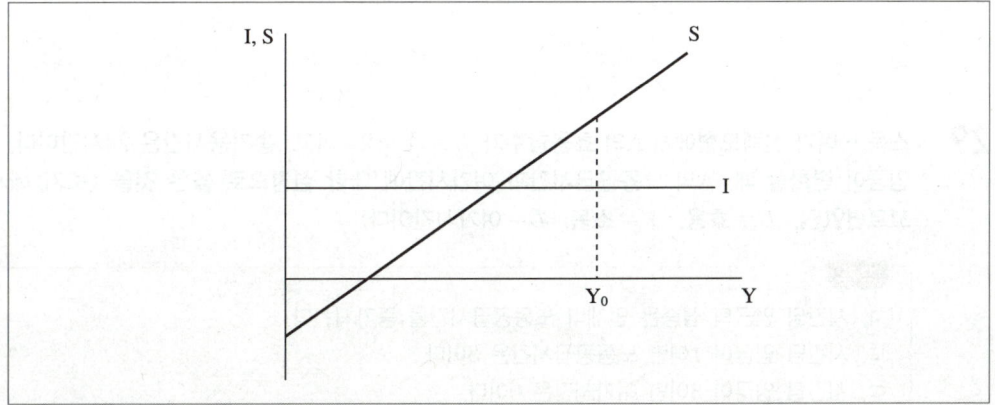

① 저축은 국민소득의 증가함수이고, 의도했던 것보다 재고가 증가한다.
② 저축은 국민소득의 증가함수이고, 의도했던 것보다 재고가 감소한다.
③ 저축은 국민소득의 증가함수이고, 의도했던 재고와 변화가 없다.
④ 저축은 이자율의 증가함수이고, 의도했던 것보다 재고가 증가한다.
⑤ 저축은 이자율의 증가함수이고, 의도했던 것보다 재고가 감소한다.

27 다음 중 수요독점 노동시장에서 기업이 이윤을 극대화하기 위한 조건으로 옳은 것은?(단, 상품시장은 독점이고 생산에서 자본은 고정되어 있다)

① 한계비용과 임금이 일치한다.
② 한계비용과 평균수입이 일치한다.
③ 노동의 한계생산물가치(Value Of Marginal Product of Labor)와 임금이 일치한다.
④ 노동의 한계생산물가치와 한계노동비용(Marginal Labor Cost)이 일치한다.
⑤ 노동의 한계수입생신(Marginal Revenue Product)과 한계노동비용이 일치한다.

28 다음 빈칸 (가)~(다)에 들어갈 내용으로 옳은 것은?

> 원유수입가격 상승 시 원유수입국의 소비자물가지수는 __(가)__ 하고, 생산자물가지수는 __(나)__ 하며, GDP 디플레이터는 __(다)__ 한다.

	(가)	(나)	(다)
①	불변	불변	상승
②	상승	불변	상승
③	불변	상승	상승
④	상승	상승	불변
⑤	상승	상승	상승

29 소득 – 여가 선택모형에서 A의 효용함수가 $U = Y + 2L$이고, 총가용시간은 24시간이다. 시간당 임금이 변화할 때, A의 노동공급시간과 여가시간에 대한 설명으로 옳은 것을 〈보기〉에서 모두 고르면?(단, U=효용, Y=소득, L=여가시간이다)

> **보기**
>
> ㄱ. 시간당 임금의 상승은 언제나 노동공급시간을 증가시킨다.
> ㄴ. 시간당 임금이 1이면 노동공급시간은 3이다.
> ㄷ. 시간당 임금이 3이면 여가시간은 0이다.
> ㄹ. 시간당 임금이 3에서 4로 상승하면 임금상승에도 불구하고 노동공급시간은 더 이상 증가하지 않는다.

① ㄱ, ㄴ
② ㄴ, ㄷ
③ ㄷ, ㄹ
④ ㄱ, ㄴ, ㄷ
⑤ ㄴ, ㄷ, ㄹ

30 다음 중 케인스 소비함수에 대한 설명으로 옳지 않은 것은?

① 한계소비성향은 0보다 크고 1보다 작다.
② 소비는 현재 소득의 함수이다.
③ 소득이 없어도 기본적인 소비는 있다.
④ 소득이 증가할수록 평균소비성향은 증가한다.
⑤ 소득과 소비의 장기적 관계를 설명할 수 없다.

PART 3

최종점검 모의고사

제1회
최종점검 모의고사

※ 주택도시보증공사 최종점검 모의고사는 최신 필기후기 및 채용공고를 기준으로 구성한 것으로 실제 시험과 다를 수 있습니다.

■ 취약영역 분석

번호	O/×	영역	번호	O/×	영역	번호	O/×	영역
01		의사소통능력	16		수리능력	31		문제해결능력
02			17			32		
03			18			33		대인관계능력
04			19			34		
05			20			35		
06			21		문제해결능력	36		
07			22			37		조직이해능력
08			23			38		
09			24			39		
10			25			40		
11			26					
12			27					
13		수리능력	28					
14			29					
15			30					

평가문항	40문항	평가시간	60분
시작시간	:	종료시간	:
취약영역			

제 1 회

최종점검 모의고사

모바일 OMR

응시시간 : 60분 문항 수 : 40문항

정답 및 해설 p.066

01 **다음 중 문맥상 빈칸에 공통으로 들어갈 말로 가장 적절한 것은?**

> ________은/는 인류에게 끈덕진 동반자였지. 석기시대 사람들은 아침부터 저녁까지 먹거리를 찾아 헤맸을 거야. 그러다가 19세기 후반의 산업혁명으로 생산성이 눈부시게 향상되어 오늘날에는 19세기 같은 '물질적인 결핍'이 사라지게 되었지. 하지만 벌써 없어졌어야 하는 ________ 문제는 아직도 해결되지 못하고 있어.

① 공해
② 전쟁
③ 인구
④ 기아
⑤ 공포

02 **다음 중 밑줄 친 부분이 맞춤법 규정에 옳지 않은 것은?**

① <u>저녁노을</u>이 참 곱다.
② 여기서 밥 먹게 <u>돗자리</u> 펴라.
③ <u>담배꽁초</u>를 함부로 버리지 마라.
④ 영희는 자기 잇속만 챙기는 <u>깍정</u>이다.
⑤ 감기가 <u>금세</u> 나을 거야.

03 다음 글의 밑줄 친 ㉠~㉤의 수정 방안으로 적절하지 않은 것은?

> 학생들이 과제물이나 보고서를 작성할 때 무심코 타인의 글을 따오는 경우가 흔하다. '시간이 부족하니까', '남들도 다 하니까', '좋은 점수를 받고 싶어서' 등의 핑계를 대면서 추호의 죄책감도 없이 표절을 한다. 한층 더 심각한 것은 자신의 행위가 범죄에 해당한다는 사실조차 모른다는 점이다. 한 전문가의 조사에 의하면, 우리나라 학생들의 상당수가 실제로 표절을 해 본 경험을 가지고 있다고 한다. 또한 인터넷이 보편화되면서 학습과 관련된 표절 행위가 급증했을 뿐만 아니라, 학생들이 자주 범하는 표절의 유형도 더욱 다양해진 것으로 조사되었다. ㉠ <u>우리나라 학생들의 표절 실태는 매우 심각한 수준이다</u>.
>
> 1990년대에 들어서면서부터 선진국에서는 학생들의 표절 행위에 대해 무관용 정책을 펼치고 있다. ㉡ <u>우연한 실수이든 의도적 행위이든</u> 간에 표절 의혹이 제기된 경우에는 학교 차원에서 엄격하게 조사를 실시하고, 만약 표절로 밝혀질 경우에는 반드시 처벌하도록 규정을 ㉢ <u>완화</u>했다. 최근 들어 우리나라의 일부 학교에서도 학생들의 표절 행위를 근절하기 위한 교육을 실시하는 등 표절 방지를 위한 작지만 큰 변화의 움직임이 일어나고 있다.
>
> 이러한 시대적 추세에 ㉣ <u>발 맞추어</u> 모든 학교에서 표절 방지 운동을 전개할 필요가 있다. 우리에게 실질적으로 도움이 되고, 우리가 실천할 수 있는 작은 일부터 시작해야 한다. 우선 표절 방지 캠페인을 펼쳐 표절에 대한 우리의 잘못된 인식을 ㉤ <u>바뀌어야</u> 한다. 표절은 범법 행위에 해당한다는 사실을 깨닫고, 표절을 하지 않겠다는 마음을 갖는 것이 필요하다. 또한 표절 예방 교육을 실시하여 학생들이 자주 범하는 표절의 유형을 알려 주고, 다른 사람의 글을 올바르게 인용하는 방법을 가르쳐 준다면 과제를 작성하면서 표절을 하지 않도록 스스로 주의하게 될 것이다.

① ㉠ : 문장을 자연스럽게 연결하기 위해 문장 앞에 '이처럼'을 추가한다.
② ㉡ : 맞춤법에 어긋나므로 '우연한 실수이던 의도적 행위이던'으로 수정한다.
③ ㉢ : 문맥의 흐름을 고려하여 '강화'로 고친다.
④ ㉣ : 띄어쓰기가 올바르지 않으므로 '발맞추어'로 수정한다.
⑤ ㉤ : 목적어와 서술어의 호응 관계를 고려하여 '바꾸어야'로 수정한다.

PART 3

04 다음은 국민연금법의 일부 조항이다. 이를 읽고 나타낸 반응으로 적절하지 않은 것은?

> **연금보험료의 납부 기한 등(제89조)**
> ① 연금보험료는 납부 의무자가 다음 달 10일까지 내야 한다. 다만, 대통령령으로 정하는 농업·임업·축산업 또는 수산업을 경영하거나 이에 종사하는 자(이하 "농어업인"이라 한다)는 본인의 신청에 의하여 분기별 연금보험료를 해당 분기의 다음 달 10일까지 낼 수 있다.
> ② 연금보험료를 납부 기한의 1개월 이전에 미리 낸 경우에는 그 전달의 연금보험료 납부 기한이 속하는 날의 다음 날에 낸 것으로 본다.
> ③ 납부 의무자가 연금보험료를 미리 낼 경우 그 기간과 감액(減額)할 금액 등은 대통령령으로 정한다.
> ④ 납부 의무자가 연금보험료를 자동 계좌이체의 방법으로 낼 경우에는 대통령령으로 정하는 바에 따라 연금보험료를 감액하거나 재산상의 이익을 제공할 수 있다.
> ⑤ 건강보험공단은 제1항에도 불구하고 고지서의 송달 지연 등 보건복지부령으로 정하는 사유에 해당하는 경우에는 제1항에 따른 납부 기한으로부터 1개월 범위에서 납부 기한을 연장할 수 있다.
> ⑥ 제5항에 따라 납부 기한을 연장받으려면 보건복지부령으로 정하는 바에 따라 건강보험공단에 납부 기한의 연장을 신청하여야 한다.

① 연금보험료 자동이체를 신청했더니 보험료 감액 혜택이 있더라.
② 농업에 종사하시는 우리 부모님은 연금보험료를 분기별로 납부하시더라.
③ 이번 달 연금보험료 고지서를 아직 받지 못했어. 연금보험료 납부 기한 연장 신청을 해야겠어.
④ 납부 기한 연장은 대통령령으로 정하는 바에 따라 시청에 신청을 하면 된대.
⑤ 지난번에 납부 기한을 2개월 연장하려고 했는데 납부 기한 연장은 1개월 범위에서만 가능하다더라.

05 **윤부장은 매주 직원들을 대상으로 사내교육을 진행하고 있다. 이번 주 교육 시간에는 고사성어에 대해 강의하기로 하고 자료를 수집하였다. 윤부장이 정리한 자료 중 수정이 필요한 내용은 무엇인가?**

① 겉과 속이 너무 다른 사람은 가까이 하지 말아야 해. : 부화뇌동(附和雷同)

② 전부터 사려던 물건이어서 관심을 보였더니 받을 수 있는 혜택들이라면서 엄청 강조하다가 막상 사려고 결정하니까 말을 은근슬쩍 바꾸는 거 있지. : 조삼모사(朝三暮四)

③ 자기의 속마음까지 알아주는 친구가 있다는 것은 정말 행복한 거야. : 지음(知音)

④ 손바닥 뒤집듯이 말을 너무 쉽게 바꾸는 것은 매우 나쁜 습관이야. : 여반장(如反掌)

⑤ 힘들어도 참고 견디더니 잘 돼서 진짜 다행이야. : 고진감래(苦盡甘來)

06 **다음 속담이 가장 잘 어울리는 상황은?**

앉은뱅이가 서면 천리 가나.

① 할아버지가 영어 학원 다니겠다고 아들에게 우기자 할머니가 핀잔조의 말을 할 때

② 매일 줄넘기 횟수를 10회씩 늘려가며 다이어트에 성공한 친구에게 칭찬할 때

③ 5년 동안 식물인간으로 있었던 최씨가 1%의 확률로 기적적으로 회복했을 때

④ 옹알이를 하는 조카가 천재라며 영어 유치원에 등록하려는 언니에게 충고할 때

⑤ 노력은 하지 않고 성적이 오르지 않는다며 불평만 하는 친구에게 조언할 때

07 다음 글의 주제로 가장 적절한 것은?

> 시민들의 휴식처도 늘어나고, 치수가 되어 홍수 피해도 줄어들 것이다. 14조 원을 들여서 정부에서 야심차게 기획한 대형 사업이니만큼 녹색 성장과 한국식 뉴딜의 발판이 될 수 있을 것으로 보인다. 그러나 이 사업이 상당히 부실하다는 비판도 끊이지 않으며, 녹색 성장을 목표로 하고 시작한 사업이 오히려 환경을 파괴할 수 있다는 의견도 있다. 이 사업이 어떤 의미를 지니게 될지는 냉정한 판단을 통해 파악해야 할 것이다.

① 4대강 사업
② 마셜 계획
③ 평화의 댐 건설
④ 세계디자인수도 사업
⑤ 녹색 성장 사업

08 얼마 전 M역 내에 고객의 편의를 위한 장애인 리프트가 설치되었다. 그러나 얼마 지나지 않아 장애인 리프트를 어떻게 이용해야 할지 모르겠다는 고객의 불만이 접수되었다. 고객의 불만 사항 처리 업무를 담당하는 L사원은 이를 처리하기 위한 방법을 표준화할 문서를 작성하려고 한다. 다음 중 L사원이 작성해야 할 문서의 종류는 무엇인가?

① 매뉴얼
② 보도자료
③ 보고서
④ 기획서
⑤ 경고문

09 다음 문단을 논리적 순서대로 바르게 나열한 것은?

(가) 결국 이를 다시 생각하면, 과거와 현재의 문화 체계와 당시 사람들의 의식 구조, 생활상 등을 역추적할 수 있다는 말이 된다. 즉, 동물의 상징적 의미가 문화를 푸는 또 하나의 열쇠이자 암호가 되는 것이다. 그리고 동물의 상징적 의미를 통해 인류의 총체인 문화의 실타래를 푸는 것은 우리는 어떤 존재인가라는 정체성에 대한 답을 하는 과정이 될 수 있다.

(나) 인류는 선사시대부터 생존을 위한 원초적 본능에서 동굴이나 바위에 그림을 그리는 일종의 신앙 미술을 창조했다. 신앙 미술은 동물에게 여러 의미를 부여하기 시작했고, 동물의 상징적 의미는 현재까지도 이어지고 있다. 1억 원 이상 복권 당첨자의 23%가 돼지꿈을 꿨다거나, 황금돼지해에 태어난 아이는 만복을 타고난다는 속설 때문에 결혼과 출산이 줄을 이었고, 대통령 선거에서 '두 돼지가 나타나 두 뱀을 잡아 먹는다.'는 식으로 후보들이 홍보를 하기도 했다. 이렇게 동물의 상징적 의미는 우리 시대에도 여전히 유효한 관념으로 남아 있는 것이다.

(다) 동물의 상징적 의미는 시대나 나라에 따라 변하고 새로운 역사성을 담기도 했다. 예를 들면, 뱀은 다산의 상징이자 불사의 존재이기도 했지만, 사악하고 차가운 간사한 동물로 여겨지기도 했다. 하지만 그리스에서 뱀은 지혜의 신이자, 아테네의 상징물이었고, 논리학의 상징이었다. 그리고 과거에 용은 숭배의 대상이었으나, 상상의 동물일 뿐이라는 현대의 과학적 사고는 지금의 용에 대한 믿음을 약화시키고 있다.

(라) 동물의 상징적 의미가 이렇게 다양하게 변하는 것은 문화가 살아 움직이기 때문이다. 문화는 인류의 지식, 신념, 행위의 총체로서, 동물의 상징적 의미 또한 문화에 속한다. 문화는 항상 현재 진행형이기 때문에 현재의 생활이 바로 문화이며, 이것은 미래의 문화로 전이된다. 문화는 과거, 현재, 미래가 따로 떨어진 게 아니라 뫼비우스의 띠처럼 연결되어 있는 것이다. 다시 말하면 그 속에 포함된 동물의 상징적 의미 또한 거미줄처럼 얽히고설켜 형성된 것으로, 그 시대의 관념과 종교, 사회·정치적 상황에 따라 의미가 달라질 수밖에 없다는 말이다.

① (가) – (다) – (라) – (나)
② (나) – (가) – (다) – (라)
③ (나) – (다) – (라) – (가)
④ (다) – (나) – (라) – (가)
⑤ (다) – (라) – (가) – (나)

※ 다음 글의 빈칸에 들어갈 문장을 〈보기〉에서 찾아 순서대로 바르게 나열하시오. [10~11]

10

인간은 자신의 필요에 맞게 에너지의 형태를 변환하여 사용한다. ______________________ 그런데 이러한 변환 과정에서 일부 에너지는 쓸모없는 것이 되어 사방으로 흩어진다. 즉, 의미 없이 버려지는 에너지들이 나타나게 되는 것이다. 이러한 까닭에 과학자들은 손실되는 에너지를 활용하기 위한 효율적인 방안을 연구하게 되었고, 이 과정에서 에너지 하베스팅 기술이 등장하였다.

에너지 하베스팅을 위해서는 에너지를 모을 수 있는 소자를 제작해야 하는데, 이때 몇 가지 원리가 작용한다. 먼저 압전 효과가 있다. 압전 효과는 생활환경에서 발생하는 진동과 압력, 충격과 같은 역학적 에너지를 전기 에너지로 변환하는 현상이다. ______________________ 실제로 한 회사는 무릎을 구부릴 때마다 압전 소자에서 전기를 만들어 내는 제품을 생산하여 실험 중에 있다. 버튼을 누르는 운동 에너지로 전기를 만들어 내는 리모컨을 개발하여 출시하기도 하였다.

또 다른 원리로는 열에너지와 전기 에너지가 상호 작용하는 현상인 열전 효과가 있다. 온도가 다른 두 물질을 접합하면 그 온도 차이에 의해 전류가 흐르게 되는데 이 방식을 적용하여 열전 소자를 만들 수 있다. 이 소자를 착용형 기기에 부착하면 인간의 신체에서 발생하는 열을 전기로 전환하여 기기를 충전하는 것이 가능하다. 이외에도 빛 에너지를 전기 에너지로 변환하는 데 이용되는 광전 효과와 전자기파를 수집하여 전기 에너지로 변환하는 데 이용되는 전자기 공명도 에너지 하베스팅에 활용되는 원리이다.

______________________ 작은 에너지를 큰 에너지로 저장하지 않고 직접 소형기기에 전달하여 사용하는 기술 방식 때문이다. 인류는 여전히 화석 연료의 고갈과 기후 변화라는 문제를 안고 있기에 현재의 인류와 미래의 인류가 함께 살아가기 위해서는 에너지 하베스팅과 같은 대체 에너지 기술 개발이 반드시 필요하다. 에너지 하베스팅은 보다 적극적인 에너지 절약의 한 방법이 될 수 있을 뿐만 아니라 그러한 문제 상황을 개선하는 좋은 방법으로 활용될 수 있을 것이다.

보기

㉠ 예를 들면 연료의 화학 에너지를 열에너지로 전환한 후 자동차를 움직이는 운동 에너지로 바꾸어 사용하는 것이다.

㉡ 에너지 하베스팅은 최근 등장한 이동 통신 기기나 착용형 기기 등 소형기기에 적합한 에너지 활용 기술이 될 것으로 평가받고 있다.

㉢ 이러한 원리를 바탕으로 제작된 압전 소자를 제품에 부착하여 전기 에너지를 만들 수 있다.

① ㉠－㉡－㉢
② ㉠－㉢－㉡
③ ㉡－㉠－㉢
④ ㉡－㉢－㉠
⑤ ㉢－㉠－㉡

11

> 요즘에는 낯선 곳을 찾아갈 때, 지도를 해석하며 어렵게 길을 찾지 않아도 된다. 기술력의 발달에 따라, 제공되는 공간 정보를 바탕으로 최적의 경로를 탐색할 수 있게 되었기 때문이다. ________________________________ 이처럼, 공간 정보가 시간에 따른 변화를 반영할 수 있게 된 것은 정보를 수집하고 분석하는 정보 통신 기술의 발전과 밀접한 관련이 있다.
> 공간 정보의 활용은 '위치정보시스템(GPS)'과 '지리정보시스템(GIS)' 등의 기술적 발전과 휴대 전화나 태블릿 PC 등 정보 통신 기기의 보급을 기반으로 한다. 위치정보시스템은 공간에 대한 정보를 수집하고 지리정보시스템은 정보를 저장, 분류, 분석한다. 이렇게 분석된 정보는 사용자의 요구에 따라 휴대 전화나 태블릿 PC 등을 통해 최적화되어 전달된다.
> 길 찾기를 예로 들어 이 과정을 살펴보자. 휴대 전화 애플리케이션을 이용해 사용자가 가려는 목적지를 입력하고 이동 수단으로 버스를 선택하였다면, 우선 사용자의 현재 위치가 위치정보시스템에 의해 실시간으로 수집된다. 그리고 목적지와 이동 수단 등 사용자의 요구와 실시간으로 수집된 정보에 따라 지리정보시스템은 탑승할 버스 정류장의 위치, 다양한 버스 노선, 최단 시간 등을 분석하여 제공한다. ________________________ 예를 들어, 여행지와 관련한 공간 정보는 여행자의 요구와 선호에 따라 선별적으로 분석되어 활용된다. 나아가 유동 인구를 고려한 상권 분석과 교통의 흐름을 고려한 도시 계획 수립에도 공간 정보 활용이 가능하게 되었다. 획기적으로 발전되고 있는 첨단 기술이 적용된 공간 정보가 국가 차원의 자연재해 예측 시스템에도 활발히 활용된다면 한층 정밀한 재해 예방 및 대비가 가능해질 것이다. 이로 인해 우리의 삶도 더 편리하고 안전해질 것으로 기대된다.

보기

㉠ 어떤 곳의 위치 좌표나 지리적 형상에 대한 정보뿐만 아니라 시간에 따른 공간의 변화를 포함한 공간 정보를 이용할 수 있게 되면서 가능해진 것이다.
㉡ 더 나아가 교통 정체와 같은 돌발 상황과 목적지에 이르는 경로의 주변 정보까지 분석하여 제공한다.
㉢ 공간 정보의 활용 범위는 계속 확대되고 있다.

① ㉠－㉡－㉢
② ㉠－㉢－㉡
③ ㉡－㉠－㉢
④ ㉡－㉢－㉠
⑤ ㉢－㉠－㉡

12 다음 글을 읽고 이해한 내용으로 가장 적절한 것은?

임신과 관련된 고혈압 질환은 전체 산모의 약 5 ~ 10%를 차지한다. 특히 고혈압과 출혈, 감염 세 가지는 산부인과의 심각한 3대 질환이다. 산모의 고혈압성 질환이 산모 사망 원인의 약 16%로 임신과 관련된 사망 중 1위이며, 출혈(13%)이 그 뒤를 잇는다. 우리나라의 모성 사망률은 높지 않은 편이지만 상당수 모성 사망이 임신성 고혈압으로 인해 발생한다는 점에 대해 주의 깊게 살펴야 한다.

임신부라면 '임신중독증'에 대해 한 번쯤 들어봤을 것이다. 임신중독증은 임신 기간 중 혈압의 상승과 더불어 소변에서 단백이 검출되는 질환이다. 최근에는 임신중독증이라는 용어 대신 임신성 고혈압 증상의 경우 자간전증, 임신성 고혈압으로 산모가 기절을 하여 정신을 잃는 증상의 경우 자간증이라고 한다. 자간전증은 자간증의 전 단계로 자간전증이 자간증으로 가지 않도록 하는 것이 중요하다. 엄밀히는 다르지만 흔히 임신성 고혈압과 자간전증을 혼용하여 사용하고 실제로 겹치는 부분이 많으므로 두 가지를 아울러 '임신성 고혈압'이라고 설명할 수 있겠다.

임신성 고혈압에 걸린 산모의 남편에게 분만 전 산모 사망 가능성에 대해 설명하면 대게 '설마 내 아내에게 그런 일이 일어나겠어?'하는 표정으로 보곤 한다. 물론 임신성 고혈압에 걸린다고 다 문제가 되는 것은 아니며 사망자 비율이 높은 것도 아니다. 하지만 임신성 고혈압은 산과 영역에서 가장 중요하고도 합병증이 많으며 분만 이외에는 특별한 치료법이 없는 병이다. 병인이 너무 많기 때문에 아직까지 병이 생기는 원인을 알 수 없다. 또한 신생아와 산모 사망의 원인이 되어 많은 산과 의사의 논문 소재가 되기도 한다. 이것 때문에 의사들이 산모들에게 임신 중 병원에 정기적으로 와야 한다고 이야기하는 논리적 근거가 되기도 한다.

임신성 고혈압은 임신 전에는 고혈압이 없던 산모가 임신을 하면서 임신 후반기에 고혈압이 발생하는 것을 말하는데 실제로 임신 전부터 고혈압이 있는 산모는 임신성 고혈압이 임신 중에 더 악화될 수 있다. 당뇨나 신장질환이 있는 산모 혹은 고령의 산모 또한 임신성 고혈압에 걸릴 확률이 높다. 임신성 고혈압은 혈압 이외에도 중요한 인자가 있는데, 바로 단백뇨가 나오게 된다는 것이다. 단백뇨는 소변에서 단백질이 나오는 것으로 혈액 내에 있던 단백질이 소변을 통해 몸 밖으로 빠져나가 결국은 혈액 내 삼투압이 낮아져 몸이 붓게 된다. 혈압은 정말 높아지기 전에는 증상이 없기 때문에 일반적으로 산모의 겉모습만 볼 때 이 사람이 임신성 고혈압에 걸렸는지를 구분하려면 부종으로 인한 체중 증가를 관찰하는 것이 가장 쉬운 방법이다. 가끔 산모가 살이 찌는 것과 헷갈려 하는데, 임신성 고혈압에 의한 부종은 살을 누르면 다시 올라오지 않는다. 그래서 산모가 산부인과에 오면 무조건 혈압과 체중을 체크하는 것이다.

① 평소 혈압이 정상이었던 산모들은 임신성 고혈압을 주의하지 않아도 된다.
② 임신성 고혈압과 자간전증은 같은 질환이다.
③ 임신 중에 임신성 고혈압을 치료할 수 있는 방법은 없다.
④ 혈압은 높아지기 전 증상이 있으므로 주의 깊게 살펴야 한다.
⑤ 임신성 고혈압에 의한 부종은 살이 찌는 것과 같으며 살을 눌러도 다시 올라온다.

13 30명의 남학생 중에서 16명, 20명의 여학생 중에서 14명이 수학여행으로 국외를 선호하였다. 전체 50명의 학생 중 임의로 선택한 1명이 국내 여행을 선호하는 학생일 때, 이 학생이 남학생일 확률은?

① $\frac{3}{5}$　② $\frac{7}{10}$
③ $\frac{4}{5}$　④ $\frac{9}{10}$
⑤ $\frac{5}{13}$

14 A, B 두 명이 호텔에 묵으려고 한다. 선택할 수 있는 호텔 방이 301, 302, 303호 3개일 때, 호텔 방을 선택할 수 있는 경우의 수는?(단, 한 명당 한 방만 선택할 수 있고, 둘 중 한 명이 방을 선택을 하지 않거나 두 명 모두 방을 선택하지 않을 수도 있다)

① 10가지　② 11가지
③ 12가지　④ 13가지
⑤ 14가지

※ 다음은 교육부에서 발표한 고등학생의 졸업 후 진로 계획에 대한 자료이다. 이를 읽고 이어지는 질문에 답하시오(단, 소수점 둘째 자리에서 반올림한다). [15~16]

〈고등학생의 졸업 후 진로 계획〉

진로 \ 학교유형	일반고		과학고·외고·국제고		예술·체육고		마이스터고		특성화고	
	인원(명)	비율(%)	인원(명)	비율(%)	인원(명)	비율(%)	인원(명)	비율(%)	인원(명)	비율(%)
대학 진학	6,773	80.7	164	84.1	80	82.4	3	3.8	512	31.1
취업	457	5.4	11	5.6	3	3.1	64	81	752	45.7
창업	118	1.4	5	2.6	5	5.2	1	1.3	37	2.2
기타 (군 입대, 해외 유학)	297	3.5	5	2.6	3	3.1	6	7.6	86	5.2
진로 미결정	749	9.0	10	5.1	6	6.2	5	6.3	260	15.8

15 다음 중 고등학생의 졸업 후 진로 계획에 대한 설명으로 옳은 것은?

① 일반고 재학생 중 졸업 후 대학에 진학하려는 재학생 수는 특성화고 재학생 중 졸업 후 대학에 진학하려는 재학생 수의 14배 이상이다.

② 졸업 후 군 입대를 하거나 해외 유학을 가려는 재학생 중 과학고·외고·국제고와 마이스터고 재학생이 차지하는 비율은 5% 이상이다.

③ 진로를 결정하지 못한 재학생 수가 가장 많은 학교유형은 예술·체육고이다.

④ 졸업 후 창업하려는 재학생 중 특성화고 재학생이 차지하는 비율은 20% 이상이다.

⑤ 재학생 중 대학 진학 희망률이 가장 높은 학교유형과 창업 희망률이 가장 높은 학교유형은 동일하다.

16 다음은 고등학생의 졸업 후 진로 계획에 대한 보고서의 일부이다. 밑줄 친 ㉠~㉣ 중 자료에 대한 설명으로 옳은 것을 모두 고르면?

> 지난 8일, 진학점검부는 일반고, 과학고・외고・국제고, 예술・체육고, 마이스터고, 특성화고 재학생의 졸업 후 진로 계획에 대한 조사결과를 발표하였다. 진학점검부는 재학생의 졸업 후 진로를 크게 대학 진학, 취업, 창업, 기타(군 입대, 해외 유학), 진로 미결정으로 구분하여 조사하였다.
> 이에 따르면, ㉠ 모든 유형의 학교에서 졸업 후 대학 진학을 희망한 재학생 수가 가장 많았다. 진로를 결정하지 못한 학생들도 모든 유형의 학교를 통틀어 1,000명이 넘는 등 상당히 많았고, ㉡ 졸업 후 취업을 희망하는 인원은 모든 유형의 학교를 통틀어 총 1,200명이 넘었다. 졸업 후 창업을 희망한 재학생은 비교적 적은 숫자였다.
> 학교유형별로 보면, ㉢ 일반고의 경우 졸업 후 취업을 희망한 재학생 수는 졸업 후 창업을 희망한 재학생 수의 4배가 넘었다. 반면, 예술・체육고의 경우 졸업 후 창업을 희망한 재학생 수가 졸업 후 취업을 희망한 재학생 수보다 많았다. ㉣ 특성화고의 경우 진로를 결정하지 못한 재학생 수가 졸업 후 대학 진학을 희망한 재학생 수의 40% 이상이었다. 과학고・외고・국제고 재학생의 경우 4/5 이상이 졸업 후 대학 진학을 희망하였다.

① ㉠, ㉡
② ㉠, ㉢
③ ㉡, ㉢
④ ㉡, ㉣
⑤ ㉢, ㉣

PART 3

17 다음은 라임사태 판매현황에 대한 자료이다. 이를 토대로 작성한 판매사별 판매액 그래프로 옳은 것은?(단, 모든 그래프의 단위는'억 원'이다)

> 2019년 논란이 된 라임사태 관련 라임자산운용 상품은 총 4조 3천억 원 규모가 판매되었다고 알려졌다. 해당 상품 판매사 20여 곳 중 판매 비중이 큰 순서대로 판매사 4곳을 나열하면 D사, W사, S사, K사 순으로, 이 중 상위 3개사의 판매액 합계는 전체의 40%를 차지하는 것으로 나타났다. 더구나 최근 판매사 평가에서 해당 3개사의 펀드 판매실태가 불량한 것으로 알려져 각별한 주의가 필요할 것으로 판단된다.

①
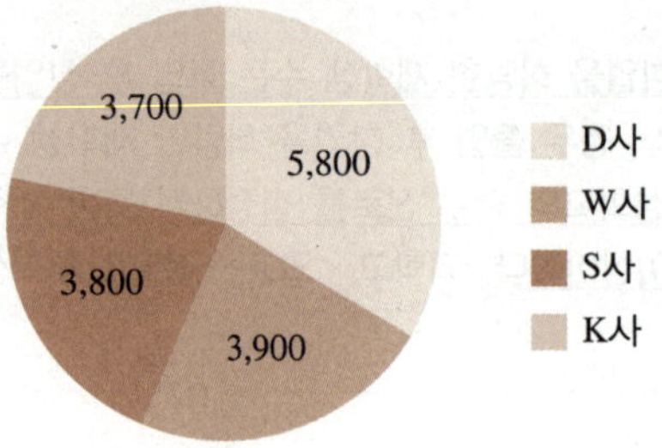

②
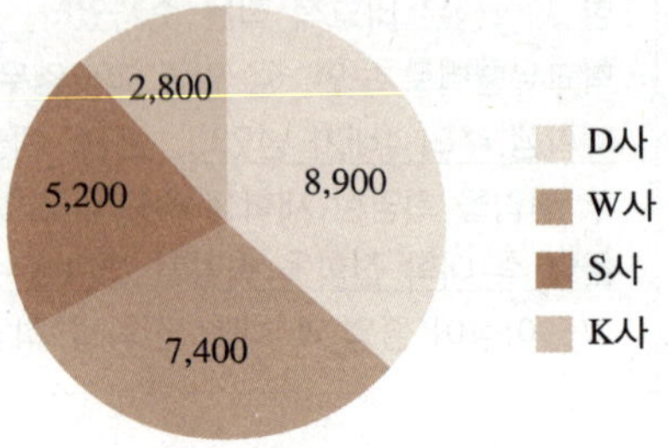

③
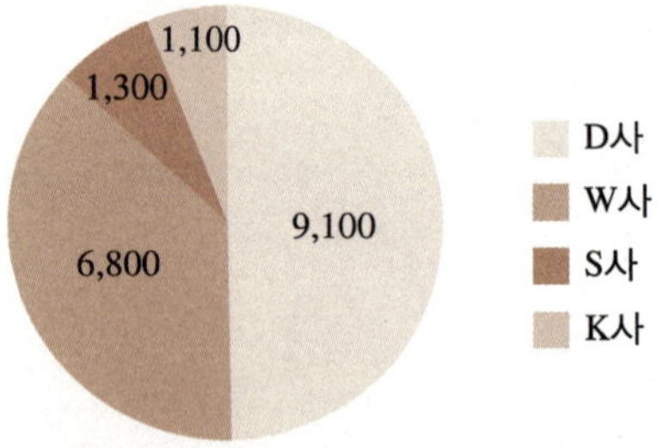

④
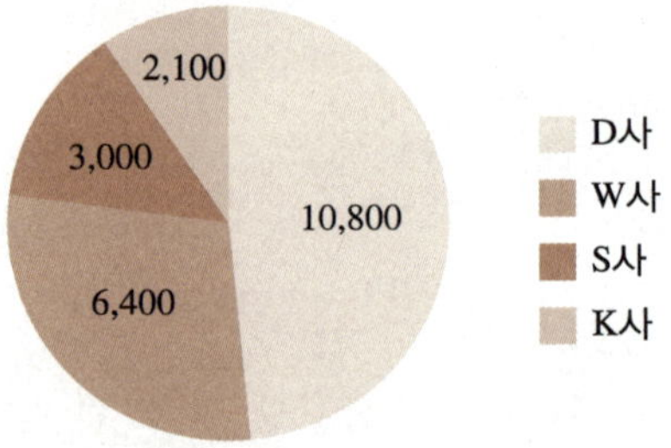

⑤
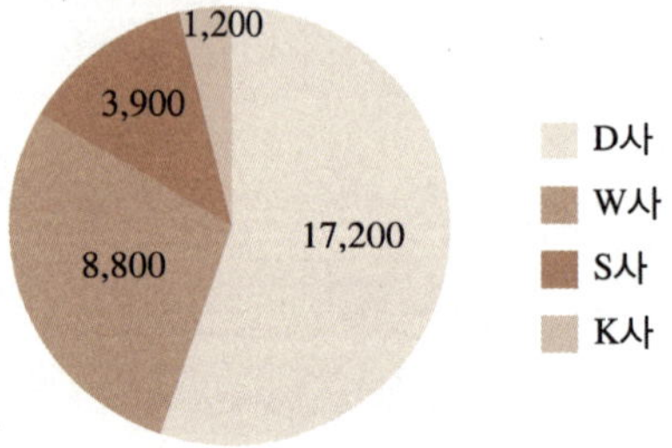

18 다음은 어느 해 개최된 올림픽에 참가한 6개국의 성적이다. 이에 대한 내용으로 옳지 않은 것은?

〈국가별 올림픽 성적〉

(단위 : 명, 개)

국가	참가선수	금메달	은메달	동메달	메달 합계
A	240	4	28	57	89
B	261	2	35	68	105
C	323	0	41	108	149
D	274	1	37	74	112
E	248	3	32	64	99
F	229	5	19	60	84

① 획득한 금메달 수가 많은 국가일수록 은메달 수는 적었다.
② 금메달을 획득하지 못한 국가가 가장 많은 메달을 획득했다.
③ 참가선수의 수가 많은 국가일수록 획득한 동메달 수도 많았다.
④ 획득한 메달의 합계가 큰 국가일수록 참가선수의 수도 많았다.
⑤ 참가선수가 가장 적은 국가의 메달 합계는 전체 6위이다.

19 출장을 가는 K사원은 오후 2시에 출발하는 KTX를 타기 위해 오후 12시 30분에 역에 도착하였다. K사원은 남은 시간을 이용하여 음식을 포장해 오려고 한다. 역에서 음식점까지의 거리는 아래와 같으며, 음식을 포장하는 데 15분이 걸린다고 한다. K사원이 시속 3km로 걸어서 갔다 올 때, 구입할 수 있는 음식의 종류는?

음식점	G김밥	P빵집	N버거	M만두	B도시락
거리	2km	1.9km	1.8km	1.95km	1.7km

① 도시락
② 도시락, 햄버거
③ 도시락, 햄버거, 빵
④ 도시락, 햄버거, 빵, 만두
⑤ 도시락, 햄버거, 빵, 만두, 김밥

20 다음은 지역개발사업에 대한 신문과 방송의 보도내용을 사업 착공 전후로 나누어 분석하고, 이 중 주요 분야 6개를 선택하여 작성한 자료이다. 〈보기〉에서 옳은 것을 모두 고르면?

〈착공 전후 주요 분야의 신문보도 비율〉

(단위 : %)

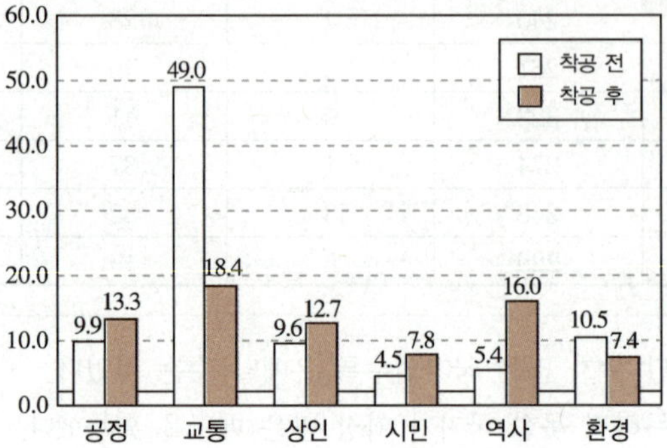

〈착공 전후 주요 분야의 방송보도 비율〉

(단위 : %)

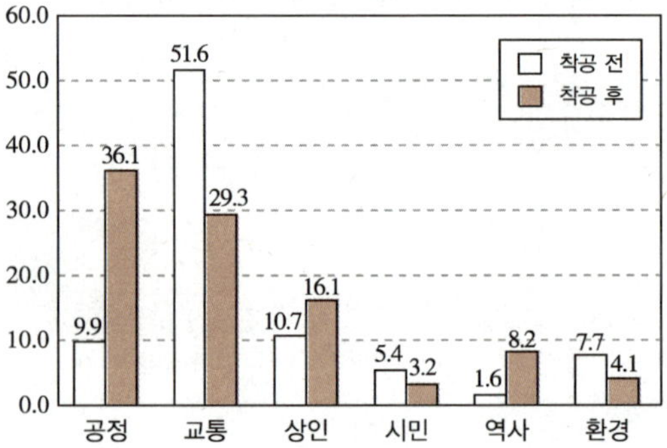

보기

㉠ 신문보도와 방송보도에서 각각 착공 전에 가장 높은 보도 비율을 보인 두 분야 모두 착공 후 보도 비율이 감소했다.

㉡ 교통은 착공 후에도 신문과 방송 모두에서 가장 많이 보도된 분야이다.

㉢ 착공 전에 비해 착공 후 교통에 대한 보도 비율의 감소 폭은 방송보다 신문에서 더 큰 것으로 나타났다.

㉣ 착공 전 대비 착공 후 보도 비율의 증가율이 신문과 방송 모두에서 가장 큰 분야는 역사이다.

㉤ 착공 전 교통에 대한 보도 비율은 신문보다는 방송에서 더 높은 것으로 나타났다.

① ㉠, ㉡, ㉤ ② ㉠, ㉢, ㉣

③ ㉡, ㉢, ㉣ ④ ㉠, ㉡, ㉣, ㉤

⑤ ㉠, ㉢, ㉣, ㉤

21 다음 중 창의적 사고에 대한 설명으로 옳지 않은 것은?

① 창의적 사고능력은 누구나 할 수 있는 일반적 사고와 달리 일부 사람만이 할 수 있는 능력이다.
② 창의적 사고란 정보와 정보의 조합으로 사회나 개인에게 새로운 가치를 창출하도록 하게 한다.
③ 창의적 사고란 무에서 유를 만들어 내는 것이 아니라 끊임없이 참신한 아이디어를 산출하는 것이다.
④ 창의적 사고를 하기 위해서는 고정관념을 버리고, 문제의식을 가져야 한다.
⑤ 창의적인 사고란 이미 알고 있는 경험과 지식을 다시 결합함으로써 참신한 아이디어를 산출하는 것이다.

22 다음 중 SWOT 분석에 대한 설명으로 적절하지 않은 것은?

〈SWOT 분석〉

강점, 약점, 기회, 위협요인을 분석·평가하고 이들을 서로 연관 지어 전략을 개발하고 문제해결 방안을 개발하는 방법이다.

	강점 (Strengths)	약점 (Weaknesses)
기회 (Opportunities)	SO	WO
위협 (Threats)	ST	WT

① 강점과 약점은 외부 환경요인에 해당하며, 기회와 위협은 내부 환경요인에 해당한다.
② SO전략은 강점을 살려 기회를 포착하는 전략을 의미한다.
③ ST전략은 강점을 살려 위협을 회피하는 전략을 의미한다.
④ WO전략은 약점을 보완하여 기회를 포착하는 전략을 의미한다.
⑤ WT전략은 약점을 보완하여 위협을 회피하는 전략을 의미한다.

23 C사원은 자기계발을 위해 집 근처 학원들을 탐방하고 다음과 같이 정리하였다. 다음 중 C사원이 배우려는 프로그램에 대한 내용으로 옳지 않은 것은?(단, 시간이 겹치는 프로그램은 수강할 수 없다)

〈프로그램 시간표〉

구분	수강료	횟수	강좌 시간
필라테스	300,000원	24회	09:00 ~ 10:10
			10:30 ~ 11:40
			13:00 ~ 14:10
플라잉 요가	330,000원	20회	09:00 ~ 10:10
			10:30 ~ 11:40
			13:00 ~ 14:10
액세서리 공방	260,000원	10회	13:00 ~ 15:00
가방 공방	360,000원	12회	13:30 ~ 16:00
복싱	320,000원	30회	10:00 ~ 11:20
			14:00 ~ 15:20

※ 강좌 시간이 2개 이상인 프로그램은 그중 원하는 시간에 수강이 가능함

① C사원은 오전에 운동을 하고, 오후에 공방에 가는 스케줄이 가능하다.
② 가방 공방의 강좌시간이 액세서리 공방 강좌시간보다 길다.
③ 공방 프로그램 중 하나를 들으면, 최대 두 프로그램을 더 들을 수 있다.
④ 프로그램을 최대로 수강할 시 가방 공방을 수강할 때 총 수강료가 가장 비싸다.
⑤ 강좌 1회당 수강료는 플라잉 요가가 가방 공방보다 15,000원 이상 저렴하다.

24 다음 〈조건〉을 근거로 할 때, 바르게 추론한 것은?

조건

- 영희는 영어 2등, 수학 2등, 국어 2등을 하였다.
- 상욱이는 영어 1등, 수학 3등, 국어 1등을 하였다.
- 수현이는 수학만 1등을 하였다.
- 전체 평균 1등을 한 것은 영희이다.

① 총점이 가장 높은 것은 영희이다.
② 수현이의 수학 점수는 상욱이의 영어 점수보다 높다.
③ 상욱이의 영어 점수는 영희의 수학 점수보다 높다.
④ 영어와 수학 점수만을 봤을 때, 상욱이가 1등일 것이다.
⑤ 영희의 평균 점수는 상욱이의 평균 점수보다 낮다.

25 전세버스 대여업체인 H사는 현재 보유하고 있는 버스의 현황을 실시간으로 파악할 수 있도록 식별 코드를 부여하고 있다. 식별 코드 부여 방식과 자사보유 전세버스 현황을 참고할 때, 다음 중 옳지 않은 것은?

〈식별 코드 부여 방식〉

[버스등급] – [승차인원] – [제조국가] – [모델번호] – [제조연월]

버스등급	코드	제조국가	코드
대형버스	BX	한국	KOR
중형버스	MF	독일	DEU
소형버스	RT	미국	USA

예 BX–45–DEU–15–2310

2023년 10월 독일에서 생산된 45인승 대형버스 15번 모델

〈자사보유 전세버스 현황〉

BX–28–DEU–24–1908	MF–35–DEU–15–1510	RT–23–KOR–07–1228
MF–35–KOR–15–1806	BX–45–USA–11–1312	BX–45–DEU–06–1705
MF–35–DEU–20–1710	BX–41–DEU–05–2008	RT–16–USA–09–1312
RT–25–KOR–18–1403	RT–25–DEU–12–1504	MF–35–KOR–17–1501
BX–28–USA–22–2004	BX–45–USA–19–1708	BX–28–USA–15–1612
RT–16–DEU–23–2101	MF–35–KOR–16–1404	BX–45–DEU–19–1912
MF–35–DEU–20–1605	BX–45–USA–14–1607	

① 보유하고 있는 소형버스의 절반 이상은 독일에서 생산되었다.

② 대형버스 중 28인승은 3대이며, 한국에서 생산된 차량은 없다.

③ 보유 중인 대형버스는 전체의 40% 이상을 차지한다.

④ 중형버스의 모델은 최소 3가지 이상이며, 모두 2019년 이전에 생산되었다.

⑤ 보유 중인 버스 중에서 소형버스는 총 5대이다.

26 A사원은 3박 4일 동안 대전으로 출장을 다녀오려고 한다. 출장 과정에서의 비용이 다음과 같을 때, A사원의 출장 경비 총액으로 옳은 것은?(단, A사원의 출장 세부내역 이외의 지출은 없다고 가정한다)

〈출장 경비〉

- 출장일부터 귀가할 때까지 소요되는 모든 교통비, 식비, 숙박비를 합산한 비용을 출장 경비로 지급한다.
- 교통비(서울 → 대전 / 대전 → 서울)

교통수단	기차	비행기	버스
비용(편도)	39,500원	43,250원	38,150원

※ 서울 및 대전 내에서의 시내이동에 소요되는 비용은 출장 경비로 인정하지 않음

- 식비

식당	P식당	S식당	Y식당
식비(끼니당)	8,500원	8,700원	9,100원

- 숙박비

숙소	가	나	다
숙박비(1박)	75,200원	81,100원	67,000원
비고	연박 시 1박당 5% 할인	연박 시 1박당 10% 할인	–

〈A사원의 출장 세부내역〉

- A사원은 대전행은 기차를, 서울행은 버스를 이용하였다.
- A사원은 2일간 P식당을, 나머지 기간은 Y식당을 이용하였으며, 출장을 시작한 날부터 마지막 날까지 하루 3끼를 먹었다.
- A사원은 출장기간 동안 숙소는 할인을 포함하여 가장 저렴한 숙소를 이용한다.

① 359,100원　　② 374,620원
③ 384,250원　　④ 396,500원
⑤ 410,740원

27 A～D 네 명은 한 판의 가위바위보를 한 후 그 결과에 대해 〈조건〉과 같이 각각 두 가지의 진술을 하였다. 두 가지의 진술 중 하나는 반드시 참이고, 하나는 반드시 거짓이라고 할 때, 다음 중 항상 참인 것은?

> **조건**
>
> A : C는 B를 이길 수 있는 것을 냈고, B는 가위를 냈다.
>
> B : A는 C와 같은 것을 냈지만, A가 편 손가락의 수는 나보다 적었다.
>
> C : B는 바위를 냈고, 그 누구도 같은 것을 내지 않았다.
>
> D : A, B, C 모두 참 또는 거짓을 말한 순서가 동일하다. 이 판은 승자가 나온 판이었다.

① B와 같은 것을 낸 사람이 있다.

② 보를 낸 사람은 1명이다.

③ D는 혼자 가위를 냈다.

④ B가 기권했다면 가위를 낸 사람이 지는 판이다.

⑤ 바위를 낸 사람은 2명이다.

28 **H기업은 인사팀, 영업팀, 홍보팀, 기획팀, 개발팀, 디자인팀의 신입사원 20명을 대상으로 보고서 작성 교육과 사내 예절 교육을 실시하였다. 〈조건〉이 다음과 같을 때, 교육에 참석한 홍보팀 신입사원은 모두 몇 명인가?**

> **조건**
>
> - 보고서 작성 교육에 참석한 신입사원의 수는 총 14명이다.
> - 영업팀 신입사원은 중요한 팀 회의로 인해 모든 교육에 참석하지 못했다.
> - 인사팀 신입사원은 사내 예절 교육에만 참석하였다.
> - 디자인팀 신입사원은 인사팀 신입사원의 2배로 모든 교육에 참석하였다.
> - 최다 인원 참석팀은 개발팀으로 인사팀과 홍보팀의 참석인원 합과 동일하다.
> - 기획팀 신입사원의 수와 인사팀 신입사원의 수는 같다.
> - 사내 예절 교육에 참석한 팀은 총 다섯 팀으로 16명이 참석했다.

① 0명　② 1명

③ 2명　④ 3명

⑤ 4명

29 다음은 남북한 교통 관련 법규체계를 비교한 자료이다. 이에 대한 설명으로 옳은 것을 〈보기〉에서 모두 고르면?

〈남북한 교통 관련 법규체계〉

형태 \ 기능	교통 시설의 건설관련 법규		교통수단의 운영관련 법규	
도로 부문 관련 법규	도로 건설관련 법규		도로 운영관련 법규	
	남한	도로법, 고속국도법, 한국도로공사법, 유료도로법, 사도법	남한	도로법, 도로교통법, 교통안전법
	북한	도로법	북한	도로법, 도로교통법, 차량운수법
철도 부문 관련 법규	철도 건설관련 법규		철도 운영관련 법규	
	남한	철도건설법, 도시철도법	남한	철도안전법, 도시철도법, 항공·철도 사고조사에 관한 법률, 철도사업법, 한국철도공사법
	북한	철도법, 지하철도법	북한	철도법, 지하철도법, 철도차량법

보기

ㄱ. 남한의 도로부문 관련 법규 개수는 북한의 도로부문 관련 법규 개수의 2배 이상이다.
ㄴ. 표에 명시된 법규 중 남한과 북한이 동일한 명칭을 사용하는 교통 관련 법규는 총 3개이다.
ㄷ. 북한의 철도 부문 관련 법규 개수는 북한의 교통수단의 운영관련 법규 개수와 같다.
ㄹ. 남한의 교통 관련 법규의 수는 총 10개 이상이다.

① ㄱ, ㄴ
② ㄱ, ㄹ
③ ㄴ, ㄷ
④ ㄴ, ㄹ
⑤ ㄷ, ㄹ

30 다음은 H공단의 2023 ~ 2025년 경영목표 중 전략방향 및 전략과제이다. 빈칸 (A) ~ (C)에 들어갈 과제가 바르게 연결된 것은?

전략방향	신뢰받는 공기업 위상 정립	가스산업 경쟁력 확보	성과중심 경영시스템 정착
전략과제	사회적 책임 강화	해외사업 성공적 수행	(C)
	(A)	Global Provider로 성장	기술가치 제고
	고객중심 가치창출	(B)	활기찬 조직문화 확립

	(A)	(B)	(C)
①	안전·안정적 설비 운영	신규수요 창출	재무구조 안정성 제고
②	안전·안정적 설비 운영	재무구조 안정성 제고	신규수요 창출
③	재무구조 안정성 제고	안전·안정적 설비 운영	신규수요 창출
④	재무구조 안정성 제고	신규수요 창출	안전·안정적 설비 운영
⑤	신규수요 창출	안전·안정적 설비 운영	재무구조 안정성 제고

31 H조선소는 A ~ F의 선박 6척의 건조를 수주하였다. 오늘을 포함하여 30일 이내에 선박을 건조할 계획이며, H조선소의 하루 최대 투입 가능 근로자 수는 100명이다. 다음 공정표를 토대로 옳은 것을 〈보기〉에서 모두 고르면?(단, 작업은 오늘부터 개시되며 각 근로자는 투입된 선박의 건조가 끝나야만 다른 선박의 건조에 투입할 수 있다)

〈공정표〉

구분	소요 기간	1일 필요 근로자 수	수익
A	5일	20명	15억 원
B	10일	30명	20억 원
C	10일	40명	40억 원
D	15일	40명	35억 원
E	15일	60명	45억 원
F	20일	70명	85억 원

※ 1일 필요 근로자 수 이상의 근로자가 투입되더라도 선박당 건조 소요 기간은 변하지 않음

보기

ㄱ. H조선소가 건조할 수 있는 선박의 수는 최대 4척이다.
ㄴ. H조선소가 벌어들일 수 있는 수익은 최대 160억 원이다.
ㄷ. 계획한 기간이 15일 연장된다면 수주한 모든 선박을 건조할 수 있다.
ㄹ. 하루 최대 투입 가능 근로자 수를 120명으로 증가시킨다면 계획한 기간 내에 모든 선박을 건조할 수 있다.

① ㄱ, ㄷ
② ㄱ, ㄹ
③ ㄴ, ㄷ
④ ㄴ, ㄹ
⑤ ㄷ, ㄹ

32 **지향하는 문제 유형에 따라 분석적 사고가 다르게 요구된다고 할 때, 다음 중 (가) ~ (다)에 들어갈 말이 바르게 연결된 것은?**

> 분석적 사고
> - (가) : 일상 업무에서 일어나는 상식, 편견을 타파하여 객관적 사실로부터 사고와 행동을 출발한다.
> - (나) : 현상 및 원인 분석 전에 지식과 경험을 바탕으로 일의 과정이나 결과, 결론을 가정한 다음, 검증 후 사실일 경우 다음 단계의 일을 수행한다.
> - (다) : 기대하는 결과를 명시하고 효과적으로 달성하는 방법을 사전에 구성하고 실행에 옮긴다.

	(가)	(나)	(다)
①	사실 지향의 문제	가설 지향의 문제	성과 지향의 문제
②	사실 지향의 문제	성과 지향의 문제	가설 지향의 문제
③	성과 지향의 문제	가설 지향의 문제	사실 지향의 문제
④	성과 지향의 문제	사실 지향의 문제	가설 지향의 문제
⑤	가설 지향의 문제	사실 지향의 문제	성과 지향의 문제

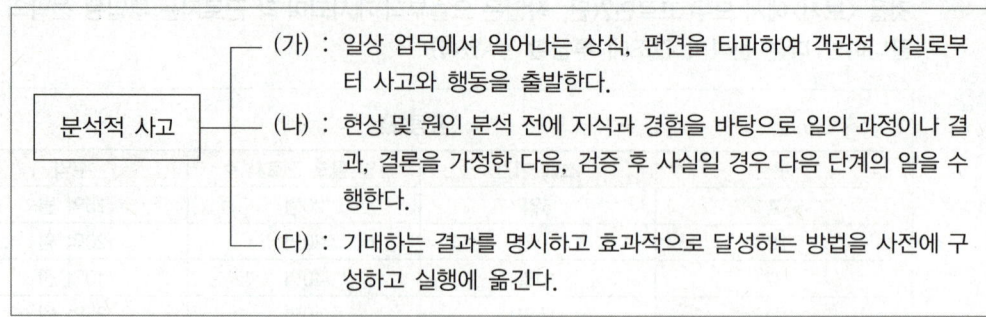

33 **신입사원 A씨는 갈등 관리에 대한 책을 읽고 그 내용에 대해 정리해 보았다. 다음 중 이에 대한 설명으로 옳지 않은 것은?**

① 대화에 적극적으로 참여하고 있음을 드러내기 위해 상대방과 눈을 자주 마주친다.
② 어려운 문제여도 피하지 말고 맞서야 한다.
③ 자신의 의견을 명확하게 밝히고 지속적으로 강화한다.
④ 모두에게 좋은 최선의 해결책을 찾는 것이 목표이기 때문에 타협하려고 애써야 한다.
⑤ 갈등이 인지되자마자 접근할 것이 아니라 가만히 두면 자연히 가라앉는 경우도 있기 때문에 시간을 두고 지켜보는 것이 좋다.

PART 3

34 **다음 법칙을 읽고 리더(Leader)의 입장에서 이해한 내용으로 가장 적절한 것은?**

존 맥스웰(John Maxwell)의 저서 『121가지 리더십 불변의 법칙』 중 첫 번째 법칙으로 '뚜껑의 법칙'을 살펴볼 수 있다. 뚜껑의 법칙이란 용기(容器)를 키우려면 뚜껑의 크기도 그에 맞게 키워야만 용기로서의 역할을 제대로 할 수 있으며, 그렇지 않으면 병목 현상이 생겨 제 역할을 할 수 없다는 것이다.

① 리더는 자신에 적합한 인재를 등용할 수 있어야 한다.
② 참된 리더는 부하직원에게 기회를 줄 수 있어야 한다.
③ 리더는 부하직원의 실수도 포용할 수 있어야 한다.
④ 크고 작은 조직의 성과는 리더의 역량에 달려 있다.
⑤ 리더의 재능이 용기의 크고 작음을 결정한다.

※ 당신은 H공사의 상담사이며, 현재 불만 고객 응대 프로세스에 따라 불만 고객 응대를 하고 있는 중이다. 다음 대화문을 읽고 이어지는 질문에 답하시오. [35~36]

상담사	안녕하십니까. H공사 상담사 ㅁㅁㅁ입니다.
고객	학자금 대출 이자 납입건으로 문의할 게 있어서요.
상담사	네, 고객님 어떤 내용이신지 말씀해 주시면 제가 도움을 드리도록 하겠습니다.
고객	제가 H공사로부터 대출을 받고 있는데 아무래도 대출 이자가 잘못 나간 것 같아서요. 안 그래도 바쁘고 시간도 없는데 이것 때문에 비 오는 날 우산도 없이 은행에 왔다갔다했네요. 도대체 일을 어떻게 처리하는 건지…
상담사	아 그러셨군요, 고객님. 먼저 본인확인 부탁드립니다. 성함과 전화번호를 말씀해 주세요.
고객	네, △△△이구요, 전화번호는 000-0000-0000입니다.
상담사	확인해 주셔서 감사합니다. ______(가)______

35 윗글에서 언급된 불만고객은 다음 중 어떤 유형의 불만 고객에 해당하는가?

① 거만형
② 의심형
③ 트집형
④ 빨리빨리형
⑤ 우유부단형

36 윗글에서 상담사의 마지막 발언 직후 빈칸 (가)에 이어질 내용으로 적절한 것을 〈보기〉에서 모두 고르면?

보기

ㄱ. 어떤 해결 방안을 제시해 주는 것이 좋은지 고객에게 의견을 묻는다.
ㄴ. 고객 불만 사례를 동료에게 전달하겠다고 한다.
ㄷ. 고객이 불만을 느낀 상황에 대한 빠른 해결을 약속한다.
ㄹ. 대출내역을 검토한 후 어떤 부분에 문제가 있었는지 확인하고 답변해 준다.

① ㄱ, ㄴ
② ㄱ, ㄷ
③ ㄴ, ㄷ
④ ㄴ, ㄹ
⑤ ㄷ, ㄹ

37 다음은 H회사의 신제품 관련 회의가 끝난 후 작성된 회의록이다. 회의록을 이해한 내용으로 적절하지 않은 것은?

회의일시	2025.○.○	부서	홍보팀, 영업팀, 기획팀
참석자	홍보팀 팀장, 영업팀 팀장, 기획팀 팀장		
회의안건	신제품 홍보 및 판매 방안		
회의내용	– 경쟁 업체와 차별화된 마케팅 전략 필요 – 적극적인 홍보 및 판매 전략 필요 – 대리점 실적 파악 및 소비자 반응 파악 필요 – 홍보팀 업무 증가에 따라 팀원 보충 필요		
회의결과	– 홍보용 보도 자료 작성 및 홍보용 사은품 구매 요청 – 대리점별 신제품 판매량 조사 실시 – 마케팅 기획안 작성 및 공유 – 홍보팀 경력직 채용 공고		

① 이번 회의안건은 여러 팀의 협업이 필요한 사안이다.

② 기획팀은 마케팅 기획안을 작성하고, 이를 다른 팀과 공유해야 한다.

③ 홍보팀 팀장은 경력직 채용 공고와 관련하여 인사팀에 업무협조를 요청해야 한다.

④ 대리점의 신제품 판매량 조사는 소비자들의 반응을 파악하기 위한 것이다.

⑤ 영업팀은 홍보용 보도 자료를 작성하고, 홍보용 사은품을 구매해야 한다.

38 귀하는 인사팀 팀장으로 신입사원 공채의 면접관으로 참가하게 되었다. 귀하의 회사는 조직 내 팀워크를 무엇보다도 중요하게 생각하기 때문에 귀하는 이 점을 고려하여 직원을 채용해야 한다. 다음의 지원자 중 귀하의 회사에 채용되기에 적절하지 않은 지원자는?

① A지원자 : 회사의 가치관과 제 생각이 다르다고 할지라도 수긍하는 자세로 일하겠습니다.

② B지원자 : 조직 내에서 반드시 필요한 일원이 되겠습니다.

③ C지원자 : 동료와 함께 부족한 부분을 채워 나간다는 생각으로 일하겠습니다.

④ D지원자 : 회사의 목표가 곧 제 목표라는 생각으로 모든 업무에 참여하겠습니다.

⑤ E지원자 : 모든 업무에 능동적으로 참여하는 적극적인 사원이 되겠습니다.

※ 다음은 H공사 연구소의 주요 사업별 연락처이다. 이어지는 질문에 답하시오. [39~40]

〈주요 사업별 연락처〉

주요 사업	담당부서	연락처
고객지원	고객지원팀	044-410-7001
감사, 부패방지 및 지도점검	감사실	044-410-7011
국제협력, 경영평가, 예산기획, 규정, 이사회	전략기획팀	044-410-7023
인재개발, 성과평가, 교육, 인사, ODA사업	인재개발팀	044-410-7031
복무노무, 회계관리, 계약 및 시설	경영지원팀	044-410-7048
품질 평가관리, 품질평가 관련민원	평가관리팀	044-410-7062
가공품 유통 전반(실태조사, 유통정보), 컨설팅	유통정보팀	044-410-7072
대국민 교육, 기관 마케팅, 홍보관리, CS, 브랜드인증	고객홍보팀	044-410-7082
이력관리, 역학조사지원	이력관리팀	044-410-7102
유전자분석, 동일성검사	유전자분석팀	044-410-7111
연구사업 관리, 기준개발 및 보완, 시장조사	연구개발팀	044-410-7133
정부3.0, 홈페이지 운영, 대외자료제공, 정보보호	정보사업팀	044-410-7000

39 다음 중 H공사 연구소의 주요 사업별 연락처를 본 채용 지원자의 반응으로 적절하지 않은 것은?

① H공사 연구소는 1개의 실과 11개의 팀으로 이루어져 있구나.
② 예산기획과 경영평가는 같은 팀에서 종합적으로 관리하는구나.
③ 평가업무라 하더라도 평가 특성에 따라 담당하는 팀이 달라지는구나.
④ 홈페이지 운영은 고객홍보팀에서 마케팅과 함께 하는구나.
⑤ 부패방지를 위해 부서를 따로 두었구나.

40 다음 민원을 해결하기 위해 연결할 부서로 가장 적절한 것은?

민원인 : 얼마 전 신제품 관련 등급 신청을 했습니다. 신제품 품질에 대한 등급에 대해 이의가 있습니다. 관련 건으로 담당자분과 통화하고 싶습니다.
상담직원 : 불편을 드려서 죄송합니다. ________________ 연결해드리겠습니다. 잠시만 기다려 주십시오.

① 지도점검 업무를 담당하고 있는 감사실로
② 연구사업을 관리하고 있는 연구개발팀으로
③ 기관의 홈페이지 운영을 전담하고 있는 정보사업팀으로
④ 이력관리 업무를 담당하고 있는 이력관리팀으로
⑤ 품질을 평가관리하는 평가관리팀으로

시대에듀

M E M O

제2회
최종점검 모의고사

※ 주택도시보증공사 최종점검 모의고사는 최신 필기후기 및 채용공고를 기준으로 구성한 것으로 실제 시험과 다를 수 있습니다.

■ 취약영역 분석

번호	O/×	영역
01		의사소통능력
02		
03		
04		
05		
06		
07		
08		
09		
10		
11		
12		
13		수리능력
14		
15		

번호	O/×	영역
16		수리능력
17		
18		
19		
20		
21		문제해결능력
22		
23		
24		
25		
26		
27		
28		
29		
30		

번호	O/×	영역
31		문제해결능력
32		
33		대인관계능력
34		
35		
36		
37		조직이해능력
38		
39		
40		

평가문항	40문항	평가시간	60분
시작시간	:	종료시간	:
취약영역			

제 2 회 최종점검 모의고사

응시시간 : 60분 문항 수 : 40문항

정답 및 해설 p.074

01 **다음 중 경청에 대한 설명으로 옳지 않은 것은?**

① 경청을 통해 상대방의 입장을 공감하는 것은 어렵다.
② 대화의 과정에서 신뢰를 쌓을 수 있는 좋은 방법이다.
③ 의사소통을 위한 기본적인 자세이다.
④ 다른 사람의 말을 주의 깊게 들으며 공감하는 능력이다.
⑤ 경청하는 만큼 상대방 역시 자신의 말을 경청하게 된다.

02 **다음 중 밑줄 친 단어의 쓰임이 적절하지 않은 것은?**

> 컴퓨터가 인간의 지능 활동을 ㉠ 창조할 수 있도록 하는 것을 인공지능이라 한다. 즉, 인간의 지능이 할 수 있는 사고·학습·자기 계발 등을 컴퓨터가 할 수 있도록 연구하는 컴퓨터공학 및 정보기술 분야를 말한다. 초기의 인공지능은 게임·바둑 등의 분야에 사용되는 정도였지만, 실생활에 ㉡ 응용되기 시작하면서 지능형 로봇 등 활용 분야가 ㉢ 비약적으로 발전하였다. 또한, 인공지능은 그 자체만으로 존재하는 것이 아니라 컴퓨터과학의 다른 분야와 직·간접으로 많은 ㉣ 관련을 맺고 있다. 특히 현대에는 정보기술의 여러 분야에서 인공지능적 요소를 도입해 그 분야의 문제 해결에 활용하려는 ㉤ 시도가 활발히 이루어지고 있다.

① ㉠ – 창조
② ㉡ – 응용
③ ㉢ – 비약적
④ ㉣ – 관련
⑤ ㉤ – 시도

03 다음 글과 가장 관련 있는 한자성어는?

> 패스트푸드점 매장에서 새벽에 종업원을 폭행한 여성이 경찰에 붙잡혔다. 부산의 한 경찰서는 폭행 혐의로 30대 A씨를 현행범으로 체포해 조사 중이라고 밝혔다. 경찰에 따르면 A씨는 새벽 3시 반쯤 부산의 한 패스트푸드점 매장에서 술에 취해 "내가 2층에 있는데 왜 부르지 않았냐."라며 여성 종업원을 수차례 밀치고 뺨을 7～8차례 때리는 등 폭행한 혐의를 받고 있다. 보다 못한 매장 매니저가 경찰에 신고해 A씨는 현행범으로 체포되었다. A씨는 경찰에서 "기분이 나빠서 때렸다."라고 진술한 것으로 알려졌다. 경찰은 A씨를 상대로 폭행 경위를 조사한 뒤 신병을 처리할 예정이다. 지난해 11월 울산의 다른 패스트푸드점 매장에서도 손님이 햄버거를 직원에게 던지는 등 손님의 갑질 행태가 끊이지 않고 있다.

① 견마지심(犬馬之心)
② 빙청옥결(氷淸玉潔)
③ 소탐대실(小貪大失)
④ 호승지벽(好勝之癖)
⑤ 방약무인(傍若無人)

PART 3

04 다음 문단을 논리적 순서대로 바르게 나열한 것은?

> (가) 친환경 농업은 최소한의 농약과 화학비료만을 사용하거나 전혀 사용하지 않은 농산물을 일컫는다. 친환경 농산물이 각광받는 이유는 우리가 먹고 마시는 것들이 우리네 건강과 직결되기 때문이다.
>
> (나) 사실상 병충해를 막고 수확량을 늘리는 데 있어, 농약은 전 세계에 걸쳐 관행적으로 사용됐다. 깨끗이 씻어도 쌀에 남아있는 잔류농약을 완전히 제거하기는 어렵다. 잔류농약은 아토피와 각종 알레르기를 유발한다. 출산율을 저하하고 유전자 변이의 원인이 되기도 한다. 특히 제초제 성분이 체내에 들어올 경우, 면역체계에 치명적인 손상을 일으킨다.
>
> (다) 미국 환경보호청은 제초제 성분의 60%를 발암물질로 규정했다. 결국 더 많은 농산물을 재배하기 위한 농약과 제초제 사용이 오히려 인체에 치명적인 피해를 줄지 모를 '잠재적 위험요인'으로 자리매김한 셈이다.

① (가) – (나) – (다)
② (나) – (가) – (다)
③ (나) – (다) – (가)
④ (다) – (가) – (나)
⑤ (다) – (나) – (가)

05 다음 글을 읽고 추론한 내용으로 적절하지 않은 것은?

H공사는 가정의 달 5월을 맞아 일반 국민들에게 주거급여제도를 적극적으로 알리기 위한 '찾아가는 서비스'를 시행하고 있다고 밝혔다.
주거급여제도는 소득인정액이 중위소득 44% 이하(4인 가구 기준 약 203만 원)인 임차 및 자가 가구의 주거안정을 위하여 주거비를 지원하는 정책이다. 지원 대상에 해당하는 전·월세 임차 가구의 경우 지역별, 가구원수별 기준임대료를 상한으로 수급자의 실제 임차료를 지원하며, 주택을 소유 및 거주하는 자가 가구에는 주택 노후도 등을 고려하여 설정한 주택보수 범위별 수선비용을 상한으로 주택개보수를 지원한다. 특히 작년 10월 주거급여 부양의무자 기준이 전면 폐지됨에 따라 자격기준이 대폭 완화되어, 그동안 복지 사각지대에 놓였던 많은 저소득층이 주거급여 혜택을 받을 수 있게 됐다.
H공사는 5월에 어린이날, 어버이날 등 각종 행사와 야외활동이 많은 점을 고려하여 주거급여제도를 보다 많이 알리기 위해 대국민 야외 홍보용 부스 및 상담창구를 설치하였다. 지자체 및 사회복지기관에서 개최하는 다양한 지역행사장을 비롯해 잠재적 지원 대상이 밀집되어 있는 전국 각지의 여관, 고시원 등을 H공사 주거급여 전담직원들이 직접 방문하여 전사적 홍보활동 및 현장상담도 진행할 예정이다. 자격기준 등 기타 자세한 사항은 주거급여콜센터로 문의하면 되고, 주거급여 신청은 가까운 읍·면·동 주민센터 방문접수 및 복지로 홈페이지를 통한 온라인접수로 가능하다.

① 주거급여제도는 전·월세 임차 가구와 자가 가구에 서로 다른 수준으로 주거비를 지원한다.
② 소득인정액이 190만 원인 4인 가구는 주거급여제도 지원 대상에 해당된다.
③ 주거급여 부양의무자 기준이 폐지됨에 따라 사회복지기관의 수가 증가하였다.
④ 주거급여제도의 잠재적 지원 대상 중 상당수는 여관, 고시원에 거주한다.
⑤ 주거급여 신청은 온라인과 오프라인에서 모두 가능하다.

06 다음 글의 내용으로 적절하지 않은 것은?

식물의 광합성 작용은 빛 에너지를 이용하여 뿌리에서 흡수한 물과 잎의 기공에서 흡수한 이산화탄소로부터 포도당과 같은 유기물과 산소를 만들어 내는 과정이다. 하지만 광합성 작용을 할 때 빛과 이산화탄소가 동시에 필요한 것이 아니다. 물(H_2O)이 엽록체에서 빛 에너지에 의해 수소 이온, 전자와 산소로 분해되어 이 수소 이온과 전자가 식물의 잎에 있는 $NADP^+$와 결합해서 NADPH가 되는데 이와 같은 반응을 명반응이라고 한다. 또한 식물 세포에서 이산화탄소를 흡수하여 포도당과 같은 탄수화물을 합성하는 열화학 반응을 암반응이라 하는데 이 과정에는 명반응에 의해 만들어진 NADPH가 필요하다.

① 식물의 광합성 작용은 산소를 만들어 낸다.
② 광합성 작용을 할 때 빛과 이산화탄소가 동시에 필요하다.
③ 빛이 필요한 반응은 명반응이고, 이산화탄소가 필요한 반응은 암반응이다.
④ NADPH는 명반응에서 만들어진다.
⑤ 암반응의 과정에는 NADPH가 필요하다.

07 다음 기사의 주된 내용 전개 방식으로 가장 적절한 것은?

> 비만은 더 이상 개인의 문제가 아니다. 세계보건기구(WHO)는 비만을 질병으로 분류하고, 총 8종의 암(대장암 · 자궁내막암 · 난소암 · 전립선암 · 신장암 · 유방암 · 간암 · 담낭암)을 유발하는 주요 요인으로 제시하고 있다. 오늘날 기대수명이 늘어가는 상황에서 실질적인 삶의 질 향상을 위해서도 국가적으로 적극적인 비만관리가 필요해진 것이다.
> 이러한 비만을 예방하기 위한 국가적인 대책을 살펴보면, 우선 비만을 유발하는 과자, 빵, 탄산음료 등 고열량 · 저열량 · 고카페인 함유 식품의 판매 제한 모니터링이 강화되어야 하며, 또한 과음과 폭식 등 비만을 조장 · 유발하는 문화와 환경도 개선되어야 한다. 특히 과음은 식사량과 고열량 안주 섭취를 늘려 지방간, 간경화 등 건강 문제와 함께 복부 비만의 위험을 높이는 주요 요인이다. 따라서 회식과 접대 문화, 음주 행태 개선을 위한 가이드라인을 마련하고 음주 폐해 예방 캠페인을 추진하는 것도 하나의 방법이다.
> 다음으로 건강관리를 위해 운동을 권장하는 것도 중요하다. 수영, 스케이트, 볼링, 클라이밍 등 다양한 스포츠를 즐기는 문화를 조성하고, 특히 비만 환자의 경우 체계적인 체력 관리와 건강증진을 위한 운동프로그램이 요구되어야 한다.

① 다양한 관점들을 제시한 뒤, 예를 들어 설명하고 있다.
② 시간에 따른 현상의 변화과정에 대해 설명하고 있다.
③ 서로 다른 관점을 비교 · 분석하고 있다.
④ 문제점을 제시하고, 그에 대한 해결방안을 제시하고 있다.
⑤ 현상에 대해 정의하고 그에 따라 다양한 사례를 들어 설명하고 있다.

08 다음 빈칸에 들어갈 말로 가장 적절한 것은?

> 세상에서는 흔히 학문밖에 모르는 상아탑(象牙塔) 속의 연구 생활이 현실을 도피한 짓이라고 비난하기가 일쑤지만, 상아탑의 덕택이 큰 것임을 알아야 한다. 모든 점에서 편리해진 생활을 향락하고 있는 소위 현대인이 있기 전에, 그런 것이 가능하기 위해서는 오히려 그런 향락과는 담을 쌓고 진리 탐구에 몰두한 학자들의 상아탑 속에서의 노고가 앞서 있었던 것이다. 그렇다고 학자는 남의 향락을 위하여 스스로는 고난의 길을 일부러 걷는 것도 아니다. 학자는 그저 진리를 탐구하기 위하여 학문을 하는 것뿐이다. 상아탑이 나쁜 것이 아니라, 진리를 탐구해야 할 상아탑이 제구실을 옳게 다하지 못하는 것이 탈이다. ______________ 그 학문은 자유를 잃고 왜곡(歪曲)될 염려조차 있다. 학문을 악용하기 때문에 오히려 좋지 못한 일을 하는 경우가 얼마나 많은가? 진리 이외의 것을 목적으로 할 때, 그 학문은 한때의 신기루와도 같아서 우선은 찬연함을 자랑할 수 있을지 모르나, 과연 학문이라고 할 수 있을까부터 문제다.
> 진리의 탐구가 학문의 유일한 목적일 때, 그리고 그 길로 매진(邁進)할 때, 그 무엇에도 속박(束縛)됨이 없는 숭고한 학적인 정신이 만난(萬難)을 극복하는 기백(氣魄)을 길러줄 것이요, 또 그것대로 우리의 인격 완성의 길로 통하게도 되는 것이다.

① 학문에 진리 탐구 이외의 다른 목적이 섣불리 앞장설 때
② 학문에 사회적 가치가 개입할 때
③ 학문이 현대 사회에서 요구하는 방향으로 변화될 때
④ 학자가 진리 탐구를 게을리 할 때
⑤ 학자가 학문에 속박되지 않을 때

09 다음 문단을 논리적 순서대로 바르게 나열한 것은?

> (가) 근대에 접어들어 모든 사물이 생명력을 갖지 않는 일종의 기계라는 견해가 강조되면서, 아리스토텔레스의 목적론은 비과학적이라는 이유로 많은 비판에 직면한다.
> (나) 대표적인 근대 사상가인 갈릴레이는 목적론적 설명이 과학적 설명으로 사용될 수 없다고 주장했고, 베이컨은 목적에 대한 탐구가 과학에 무익하다고 평가했으며, 스피노자는 목적론이 자연에 대한 이해를 왜곡한다고 비판했다.
> (다) 일부 현대 학자들은 근대 사상가들이 당시 과학에 기초한 기계론적 모형이 더 설득력을 갖는다는 일종의 교조적 믿음에 의존했을 뿐, 아리스토텔레스의 목적론을 거부할 충분한 근거를 제시하지 못했다고 비판한다.
> (라) 이들의 비판은 목적론이 인간 이외의 자연물도 이성을 갖는 것으로 의인화한다는 것이다. 그러나 이런 비판과는 달리 아리스토텔레스는 자연물을 생물과 무생물로, 생물을 식물·동물·인간으로 나누고, 인간만이 이성을 지닌다고 생각했다.

① (가) – (나) – (다) – (라)
② (가) – (나) – (라) – (다)
③ (가) – (다) – (나) – (라)
④ (나) – (다) – (라) – (가)
⑤ (나) – (라) – (다) – (가)

10 **다음 사례에 나타난 의사 표현에 영향을 미치는 요소에 대한 설명으로 적절하지 않은 것은?**

- 독일의 유명 가수 슈만 하이크는 "음악회에서 노래를 부를 때 심리적 긴장감을 갖지 않느냐?"라는 한 기자의 질문에 대해 "노래하기 전에 긴장감을 느끼지 않는다면, 그때는 내가 은퇴할 때이다."라고 이야기하였다.
- 영국의 유명 작가 버나드 쇼는 젊은 시절 매우 내성적인 청년이었다. 그는 잘 아는 사람의 집을 방문할 때도 문을 두드리지 못하고 20분이나 문밖에서 망설이며 거리를 서성거렸다. 그는 자신의 내성적인 성격을 극복하기 위해 런던에서 공개되는 모든 토론에 의도적으로 참가하였고, 그 결과 장년에 이르러서 20세기 전반에 가장 재치와 자신이 넘치는 웅변가가 될 수 있었다.

① 소수인의 심리상태가 아니라, 90% 이상의 사람들이 호소하는 불안이다.
② 잘 통제하면서 표현을 한다면 청자는 더 인간답다고 생각하게 될 것이다.
③ 개인의 본질적인 문제이므로 완전히 치유할 수 있다.
④ 분명한 원인은 아직 규명되지 않았다.
⑤ 노력에 의해서 심리적 불안을 유화할 수 있다.

11 **P사원의 상사가 P사원에게 다음과 같이 문서를 작성해 제출할 것을 요청하였을 때, P사원이 작성해야 할 문서의 종류로 적절한 것은?**

이번 문서를 토대로 P사원의 업무 능력이 평가되므로 이 점 유의하여 작성해 주시길 바랍니다. 최대한 핵심적인 내용으로 간결하게 작성하시고, 복잡한 내용은 도표나 그림을 활용하는 것이 좋겠죠? 그리고 참고한 자료가 있다면 모두 함께 제시해 주어야 합니다. 최종적으로 부장님께 제출하기 전에 제가 확인을 할 예정이지만, P사원도 제출하기 전에 잘못 작성된 부분은 없는지 등의 점검을 해 주시기 바랍니다.

① 보도자료　　② 설명서
③ 보고서　　④ 제안서
⑤ 기획서

12 다음 중 밑줄 친 ㉠~㉤에 대한 설명이 적절하지 않은 것은?

> 사유 재산 제도와 시장 경제가 자본주의의 양대 축을 이루기 때문에 토지 또한 민간의 소유이어야만 한다고 하는 이들이 많다. 토지사유제의 정당성을 그것이 자본주의의 성립 근거라는 점에서 찾고자 하는 학자도 있다. 토지에 대해서는 절대적이고 배타적인 소유권을 인정할 수 없다고 하면 이들은 신성불가침 영역에 대한 도발이라며 이에 반발한다. 토지가 일반 재화나 자본에 비해 지닌 근본적인 차이는 무시하고 말이다. 과연 자본주의 경제는 토지사유제 없이 성립할 수 없는 것일까?
> 싱가포르, 홍콩, 대만, 핀란드 등의 사례는 위의 물음에 직접적인 답변을 제시한다. 이들은 토지공유제를 시행하였거나 토지의 공공성을 인정했음에도 불구하고 자본주의의 경제를 모범적으로 발전시켜 온 사례이다. 물론 토지사유제를 당연하게 여기는 사람들이 이런 사례들을 토지 공공성을 인정해야만 하는 당위의 근거로서 받아들이는 것은 아니다. 그들은 오히려 토지의 공공성 강조가 사회주의적 발상이라고 비판한다. 하지만 이와 같은 비판은 토지와 관련된 권리 제도에 대한 무지에 기인한다.
> 토지 소유권은 사용권, 처분권, 수익권의 세 가지 권리로 구성된다. 각각의 권리를 누가 갖느냐에 따라 토지 제도는 다음과 같이 분류된다. 세 권리 모두 민간이 갖는 ㉠ <u>토지사유제</u>, 세 권리 모두 공공이 갖는 ㉡ <u>사회주의적 토지공유제</u>, 그리고 사용권은 민간이 갖고 수익권은 공공이 갖는 ㉢ <u>토지가치공유제</u>이다. 한편, 토지가치공유제는 처분권을 누가 갖느냐에 따라 두 가지 제도로 분류된다. 처분권을 완전히 민간이 갖는 ㉣ <u>토지가치세제</u>와 공공이 처분권을 갖지만 사용권을 가진 자에게 한시적으로 처분권을 맡기는 ㉤ <u>토지공공임대제</u>이다. 토지 소유권을 구성하는 세 가지 권리를 민간과 공공이 적당히 나누어 갖는 경우가 많으므로 실제의 토지 제도는 이 분류보다 훨씬 더 다양하다. 이 중 자본주의 경제와 결합될 수 없는 토지 제도는 사회주의적 토지공유제뿐이다. 물론 어느 토지 제도가 더 나은 경제적 성과를 보이는가는 그 이후의 문제이다. 토지사유제 옹호론에 따르면, 토지 자원의 효율적 배분이 가능하기 위해 토지에 대한 절대적, 배타적 소유권을 인정해야만 한다. 토지 사유제만이 토지의 오용을 막을 수 있으며, 나아가 토지 사용의 안정성을 보장할 수 있다는 것이다. 하지만 토지 자원의 효율적 배분을 위해 토지의 사용권, 처분권, 수익권 모두를 민간이 가져야 할 필요는 없다. 토지 위 시설물에 대한 소유권을 민간이 갖고, 토지에 대해서 민간은 배타적 사용권만 가지면 충분하다.

① ㉠ : 토지 소유권을 민간이 갖는다.
② ㉡ : 자본주의 경제와 결합될 수 없다.
③ ㉢ : 처분권을 누가 갖느냐에 따라 ㉣과 ㉤으로 구분된다.
④ ㉣ : 사용권과 처분권은 민간이 갖고, 수익권은 공공이 갖는다.
⑤ ㉤ : 처분권은 민간이 갖고, 사용권과 수익권은 공공이 갖는다.

13 H사의 출근 시각은 오전 9시이다. H사는 지하철역에서 H사 정문까지 셔틀버스를 운행한다. 정문에 셔틀버스가 출근 시각에 도착할 확률은 $\frac{1}{2}$, 출근 시각보다 늦게 도착할 확률은 $\frac{1}{8}$, 출근 시각보다 일찍 도착할 확률은 $\frac{3}{8}$이다. 지하철역에서 3대가 동시에 출발할 때, 2개의 버스는 출근 시각보다 일찍 도착하고, 1대의 버스는 출근 시각에 도착할 확률은?

① $\frac{1}{128}$
② $\frac{3}{128}$
③ $\frac{9}{128}$
④ $\frac{27}{128}$
⑤ $\frac{81}{128}$

PART 3

14 P사원은 지하철을 타고 출근한다. 속력이 60km/h인 지하철에 이상이 생겨 평소 속력의 0.4배로 운행하게 되었다. 지하철이 평소보다 45분 늦게 도착하였다면, P사원이 출발하는 역부터 도착하는 역까지 지하철의 이동거리는 얼마인가?

① 20km
② 25km
③ 30km
④ 35km
⑤ 40km

15 표준 업무시간이 80시간인 업무를 각 부서에 할당해 본 결과, 다음과 같은 자료를 얻었다. 어느 부서의 업무효율이 가장 높은가?

〈부서별 업무시간 분석결과〉

부서명		A	B	C	D	E
투입인원		2	3	4	3	5
개인별 업무시간		41	30	22	27	17
회의	횟수(회)	3	2	1	2	3
	소요시간(시간/회)	1	2	4	1	2

- (업무효율) $=\frac{\text{(표준 업무시간)}}{\text{(총 투입시간)}}$
- (총 투입시간)=(개인별 투입시간)[=(개인별 업무시간)+(회의 소요시간)×(회의 횟수)]×(투입인원)
- 부서원은 업무를 분담하여 동시에 수행할 수 있음
- 투입된 인원의 개인별 업무능력과 인원당 소요시간은 동일함

① A부서
② B부서
③ C부서
④ D부서
⑤ E부서

16 차량 A와 B가 트랙을 각각 다른 속도로 돌고 있다. A는 $\frac{x}{2}$m/s의 속력으로 트랙을 돌고, B는 A보다 $\frac{x}{6}$m/s 더 빠른 속력으로 돌고 있다. 두 차량이 같은 위치에서 출발할 때, A가 B보다 a초 먼저 출발한다면, 몇 초 후에 B에게 따라잡히겠는가?(단, A와 B는 같은 방향으로 주행한다)

① $\frac{5}{2}a$초
② $3a$초
③ $\frac{7}{2}a$초
④ $4a$초
⑤ $\frac{9}{2}a$초

17 H사원은 모든 직원이 9시부터 18시까지 근무하는 기관에서 전산 자료 백업을 진행하려고 한다. 자동화 시스템을 사용하며, 백업할 자료의 용량은 총 50TB이다. H사원은 오후 3시부터 전산 자료 백업을 시작했다. 자동화 시스템은 근무시간 기준으로 시간당 2,000GB의 자료를 백업하며 동작 후 첫 1시간은 초기화 작업으로 인해 백업이 이루어지지 않는다. 모든 직원이 퇴근한 이후에는 백업 속도가 50% 향상되고, 자정부터 새벽 3시 사이에는 시스템 점검으로 작업이 일시정지된다. 시간에 따른 전산 자료 백업의 누적 처리량을 나타낸 그래프로 옳은 것은?(단, 1TB=1,000GB)

①
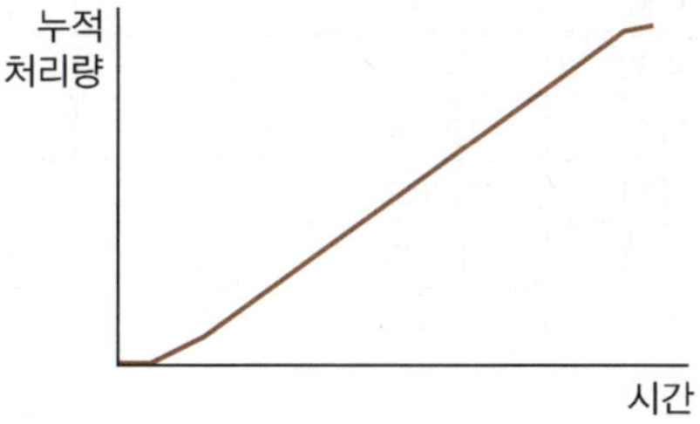

②
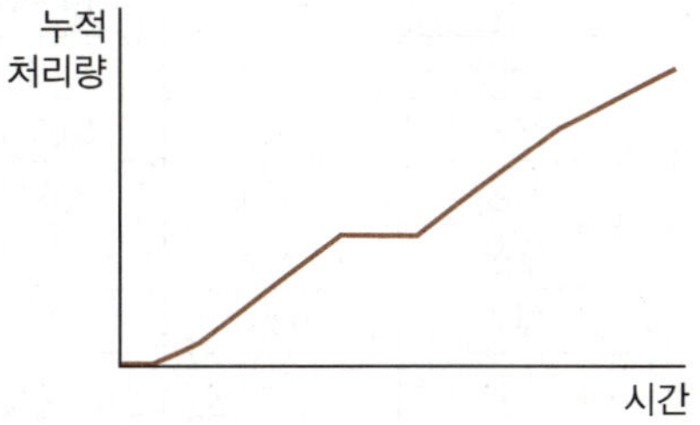

③
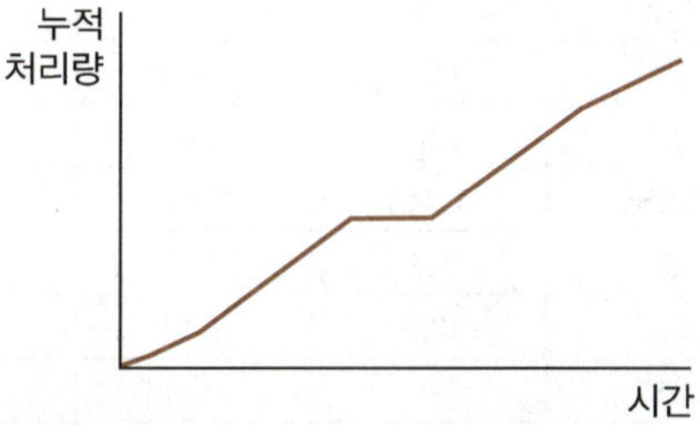

④
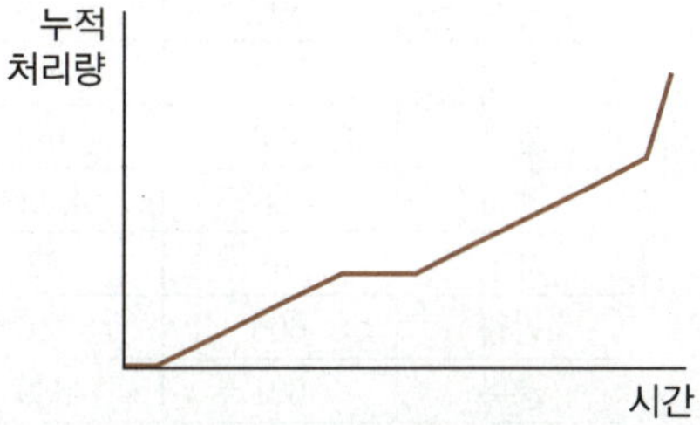

⑤
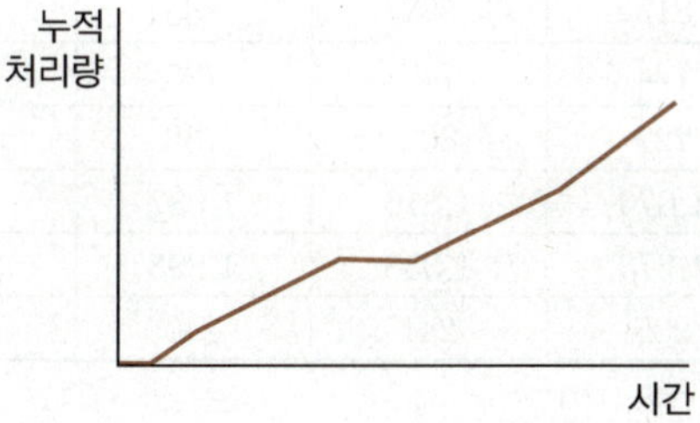

18 다음은 국내 주택보급에 대한 자료이다. 이에 대한 설명으로 옳지 않은 것을 〈보기〉에서 모두 고르면?

〈국내 주택보급현황〉

(단위 : 천 호)

구분	2022년		2023년		2024년	
	가구 수	주택 수	가구 수	주택 수	가구 수	주택 수
전국	19,110	19,558	19,367	19,876	19,673	20,313
수도권	9,214	9,016	9,332	9,161	9,496	9,335
지방	9,896	10,542	10,035	10,715	10,177	10,978
서울	3,784	3,633	3,784	3,644	3,813	3,671
부산	1,335	1,370	1,344	1,375	1,354	1,396
대구	928	943	935	966	948	988
인천	1,047	1,055	1,064	1,073	1,080	1,084
광주	567	586	569	595	575	606
대전	582	595	590	600	597	604
울산	423	452	426	457	428	468
경기	4,383	4,328	4,484	4,444	4,603	4,580
세종	75	92	90	98	104	116
강원	606	646	616	655	620	668
충북	601	669	617	684	629	700
충남	796	862	813	888	835	922
전북	717	770	724	777	728	785
전남	720	795	727	805	733	816
경북	1,062	1,195	1,076	1,216	1,087	1,247
경남	1,258	1,338	1,273	1,358	1,293	1,404
제주	226	229	235	241	246	258

※ $[\text{주택보급률}(\%)]=\frac{(\text{주택 수})}{(\text{가구 수})}\times 100$

※ 수도권은 서울, 인천, 경기지역이고, 지방은 나머지 지역임

보기

ㄱ. 경기도의 전년 대비 가구 수 증가율은 2023년이 2024년보다 높다.
ㄴ. 전라남도의 2022년 주택보급률은 대구광역시의 2024년 주택보급률보다 높다.
ㄷ. 2023년 서울의 주택 수가 수도권의 주택 수에서 차지하는 비중은 30% 미만이다.
ㄹ. 광주광역시의 주택보급률은 2023년과 2024년 모두 전년 대비 감소하였다.

① ㄱ
② ㄱ, ㄷ
③ ㄴ, ㄹ
④ ㄱ, ㄷ, ㄹ
⑤ ㄴ, ㄷ, ㄹ

19 진희가 자전거 뒷좌석에 동생을 태우고 10km/h의 속력으로 회사에 간다. 회사 가는 길에 있는 어린이집에 동생을 내려주고, 아까의 1.4배의 속력으로 회사에 간다. 진희의 집에서 회사까지의 거리는 12km이고, 진희가 8시에 집에서 나왔다면, 진희가 어린이집에서 출발한 시각은?

① 8시 25분
② 8시 30분
③ 8시 35분
④ 8시 40분
⑤ 8시 45분

20 다음은 국가별 자동차 보유 대수를 나타낸 자료이다. 이에 대한 설명으로 옳은 것은?(단, 모든 비율은 소수점 둘째 자리에서 반올림한다)

〈국가별 자동차 보유 대수〉

(단위 : 천 대)

구분		전체	승용차	트럭·버스
유럽	네덜란드	3,585	3,230	355
	독일	18,481	17,356	1,125
	프랑스	17,434	15,100	2,334
	영국	15,864	13,948	1,916
	이탈리아	15,400	14,259	1,414
캐나다		10,029	7,823	2,206
호주		5,577	4,506	1,071
미국		129,943	104,898	25,045

① 자동차 보유 대수에서 승용차가 차지하는 비율이 가장 높은 나라는 프랑스이다.
② 자동차 보유 대수에서 트럭·버스가 차지하는 비율이 가장 높은 나라는 미국이다.
③ 자동차 보유 대수에서 승용차가 차지하는 비율이 가장 낮은 나라는 호주지만, 그래도 90%를 넘는다.
④ 캐나다와 프랑스는 승용차와 트럭·버스의 비율이 3 : 1로 거의 비슷하다.
⑤ 유럽 국가는 미국, 캐나다, 호주와 비교했을 때, 자동차 보유 대수에서 승용차가 차지하는 비율이 높다.

21 A ~ E 5명이 다음 〈조건〉과 같이 일렬로 나란히 자리에 앉는다고 할 때, 바르게 추론한 것은?(단, 자리의 순서는 왼쪽을 기준으로 첫 번째 자리로 한다)

조건

- D는 A의 바로 왼쪽에 앉는다.
- B와 D 사이에 C가 있다.
- A는 마지막 자리가 아니다.
- A와 B 사이에 C가 있다.
- B는 E의 바로 오른쪽에 앉는다.

① D는 두 번째 자리에 앉을 수 있다.
② E는 네 번째 자리에 앉을 수 있다.
③ C는 두 번째 자리에 앉을 수 있다.
④ C는 A의 왼쪽에 앉을 수 있다.
⑤ C는 E의 오른쪽에 앉을 수 있다.

22 다음은 우체국 택배에 대한 SWOT 분석 결과이다. SWOT 분석을 토대로 세운 전략으로 적절하지 않은 것은?

강점(Strength)	약점(Weakness)
• 공공기관으로서의 신뢰성 • 우편 서비스에 대한 높은 접근성 • 전국적인 물류망 확보	• 인력 및 차량의 부족 • 공공기관으로서의 보수적 조직문화 • 부족한 마케팅 자원
기회(Opportunity)	**위협(Threat)**
• 전자상거래 활성화로 인한 택배 수요 증가 • 경쟁력 확보를 위한 기관의 노력	• 민간 업체들과의 경쟁 심화 • 기존 업체들의 설비 및 투자 확대 • 대기업 중심의 업체 진출 증가

① SO전략 : 전국적 물류망을 기반으로 택배 배송 지역을 확장한다.
② WO전략 : 보수적 조직문화의 개방적 쇄신을 통해 공공기관으로서의 경쟁력을 확보한다.
③ ST전략 : 민간 업체와의 경쟁에서 공공기관으로서의 높은 신뢰도를 차별화 전략으로 활용한다.
④ WT전략 : 지역별로 분포된 우체국 지점의 접근성을 강조한 마케팅으로 대기업의 공격적 마케팅에 대응한다.
⑤ WT전략 : 인적 · 물적 자원의 보충을 통해 경쟁 업체 수준의 설비 시스템을 구축한다.

23 H공사는 2024년 사내 행사에서 요리경연대회를 개최하였다. 최종 관문인 협동심 평가는 이전 경연까지 통과한 지원자 A ~ D 4명이 한 팀이 되어 역할을 나눠 주방에서 제한시간 내에 하나의 요리를 만드는 것이다. 재료손질, 요리보조, 요리, 세팅 및 정리 4개의 역할이 있고, 협동심 평가 후 지원자별 기존 점수에 가산점을 더하여 최종 점수를 계산해 채용하려고 할 때, 다음 중 제시된 〈조건〉을 고려하여 선정한 역할로 옳은 것은?

〈지원자별 점수 현황〉

(단위 : 점)

구분	A지원자	B지원자	C지원자	D지원자
성적	90	95	92	97

〈각 역할을 성실히 수행했을 시 가산점〉

(단위 : 점)

구분	재료손질	요리보조	요리	세팅 및 정리
가산점	5	3	7	9

※ 협동심 평가의 각 역할은 한 명만 수행할 수 있음

조건

- C지원자는 주부습진이 있어 재료손질 역할을 원하지 않는다.
- A지원자는 깔끔한 성격으로 세팅 및 정리 역할을 원한다.
- D지원자는 손재주가 없어 재료손질 역할을 원하지 않는다.
- B지원자는 적극적인 성격으로 어떤 역할이든지 자신 있다.
- 최종 점수는 100점을 넘을 수 없다.

	재료손질	요리보조	요리	세팅 및 정리
①	B	C	D	A
②	B	D	C	A
③	C	A	D	B
④	C	D	A	B
⑤	C	D	B	A

24 **다음 〈조건〉을 참이라고 가정할 때, 월~금요일 중 회의를 반드시 개최해야 하는 날의 수는?**

> **조건**
> - 월요일에는 회의를 개최하지 않는다.
> - 화요일과 목요일에 회의를 개최하거나 월요일에 회의를 개최한다.
> - 금요일에 회의를 개최하지 않으면, 화요일에도 회의를 개최하지 않고 수요일에도 개최하지 않는다.

① 0일
② 1일
③ 2일
④ 3일
④ 4일

25 **다음에서 설명하고 있는 사고력으로 옳은 것은?**

> 정보에는 주변에서 발견할 수 있는 지식인 내적 정보와 책이나 밖에서 본 현상인 외부 정보의 두 종류가 있다. 이러한 정보를 조합하고 그 조합을 최종적인 해답으로 통합해야 한다.

① 분석적 사고
② 논리적 사고
③ 비판적 사고
④ 전략적 사고
⑤ 창의적 사고

26 **다음은 200명의 시민을 대상으로 A, B, C회사에서 생산한 자동차의 소유 현황을 조사한 결과이다. 조사 대상자 중, 세 회사에서 생산된 어떤 자동차도 가지고 있지 않은 사람의 수는?**

> - 자동차를 2대 이상 가진 사람은 없다.
> - A사 자동차를 가진 사람은 B사 자동차를 가진 사람보다 10명 많다.
> - B사 자동차를 가진 사람은 C사 자동차를 가진 사람보다 20명 많다.
> - A사 자동차를 가진 사람 수는 C사 자동차를 가진 사람 수의 2배이다.

① 20명
② 40명
③ 60명
④ 80명
⑤ 100명

27 **H공사의 가～바 지사장은 각각 여섯 개의 지사로 발령받았다. 다음 〈조건〉을 토대로 A～F지사로 발령된 지사장의 순서를 바르게 나열한 것은?**

조건

- 본사－A－B－C－D－E－F 순서로 일직선에 위치하고 있다.
- 다 지사장은 마 지사장 바로 옆 지사에 근무하지 않으며, 나 지사장과 나란히 근무한다.
- 라 지사장은 가 지사장보다 본사에 가깝게 근무한다.
- 마 지사장은 D지사에 근무한다.
- 바 지사장이 근무하는 지사보다 본사에 가까운 지사는 1개이다.

① 가－바－나－마－라－다
② 나－다－라－마－가－바
③ 다－나－바－마－가－라
④ 라－바－가－마－나－다
⑤ 바－가－나－마－다－라

PART 3

28 **H공사는 6층 건물의 모든 층을 사용하고 있으며, 건물에는 기획부, 인사 교육부, 서비스개선부, 연구・개발부, 해외사업부, 디자인부가 층별로 위치하고 있다. 다음 〈조건〉을 참고할 때 항상 옳은 것은?(단, 6개의 부서는 서로 다른 층에 위치하며, 3층 이하에 위치한 부서의 직원은 출근 시 반드시 계단을 이용해야 한다)**

조건

- 기획부의 문대리는 해외사업부의 이주임보다 높은 층에 근무한다.
- 인사 교육부는 서비스개선부와 해외사업부 사이에 위치한다.
- 디자인부의 김대리는 오늘 아침 엘리베이터에서 서비스개선부의 조대리를 만났다.
- 6개의 부서 중 건물의 옥상과 가장 가까이에 위치한 부서는 연구・개발부이다.
- 연구・개발부의 오사원이 인사 교육부 박차장에게 휴가 신청서를 제출하기 위해서는 4개의 층을 내려와야 한다.
- 건물 1층에는 회사에서 운영하는 커피숍이 함께 있다.

① 출근 시 엘리베이터를 탄 디자인부의 김대리는 5층에서 내린다.
② 디자인부의 김대리가 서비스개선부의 조대리보다 먼저 엘리베이터에서 내린다.
③ 인사 교육부와 커피숍은 같은 층에 위치한다.
④ 기획부의 문대리는 출근 시 반드시 계단을 이용해야 한다.
⑤ 인사 교육부의 박차장은 출근 시 연구・개발부의 오사원을 계단에서 만날 수 없다.

29 다음은 A와 B의 시계조립 작업지시서의 내용이다. 〈조건〉에 따라 작업할 때, B의 최종 완성 시간과 유휴 시간은 각각 얼마인가?(단, 이동 시간은 고려하지 않는다)

〈작업지시서〉

각 공작 기계 및 소요 시간
1. 앞면 가공용 공작 기계 : 20분
2. 뒷면 가공용 공작 기계 : 15분
3. 조립 : 5분

공작 순서
시계는 각 1대씩 만들며 A는 앞면부터 가공하여 뒷면 가공 후 조립하고, B는 뒷면부터 가공하여 앞면 가공 후 조립하기로 하였다.

조건
1. 공작 기계는 각 1대씩이며 모두 사용해야 하고, 두 명이 동시에 작업을 시작한다.
2. 조립은 가공이 이루어진 후 즉시 실시한다.

	최종 완성 시간	유휴 시간
①	40분	5분
②	45분	5분
③	45분	10분
④	50분	5분
⑤	50분	10분

30 문제해결절차의 문제 도출 단계는 (가)와 (나)의 절차를 거쳐 수행된다. 다음 중 (가)에 대한 설명으로 적절하지 않은 것은?

(가)	→	(나)
전체 문제를 개별화된 이슈들로 세분화		문제에 영향력이 큰 핵심이슈를 선정

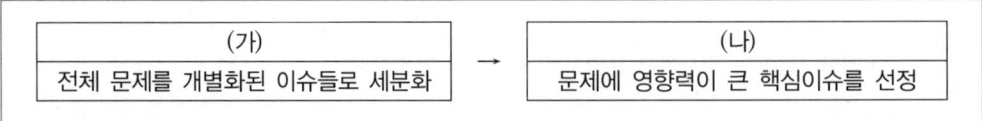

① 문제의 내용 및 영향 등을 파악하여 문제의 구조를 도출한다.
② 문제가 발생한 배경이나 문제를 일으키는 원인을 분명히 해야 한다.
③ 현상에 얽매이지 말고 문제의 본질과 실제를 봐야 한다.
④ 눈앞의 결과를 중심으로 문제를 바라봐야 한다.
⑤ 문제 구조 파악을 위해서 Logic Tree 방법이 주로 사용된다.

31 세미나에 참석한 A사원, B사원, C주임, D주임, E대리는 각자 숙소를 배정받았다. A사원, D주임은 여자이고, B사원, C주임, E대리는 남자이다. 〈조건〉과 같이 숙소가 배정되었을 때, 다음 중 옳지 않은 것은?

> **조건**
> - 숙소는 5층이며 층마다 1명씩 배정한다.
> - E대리의 숙소는 D주임의 숙소보다 위층이다.
> - 1층에는 주임을 배정한다.
> - 1층과 3층에는 남직원을 배정한다.
> - 5층에는 사원을 배정한다.

① D주임은 2층에 배정된다.

② 5층에 A사원이 배정되면 4층에 B사원이 배정된다.

③ 5층에 B사원이 배정되면 4층에 A사원이 배정된다.

④ C주임은 1층에 배정된다.

⑤ 5층에 B사원이 배정되면 3층에 E대리가 배정된다.

PART 3

32 다음은 H공사의 연차휴가와 관련된 자료이다. A대리는 2022년 1월 1일에 입사하였고 매해 80% 이상 출근하였다. 오늘 날짜가 2026년 1월 26일이라면 A대리의 당해 연도 연차휴가는 며칠인가?

> **연차휴가(제29조)**
> - 직전 연도에 연간 8할 이상 출근한 직원에게는 15일의 연차유급휴가를 준다.
> - 3년 이상 근속한 직원에 대하여는 최초 1년을 초과하는 근속연수 매 2년에 연차유급휴가에 1일을 가산한 휴가를 준다. 여기서 소수점 단위는 절사하고, 가산휴가를 포함한 총 휴가일수는 25일을 한도로 한다.
> - 연차휴가는 직원의 자유의사에 따라 분할하여 사용할 수 있다. 반일단위(09시 ~ 14시, 14시 ~ 18시)로 분할하여 사용할 수 있으며 반일 연차휴가 2회는 연차휴가 1일로 계산한다.
> - 연차휴가를 줄 수 없을 때는 연봉 및 복리후생관리규정에 정하는 바에 따라 보상금을 지급한다.

① 15일 ② 16일

③ 17일 ④ 18일

⑤ 19일

33 **다음과 같은 상황에 K부장에게 조언할 수 있는 말로 가장 적절한 것은?**

> K부장은 얼마 전에 자신의 부서에 들어온 두 명의 신입사원 때문에 고민 중이다. 신입사원 A씨는 꼼꼼하고 차분하지만 대인관계가 서투르며, 신입사원 B씨는 사람들과 금방 친해지는 친화력을 가졌으나, 업무에 세심하지 못한 모습을 보여주고 있다. 이러한 성격으로 인해 A씨는 현재 영업 업무를 맡아 자신에게 어려운 대인관계로 인해 스트레스를 받고 있으며, B씨는 재고 관리 업무에 대해 재고 기록을 누락시키는 등의 실수를 반복하고 있다.

① 조직 구조를 이해시켜야 한다.
② 의견의 불일치를 해결해야 한다.
③ 개인의 강점을 활용해야 한다.
④ 주관적인 결정을 내려야 한다.
⑤ 팀의 풍토를 발전시켜야 한다.

34 **귀하의 쇼핑몰에서 제품을 구매한 고객의 전화문의가 접수되었다. 다음의 통화내용 중 A직원의 응대로 적절하지 않은 것은?**

A직원	① 네. 안녕하십니까? K쇼핑몰 고객지원센터 상담원 A입니다. 무엇을 도와드릴까요?
고객	아, 네. 제가 거기서 티셔츠를 샀는데 아직도 배송이 안 됐어요. 어떻게 된 거예요? 배송이 왜 이렇게 오래 걸리나요?
A직원	② 네, 고객님, 빠른 처리를 위해서 몇 가지 질문을 드리겠습니다. 실례지만 저희 제품을 온라인과 오프라인 매장 중 어디에서 구매하셨습니까?
고객	음…. 온라인에서 했을 거예요.
A직원	네. 확인 감사합니다.
고객	그런데 저 지금 근무 중에 전화하는 거라 시간이 별로 없으니까 빨리 처리 좀 해 주세요.
A직원	③ 네, 최대한 빠르게 처리될 수 있도록 도와드리겠습니다. 고객님의 성함과 온라인 아이디를 확인할 수 있을까요?
고객	ㅁㅁㅁ이구요, 아이디는 ㅇㅇㅇ이에요.
A직원	네. 확인 감사합니다. ④ ㅁㅁㅁ고객님의 주문내역을 확인한 결과, 빠르면 오늘 오후 중으로, 늦어도 내일 정오 전까지는 도착할 예정입니다.
고객	아, 그래요? 알겠습니다.
A직원	⑤ 네, 더 궁금하신 점은 없으신가요?
고객	네.
A직원	네. 귀중한 시간 내주셔서 감사합니다. 저는 상담원 A였습니다.

※ 다음 글을 읽고 이어지는 질문에 답하시오. [35~36]

박민수는 H공사 비서실에서 사장 비서로 근무하고 있으며, 하진우 비서실장, 정선아 대리와 함께 사장을 보좌하고 있다. 군대를 제대하고 입사한 박민수와 정선아 대리는 동갑이나 정선아 대리가 입사 선배이므로 비서실에서 선후배로 지내고 있다.

35 **다음 중 비서실 내에서의 바람직한 인간관계를 유지하기 위한 설명으로 적절하지 않은 것은?**

① 선배 비서의 업무처리 방식이 자신의 방식과 다르더라도 선배의 업무스타일을 존중하고 맞추도록 노력하는 것이 좋다.

② 사장을 보좌하는 비서이지만, 비서실장의 지휘하에 업무를 수행하도록 한다.

③ 사장에게 보고할 내용이 있으면 비서실장에게 먼저 보인 후 사장에게 보고한다.

④ 비서실장과 선배 비서가 갈등 관계에 있다면, 사장에게 조언을 구한 후 지시에 따른다.

⑤ 모르는 업무가 있다면, 독단적으로 처리하지 말고 선배 비서 등에게 조언을 구한다.

PART 3

36 **박민수 비서는 최근 정선아 선배가 다른 임원 비서에게 자신을 험담하는 것을 듣게 되어 선배 비서에게 약간의 실망감을 느꼈다. 박민수 비서와 선배 비서와의 갈등을 해결하는 방법으로 가장 적절한 것은?**

① 선배가 나에 대해 부정적이라는 것을 알았으므로 되도록 공동의 업무를 줄여 나간다.

② 다른 임원 비서에게 오해를 적극적으로 해명하고 정선아 대리와의 관계를 설명해 준다.

③ 업무시간이 끝난 후 회식 등의 모임에서 정선아 선배에게 다가가려고 노력하여 친구로 지낸다.

④ 정선아 선배가 가입한 사내 등산모임에 가입하여 자연스럽게 오해를 풀도록 노력한다.

⑤ 업무 이외의 사적인 이야기는 아예 꺼내지 않도록 한다.

37 **다음 상황에 해줄 수 있는 A대리의 조언으로 적절하지 않은 것은?**

> A대리 : B씨, 무슨 고민 있어요?
> B사원 : 보고서를 어떻게 풀어가야 할지 생각 중이었습니다. 제가 잘 모르는 내용에 대한 거라 어렵습니다.
> A대리 : 일을 하다 보면 여러 가지 문제를 만나죠. 그럴 때는 유의할 점이 있어요.

① 쉽게 떠오르는 정보로 해결하려고 하다 보면 오류가 생기기 쉽습니다.
② 문제와 관련된 자료를 최대한 많이 모으도록 하세요.
③ 기존의 경험을 조심해야 합니다. 경험은 문제 해결에 도움이 되기도 하지만 선입견을 갖게 할 위험이 있어요.
④ 본인의 편견이나 습관을 조심해야 해요. 문제에 대한 정확한 분석이 되지 않고, 적절한 접근을 방해하기 쉽죠.
⑤ 직관에 의존해서 판단하면 정작 근본 문제를 해결하지 못하거나 오히려 새로운 문제가 생길 수 있어요.

38 **다음은 H사 영업부에서 근무하는 조○○ 사원의 일일업무일지이다. 업무일지에 적힌 내용 중 영업부의 주요 업무가 아닌 것은 모두 몇 가지인가?**

〈조○○ 사원의 일일업무일지〉

부서명	영업부	작성일자	2025년 6월 11일
작성자	조○○		
금일 업무 내용		명일 업무 내용	
1. 시장 조사 계획 수립		1. 신규 거래처 견적 작성 및 제출	
2. 시장 조사 진행(출장)		2. 소모품 관리	
3. 신규 거래처 개척		3. 발주서 작성 및 발주	
4. 판매 방침 및 계획 회의		4. 사원 급여 정산	
5. 인력채용 진행		5. 매입마감	

① 3가지
② 4가지
③ 5가지
④ 6가지
⑤ 7가지

39 **다음의 대화를 읽고 조직목표의 기능과 특징으로 적절하지 않은 것은?**

> 이대리 : 박부장님께서 우리 회사의 목표가 무엇인지 생각해 본 적 있냐고 하셨을 때 당황했어. 평소에 딱히 생각하고 지내지 않았던 것 같아.
> 김대리 : 응, 그러기 쉽지. 개인에게 목표가 있어야 그것을 위해서 무언가를 하는 것처럼 당연히 조직에도 목표가 있어야 해. 조직에 속해 있으면 당연히 알아두어야 한다고 생각해.

① 조직이 존재하는 정당성을 제공한다.
② 의사 결정을 할 때뿐만 아니라 하고 나서의 기준으로도 작용한다.
③ 공식적 목표와 실제적 목표는 다를 수 있다.
④ 동시에 여러 개를 추구하는 것보다 하나씩 순차적으로 처리해야 한다.
⑤ 목표 간에는 위계 관계와 상호 관계가 공존한다.

40 **다음 중 세계화에 대한 설명으로 옳은 것은?**

① 세계화란 개인 및 조직의 활동범위가 도시로 제한되지 않는 것을 의미한다.
② 세계화 시장에서 지위를 유지하기 위해서 조직은 더 강한 경쟁력을 갖추어야 한다.
③ 초국적 기업의 등장에 따라 각 기업들의 내수파악 및 국내경영의 중요성이 높아지고 있다.
④ 다국적 기업의 증가는 국가 간 경제통합의 필요성을 저하시킨다.
⑤ 세계화로 인해 경제국경이 개방되는 환경 하에서, 각국의 무역이익을 지키기 위하여 FTA를 체결하기도 한다.

제3회
최종점검 모의고사

※ 주택도시보증공사 최종점검 모의고사는 최신 필기후기 및 채용공고를 기준으로 구성한 것으로 실제 시험과 다를 수 있습니다.

■ 취약영역 분석

번호	O/×	영역	번호	O/×	영역	번호	O/×	영역
01		의사소통능력	16		수리능력	31		문제해결능력
02			17			32		
03			18			33		대인관계능력
04			19			34		
05			20			35		
06			21		문제해결능력	36		
07			22			37		조직이해능력
08			23			38		
09			24			39		
10			25			40		
11			26					
12			27					
13		수리능력	28					
14			29					
15			30					

평가문항	40문항	평가시간	60분
시작시간	:	종료시간	:
취약영역			

모바일 OMR

제 3 회 최종점검 모의고사

응시시간 : 60분 문항 수 : 40문항

정답 및 해설 p.083

01 다음 글을 읽고 빈칸에 들어갈 접속어를 순서대로 바르게 나열한 것은?

> 각 시대에는 그 시대의 특징을 나타내는 문학이 있다고 한다. 우리나라도 무릇 사천 살이 넘는 생활의 역사를 가진 만큼 그 발전 시기마다 각각 특색을 가진 문학이 없을 수 없고, 문학이 있었다면 그 중추가 되는 것은 아무래도 시가문학이라고 볼 수밖에 없다. ________ 대개 어느 민족을 막론하고 인간 사회가 성립하는 동시에 벌써 각자의 감정과 의사를 표시하려는 욕망이 생겼을 것이며, 삼라만상의 대자연은 자연 그 자체가 율동적이고 음악적이라고 할 수 있기 때문이다. 다시 말하면 인간이 생활하는 곳에는 자연적으로 시가가 발생하였다고 할 수 있다. ________ 사람의 지혜가 트이고 비교적 언어의 사용이 능란해짐에 따라 종합 예술체의 한 부분으로 있었던 서정문학적 요소가 분화·독립되어 제요나 노동요 따위의 시가의 원형을 이루고 다시 이 집단적 가요는 개인적 서정시로 발전하여 갔으리라 추측된다. ________ 다른 나라도 마찬가지이겠지만, 우리 문학사상에서 시가의 지위는 상당히 중요한 몫을 지니고 있다.

① 왜냐하면 – 그리고 – 그러므로
② 왜냐하면 – 그러나 – 그럼에도 불구하고
③ 그러므로 – 그리고 – 왜냐하면
④ 그리고 – 왜냐하면 – 그러므로
⑤ 그러나 – 왜냐하면 – 그러므로

02 다음 밑줄 친 단어 중 맞춤법이 옳은 것은?

① 나는 보약을 먹어서 기운이 뻗쳤다.

② 한약을 다릴 때는 불 조절이 중요하다.

③ 가을이 되어 찬바람이 부니 몸이 으시시 추워진다.

④ 밤을 새우다시피 하며 시험을 치루고 나니 몸살이 났다.

⑤ 그는 항상 퇴근하기 전에는 자물쇠로 서랍을 단단히 잠궜다.

PART 3

03 다음 글과 가장 관련 있는 속담은?

> 최근 러시아에서는 공무원들의 근무 태만을 감시하기 위해 공무원들에게 감지기를 부착시켜 놓고 인공위성 추적 시스템을 도입하는 방안을 둘러싸고 논란이 일고 있다. 전자 감시 기술은 인간의 신체 속에까지 파고 들어갈 만반의 준비를 하고 있다. 어린아이의 몸에 감시 장치를 내장하면 아이의 안전을 염려할 필요는 없겠지만, 그게 과연 좋기만 한 것인지, 또 그 기술이 다른 좋지 않은 목적에 사용될 위험은 없는 것인지, 따져볼 일이다. 감시를 위한 것이 아니라 하더라도 전자 기술에 의한 정보의 집적은 언제든 개인의 프라이버시를 위협할 수 있다.

① 사공이 많으면 배가 산으로 간다.

② 새가 오래 머물면 반드시 화살을 맞는다.

③ 쇠뿔은 단김에 빼랬다.

④ 일곱 번 재고 천을 째라.

⑤ 달걀에도 뼈가 있다.

04 다음 글과 가장 관련 있는 한자성어는?

중국에 거주하는 J씨는 최근 신고를 받고 출동한 공안에 의해 체포·구금되는 신세로 전락했다. J씨를 신고한 인물은 그의 친어머니로, J씨는 아버지가 구매한 수입 자동차를 훔쳐 타고 달아난 혐의를 받고 있다.
어머니의 진술에 의하면 호화로운 사치 생활을 즐기던 J씨는 사회생활을 위해 반드시 고가의 자동차가 필요하다고 요구해왔다. 부모가 요구를 들어주지 않자, 그는 최근 들어 약 8억 원에 달하는 사채를 지는 방식으로 무리한 사치 생활을 이어왔던 것으로 확인됐다. 특히 J씨는 최근 아버지의 주민등록등본과 회사 사업자 등록증 등을 훔쳐 달아난 뒤, 이를 이용해 약 17억 원의 사채를 추가로 대출하려 한 혐의도 받고 있다.
어머니는 경찰 진술을 통해 "우리 부부는 원래부터 돈이 많은 사람이 아니다."라면서 "농민 출신의 우리 부부가 한두 푼씩을 아껴가면서 지금의 부유한 상황에까지 이른 것이기 때문에 돈을 버는 것이 얼마나 어려운 것인지 잘 알고 있다."라고 했다. "큰돈을 한 번에 쥐여 주기보다는 바닥에서부터 고생하며 돈의 가치를 배우기를 원했다."라며 "이제는 아들을 내가 자제할 수 없다."라고 덧붙였다.
한편, 신고를 받고 J씨를 체포·구금한 공안국은 "고가의 자동차를 훔쳐 타고 도주한 뒤 이후 사채업자 등에 되팔았다."라며 "이 행위는 현지법상 최소 징역 10년 형을 받는 중형"이라고 설명했다.
하지만 어머니는 이 같은 상황에 대해 "아들이 정신을 차리고 남은 인생을 올곧게 살아가기 위해서는 이 방법밖에는 달리 도리가 없다."라며 정당한 처벌을 요구했다.

① 반포지효(反哺之孝)
② 지록위마(指鹿爲馬)
③ 불구대천(不俱戴天)
④ 대의멸친(大義滅親)
⑤ 권토중래(捲土重來)

05 다음 글의 제목으로 가장 적절한 것은?

우리는 처음 만난 사람의 외모를 보고, 그를 어떤 방식으로 대우해야 할지를 결정할 때가 많다. 그가 여자인지 남자인지, 얼굴색이 흰지 검은지, 나이가 많은지 적은지 혹은 그의 스타일이 조금은 상류층의 모습을 띠고 있는지 아니면 너무나 흔해서 별 특징이 드러나 보이지 않는 외모를 하고 있는지 등을 통해 그들과 나의 차이를 재빨리 감지한다. 일단 감지가 되면 우리는 둘 사이의 지위 차이를 인식하고 우리가 알고 있는 방식으로 그를 대하게 된다. 한 개인이 특정 집단에 속한다는 것은 단순히 다른 집단의 사람과 다르다는 것뿐만 아니라, 그 집단이 다른 집단보다는 지위가 높거나 우월하다는 믿음을 갖게 한다. 모든 인간은 평등하다는 우리의 신념에도 불구하고 왜 인간들 사이의 이러한 위계화(位階化)를 당연한 것으로 받아들일까? 위계화란 특정 부류의 사람들은 자원과 권력을 소유하고 다른 부류의 사람들은 낮은 사회적 지위를 갖게 되는 사회적이며 문화적인 체계이다. 다음에서 우리는 이러한 불평등이 어떠한 방식으로 경험되고 조직화되는지를 살펴보기로 하자.
인간이 불평등을 경험하게 되는 방식은 여러 측면으로 나눌 수 있다. 산업 사회에서의 불평등은 계층과 계급의 차이를 통해서 정당화되는데, 이는 재산, 생산 수단의 소유 여부, 학력, 집안 배경 등등의 요소들의 결합에 의해 사람들 사이의 위계를 만들어 낸다. 또한 모든 사회에서 인간은 태어날 때부터 얻게 되는 인종, 성, 종족 등의 생득적 특성과 나이를 통해 불평등을 경험한다. 이러한 특성들은 단순히 생물학적인 차이를 지칭하는 것이 아니라, 개인의 열등성과 우등성을 가늠하게 만드는 사회적 개념이 되곤 한다.
한편 불평등이 재생산되는 다양한 사회적 기제들이 때로는 관습이나 전통이라는 이름 아래 특정 사회의 본질적인 문화적 특성으로 간주되고 당연시되는 경우가 많다. 불평등은 체계적으로 조직되고 개인에 의해 경험됨으로써 문화의 주요 부분이 되었고, 그 결과 같은 문화권 내의 구성원들 사이에 권력 차이와 그에 따른 폭력이나 비인간적인 행위들이 자연스럽게 수용될 때가 많다.
문화 인류학자들은 사회 집단의 차이와 불평등, 사회의 관습 또는 전통이라고 얘기되는 문화 현상에 대해 어떤 입장을 취해야 할지 고민을 한다. 문화 인류학자가 이러한 문화 현상은 고유한 역사적 산물이므로 나름대로 가치를 지닌다는 입장만을 반복하거나 단순히 관찰자로서의 입장에 안주한다면, 이러한 차별의 형태를 제거하는 데 도움을 줄 수 없다. 실제로 문화 인류학 연구는 기존의 권력 관계를 유지시키는 다양한 문화적 이데올로기를 분석하고, 인간 간의 차이가 우등성과 열등성을 구분하는 지표가 아니라 동등한 다름일 뿐이라는 것을 일깨우는 데 기여해 왔다.

① 차이와 불평등
② 차이의 감지 능력
③ 문화 인류학의 역사
④ 위계화의 개념과 구조
⑤ 관습과 전통의 계승과 창조

06 다음 문단을 논리적 순서대로 바르게 나열한 것은?

(가) 초연결사회란 사람, 사물, 공간 등 모든 것들이 인터넷으로 서로 연결돼 모든 것에 대한 정보가 생성 및 수집되고 공유·활용되는 것을 말한다. 즉, 모든 사물과 공간에 새로운 생명이 부여되고 이들의 소통으로 새로운 사회가 열리고 있는 것이다.

(나) 최근 '초연결사회(Hyper Connected Society)'란 말을 주위에서 심심치 않게 들을 수 있다. 인터넷을 통해 사람 간의 연결은 물론 사람과 사물, 심지어 사물 간의 연결 등 말 그대로 '연결의 영역 초월'이 이뤄지고 있다.

(다) 나아가 초연결사회는 단지 기존의 인터넷과 모바일 발전의 맥락이 아닌 우리가 살아가는 방식 전체, 즉 사회의 관점에서 미래사회의 새로운 패러다임으로 큰 변화를 가져올 전망이다.

(라) 초연결사회에서는 인간 대 인간은 물론, 기기와 사물 같은 무생물 객체끼리도 네트워크를 바탕으로 상호 유기적인 소통이 가능해진다. 컴퓨터, 스마트폰으로 소통하던 과거와 달리 초연결 네트워크로 긴밀히 연결되어 오프라인과 온라인이 융합되고, 이를 통해 새로운 성장과 가치 창출의 기회가 증가할 것이다.

① (가) – (나) – (다) – (라)
② (가) – (나) – (라) – (다)
③ (나) – (가) – (다) – (라)
④ (나) – (가) – (라) – (다)
⑤ (나) – (다) – (가) – (라)

07 다음 글의 주제로 가장 적절한 것은?

> 싱가포르에서는 1982년부터 자동차에 대한 정기검사 제도가 시행되었는데, 그 체계가 우리나라의 검사제도와 매우 유사하다. 단, 국내와는 다르게 재검사에 대해 수수료를 부과하고 있고 금액은 처음 검사 수수료의 절반이다.
> 자동차검사에서 특이한 점은 2007년 1월 1일부터 디젤 자동차에 대한 배출가스 정밀검사가 시행되고 있다는 점이다. 안전도검사의 검사방법 및 기준은 교통부에서 주관하고 배출가스검사의 검사방법 및 기준은 환경부에서 주관하고 있다.
> 싱가포르는 사실상 자동차 등록 총량제에 의해 관리되고 있다. 우리나라와는 다르게 자동차를 운행할 수 있는 권리증을 자동차 구매와 별도로 구매하여야 하며 그 가격이 매우 높다. 또한 일정 구간(혼잡구역)에 대한 도로세를 우리나라의 하이패스 시스템과 유사한 시스템인 ERP시스템을 통하여 징수하고 있다.
> 강력한 자동차 안전도 규제, 이륜차에 대한 체계적인 검사와 ERP를 이용한 관리를 통해 검사진로 내에서 사진촬영보다 유용한 시스템을 적용한다. 그리고 분기별 기기 정밀도 검사를 시행하여 국민에게 신뢰받을 수 있는 정기검사 제도를 시행하고 국민의 신고에 의한 수시 검사 제도를 통하여 불법자동차 근절에 앞장서고 있다.

① 싱가포르 자동차 관리 시스템
② 싱가포르와 우리나라의 교통규제시스템
③ 싱가포르의 자동차 정기검사 제도
④ 싱가포르의 불법자동차 근절방법
⑤ 국민에게 신뢰받는 싱가포르의 교통법규

※ 다음 글의 빈칸에 들어갈 내용으로 가장 적절한 것을 고르시오. [8~9]

08

최근 미국 국립보건원은 벤젠 노출과 혈액암 사이에 연관이 있다고 보고했다. 직업안전보건국은 작업장에서 공기 중 벤젠 노출 농도가 1ppm을 넘지 말아야 한다는 한시적 긴급 기준을 발표했다. 당시 법규에 따른 기준은 10ppm이었는데, 직업안전보건국은 이 엄격한 새 기준이 영구적으로 정착되길 바랐다. 그런데 벤젠 노출 농도가 10ppm 이상인 작업장에서 인명피해가 보고된 적은 있지만, 그보다 낮은 노출 농도에서 인명피해가 있었다는 검증된 데이터는 없었다. 그럼에도 불구하고 직업안전보건국은 벤젠이 발암물질이라는 이유를 들어, 당시 통용되는 기기로 쉽게 측정할 수 있는 최소치인 1ppm을 기준으로 삼아야 한다고 주장했다. 직업안전보건국은 직업안전보건법의 구체적 실행에 관여하는 핵심 기관인데, 이 법은 '직장생활을 하는 동안 위험물질에 업무상 주기적으로 노출되더라도 그로 인해 어떤 피고용인도 육체적 손상이나 작업 능력의 손상을 입어서는 안 된다.'고 규정하고 있다.
이후 대법원은 직업안전보건국이 제시한 1ppm의 기준이 지나치게 엄격하다고 판결하였다. 대법원은 '직업안전보건법이 비용 등 다른 조건은 무시한 채 전혀 위험이 없는 작업장을 만들기 위한 표준을 채택하도록 직업안전보건국에게 무제한의 재량권을 준 것은 아니다.'라고 입장을 밝혔다.

____

직업안전보건국은 과학적 불확실성에도 불구하고 사람의 생명이 위험에 처할 수 있는 경우에는 더욱 엄격한 기준을 시행하는 것이 옳다면서, 자신들에게 책임을 전가하는 것에 반대했다. 직업안전보건국은 노동자를 생명의 위협이 될 수 있는 화학 물질에 노출시키는 사람들이 그 안전성을 입증해야 한다고 보았다.

① 여러 가지 과학적 불확실성으로 인해, 직업안전보건국의 기준이 합당하다는 것을 대법원이 입증할 수 없으므로 이를 수용할 수 없다는 것이다.

② 대법원은 벤젠의 노출 수준이 1ppm을 초과할 경우 노동자의 건강에 실질적으로 위험하다는 것을 직업안전보건국이 입증해야 한다고 주장했다.

③ 대법원은 재량권의 범위가 클수록 그만큼 더 신중하게 사용해야 한다는 점을 환기시키면서, 10ppm 수준의 벤젠 농도가 노동자의 건강에 정확히 어떤 손상을 가져오는지를 직업안전보건국이 입증해야 한다고 주장했다.

④ 직업안전보건국은 발암물질이 함유된 공기가 있는 작업장들 가운데서 전혀 위험이 없는 환경과 미미한 위험이 있는 환경을 구별해야 한다고 주장했는데, 대법원은 이것이 무익하고 무책임한 일이라고 지적했다.

⑤ 국립보건원의 최근 보고를 바탕으로, 직업안전보건국은 벤젠이 인체에 미치는 위해 범위가 엄밀한 의미에서 과학적으로 불확실하다는 점을 강조하면서, 자신들이 비용에 대한 고려를 간과하고 있다는 대법원의 언급은 근거 없는 비방이라고 맞섰다.

09

태양은 지구의 생명체가 살아가는 데 필요한 빛과 열을 공급해 준다. 이런 막대한 에너지를 태양은 어떻게 계속 내놓을 수 있을까?

16세기 이전까지는 태양을 포함한 별들이 지구상의 물질을 이루는 네 가지 원소와 다른, 불변의 '제5원소'로 이루어졌다고 생각했다. 하지만 밝기가 변하는 신성(新星)이 별 가운데 하나라는 사실이 알려지면서 별이 불변이라는 통념은 무너지게 되었다. 또한, 태양의 흑점 활동이 관측되면서 태양 역시 불덩어리일지도 모른다고 생각하기 시작했다. 그 후 섭씨 5,500℃로 가열된 물체에서 노랗게 보이는 빛이 나오는 것을 알게 되면서 유사한 빛을 내는 태양의 온도도 비슷할 것이라고 추측하게 되었다.

19세기에는 에너지 보존 법칙이 확립되면서 새로운 에너지 공급이 없다면 태양의 온도가 점차 낮아져야 한다는 결론을 내렸다. 그렇다면 과거에는 태양의 온도가 훨씬 높았어야 했고, 지구의 바다가 펄펄 끓어야 했을 것이다. 하지만 실제로는 그렇지 않았고, 사람들은 태양의 온도를 일정하게 유지해 주는 에너지원이 무엇인지에 대해 생각하게 되었다.

20세기 초 방사능이 발견되면서 방사능 물질의 붕괴에서 나오는 핵분열 에너지를 태양의 에너지원으로 생각하였다. 그러나 태양빛의 스펙트럼을 분석한 결과 태양에는 우라늄 등의 방사능 물질 대신 수소와 헬륨이 있다는 것을 알게 되었다. 즉, 방사능 물질의 붕괴에서 나오는 핵분열 에너지가 태양의 에너지원이 아니었던 것이다.

현재 태양의 에너지원은 수소 원자핵 네 개가 헬륨 원자핵 하나로 융합하는 과정의 질량 결손으로 인해 생기는 핵융합 에너지로 알려져 있다. 태양은 엄청난 양의 수소 기체가 중력에 의해 뭉쳐진 것으로, 그 중심으로 갈수록 밀도와 압력, 온도가 증가한다. 태양에서의 핵융합은 천만℃ 이상의 온도를 유지하는 중심부에서만 일어난다. 원자핵들은 높은 온도에서 높은 운동 에너지를 가지게 되며, 그 결과로 원자핵들 사이의 반발력을 극복하고 융합되기에 충분히 가까운 거리로 근접할 수 있기 때문이다. 태양빛이 핵융합을 통해 나온다는 사실은 태양으로부터 온 중성미자가 관측됨으로써 더 확실해졌다.

중심부의 온도가 올라가 핵융합 에너지가 늘어나면 그 에너지로 인한 압력으로 수소를 밖으로 밀어내어 중심부의 밀도와 온도를 낮추게 된다. 이렇게 온도가 낮아지면 방출되는 핵융합 에너지가 줄어들며, 그 결과 압력이 낮아져서 수소가 중심부로 들어오게 되어 중심부의 밀도와 온도를 다시 높인다. 이렇듯 태양 내부에서 중력과 핵융합 반응의 평형 상태가 유지되기 때문에 ________________ 태양은 이미 50억 년간 빛을 냈고, 앞으로도 50억 년 이상 더 빛날 것이다.

① 태양의 핵융합 에너지가 폭발적으로 증가할 수 있게 된다.
② 태양 외부의 밝기가 내부 상태에 따라 변할 수 있게 된다.
③ 태양이 오랫동안 안정적으로 빛을 낼 수 있게 된다.
④ 태양이 일정한 크기를 유지할 수 있었다.
⑤ 과거와 달리 태양이 일정한 온도를 유지할 수 있게 된다.

PART 3

10 다음 중 밑줄 친 '정원'에 대한 설명으로 적절하지 않은 것은?

> 야생의 자연이라는 이상을 고집하는 자연 애호가들은 인류가 자연과 내밀하면서도 창조적인 관계를 맺었던 반(反)야생의 자연, 즉 '정원'을 간과한다. 정원은 울타리를 통해 농경지보다 야생의 자연과 분명한 경계를 긋는다. 집약적인 토지 이용이라는 전통은 정원에서 시작되었다. 정원은 대규모의 농경지 경작이 행해지지 않은 원시적인 문화에서도 발견된다. 만여 종의 경작용 식물들은 모두 대량 생산에 들어가기 전에 정원에서 자라는 단계를 거쳐 온 것으로 보인다.
>
> 농업경제의 역사에서 정원이 갖는 의미는 시대와 지역에 따라 매우 달랐다. 좁은 공간에서 집약적인 농사를 짓는 지역에서는 농부가 곧 정원사였다. 반면 예전의 독일 농부들은 정원이 곡물 경작에 사용될 퇴비를 앗아가므로 정원을 악으로 여기기도 했다. 하지만 여성들의 입장은 지역적인 편차가 없었다. 아메리카의 푸에블로 인디언부터 근대 독일의 농부 집안까지 정원은 농업 혁신에 주도적인 역할을 해온 여성들에게는 자신들의 제국이자 자존심이었다. 그곳에는 여성들이 경험을 통해 쌓은 지식 전통이 살아 있었다. 환경사에서 여성이 갖는 특별한 역할의 물질적 근간은 대부분 정원에서 발견된다. 지난 세기들의 경우 이는 특히 여성 제후들과 관련되어 있으며 자료가 풍부하다. 작센의 여성 제후인 안나는 식물에 관한 지식을 늘 공유했던 긴밀하고도 광범위한 사회적 네트워크를 가지고 있었는데, 그중에는 식물 경제학에 관심이 깊은 고귀한 신분의 여성들도 많았으며 수도원 소속의 여성들도 있었다.
>
> 여성들이 정원에서 쌓은 경험의 특징은 무엇일까? 정원에서는 땅을 면밀히 살피고 손으로 흙을 부스러뜨리는 습관이 생겨났을 것이다. 정원에서 즐겨 이용되는 삽도 다양한 토질의 층을 자세히 연구하도록 부추겼을 것이 분명하다. 넓은 경작지보다는 정원에서 땅을 다룰 때 더 아끼고 보호했을 것이다. 정원이라는 매우 제한된 공간에는 옛날에도 충분한 퇴비를 줄 수 있었다. 경작지보다도 다양한 종류의 퇴비로 실험할 수 있었고 새로운 작물을 키우며 경험을 수집할 수 있었다. 정원에서는 좁은 공간에서 다양한 식물이 자라기 때문에 모든 종류의 식물들이 서로 잘 지내지는 않는다는 사실에도 주의를 기울였다. 이는 식물 생태학의 근간을 이루는 통찰이었다.
>
> 결론적으로 정원은 여성들이 주도가 되어 토양과 식물을 이해하고, 농경지 경작에 유용한 지식과 경험을 배양할 수 있는 좋은 장소였다.

① 울타리를 통해 야생의 자연과 분명한 경계를 긋는다.

② 집약적 토지 이용의 전통이 시작된 곳으로 원시적인 문화에서도 발견된다.

③ 시대와 지역에 따라 정원에 대한 여성들의 입장이 달랐다.

④ 정원에서는 모든 종류의 식물들이 서로 잘 지내지는 않는다.

⑤ 여성이 갖는 특별한 역할의 물질적 근간이 대부분 발견되는 곳이다.

11 다음 글은 보행자도로의 발전 방안에 대해 설명하는 기사의 일부이다. 기사의 내용으로 적절하지 않은 것은?

> 보행자도로에서 횡단경사를 기존 1/25 이하에서 1/50 이하로 완화하면 통행 시 한쪽 쏠림현상, 휠체어 이용자 방향 조절 불편함 등을 줄여서 보행자 및 교통약자의 통행 안전을 향상할 수 있다. 또한 보행자 통행에만 이용되는 보도의 유효 폭 최소 기준도 기존 1.2m에서 1.5m로 확대하면 보행자는 더욱 넓은 공간에서 통행할 수 있게 되고, 휠체어나 유모차 이용자도 통행할 수 있는 최소한의 보도 폭을 확보하게 된다.
> 그리고 보도 포장 등에 대한 구체적인 시공과 유지관리 방법으로 보행자 안전성에 문제가 있거나 현재 사용하지 않는 포장 재료를 삭제해야 하며, 포장 공법별 시공 및 품질관리 기준을 마련해 보행자도로 특성에 맞는 시공과 관리를 할 수 있도록 해야 한다.
> 다음으로 도로관리청별로 다르게 관리하던 보행자도로에 대한 관리 기준을 포장 상태 서비스 수준별로 등급(A ~ E)을 마련하여 관리하는 한편, 보행자도로의 경우는 일정 수준(C등급) 이상의 관리가 필요하다.
> 마지막으로 기존 '험프형 횡단보도'를 도로교통법에서 사용하는 '고원식 횡단보도'로 용어를 변경하고, 고원식 횡단보도의 정의, 설치 위치, 형식, 구조 등을 제시하여 일관성 있는 설치를 통해 자동차 운전자와 보행자의 통행 안전성을 확보할 수 있도록 해야 할 것이다.

① 보행자도로의 보도 유효 폭을 1.5m로 확대하면 휠체어 이용자도 통행할 수 있게 된다.
② 보행자도로에서 횡단경사가 완화되면 한쪽 쏠림현상을 줄일 수 있다.
③ 보행자도로에 대한 관리 기준을 포장상태 서비스 수준별로 등급을 마련해 관리해야 한다.
④ 넓은 공간 통행을 위해 가로수를 포함한 보도의 유효 폭 최소 기준을 확대해야 한다.
⑤ 보행자도로의 포장상태 서비스 수준은 C등급 이상이 되도록 관리되어야 한다.

PART 3

12 다음 글의 밑줄 친 ㉠~㉤의 수정 방안으로 적절하지 않은 것은?

> 교열(校閱)을 '남이 써 놓은 글의 오자와 탈자를 바로잡는 작업' 쯤으로 생각하는 사람이 많다. ㉠ 즉, 교열은 독자들이 쉽게 이해할 수 있도록 눈높이에 맞게 문장을 다듬는 것이다. 아울러 글쓴이가 잘못 알고 있는 지식도 바르게 수정하며 글쓴이 특유의 어조를 지켜줘야 하고 언어적 습관도 유지해 줘야 한다. 이처럼 교열은 폭넓은 상식과 풍부한 언어적 지식으로 '업무'를 처리해야 하는 ㉡ 단순한 과정이다.
> 교열자에게 가장 필요한 자질은 첫째, 폭넓은 우리말 지식이다. 그것은 기본 중의 기본이다. 둘째, 인문, 과학, 기술, 문화 등에 대한 풍부한 상식이다. 인터넷에도 숱한 거짓 정보가 떠다닌다. 예를 들어 '달에서 볼 수 있는 지구의 유일한 인공 구조물은'이라는 질문에 대부분의 사람은 '만리장성'이라고 답한다. 그러나 실제로 달에서 ㉢ 맨 눈으로 볼 수 있는 지구의 인공 구조물은 없다. 이처럼 교열자는 자기만의 다양한 거름 장치로 이러한 ㉣ 잘못된 오류들을 찾아내 바로잡아 주어야 한다. 셋째, 글쓰기 실력 역시 빼놓을 수 없는 교열자의 자질이다. 교열자의 능력은 글쓴이의 거친 문장, 잔뜩 꼬인 문장을 부드럽고 매끈하게 다듬을 때 빛난다. 그런 일을 하기 위해서는 교열자 스스로가 글을 쓰는 요령을 알고 있어야 한다. 작문 실력이 없으면 거친 문장과 꼬인 문장을 알기 힘들고, 이를 다듬기는 더욱 힘들다.
> 교열은 힘들고 지겨운 과정이다. 하지만 ㉤ 출간된 책을 접하게 되면 삶의 보람을 느끼게 된다.

① ㉠ – 앞 문장과의 관계를 고려하여 '그러나'로 고친다.
② ㉡ – 문맥에 어울리지 않으므로 '복잡한'으로 고친다.
③ ㉢ – 띄어쓰기가 올바르지 않으므로 '맨눈'으로 고친다.
④ ㉣ – 의미가 중복되므로 '잘못된'을 삭제한다.
⑤ ㉤ – 필요한 문장 성분이 생략되었으므로 앞에 '독자는'을 추가한다.

13 석훈이와 소영이는 운동장에 있는 원형 달리기 트랙에서 같은 지점에서 동시에 출발해 반대방향으로 달리기 시작했다. 석훈이는 평균 6m/s의 속력으로, 소영이는 평균 4m/s의 속력으로 달렸는데 출발할 때를 제외하고 두 번째 만날 때까지 걸린 시간이 1분 15초일 때, 운동장 트랙의 둘레는 얼마인가?

① 315m ② 325m
③ 355m ④ 375m
⑤ 395m

PART 3

14 L씨는 콘택트 렌즈를 구매하려 한다. 다음 자료를 토대로 가격을 비교하였을 때, 1년 동안 가장 적은 비용으로 사용할 수 있는 렌즈는 무엇인가?(단, 1년 동안 똑같은 제품만을 사용하며, 1년은 52주이다)

렌즈	가격	착용기한	서비스
A	30,000원	1달	−
B	45,000원	2달	1+1
C	20,000원	1달	1+2(3월, 7월, 11월에만)
D	5,000원	1주	−
E	65,000원	2달	1+2

① A ② B
③ C ④ D
⑤ E

15 직원 A～P 16명이 야유회에 가서 4명씩 4개의 조로 행사를 한다. 첫 번째 이벤트에서 같은 조였던 사람은 두 번째 이벤트에서 같은 조가 될 수 없다. 두 번째 이벤트에서 1, 4조가 〈조건〉처럼 주어졌을 때, 두 번째 이벤트에서 나머지 2개 조의 가능한 경우의 수는?

조건

- 1조 : I, J, K, L
- 4조 : M, N, O, P

① 8
② 10
③ 12
④ 14
⑤ 16

16 다음은 지역별 마약류 단속에 대한 자료이다. 이에 대한 설명으로 옳은 것은?

〈지역별 마약류 단속 건수〉

(단위 : 건, %)

구분	대마	코카인	향정신성의약품	합계	
					비중
서울	49	18	323	390	22.1
인천·경기	55	24	552	631	35.8
부산	6	6	166	178	10.1
울산·경남	13	4	129	146	8.3
대구·경북	8	1	138	147	8.3
대전·충남	20	4	101	125	7.1
강원	13	0	35	48	2.7
전북	1	4	25	30	1.7
광주·전남	2	4	38	44	2.5
충북	0	0	21	21	1.2
제주	0	0	4	4	0.2
전체	167	65	1,532	1,764	100.0

※ 수도권은 서울과 인천·경기를 합한 지역임
※ 마약류는 대마, 코카인, 향정신성의약품으로만 구성됨

① 대마 단속 전체 건수는 코카인 단속 전체 건수의 3배 이상이다.
② 수도권의 마약류 단속 건수는 마약류 단속 전체 건수의 50% 이상이다.
③ 코카인 단속 건수가 없는 지역은 5곳이다.
④ 향정신성의약품 단속 건수는 대구·경북 지역이 광주·전남 지역의 4배 이상이다.
⑤ 강원 지역은 향정신성의약품 단속 건수가 대마 단속 건수의 3배 이상이다.

17 다음은 H지역 전체 가구를 대상으로 원자력발전소 사고 전·후 식수 조달원 변경에 대해 사고 후 설문조사한 결과이다. 이에 대한 설명 중 옳은 것은?

〈원자력발전소 사고 전·후 H지역 조달원별 가구 수〉

(단위 : 가구)

사고 전 조달원 \ 사고 후 조달원	수돗물	정수	약수	생수
수돗물	40	30	20	30
정수	10	50	10	30
약수	20	10	10	40
생수	10	10	10	40

※ H지역 가구의 식수 조달원은 수돗물, 정수, 약수, 생수로 구성되며, 각 가구는 한 종류의 식수 조달원만 이용함

① 사고 전에 식수 조달원으로 정수를 이용하는 가구 수가 가장 많다.
② 사고 전에 비해 사고 후에 이용 가구 수가 감소한 식수 조달원의 수는 3개이다.
③ 사고 전·후 식수 조달원을 변경한 가구 수는 전체 가구 수의 60% 이하이다.
④ 사고 전에 식수 조달원으로 정수를 이용하던 가구는 모두 사고 후에도 정수를 이용한다.
⑤ 각 식수 조달원 중에서 사고 전·후에 이용 가구 수의 차이가 가장 큰 것은 생수이다.

18 H공사에서는 업무효율을 높이기 위해 근무여건 개선방안에 대하여 논의하고자 한다. 귀하는 논의 자료를 위하여 전 사원의 야간근무 현황을 조사하였다. 다음 중 조사 내용으로 옳지 않은 것은?

〈야간근무 현황(주 단위)〉

(단위 : 일, 시간)

구분	임원	부장	과장	대리	사원
평균 야근 빈도	1.2	2.2	2.4	1.8	1.4
평균 야근 시간	1.8	3.3	4.8	6.3	4.2

※ 60분의 3분의 2 이상을 채울 시 1시간으로 야근 수당을 계산함

① 과장급 사원은 한 주에 평균적으로 2.4일 정도 야간근무를 한다.
② 전 사원의 주 평균 야근 빈도는 1.8일이다.
③ 평사원은 한 주 동안 평균 4시간 12분 정도 야간근무를 하고 있다.
④ 1회 야간근무 시 평균적으로 가장 긴 시간 동안 일하는 사원은 대리급 사원이다.
⑤ 야근수당이 시간당 10,000원이라면 과장급 사원은 주 평균 50,000원을 받는다.

19 다음은 H국가의 2024년 월별 반도체 수출 동향을 나타낸 자료이다. 이를 나타낸 그래프로 옳지 않은 것은?(단, 그래프 단위는 모두 '백만 달러'이다)

〈2024년 월별 반도체 수출액 동향〉

(단위 : 백만 달러)

기간	수출액	기간	수출액
1월	9,681	7월	10,383
2월	9,004	8월	11,513
3월	10,804	9월	12,427
4월	9,779	10월	11,582
5월	10,841	11월	10,684
6월	11,157	12월	8,858

① 2024년 월별 반도체 수출액

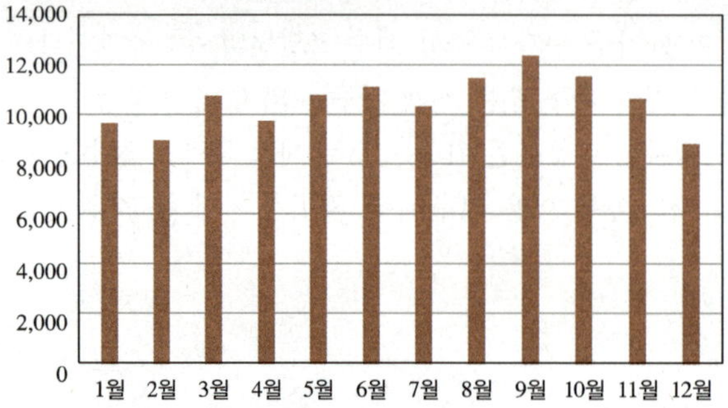

② 2024년 월별 반도체 수출액

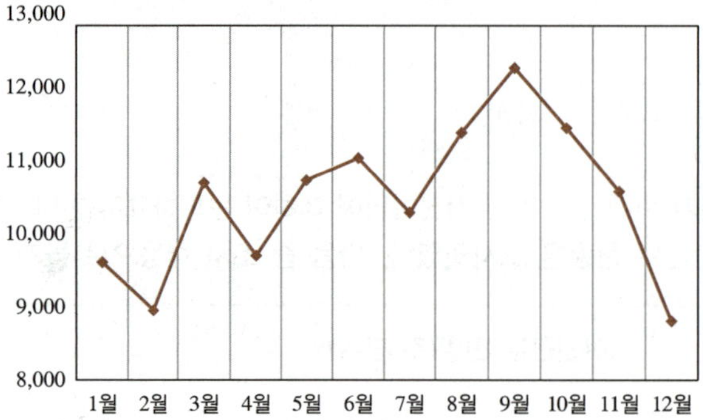

③ 2024년 월별 반도체 수출액

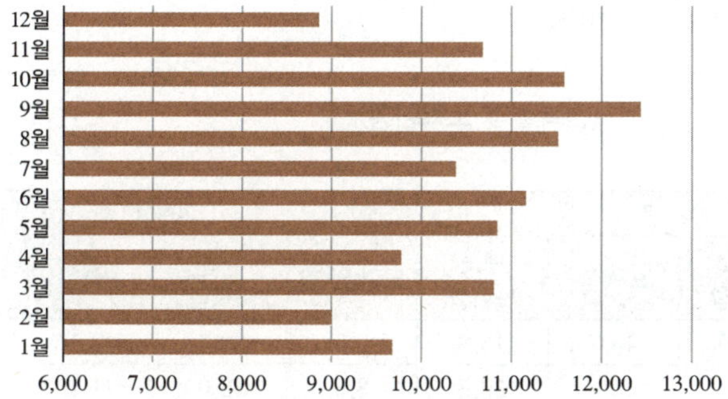

④ 2 ~ 12월 전월 대비 반도체 수출 증감액

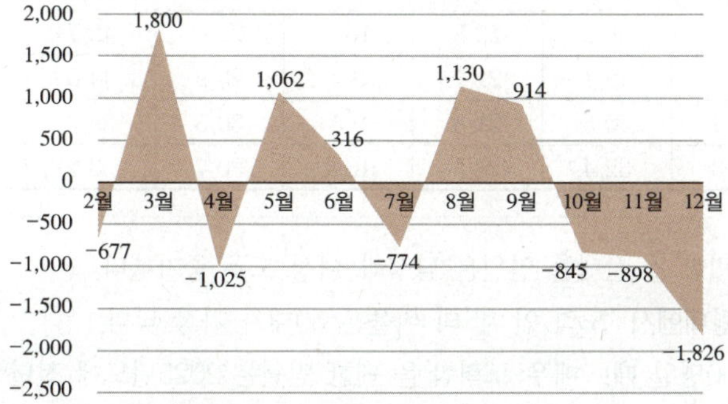

⑤ 2 ~ 12월 전월 대비 반도체 수출 증감액

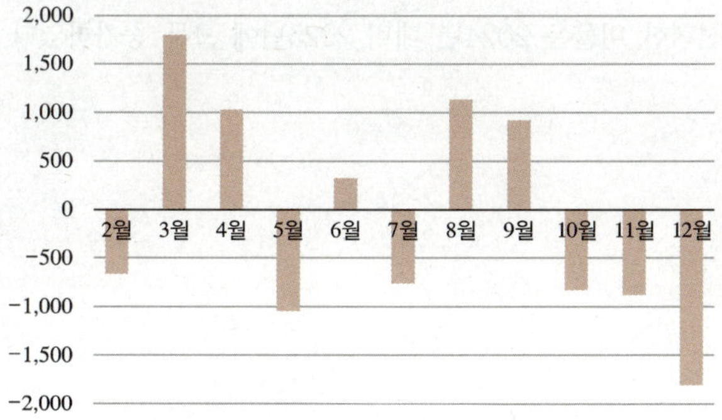

PART 3

20 다음은 전력사용에 대한 절약노력 설문조사 결과이다. 이에 대한 설명으로 옳은 것은?(단, 인원과 비율은 소수점 둘째 자리에서 반올림한다)

〈전력절약 노력현황〉

(단위 : %)

구분	2024년				2025년			
	노력 안 함	조금 노력함	노력함	매우 노력함	노력 안 함	조금 노력함	노력함	매우 노력함
남성	2.5	38.0	43.7	15.8	3.5	32.4	42.1	22.0
여성	3.4	34.7	45.1	16.8	3.9	35.0	41.2	19.9
10대	12.4	48.1	22.5	17.0	13.1	43.2	25.8	17.9
20대	10.4	39.5	27.6	22.5	10.2	38.2	28.4	23.2
30대	11.5	26.4	38.3	23.8	10.7	21.9	42.7	24.7
40대	10.5	25.7	42.1	21.7	9.4	23.9	44.0	22.7
50대	9.3	28.4	40.5	21.8	9.5	30.5	39.2	20.8
60대 이상	10.0	31.3	32.4	26.3	10.4	30.7	33.2	25.7

① 2025년에 전년 대비 '노력함'을 선택한 인원은 남성과 여성 모두 증가했다.
② 2024 ~ 2025년 모든 연령대에서 '노력 안 함'의 비율은 50대가 가장 낮다.
③ 여성 조사인구가 매년 500명일 때, '매우 노력함'을 택한 인원은 2025년도에 전년 대비 15명 이상 늘어났다.
④ 2025년의 60대 이상 '조금 노력함'의 비율은 전년 대비 2% 이상의 증가율을 보인다.
⑤ 연령대별 '매우 노력함'을 선택한 비율은 2024년 대비 2025년에 모두 증가하였다.

21 H공장은 상품을 만들면서 안정성 검사와 기능 검사를 병행하고 있다. 1시간 동안 안정성 검사와 기능 검사를 동시에 받는 상품은 몇 개인가?

- 상품은 15초에 1개씩 만들어진다.
- 안정성 검사는 12번째 상품마다 검사한다.
- 기능 검사는 9번째 상품마다 검사한다.

① 12개　② 10개
③ 8개　④ 6개
⑤ 4개

22

H공사에서 새로운 기계를 구매하기 위해 검토 중이라는 소문을 B사 영업사원인 귀하가 입수했다. H공사 구매 담당자는 회사 방침에 따라 실속(가격)이 최우선이며 그다음이 품격(디자인)이고 구매하려는 기계의 제작사들이 비슷한 기술력을 가지고 있기 때문에 성능은 다 같다고 생각하고 있다. 따라서 사후관리(A/S)를 성능보다 우선시하고 있다고 한다. 귀하는 오늘 경쟁사와 자사 기계에 대한 종합 평가서를 참고하여 H공사의 구매 담당자를 설득시킬 계획이다. 귀하가 할 수 있는 설명으로 적절하지 않은 것은?

〈종합 평가서〉

구분	A사	B사	C사	D사	E사	F사
성능(높은 순)	1	4	2	3	6	5
디자인(평가가 좋은 순)	3	1	2	4	5	6
가격(낮은 순)	1	3	5	6	4	2
A/S 특징(신속하고 철저한 순)	6	2	5	3	1	4

※ 숫자는 순위를 나타냄

① A사 제품은 가격은 가장 저렴하나 A/S가 늦고 철저하지 않습니다. 우리 제품을 사면 제품 구매 비용은 A사보다 많이 들어가나 몇 년 운용을 해보면 실제 A/S 지체 비용으로 인한 손실액이 A사보다 적기 때문에 실제로 이익입니다.

② C사 제품보다는 우리 회사 제품이 가격이나 디자인 면에서 우수하고 A/S 또한 빠르고 정확하기 때문에 비교할 바가 안 됩니다. 성능이 우리 것보다 조금 낫다고는 하나 사실 이 기계의 성능은 서로 비슷하기 때문에 우리 회사 제품이 월등하다고 볼 수 있습니다.

③ D사 제품은 먼저 가격에서나 디자인 그리고 A/S에서 우리 제품을 따라올 수 없습니다. 성능도 엇비슷하기 때문에 결코 우리 회사 제품과 견줄 것이 못 됩니다.

④ E사 제품은 A/S 면에서 가장 좋은 평가를 받고 있으나 성능 면에서 가장 뒤처지기 때문에 고려할 가치가 없습니다. 특히 A/S가 잘되어 있다면 오히려 성능이 뒤떨어져서 일어나는 사인이기 때문에 재고할 가치가 없습니다.

⑤ F사 제품은 우리 회사 제품보다 가격은 저렴하지만 A/S나 디자인 면에서 우리 제품이 더 좋은 평가를 받고 있으므로 우리 회사 제품이 더 뛰어납니다.

23 **H공사는 국내 관광열차를 효과적으로 홍보하기 위해 해당 지역과 그 테마에 관련된 관광열차를 맞춘 사람에게 선물을 증정하는 행사를 기획하였다. 다음 참여자 중 선물을 받을 사람은 누구인가?**

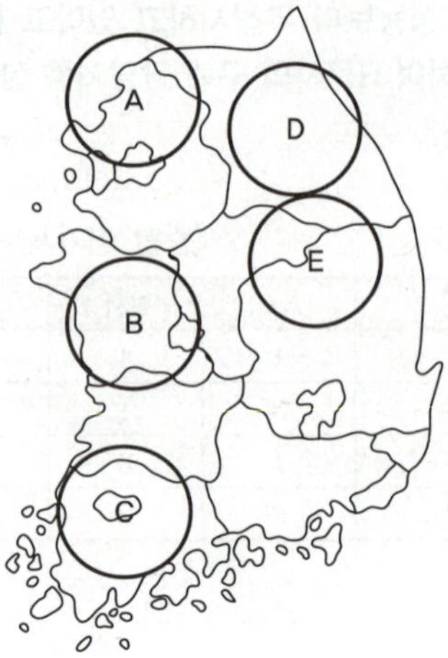

〈관광열차〉

- 정선아리랑열차(A－train) : 유네스코 세계인류무형유산으로 등재된 아리랑의 고장, 정선의 비경을 파노라마로 즐길 수 있도록 천장을 제외한 모든 부분이 창으로 이루어져 있습니다.
- 서해금빛열차(West Gold－train) : 세계 최초 한옥식 온돌마루와 온천 족욕시설을 갖춘 열차를 타고 갯벌, 섬, 낙조 등 풍요로운 자원이 가득한 서해안 7개 지역의 명소를 찾아갑니다.
- 백두대간협곡열차(V－train) : 백두대간 협곡 구간을 왕복 운행하는 국내 최초 개방형 관광열차로, 백호를 형상화한 외관과 복고풍 실내 장식이 여행의 즐거움을 더해줍니다.
- 중부내륙순환열차(O－train) : 고요한 중부내륙 3도(강원, 충북, 경북) 두메산골의 수채화 같은 자연경관을 끼고 순환 운행하는 관광열차입니다.
- 남도해양열차(S－train) : 영남과 호남을 이어주는 열차 안에서 각종 공연과 다례체험을 즐기며, 천혜의 자연경관과 풍성한 문화자원을 지닌 남도의 맛과 멋을 찾아 떠납니다.
- 평화열차(DMZ－train) : 한국전쟁의 상처를 딛고 다시 태어난 비무장지대를 향해 달리는 관광열차로, 역사・자연・평화가 공존하는 뜻깊은 여정을 선사합니다.

① 갑 : E지역에 정선아리랑열차가 확실합니다.
② 을 : 중부내륙순환열차는 D지역을 구경할 수 있겠어요.
③ 병 : B지역은 S－train을 타면 관광할 수 있을 것 같아요.
④ 정 : C지역에 해당하는 열차는 V－train입니다.
⑤ 무 : 비무장지대를 향해 달리는 열차인 DMZ－train은 A지역에 해당합니다.

24 **8명의 학생 A ~ H 중 5명이 여름 캠프에 참가할 예정이다. 〈조건〉에 제시된 명제를 참고할 때, 다음 중 항상 캠프에 참가하는 사람은?**

조건

- B, C, F 중에서 두 명만이 참가한다.
- C, E, G 중에서 두 명만이 참가한다.
- D, E, F 중에서 두 명만이 참가한다.
- H가 참가하지 않으면 A도 참가하지 않는다.

① A
② B
③ D
④ F
⑤ H

25 **H공사에서는 신입사원이 입사하면 서울 지역 내 5개 지점을 선정하여 순환근무를 하며 업무환경과 분위기를 익히도록 하고 있다. 입사동기인 A ~ E사원의 순환근무 〈조건〉이 다음과 같을 때, 항상 참인 것은?**

조건

- 각 지점에는 한 번에 한 명의 신입사원만 근무할 수 있다.
- 5개의 지점은 강남, 구로, 마포, 잠실, 종로이며, 모든 지점에 한 번씩 배치된다.
- 지금은 세 번째 순환근무 기간이고, 현재 근무하는 지점은 다음과 같다.
  [A – 잠실, B – 종로, C – 강남, D – 구로, E – 마포]
- C와 B는 구로에서 근무한 적이 있다.
- D의 다음 근무지는 강남이고, 종로에서 가장 마지막에 근무한다.
- E와 D는 잠실에서 근무한 적이 있다.
- 마포에서 아직 근무하지 않은 사람은 A와 B이다.
- B가 현재 근무하는 지점은 E의 첫 순환근무지이고, E가 현재 근무하는 지점은 A의 다음 순환근무지이다.

① E는 아직 구로에서 근무하지 않았다.
② C는 마포에서 아직 근무하지 않았다.
③ 다음 순환근무 기간에 잠실에서 근무하는 사람은 C이다.
④ 지금까지 강남에서 근무한 사람은 A, E, B이다.
⑤ 강남에서 가장 먼저 근무한 사람은 D이다.

※ 다음은 H항만공사에서 분석한 SWOT 분석 자료이다. 이어지는 질문에 답하시오. **[26~27]**

강점(Strength)	약점(Weakness)
• 경쟁력 있는 화물창출 인프라 확보 • 다기능 항만 전환 등을 통한 고부가가치 창출 기회 확보 및 수익구조 다양화 • 국내 최대 산업항만(수출 · 입 기준 국내 1위) • (　　　　(가)　　　　)	• 하역 능력 대비 컨테이너 물동량 증가세 저조 • 낮은 국내 · 외 인지도 • 자체 물량 창출을 위한 배후시장 미흡 • (　　　　(나)　　　　)
기회(Opportunity)	**위협(Threat)**
• FTA 확대로 다기능 항만 역량 요구 • 산업클러스터 항만에 대한 정부의 정책 변화 • 수출 자동차의 국내 환적 물동량 급증 • (　　　　(다)　　　　)	• 글로벌 해운동맹의 M&A로 물류거점 경쟁 가열 • 선박대형화에 따른 시설 증 · 개축 투자 소요 • 한진해운 사태 등으로 해운항만 경기 침체 • 글로벌 경기침체에 따른 물량증가 둔화 • (　　　　(라)　　　　)

26 SWOT 분석에 대한 설명이 다음과 같을 때, 다음 중 빈칸 (가) ~ (라)에 들어갈 내용으로 적절하지 않은 것은?

> SWOT 분석은 기업의 내부환경을 분석하여 강점(Strength)과 약점(Weakness)을 발견하고, 외부환경을 분석하여 기회(Opportunity)와 위협(Threat)을 찾아내어 이를 토대로 강점은 살리고 약점은 죽이고, 기회는 활용하고 위협은 억제하는 마케팅 전략을 수립하는 것을 말한다.

① (가) : 글로벌 기업의 유치가 가능한 광활한 배후단지 보유
② (나) : 부채 감축 계획으로 사업 투자 여력 부족
③ (다) : 정부의 지속적 해양 신산업 육성
④ (라) : 일부 시설물 노후 심화에 따른 대규모 리뉴얼 사업 필요
⑤ (마) : 초대형 항만시설 보유로 신규 투자 불요

27 **SWOT 분석에 의한 마케팅 전략이 아래와 같을 때, H항만공사에서 분석한 SWOT 분석 자료에 대한 마케팅 전략의 내용으로 적절하지 않은 것은?**

〈SWOT 마케팅 전략〉

- SO전략(강점 – 기회전략): 시장의 기회를 활용하기 위해 강점을 사용하는 전략을 선택한다.
- ST전략(강점 – 위협전략): 시장의 위협을 회피하기 위해 강점을 사용하는 전략을 선택한다.
- WO전략(약점 – 기회전략): 약점을 극복함으로써 시장의 기회를 활용하는 전략을 선택한다.
- WT전략(약점 – 위협전략): 시장의 위협을 회피하고 약점을 최소화하는 전략을 선택한다.

① SO전략 : 화물창출 인프라를 활용하여 다양한 기능을 가진 항만으로 발돋움한다.
② ST전략 : 경기 침체에 대비하여 국내항만공사 중에서 수출 · 입 1위인 점을 적극 홍보한다.
③ WO전략 : 수출 자동차의 환적 물동량 급증 현상을 이용하여 경기침체 위기를 극복하도록 한다.
④ WT전략 : 물류거점을 확보하여 글로벌 해운동맹의 M&A에 대비하고 자체적으로 물량을 더 창출하도록 한다.
⑤ SO전략 : 정부의 정책 변화에 발맞춰 다기능 항만으로 전환하여 고부가가치를 창출한다.

28 **H공사는 세종시에 지부를 신축할 예정이며 이에 따라 사업지원부, 투자조사부, 기획경영부, 자원관리부, 인사부 중에서 신축하는 지부로 이전할 부서를 결정하고자 한다. 〈조건〉에 따라 이전할 부서를 결정한다고 할 때, 다음 중 항상 옳은 것은?**

> **조건**
> - 투자조사부가 이전하지 않으면 자원관리부도 이전하지 않는다.
> - 사업지원부가 이전하지 않으면 기획경영부도 이전하지 않는다.
> - 자원관리부는 반드시 이전하여야 한다.
> - 투자조사부와 사업지원부 중 한 곳만 이전한다.
> - 사업지원부, 투자조사부, 기획경영부, 자원관리부, 인사부 중 적어도 3개의 부서가 이전하여야 한다.

① 투자조사부는 이전하지 않는다.
② 기획경영부는 이전한다.
③ 투자조사부는 이전하고, 기획경영부는 이전하지 않는다.
④ 총 4개의 부서가 이전한다.
⑤ 인사부는 이전하지 않는다.

29 **H공사 영업부 직원들은 사무실 자리 배치를 〈조건〉에 따라 바꾸기로 했다. 변경한 사무실 자리 배치에 대한 설명으로 옳지 않은 것은?**

〈사무실 자리 배치표〉

부장	A	B	성대리	C	D
	E	김사원	F	이사원	G

> **조건**
> - 같은 직급은 옆자리로 배정하지 않는다.
> - 사원 옆자리와 앞자리는 비어 있을 수 없다.
> - 부장은 동쪽을 바라보며 앉고 부장의 앞자리에는 상무 또는 부장이 앉는다.
> - 부장을 제외한 직원들은 마주보고 앉는다.
> - H공사 영업부 직원은 부장, 사원 2명(김사원, 이사원), 대리 2명(성대리, 한대리), 상무 1명(오상무), 차장 1명(최 차장), 과장 2명(김과장, 박과장)이다.

① 차장 앞자리에 빈자리가 있다.
② A와 D는 빈자리다.
③ F와 G에 김과장과 박과장이 앉는다.
④ C에 최차장이 앉으면 E에는 오상무가 앉는다.
⑤ B와 C에 오상무와 박과장이 앉으면 F에는 한대리가 앉을 수 있다.

30 면접시험에서 순서대로 면접을 본 응시자들 중 다음 〈조건〉에 따라 평가 점수가 가장 높은 6명이 합격할 때, 합격자를 점수가 높은 순서대로 나열한 것은?(단, 동점인 경우 먼저 면접을 진행한 응시자를 우선으로 한다)

조건

- 면접관 5명이 부여한 점수 중 최고점과 최저점을 제외한 나머지 면접관 3명이 부여한 점수의 평균과 보훈 가점의 합으로 평가한다.
- 최고점과 최저점이 1개 이상일 때는 1명의 점수만 제외한다.
- 소수점 셋째 자리에서 반올림한다.

〈지원자 면접 점수〉

(단위 : 점)

구분	면접관 1	면접관 2	면접관 3	면접관 4	면접관 5	보훈 가점
A	80	85	70	75	90	–
B	75	90	85	75	100	5
C	70	95	85	85	85	–
D	75	80	90	85	80	–
E	80	90	95	100	85	5
F	85	75	95	90	80	–
G	80	75	95	90	95	10
H	90	80	80	85	100	–
I	70	80	80	75	85	5
J	85	80	100	75	85	–
K	85	100	70	75	75	5
L	75	90	70	100	70	–

① D－A－F－L－H－I

② E－G－B－C－F－H

③ G－A－B－F－E－L

④ G－A－C－F－E－L

⑤ G－E－B－C－F－H

PART 3

31 **A대리가 다음 분기에 참여할 연수프로그램을 〈조건〉에 따라 결정하려고 할 때, 다음 중 항상 참인 것은?**

조건

- 다음 분기 연수프로그램으로는 혁신역량강화, 조직문화, 전략적 결정, 일과 가정, 공사융합전략, 미래가치교육 6개가 있다.
- A대리는 혁신역량강화에 참여하면, 조직문화에 참여하지 않는다.
- A대리는 일과 가정에 참여하지 않으면, 미래가치교육에 참여한다.
- A대리는 혁신역량강화와 미래가치교육 중 한 가지만 참여한다.
- A대리는 조직문화, 전략적 결정, 공사융합전략 중 2가지에 참여한다.
- A대리는 조직문화에 참여한다.

① A대리가 참여할 프로그램 수는 최대 4개이다.
② A대리가 전략적 결정에 참여할 경우, 일과 가정에는 참여하지 않는다.
③ A대리는 혁신역량강화에 참여하고, 일과 가정에 참여하지 않는다.
④ A대리는 전략적 결정과 공사융합전략에 모두 참여한다.
⑤ A대리는 최소 2개의 프로그램에 참여한다.

32 **K씨는 인터넷뱅킹 사이트에 가입하기 위해 가입절차에 따라 정보를 입력하는데, 패스워드 만드는 과정이 까다로워 계속 실패 중이다. 사이트 가입 시 패스워드 〈조건〉이 다음과 같을 때, 적절한 패스워드는 무엇인가?**

조건

- 패스워드는 7자리이다.
- 영어 대문자와 소문자, 숫자, 특수기호를 적어도 하나씩 포함해야 한다.
- 숫자 0은 다른 숫자와 연속해서 나열할 수 없다.
- 영어 대문자는 다른 영어 대문자와 연속해서 나열할 수 없다.
- 특수기호를 첫 번째로 사용할 수 없다.

① a?102CB
② 7!z0bT4
③ #38Yup0
④ ssng99&
⑤ 6LI◇234

※ 다음 상황을 읽고 이어지는 질문에 답하시오. [33~34]

김대리는 H재단의 학자금대출부 소속이다. 어느 날 학자금대출 받은 것을 상환해야 하는데 전산오류로 상환이 이루어지지 않고 있다는 고객의 다급한 전화를 받게 되었다. 상환이 미뤄지면 추가적인 이자가 발생하는 등 고객 입장에서는 여러 가지 손해가 발생할 수 있는 사안이라 고객은 굉장히 예민한 상태로 전화 상담을 이어갔다. 일단 고객에게 사과하고 상황을 확인하여 처리한 후 다시 연락드리기로 하고 전화를 종료하였다. 김대리는 해당 건을 해결하기 위해 관련 시스템 담당자에게 전화를 했으나 담당자는 지금 급한 업무를 처리하는 중이라 바쁘니 나중에 다시 연락 달라고 말하고는 서둘러 전화를 끊으려고 한다. 김대리는 상대방의 일방적인 태도에 다소 화가 났지만 더 얘기를 해봐야 상황이 달라지지 않을 것이라 생각하곤 알겠다고 말한 뒤 전화를 끊었다.

33 다음과 같은 상황에서 김대리가 선택한 협상전략은 어느 것인가?

① 서로 잘 되어 모두 좋은 결과를 얻을 수 있도록 하는 협력전략
② 내가 직면하고 있는 문제를 해결하기 위해 상대방은 조금 손해를 봐도 괜찮다는 강압전략
③ 서로 힘든 상황이니 나도 손해를 감수하고, 상대방도 손해를 감수하는 선에서 타협하는 회피전략
④ 내가 처한 상황보다 상대방이 처한 상황이 더 급한 것 같으니 내가 손해를 보겠다는 유화전략
⑤ 자신이 상대방보다 힘에 있어서 우위를 점유하므로 자신의 이익을 극대화하기 위한 공격적 전략

34 초조하게 기다릴 고객 생각에 김대리는 다시 시스템 담당자를 설득하여 빨리 일을 처리하기로 마음먹었다. 김대리가 '사회적 입증 전략'을 활용해서 담당자를 설득하기로 하였다면, 가장 적절한 발언은 어느 것인가?

사회적 입증이란 과학적인 논리보다 동료나 사람들의 행동을 통해 상대방을 설득하는 협상 스킬이다.

① 많이 바쁘신가 보네요. 너무 죄송하지만 제가 지금 연락드린 사안도 워낙 긴급을 요하는 사안이라 잠시만 시간을 내주셨으면 좋겠습니다.
② 고객 민원이 시스템 장애에 대한 부분인데 이 문제를 해결해 줄 분은 담당자님밖에 안 계시네요. 바쁘시겠지만 지금 꼭 처리 부탁드립니다.
③ 민원이 원만히 해결되지 않아서 고객만족도 조사에서 나쁜 점수를 받게 되면 팀원들로부터 부정적인 피드백을 받게 되실 겁니다.
④ 제 민원인의 문제를 먼저 해결해 주시면 서비스 만족도 조사에서 담당자님이 좋은 점수를 받을 수 있게 도와드리겠습니다.
⑤ 이번 민원이 매우 중요한 사항이어서 담당자님이 민원을 먼저 해결해 주시면 제가 담당자님의 일을 도와드리겠습니다.

35 **다음 글을 읽고, 이에 대한 내용으로 옳지 않은 것은?**

> **〈팀워크를 촉진시키기 위한 행동〉**
>
> • 동료 피드백 장려하기
> • 갈등을 해결하기
> • 창의력 조성을 위해 협력하기
> • 참여적으로 의사결정하기
> • 양질의 결정 내리기
> • 구성원들의 동참 구하기

① 팀원 사이의 갈등을 발견할 경우 제3자로서 개입하기보다는 둘이 스스로 원만하게 풀기를 기다린다.

② 조직 현장에서 팀원들에게 업무 재량을 위임하고, 자주적이고 주체적인 결정을 내릴 수 있도록 권한을 부여해야 한다.

③ 모든 팀원들이 결정에 동의하였는지 확인하고, 결정을 실행함에 있어 각자의 역할을 이해하고 있는지 확인해야 한다.

④ 팀 목표 달성에 대하여 동료의 잘못된 행동 발견 시 즉각적인 피드백을 제공해야 한다.

⑤ 아이디어에 대해 아무런 제약이 없는 환경을 조성할 때 성공적인 팀워크를 달성할 수 있다.

36 **H레스토랑에서 근무하는 A씨는 다음과 같은 손님의 불만을 듣게 되었다. A씨의 고객 응대 방안으로 가장 적절한 것은?**

> (음식 주문 5분 후) 아니 음식 기다린 지가 언제인데 아직도 안 나오는 거예요? 아까부터 말했는데 너무 안 나오네. 이거 테이블보도 너무 더러운 것 같아요. 이거 세탁한 지 얼마나 된 거예요? 수저도 너무 무거워요. 좀 가벼운 수저 없나요? 의자에 물자국도 있는데 닦기는 한 건가요?

① 흥분이 가라앉을 때까지 가만히 내버려 둔다.

② 정중하게 잘 모르겠다고 대답한다.

③ 잘못이 없음을 타당하게 설명한다.

④ 경청하고 맞장구치며 설득한다.

⑤ 분명한 증거를 내세우며 반박한다.

37 **P대리는 오늘 C과장에게 다음과 같은 지시 사항을 전달받았다. 다음 중 P대리가 가장 먼저 처리해야 하는 일은?(단, 오늘은 월요일이다)**

> P대리, 지난주 본사에서 보내준 2025년 개정 규정집은 받았나요? 다음 주부터 3일 동안 직원들 대상으로 교육해야 하니까 이번 주까지 내용을 잘 숙지하세요. 점심시간에는 K본부장님이 방문하신다고 하니 점심시간 시작하면 안내 좀 부탁해요. 그리고 다음 달에 신입사원 교육 있으니까 신입사원 교육 참여자 명단을 오늘 오전 중으로 추려서 내 자리에 올려놓도록 해요. 점심시간 끝나기 전까지 우체국에 가서 본사로 보낼 서류 부치는 것 잊지 말고요. 참, 이번 달에 연차 사용한다고 했죠? 오늘 퇴근 전에 연차계획서 작성해서 제출해 주세요.

① 2025년 개정 규정집 내용을 숙지한다.
② K본부장님 방문 시 안내해드린다.
③ 신입사원 교육 참여자 명단을 작성한다.
④ 우체국에 방문해 본사로 서류를 보낸다.
⑤ 연차계획서를 작성하여 제출한다.

38 **다음은 H화장품의 신제품 판매 동향 보고서이다. 이 기업이 가장 중점을 두어야 할 대책으로 가장 적절한 것은?**

> • 대상제품 : 새로 개발한 상황버섯 로션
> • 영업활동 : 발매와 동시에 대규모 광고 시행
> • 판매실적 : 예상판매 목표의 50% 미만으로 매우 부진
> • 원인분석 : 소비자들이 자사 브랜드를 잘 알고 있지만 상황버섯의 독특한 향이 싫어서 판매실적이 부진한 것으로 보임

① 제품 특성을 개선한다.
② 판매 가격을 인하한다.
③ 판매 점포를 확대한다.
④ 홍보 자료를 배포한다.
⑤ 점포 인원을 확대한다.

39 **C사원은 총무팀에서 근무하고 있으며, 각 부서의 비품 조달을 담당하고 있다. E팀장은 4분기 비품 보급 계획을 수립하라는 지시를 하였으며, C사원은 비품수요 조사 및 보급 계획을 세워서 보고하였다. 보고서를 읽어 본 E팀장은 업무 지도 차원에서 지적을 하였는데, C사원이 받아들이기에 적절하지 않은 것은?**

① 각 부서에서 어떤 비품이 얼마만큼 필요한지를 정확하게 조사했어야지.
② 부서에서 필요한 수량을 말했으면 그것보다는 조금 더 여유 있게 준비했어야지.
③ 비품목록에 없는 것을 요청했다면 비품 보급 계획에서 제외했어야지.
④ 비품 구매비용이 예산을 초과하는지를 검토했어야지.
⑤ 정확한 비품 관리를 위해 비품관리대장을 꼼꼼히 작성했어야지.

40 **다음 〈보기〉에서 세계화의 경제적 이익에 대한 설명으로 옳지 않은 것을 모두 고르면?**

보기

ㄱ. 해외시장 개방으로 인해 기업들은 해외에 직접 투자가 가능해진다.
ㄴ. 거리가 먼 외국시장에서 원자재를 조달하게 되면서 수입가격이 상승한다.
ㄷ. 세계 각국의 언어, 문화 등에 대한 이해를 높이면 더 큰 경제적 이익을 얻을 수 있다.

① ㄱ
② ㄴ
③ ㄱ, ㄴ
④ ㄴ, ㄷ
⑤ ㄱ, ㄴ, ㄷ

PART 4

채용 가이드

CHAPTER

01 블라인드 채용 소개

1. 블라인드 채용이란?

채용 과정에서 편견이 개입되어 불합리한 차별을 야기할 수 있는 출신지, 가족관계, 학력, 외모 등의 편견요인은 제외하고, 직무능력만을 평가하여 인재를 채용하는 방식입니다.

2. 블라인드 채용의 필요성

- 채용의 공정성에 대한 사회적 요구
  - 누구에게나 직무능력만으로 경쟁할 수 있는 균등한 고용기회를 제공해야 하나, 아직도 채용의 공정성에 대한 불신이 존재
  - 채용상 차별금지에 대한 법적 요건이 권고적 성격에서 처벌을 동반한 의무적 성격으로 강화되는 추세
  - 시민의식과 지원자의 권리의식 성숙으로 차별에 대한 법적 대응 가능성 증가
- 우수인재 채용을 통한 기업의 경쟁력 강화 필요
  - 직무능력과 무관한 학벌, 외모 위주의 선발로 우수인재 선발기회 상실 및 기업경쟁력 약화
  - 채용 과정에서 차별 없이 직무능력중심으로 선발한 우수인재 확보 필요
- 공정한 채용을 통한 사회적 비용 감소 필요
  - 편견에 의한 차별적 채용은 우수인재 선발을 저해하고 외모·학벌 지상주의 등의 심화로 불필요한 사회적 비용 증가
  - 채용에서의 공정성을 높여 사회의 신뢰수준 제고

3. 블라인드 채용의 특징

편견요인을 요구하지 않는 대신 직무능력을 평가합니다.

※ 직무능력중심 채용이란?
기업의 역량기반 채용, NCS기반 능력중심 채용과 같이 직무수행에 필요한 능력과 역량을 평가하여 선발하는 채용방식을 통칭합니다.

4. 블라인드 채용의 평가요소

직무수행에 필요한 지식, 기술, 태도 등을 과학적인 선발기법을 통해 평가합니다.

평가기준 = 직무수행에 필요한 직무능력

※ 과학적 선발기법이란?
직무분석을 통해 도출된 평가요소를 서류, 필기, 면접 등을 통해 체계적으로 평가하는 방법으로 입사지원서, 자기소개서, 직무수행능력평가, 구조화 면접 등이 해당됩니다.

5. 블라인드 채용 주요 도입 내용

- 입사지원서에 인적사항 요구 금지
  - 인적사항에는 출신지역, 가족관계, 결혼여부, 재산, 취미 및 특기, 종교, 생년월일(연령), 성별, 신장 및 체중, 사진, 전공, 학교명, 학점, 외국어 점수, 추천인 등이 해당
  - 채용 직무를 수행하는 데 있어 반드시 필요하다고 인정될 경우는 제외
    예 특수경비직 채용 시 : 시력, 건강한 신체 요구
    연구직 채용 시 : 논문, 학위 요구 등
- 블라인드 면접 실시
  - 면접관에게 응시자의 출신지역, 가족관계, 학교명 등 인적사항 정보 제공 금지
  - 면접관은 응시자의 인적사항에 대한 질문 금지

6. 블라인드 채용 도입의 효과성

- 구성원의 다양성과 창의성이 높아져 기업 경쟁력 강화
  - 편견을 없애고 직무능력 중심으로 선발하므로 다양한 직원 구성 가능
  - 다양한 생각과 의견을 통하여 기업의 창의성이 높아져 기업경쟁력 강화
- 직무에 적합한 인재선발을 통한 이직률 감소 및 만족도 제고
  - 사전에 지원자들에게 구체적이고 상세한 직무요건을 제시함으로써 허수 지원이 낮아지고, 직무에 적합한 지원자 모집 가능
  - 직무에 적합한 인재가 선발되어 직무이해도가 높아져 업무효율 증대 및 만족도 제고
- 채용의 공정성과 기업이미지 제고
  - 블라인드 채용은 사회적 편견을 줄인 선발 방법으로 기업에 대한 사회적 인식 제고
  - 채용과정에서 불합리한 차별을 받지 않고 실력에 의해 공정하게 평가를 받을 것이라는 믿음을 제공하고, 지원자들은 평등한 기회와 공정한 선발과정 경험

CHAPTER

02 서류전형 가이드

01 채용공고문

1. 채용공고문의 변화

기존 채용공고문	변화된 채용공고문
• 취업준비생에게 불충분하고 불친절한 측면 존재 • 모집분야에 대한 명확한 직무관련 정보 및 평가기준 부재 • 해당분야에 지원하기 위한 취업준비생의 무분별한 스펙 쌓기 현상 발생	• NCS 직무분석에 기반한 채용공고를 토대로 채용전형 진행 • 지원자가 입사 후 수행하게 될 업무에 대한 자세한 정보 공지 • 직무수행내용, 직무수행 시 필요한 능력, 관련된 자격, 직업기초능력 제시 • 지원자가 해당 직무에 필요한 스펙만을 준비할 수 있도록 안내
• 모집부문 및 응시자격 • 지원서 접수 • 전형절차 • 채용조건 및 처우 • 기타사항	• 채용절차 • 채용유형별 선발분야 및 예정인원 • 전형방법 • 선발분야별 직무기술서 • 우대사항

2. 지원 유의사항 및 지원요건 확인

채용 직무에 따른 세부사항을 공고문에 명시하여 지원자에게 적격한 지원 기회를 부여함과 동시에 채용과정에서의 공정성과 신뢰성을 확보합니다.

구성	내용	확인사항
모집분야 및 규모	고용형태(인턴 계약직 등), 모집분야, 인원, 근무 지역 등	채용직무가 여러 개일 경우 본인이 해당되는 직무의 채용규모 확인
응시자격	기본 자격사항, 지원조건	지원을 위한 최소자격요건을 확인하여 불필요한 지원을 예방
우대조건	법정 · 특별 · 자격증 가점	본인의 가점 여부를 검토하여 가점 획득을 위한 사항을 사실대로 기재
근무조건 및 보수	고용형태 및 고용기간, 보수, 근무지	본인이 생각하는 기대수준에 부합하는지 확인하여 불필요한 지원을 예방
시험방법	서류 · 필기 · 면접전형 등의 활용방안	전형방법 및 세부 평가기법 등을 확인하여 지원전략 준비
전형일정	접수기간, 각 전형 단계별 심사 및 합격자 발표일 등	본인의 지원 스케줄을 검토하여 차질이 없도록 준비
제출서류	입사지원서(경력 · 경험기술서 등), 각종 증명서 및 자격증 사본 등	지원요건 부합 여부 및 자격 증빙서류 사전에 준비
유의사항	임용취소 등의 규정	임용취소 관련 법적 또는 기관 내부 규정을 검토하여 해당여부 확인

02 직무기술서

직무기술서란 직무수행의 내용과 필요한 능력, 관련 자격, 직업기초능력 등을 상세히 기재한 것으로 입사 후 수행하게 될 업무에 대한 정보가 수록되어 있는 자료입니다.

1. 채용분야

설명

NCS 직무분류 체계에 따라 직무에 대한 「대분류 – 중분류 – 소분류 – 세분류」 체계를 확인할 수 있습니다. 채용 직무에 대한 모든 직무기술서를 첨부하게 되며 실제 수행 업무를 기준으로 세부적인 분류정보를 제공합니다.

채용분야	분류체계			
사무행정	대분류	중분류	소분류	세분류
분류코드	02. 경영·회계·사무	03. 재무·회계	01. 재무	01. 예산
				02. 자금
			02. 회계	01. 회계감사
				02. 세무

2. 능력단위

설명

직무분류 체계의 세분류 하위능력단위 중 실질적으로 수행할 업무의 능력만 구체적으로 파악할 수 있습니다.

능력단위	(예산)	03. 연간종합예산수립 05. 확정예산 운영	04. 추정재무제표 작성 06. 예산실적 관리
	(자금)	04. 자금운용	
	(회계감사)	02. 자금관리 05. 회계정보시스템 운용 07. 회계감사	04. 결산관리 06. 재무분석
	(세무)	02. 결산관리 07. 법인세 신고	05. 부가가치세 신고

3. 직무수행내용

설명

세분류 영역의 기본정의를 통해 직무수행내용을 확인할 수 있습니다. 입사 후 수행할 직무내용을 구체적으로 확인할 수 있으며, 이를 통해 입사서류 작성부터 면접까지 직무에 대한 명확한 이해를 바탕으로 자신의 희망직무인지 아닌지, 해당 직무가 자신이 알고 있던 직무가 맞는지 확인할 수 있습니다.

직무수행내용	(예산) 일정기간 예상되는 수익과 비용을 편성, 집행하며 통제하는 일
	(자금) 자금의 계획 수립, 조달, 운용을 하고 발생 가능한 위험 관리 및 성과평가
	(회계감사) 기업 및 조직 내·외부에 있는 의사결정자들이 효율적인 의사결정을 할 수 있도록 유용한 정보를 제공, 제공된 회계정보의 적정성을 파악하는 일
	(세무) 세무는 기업의 활동을 위하여 주어진 세법범위 내에서 조세부담을 최소화시키는 조세전략을 포함하고 정확한 과세소득과 과세표준 및 세액을 산출하여 과세당국에 신고·납부하는 일

4. 직무기술서 예시

태도	(예산) 정확성, 분석적 태도, 논리적 태도, 타 부서와의 협조적 태도, 설득력
	(자금) 분석적 사고력
	(회계 감사) 합리적 태도, 전략적 사고, 정확성, 적극적 협업 태도, 법률준수 태도, 분석적 태도, 신속성, 책임감, 정확한 판단력
	(세무) 규정 준수 의지, 수리적 정확성, 주의 깊은 태도
우대 자격증	공인회계사, 세무사, 컴퓨터활용능력, 변호사, 워드프로세서, 전산회계운용사, 사회조사분석사, 재경관리사, 회계관리 등
직업기초능력	의사소통능력, 문제해결능력, 자원관리능력, 대인관계능력, 정보능력, 조직이해능력

5. 직무기술서 내용별 확인사항

항목	확인사항
모집부문	해당 채용에서 선발하는 부문(분야)명 확인 예 사무행정, 전산, 전기
분류체계	지원하려는 분야의 세부직무군 확인
주요기능 및 역할	지원하려는 기업의 전사적인 기능과 역할, 산업군 확인
능력단위	지원분야의 직무수행에 관련되는 세부업무사항 확인
직무수행내용	지원분야의 직무군에 대한 상세사항 확인
전형방법	지원하려는 기업의 신입사원 선발전형 절차 확인
일반요건	교육사항을 제외한 지원 요건 확인(자격요건, 특수한 경우 연령)
교육요건	교육사항에 대한 지원요건 확인(대졸 / 초대졸 / 고졸 / 전공 요건)
필요지식	지원분야의 업무수행을 위해 요구되는 지식 관련 세부항목 확인
필요기술	지원분야의 업무수행을 위해 요구되는 기술 관련 세부항목 확인
직무수행태도	지원분야의 업무수행을 위해 요구되는 태도 관련 세부항목 확인
직업기초능력	지원분야 또는 지원기업의 조직원으로서 근무하기 위해 필요한 일반적인 능력사항 확인

03 입사지원서

1. 입사지원서의 변화

기존지원서		능력중심 채용 입사지원서
직무와 관련 없는 학점, 개인신상, 어학점수, 자격, 수상경력 등을 나열하도록 구성	VS	해당 직무수행에 꼭 필요한 정보들을 제시할 수 있도록 구성

기존지원서		능력중심 채용 입사지원서	
직무기술서	→	인적사항	성명, 연락처, 지원분야 등 작성 (평가 미반영)
직무수행내용		교육사항	직무지식과 관련된 학교교육 및 직업교육 작성
요구지식 / 기술		자격사항	직무관련 국가공인 또는 민간자격 작성
관련 자격증		경력 및 경험사항	조직에 소속되어 일정한 임금을 받거나(경력) 임금 없이(경험) 직무와 관련된 활동 내용 작성
사전직무경험			

2. 교육사항

- 지원분야 직무와 관련된 학교 교육이나 직업교육 혹은 기타교육 등 직무에 대한 지원자의 학습 여부를 평가하기 위한 항목입니다.
- 지원하고자 하는 직무의 학교 전공교육 이외에 직업교육, 기타교육 등을 기입할 수 있기 때문에 전공 제한 없이 직업교육과 기타교육을 이수하여 지원이 가능하도록 기회를 제공합니다.
  (기타교육 : 학교 이외의 기관에서 개인이 이수한 교육과정 중 지원직무와 관련이 있다고 생각되는 교육내용)

구분	교육과정(과목)명	교육내용	과업(능력단위)

3. 자격사항

- 채용공고 및 직무기술서에 제시되어 있는 자격 현황을 토대로 지원자가 해당 직무를 수행하는 데 필요한 능력을 가지고 있는지를 평가하기 위한 항목입니다.
- 채용공고 및 직무기술서에 기재된 직무관련 필수 또는 우대자격 항목을 확인하여 본인이 보유하고 있는 자격사항을 기재합니다.

자격유형	자격증명	발급기관	취득일자	자격증번호

4. 경력 및 경험사항

- 직무와 관련된 경력이나 경험 여부를 표현하도록 하여 직무와 관련한 능력을 갖추었는지를 평가하기 위한 항목입니다.
- 해당 기업에서 직무를 수행함에 있어 필요한 사항만을 기록하게 되어 있기 때문에 직무와 무관한 스펙을 갖추지 않아도 됩니다.
- 경력 : 금전적 보수를 받고 일정기간 동안 일했던 경우
- 경험 : 금전적 보수를 받지 않고 수행한 활동

※ 기업에 따라 경력/경험 관련 증빙자료 요구 가능

구분	조직명	직위/역할	활동기간(년/월)	주요과업/활동내용

Tip

입사지원서 작성 방법

○ 경력 및 경험사항 작성
- 직무기술서에 제시된 지식, 기술, 태도와 지원자의 교육사항, 경력(경험)사항, 자격사항과 연계하여 개인의 직무역량에 대해 스스로 판단 가능

○ 인적사항 최소화
- 개인의 인적사항, 학교명, 가족관계 등을 노출하지 않도록 유의

부적절한 입사지원서 작성 사례
- 학교 이메일을 기입하여 학교명 노출
- 거주지 주소에 학교 기숙사 주소를 기입하여 학교명 노출
- 자기소개서에 부모님이 재직 중인 기업명, 직위, 직업을 기입하여 가족관계 노출
- 자기소개서에 석·박사 과정에 대한 이야기를 언급하여 학력 노출
- 동아리 활동에 대한 내용을 학교명과 더불어 언급하여 학교명 노출

04 자기소개서

1. 자기소개서의 변화

- 기존의 자기소개서는 지원자의 일대기나 관심 분야, 성격의 장·단점 등 개괄적인 사항을 묻는 질문으로 구성되어 지원자가 자신의 직무능력을 제대로 표출하지 못합니다.
- 능력중심 채용의 자기소개서는 직무기술서에 제시된 직업기초능력(또는 직무수행능력)에 대한 지원자의 과거 경험을 기술하게 함으로써 평가 타당도의 확보가 가능합니다.

1. 우리 회사와 해당 지원 직무분야에 지원한 동기에 대해 기술해 주세요.
2. 자신이 경험한 다양한 사회활동에 대해 기술해 주세요.
3. 지원 직무에 대한 전문성을 키우기 위해 받은 교육과 경험 및 경력사항에 대해 기술해 주세요.
4. 인사업무 또는 팀 과제 수행 중 발생한 갈등을 원만하게 해결해 본 경험이 있습니까? 당시 상황에 대한 설명과 갈등의 대상이 되었던 상대방을 설득한 과정 및 방법을 기술해 주세요.
5. 과거에 있었던 일 중 가장 어려웠었던(힘들었었던) 상황을 고르고, 어떤 방법으로 그 상황을 해결했는지를 기술해 주세요.

Tip

자기소개서 작성 방법

① 자기소개서 문항이 묻고 있는 평가 역량 추측하기

> 예시
>
> - 팀 활동을 하면서 갈등 상황 시 상대방의 니즈나 의도를 명확히 파악하고 해결하여 목표 달성에 기여했던 경험에 대해서 작성해 주시기 바랍니다.
> - 다른 사람이 생각해내지 못했던 문제점을 찾고 이를 해결한 경험에 대해 작성해 주시기 바랍니다.

② 해당 역량을 보여줄 수 있는 소재 찾기(시간×역량 매트릭스)

예시

시간 (→)

평가역량 (↓)

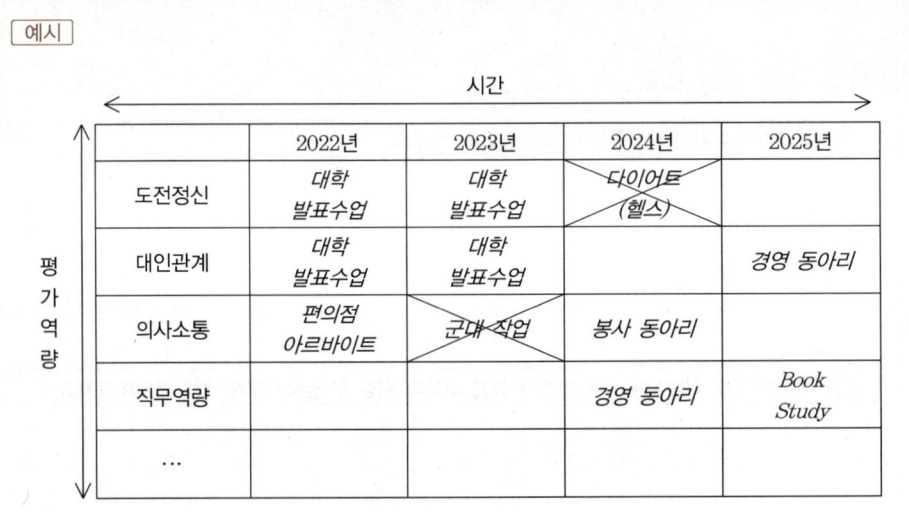

	2022년	2023년	2024년	2025년
도전정신	*대학 발표수업*	*대학 발표수업*	~~*다이어트(헬스)*~~	
대인관계	*대학 발표수업*	*대학 발표수업*		*경영 동아리*
의사소통	*편의점 아르바이트*	~~*군대 작업*~~	*봉사 동아리*	
직무역량			*경영 동아리*	*Book Study*
…				

③ 자기소개서 작성 Skill 익히기

- 두괄식으로 작성하기
- 구체적 사례를 사용하기
- '나'를 중심으로 작성하기
- 직무역량 강조하기
- 경험 사례의 차별성 강조하기

03 인성검사 소개 및 모의테스트

01 인성검사 유형

인성검사는 지원자의 성격특성을 객관적으로 파악하고 그것이 각 기업에서 필요로 하는 인재상과 가치에 부합하는가를 평가하기 위한 검사입니다. 인성검사는 KPDI(한국인재개발진흥원), K-SAD(한국사회적성개발원), KIRBS(한국행동과학연구소), SHR(에스에이치알) 등의 전문기관을 통해 각 기업의 특성에 맞는 검사를 선택하여 실시합니다. 대표적인 인성검사의 유형에는 크게 다음과 같은 세 가지가 있으며, 채용 대행업체에 따라 달라집니다.

1. KPDI 검사

조직적응성과 직무적합성을 알아보기 위한 검사로 인성검사, 인성역량검사, 인적성검사, 직종별 인적성검사 등의 다양한 검사 도구를 구현합니다. KPDI는 성격을 파악하고 정신건강 상태 등을 측정하고, 직무검사는 해당 직무를 수행하기 위해 기본적으로 갖추어야 할 인지적 능력을 측정합니다. 역량검사는 특정 직무 역할을 효과적으로 수행하는 데 직접적으로 관련 있는 개인의 행동, 지식, 스킬, 가치관 등을 측정합니다.

2. KAD(Korea Aptitude Development) 검사

K-SAD(한국사회적성개발원)에서 실시하는 적성검사 프로그램입니다. 개인의 성향, 지적 능력, 기호, 관심, 흥미도를 종합적으로 분석하여 적성에 맞는 업무가 무엇인가 파악하고, 직무수행에 있어서 요구되는 기초능력과 실무능력을 분석합니다.

3. SHR 직무적성검사

직무수행에 필요한 종합적인 사고 능력을 다양한 적성검사(Paper and Pencil Test)로 평가합니다. SHR의 모든 직무능력검사는 표준화 검사입니다. 표준화 검사는 표본집단의 점수를 기초로 규준이 만들어진 검사이므로 개인의 점수를 규준에 맞추어 해석·비교하는 것이 가능합니다. S(Standardized Tests), H(Hundreds of Version), R(Reliable Norm Data)을 특징으로 하며, 직군·직급별 특성과 선발 수준에 맞추어 검사를 적용할 수 있습니다.

02 인성검사와 면접

인성검사는 특히 면접질문과 관련성이 높습니다. 면접관은 지원자의 인성검사 결과를 토대로 질문을 하기 때문입니다. 일관적이고 이상적인 답변을 하는 것이 가장 좋지만, 실제 시험은 매우 복잡하여 전문가라 해도 일정 성격을 유지하면서 답변을 하는 것이 힘듭니다. 또한, 인성검사에는 라이 스케일(Lie Scale) 설문이 전체 설문 속에 교묘하게 섞여 들어가 있으므로 겉치레적인 답을 하게 되면 회답태도의 허위성이 그대로 드러나게 됩니다. 예를 들어 '거짓말을 한 적이 한 번도 없다.'에 '예'로 답하고, '때로는 거짓말을 하기도 한다.'에 '예'라고 답하여 라이 스케일의 득점이 올라가게 되면 모든 회답의 신빙성이 사라지고 '자신을 돋보이게 하려는 사람'이라는 평가를 받을 수 있으므로 주의해야 합니다. 따라서 모의테스트를 통해 인성검사의 유형과 실제 시험 시 어떻게 문제를 풀어야 하는지 연습해 보고 체크한 부분 중 자신의 단점과 연결되는 부분은 면접에서 질문이 들어왔을 때 어떻게 대처해야 하는지 생각해 보는 것이 좋습니다.

03 유의사항

1. 기업의 인재상을 파악하라!

인성검사를 통해 개인의 성격 특성을 파악하고 그것이 기업의 인재상과 가치에 부합하는지를 평가하는 시험이기 때문에 해당 기업의 인재상을 먼저 파악하고 시험에 임하는 것이 좋습니다. 모의테스트에서 인재상에 맞는 가상의 인물을 설정하고 문제에 답해 보는 것도 많은 도움이 됩니다.

2. 일관성 있는 대답을 하라!

짧은 시간 안에 다양한 질문에 답을 해야 하는데, 그 안에는 중복되는 질문이 여러 번 나옵니다. 이때 앞서 자신이 체크했던 대답을 잘 기억해뒀다가 일관성 있는 답을 하는 것이 중요합니다.

3. 모든 문항에 대답하라!

많은 문제를 짧은 시간 안에 풀려다 보니 다 못 푸는 경우도 종종 생깁니다. 하지만 대답을 누락하거나 끝까지 다 못했을 경우 좋지 않은 결과를 가져올 수도 있으니 최대한 주어진 시간 안에 모든 문항에 답할 수 있도록 해야 합니다.

04 KPDI 모의테스트

※ 모의테스트는 질문 및 답변 유형 연습을 위한 것으로 실제 시험과 다를 수 있습니다.
※ 인성검사는 정답이 따로 없는 유형의 검사이므로 결과지를 제공하지 않습니다.

번호	내용	예	아니요
001	나는 솔직한 편이다.	☐	☐
002	나는 리드하는 것을 좋아한다.	☐	☐
003	법을 어겨서 말썽이 된 적이 한 번도 없다.	☐	☐
004	거짓말을 한 번도 한 적이 없다.	☐	☐
005	나는 눈치가 빠르다.	☐	☐
006	나는 일을 주도하기보다는 뒤에서 지원하는 것을 선호한다.	☐	☐
007	앞일은 알 수 없기 때문에 계획은 필요하지 않다.	☐	☐
008	거짓말도 때로는 방편이라고 생각한다.	☐	☐
009	사람이 많은 술자리를 좋아한다.	☐	☐
010	걱정이 지나치게 많다.	☐	☐
011	일을 시작하기 전 재고하는 경향이 있다.	☐	☐
012	불의를 참지 못한다.	☐	☐
013	처음 만나는 사람과도 이야기를 잘 한다.	☐	☐
014	때로는 변화가 두렵다.	☐	☐
015	나는 모든 사람에게 친절하다.	☐	☐
016	힘든 일이 있을 때 술은 위로가 되지 않는다.	☐	☐
017	결정을 빨리 내리지 못해 손해를 본 경험이 있다.	☐	☐
018	기회를 잡을 준비가 되어 있다.	☐	☐
019	때로는 내가 정말 쓸모없는 사람이라고 느낀다.	☐	☐
020	누군가 나를 챙겨주는 것이 좋다.	☐	☐
021	자주 가슴이 답답하다.	☐	☐
022	나는 내가 자랑스럽다.	☐	☐
023	경험이 중요하다고 생각한다.	☐	☐
024	전자기기를 분해하고 다시 조립하는 것을 좋아한다.	☐	☐

025	감시받고 있다는 느낌이 든다.	☐	☐
026	난처한 상황에 놓이면 그 순간을 피하고 싶다.	☐	☐
027	세상엔 믿을 사람이 없다.	☐	☐
028	잘못을 빨리 인정하는 편이다.	☐	☐
029	지도를 보고 길을 잘 찾아간다.	☐	☐
030	귓속말을 하는 사람을 보면 날 비난하고 있는 것 같다.	☐	☐
031	막무가내라는 말을 들을 때가 있다.	☐	☐
032	장래의 일을 생각하면 불안하다.	☐	☐
033	결과보다 과정이 중요하다고 생각한다.	☐	☐
034	운동은 그다지 할 필요가 없다고 생각한다.	☐	☐
035	새로운 일을 시작할 때 좀처럼 한 발을 떼지 못한다.	☐	☐
036	기분 상하는 일이 있더라도 참는 편이다.	☐	☐
037	업무능력은 성과로 평가받아야 한다고 생각한다.	☐	☐
038	머리가 맑지 못하고 무거운 느낌이 든다.	☐	☐
039	가끔 이상한 소리가 들린다.	☐	☐
040	타인이 내게 자주 고민상담을 하는 편이다.	☐	☐

05 SHR 모의테스트

※ 모의테스트는 질문 및 답변 유형 연습을 위한 것으로 실제 시험과 다를 수 있습니다.
※ 인성검사는 정답이 따로 없는 유형의 검사이므로 결과지를 제공하지 않습니다.

※ 이 성격검사의 각 문항에는 서로 다른 행동을 나타내는 네 개의 문장이 제시되어 있습니다. 이 문장들을 비교하여, 자신의 평소 행동과 가장 가까운 문장을 'ㄱ' 열에 표기하고, 가장 먼 문장을 'ㅁ' 열에 표기하십시오.

01 나는 ___________________________

	ㄱ	ㅁ
A. 실용적인 해결책을 찾는다.	☐	☐
B. 다른 사람을 돕는 것을 좋아한다.	☐	☐
C. 세부 사항을 잘 챙긴다.	☐	☐
D. 상대의 주장에서 허점을 잘 찾는다.	☐	☐

02 나는 ___________________________

	ㄱ	ㅁ
A. 매사에 적극적으로 임한다.	☐	☐
B. 즉흥적인 편이다.	☐	☐
C. 관찰력이 있다.	☐	☐
D. 임기응변에 강하다.	☐	☐

03 나는 ___________________________

	ㄱ	ㅁ
A. 무서운 영화를 잘 본다.	☐	☐
B. 조용한 곳이 좋다.	☐	☐
C. 가끔 울고 싶다.	☐	☐
D. 집중력이 좋다.	☐	☐

04 나는 ___________________________

	ㄱ	ㅁ
A. 기계를 조립하는 것을 좋아한다.	☐	☐
B. 집단에서 리드하는 역할을 맡는다.	☐	☐
C. 호기심이 많다.	☐	☐
D. 음악을 듣는 것을 좋아한다.	☐	☐

05 나는 ________________________

	ㄱ	ㅁ
A. 타인을 늘 배려한다.	☐	☐
B. 감수성이 예민하다.	☐	☐
C. 즐겨하는 운동이 있다.	☐	☐
D. 일을 시작하기 전에 계획을 세운다.	☐	☐

06 나는 ________________________

	ㄱ	ㅁ
A. 타인에게 설명하는 것을 좋아한다.	☐	☐
B. 여행을 좋아한다.	☐	☐
C. 정적인 것이 좋다.	☐	☐
D. 남을 돕는 것에 보람을 느낀다.	☐	☐

07 나는 ________________________

	ㄱ	ㅁ
A. 기계를 능숙하게 다룬다.	☐	☐
B. 밤에 잠이 잘 오지 않는다.	☐	☐
C. 한 번 간 길을 잘 기억한다.	☐	☐
D. 불의를 보면 참을 수 없다.	☐	☐

08 나는 ________________________

	ㄱ	ㅁ
A. 종일 말을 하지 않을 때가 있다.	☐	☐
B. 사람이 많은 곳을 좋아한다.	☐	☐
C. 술을 좋아한다.	☐	☐
D. 휴양지에서 편하게 쉬고 싶다.	☐	☐

09 나는 ______________________

	ㄱ	ㅁ
A. 뉴스보다는 드라마를 좋아한다.	☐	☐
B. 길을 잘 찾는다.	☐	☐
C. 주말엔 집에서 쉬는 것이 좋다.	☐	☐
D. 아침에 일어나는 것이 힘들다.	☐	☐

10 나는 ______________________

	ㄱ	ㅁ
A. 이성적이다.	☐	☐
B. 할 일을 종종 미룬다.	☐	☐
C. 어른을 대하는 게 힘들다.	☐	☐
D. 불을 보면 매혹을 느낀다.	☐	☐

11 나는 ______________________

	ㄱ	ㅁ
A. 상상력이 풍부하다.	☐	☐
B. 예의 바르다는 소리를 자주 듣는다.	☐	☐
C. 사람들 앞에 서면 긴장한다.	☐	☐
D. 친구를 자주 만난다.	☐	☐

12 나는 ______________________

	ㄱ	ㅁ
A. 나만의 스트레스 해소 방법이 있다.	☐	☐
B. 친구가 많다.	☐	☐
C. 책을 자주 읽는다.	☐	☐
D. 활동적이다.	☐	☐

CHAPTER

04 면접전형 가이드

01 면접유형 파악

1. 면접전형의 변화

기존 면접전형에서는 일상적이고 단편적인 대화나 지원자의 첫인상 및 면접관의 주관적인 판단 등에 의해서 입사 결정 여부를 판단하는 경우가 많았습니다. 이러한 면접전형은 면접 내용의 일관성이 결여되거나 직무 관련 타당성이 부족하였고, 면접에 대한 신뢰도에 영향을 주었습니다.

기존 면접(전통적 면접)		능력중심 채용 면접(구조화 면접)
• 일상적이고 단편적인 대화 • 인상, 외모 등 외부 요소의 영향 • 주관적인 판단에 의존한 총점 부여 ⇩ • 면접 내용의 일관성 결여 • 직무관련 타당성 부족 • 주관적인 채점으로 신뢰도 저하	VS	• 일관성 – 직무관련 역량에 초점을 둔 구체적 질문 목록 – 지원자별 동일 질문 적용 • 구조화 – 면접 진행 및 평가 절차를 일정한 체계에 의해 구성 • 표준화 – 평가 타당도 제고를 위한 평가 Matrix 구성 – 척도에 따라 항목별 채점, 개인 간 비교 • 신뢰성 – 면접진행 매뉴얼에 따라 면접위원 교육 및 실습

2. 능력중심 채용의 면접 유형

① 경험 면접
- 목적 : 선발하고자 하는 직무 능력이 필요한 과거 경험을 질문합니다.
- 평가요소 : 직업기초능력과 인성 및 태도적 요소를 평가합니다.

② 상황 면접
- 목적 : 특정 상황을 제시하고 지원자의 행동을 관찰함으로써 실제 상황의 행동을 예상합니다.
- 평가요소 : 직업기초능력과 인성 및 태도적 요소를 평가합니다.

③ 발표 면접
- 목적 : 특정 주제와 관련된 지원자의 발표와 질의응답을 통해 지원자 역량을 평가합니다.
- 평가요소 : 직무수행능력과 인지적 역량(문제해결능력)을 평가합니다.

④ 토론 면접
- 목적 : 토의과제에 대한 의견수렴 과정에서 지원자의 역량과 상호작용능력을 평가합니다.
- 평가요소 : 직무수행능력과 팀워크를 평가합니다.

02 면접유형별 준비 방법

1. 경험 면접

① 경험 면접의 특징

- 주로 직업기초능력에 관련된 지원자의 과거 경험을 심층 질문하여 검증하는 면접입니다.
- 직무능력과 관련된 과거 경험을 평가하기 위해 심층 질문을 하며, 이 질문은 지원자의 답변에 대하여 '꼬리에 꼬리를 무는 형식'으로 진행됩니다.

> - 능력요소, 정의, 심사 기준
>   - 평가하고자 하는 능력요소, 정의, 심사기준을 확인하여 면접위원이 해당 능력요소 관련 질문을 제시합니다.
> - Opening Question
>   - 능력요소에 관련된 과거 경험을 유도하기 위한 시작 질문을 합니다.
> - Follow-up Question
>   - 지원자의 경험 수준을 구체적으로 검증하기 위한 질문입니다.
>   - 경험 수준 검증을 위한 상황(Situation), 임무(Task), 역할 및 노력(Action), 결과(Result) 등으로 질문을 구분합니다.

경험 면접의 형태

PART 4

② 경험 면접의 구조

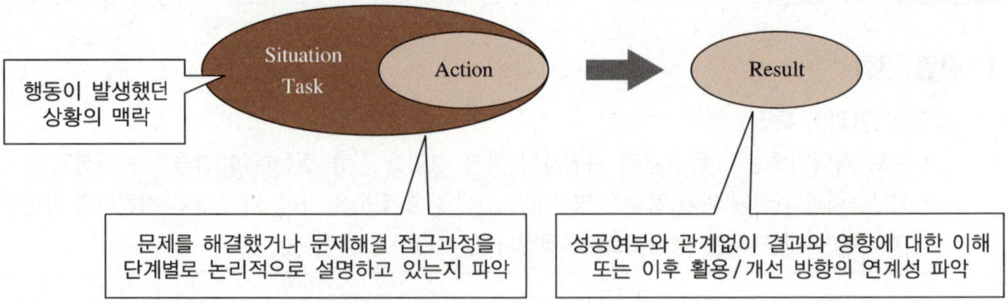

S(Situation)	귀하가 처해 있던 상황에 대해 말해 보시오.
T(Task)	귀하가 수행한 과제 / 과업은 무엇인가?
A(Action)	어떻게 행동(대응)했는가?
R(Result)	그 행동의 결과는 어땠는가?

(　　　　　)에 관한 과거 경험에 대하여 말해 보시오.

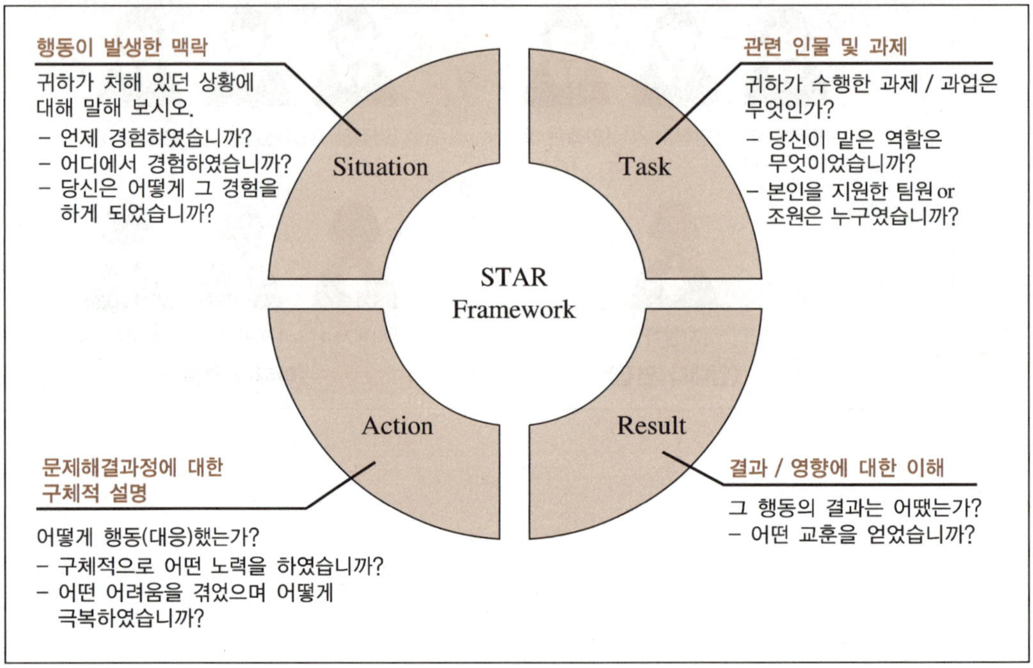

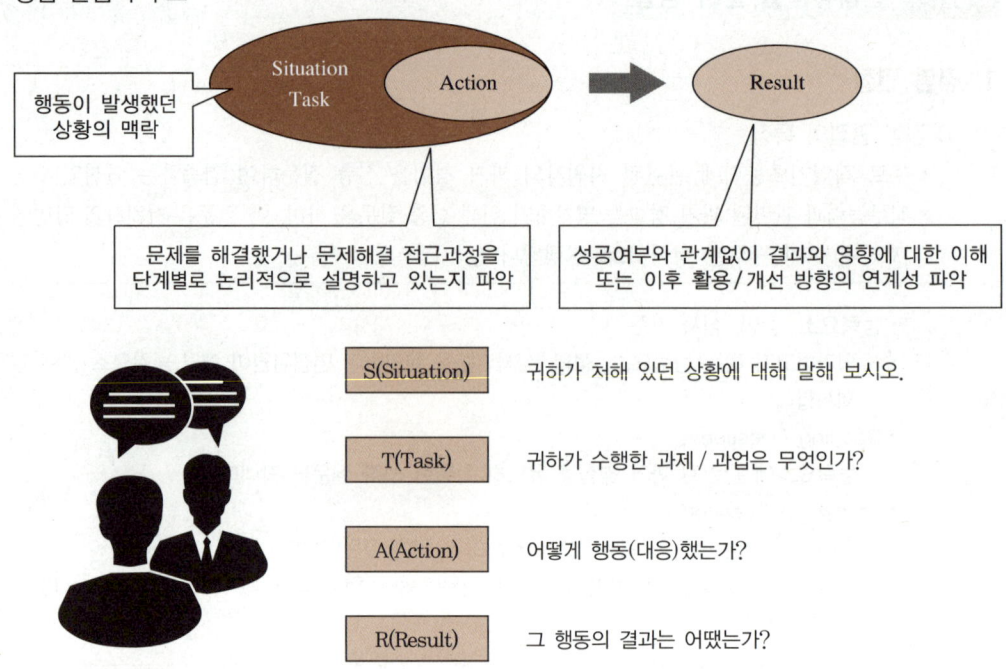

③ 경험 면접 질문 예시(직업윤리)

시작 질문	
1	남들이 신경 쓰지 않는 부분까지 고려하여 절차대로 업무(연구)를 수행하여 성과를 낸 경험을 구체적으로 말해 보시오.
2	조직의 원칙과 절차를 철저히 준수하며 업무(연구)를 수행한 것 중 성과를 향상시킨 경험에 대해 구체적으로 말해 보시오.
3	세부적인 절차와 규칙에 주의를 기울여 실수 없이 업무(연구)를 마무리한 경험을 구체적으로 말해 보시오.
4	조직의 규칙이나 원칙을 고려하여 성실하게 일했던 경험을 구체적으로 말해 보시오.
5	타인의 실수를 바로잡고 원칙과 절차대로 수행하여 성공적으로 업무를 마무리하였던 경험에 대해 말해 보시오.

후속 질문		
상황(Situation)	상황	구체적으로 언제, 어디에서 경험한 일인가?
		어떤 상황이었는가?
	조직	어떤 조직에 속해 있었는가?
		그 조직의 특성은 무엇이었는가?
		몇 명으로 구성된 조직이었는가?
	기간	해당 조직에서 얼마나 일했는가?
		해당 업무는 몇 개월 동안 지속되었는가?
	조직규칙	조직의 원칙이나 규칙은 무엇이었는가?
임무(Task)	과제	과제의 목표는 무엇이었는가?
		과제에 적용되는 조직의 원칙은 무엇이었는가?
		그 규칙을 지켜야 하는 이유는 무엇이었는가?
	역할	당신이 조직에서 맡은 역할은 무엇이었는가?
		과제에서 맡은 역할은 무엇이었는가?
	문제의식	규칙을 지키지 않을 경우 생기는 문제점 / 불편함은 무엇인가?
		해당 규칙이 왜 중요하다고 생각하였는가?
역할 및 노력(Action)	행동	업무 과정의 어떤 장면에서 규칙을 철저히 준수하였는가?
		어떻게 규정을 적용시켜 업무를 수행하였는가?
		규정은 준수하는 데 어려움은 없었는가?
	노력	그 규칙을 지키기 위해 스스로 어떤 노력을 기울였는가?
		본인의 생각이나 태도에 어떤 변화가 있었는가?
		다른 사람들은 어떤 노력을 기울였는가?
	동료관계	동료들은 규칙을 철저히 준수하고 있었는가?
		팀원들은 해당 규칙에 대해 어떻게 반응하였는가?
		규칙에 대한 태도를 개선하기 위해 어떤 노력을 하였는가?
		팀원들의 태도는 당신에게 어떤 자극을 주었는가?
	업무추진	주어진 업무를 추진하는 데 규칙이 방해되진 않았는가?
		업무수행 과정에서 규정을 어떻게 적용하였는가?
		업무 시 규정을 준수해야 한다고 생각한 이유는 무엇인가?

결과 (Result)	평가	규칙을 어느 정도나 준수하였는가?
		그렇게 준수할 수 있었던 이유는 무엇이었는가?
		업무의 성과는 어느 정도였는가?
		성과에 만족하였는가?
		비슷한 상황이 온다면 어떻게 할 것인가?
	피드백	주변 사람들로부터 어떤 평가를 받았는가?
		그러한 평가에 만족하는가?
		다른 사람에게 본인의 행동이 영향을 주었다고 생각하는가?
	교훈	업무수행 과정에서 중요한 점은 무엇이라고 생각하는가?
		이 경험을 통해 느낀 바는 무엇인가?

2. 상황 면접

① 상황 면접의 특징

직무 관련 상황을 가정하여 제시하고 이에 대한 대응능력을 직무관련성 측면에서 평가하는 면접입니다.

- 상황 면접 과제의 구성은 크게 2가지로 구분
  - 상황 제시(Description) / 문제 제시(Question or Problem)
- 현장의 실제 업무 상황을 반영하여 과제를 제시하므로 직무분석이나 직무전문가 워크숍 등을 거쳐 현장성을 높임
- 문제는 상황에 대한 기본적인 이해능력(이론적 지식)과 함께 실질적 대응이나 변수 고려능력(실천적 능력) 등을 고르게 질문해야 함

상황 면접의 형태

〈시뮬레이션〉 〈문답형〉

② 상황 면접 예시

상황 제시	인천공항 여객터미널 내에는 다양한 용도의 시설(사무실, 통신실, 식당, 전산실, 창고 면세점 등)이 설치되어 있습니다.	실제 업무 상황에 기반함
	금년에 소방배관의 누수가 잦아 메인 배관을 교체하는 공사를 추진하고 있으며, 당신은 이번 공사의 담당자입니다.	배경 정보
	주간에는 공항 운영이 이루어져 주로 야간에만 배관 교체 공사를 수행하던 중, 시공하는 기능공의 실수로 배관 연결 부위를 잘못 건드려 고압배관의 소화수가 누출되는 사고가 발생하였으며, 이로 인해 인근 시설물에 누수에 의한 피해가 발생하였습니다.	구체적인 문제 상황
문제 제시	일반적인 소방배관의 배관연결(이음)방식과 배관의 이탈(누수)이 발생하는 원인에 대해 설명해 보시오.	문제 상황 해결을 위한 기본 지식 문항
	담당자로서 본 사고를 현장에서 긴급히 처리하는 프로세스를 제시하고, 보수완료 후 사후적 조치가 필요한 부분 및 재발방지 방안에 대해 설명해 보시오.	문제 상황 해결을 위한 추가 대응 문항

3. 발표 면접

① 발표 면접의 특징

- 직무관련 주제에 대한 지원자의 생각을 정리하여 의견을 제시하고, 발표 및 질의응답을 통해 지원자의 직무능력을 평가하는 면접입니다.
- 발표 주제는 직무와 관련된 자료로 제공되며, 일정 시간 후 지원자가 보유한 지식 및 방안에 대한 발표 및 후속 질문을 통해 직무적합성을 평가합니다.

- 주요 평가요소
  - 설득적 말하기 / 발표능력 / 문제해결능력 / 직무관련 전문성
- 이미 언론을 통해 공론화된 시사 이슈보다는 해당 직무분야에 관련된 주제가 발표면접의 과제로 선정되는 경우가 최근 들어 늘어나고 있음
- 짧은 시간 동안 주어진 과제를 빠른 속도로 분석하여 발표문을 작성하고 제한된 시간 안에 면접관에게 효과적인 발표를 진행하는 것이 핵심

발표 면접의 형태

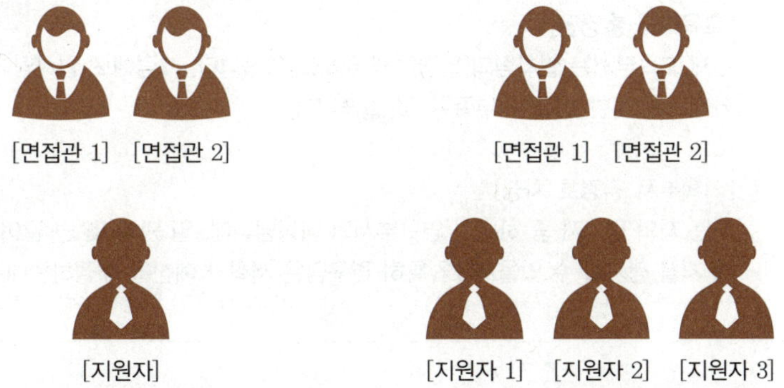

〈개별 과제 발표〉 **〈팀 과제 발표〉**

※ 면접관에게 시각적 효과를 사용하여 메시지를 전달하는 쌍방향 커뮤니케이션 방식

※ 심층면접을 보완하기 위한 방안으로 최근 많은 기업에서 적극 도입하는 추세

② 발표 면접 예시

1. 지시문

당신은 현재 A사에서 직원들의 성과평가를 담당하고 있는 팀원이다. 인사팀은 지난주부터 사내 조직문화관련 인터뷰를 하던 도중 성과평가제도에 관련된 개선 니즈가 제일 많다는 것을 알게 되었다. 이에 팀장님은 인터뷰 결과를 종합하려 성과평가제도 개선 아이디어를 A4용지에 정리하여 신속 보고할 것을 지시하셨다. 당신에게 남은 시간은 1시간이다. 자료를 준비하는 대로 당신은 팀원들이 모인 회의실에서 5분 간 발표할 것이며, 이후 질의응답을 진행할 것이다.

2. 배경자료

〈성과평가제도 개선에 대한 인터뷰〉

최근 A사는 회사 사세의 급성장으로 인해 작년보다 매출이 두 배 성장하였고, 직원 수 또한 두 배로 증가하였다. 회사의 성장은 임금, 복지에 대한 상승 등 긍정적인 영향을 주었으나 업무의 불균형 및 성과보상의 불평등 문제가 발생하였다. 또한 수시로 입사하는 신입직원과 경력직원, 퇴사하는 직원들까지 인원들의 잦은 변동으로 인해 평가해야 할 대상이 변경되어 현재의 성과평가제도로는 공정한 평가가 어려운 상황이다.

[생산부서 김상호]
우리 팀은 지난 1년 동안 생산량이 급증했기 때문에 수십 명의 신규인력이 급하게 채용되었습니다. 이 때문에 저희 팀장님은 신규 입사자들의 이름조차 기억 못할 때가 많이 있습니다. 성과평가를 제대로 하고 있는지 의문이 듭니다.

[마케팅 부서 김흥민]
개인의 성과평가의 취지는 충분히 이해합니다. 그러나 현재 평가는 실적기반이나 정성적인 평가가 많이 포함되어 있어 객관성과 공정성에는 의문이 드는 것이 사실입니다. 이러한 상황에서 평가제도를 재수립하지 않고, 인센티브에 계속 반영한다면, 평가제도에 대한 반감이 커질 것이 분명합니다.

[교육부서 홍경민]
현재 교육부서는 인사팀과 밀접하게 일하고 있습니다. 그럼에도 인사팀에서 실시하는 성과평가제도에 대한 이해가 부족한 것 같습니다.

[기획부서 김경호 차장]
저는 저의 평가자 중 하나가 연구부서의 팀장님인데, 일 년에 몇 번 같이 일하지 않는데 어떻게 저를 평가할 수 있을까요? 특히 연구팀은 저희가 예산을 배정하는데, 저에게는 좋지만….

4. 토론 면접

① 토론 면접의 특징

- 다수의 지원자가 조를 편성해 과제에 대한 토론(토의)을 통해 결론을 도출해가는 면접입니다.
- 의사소통능력, 팀워크, 종합인성 등의 평가에 용이합니다.

> • 주요 평가요소
>   – 설득적 말하기, 경청능력, 팀워크, 종합인성
> • 의견 대립이 명확한 주제 또는 채용분야의 직무 관련 주요 현안을 주제로 과제 구성
> • 제한된 시간 내 토론을 진행해야 하므로 적극적으로 자신 있게 토론에 임하고 본인의 의견을 개진할 수 있어야 함

토론 면접의 형태

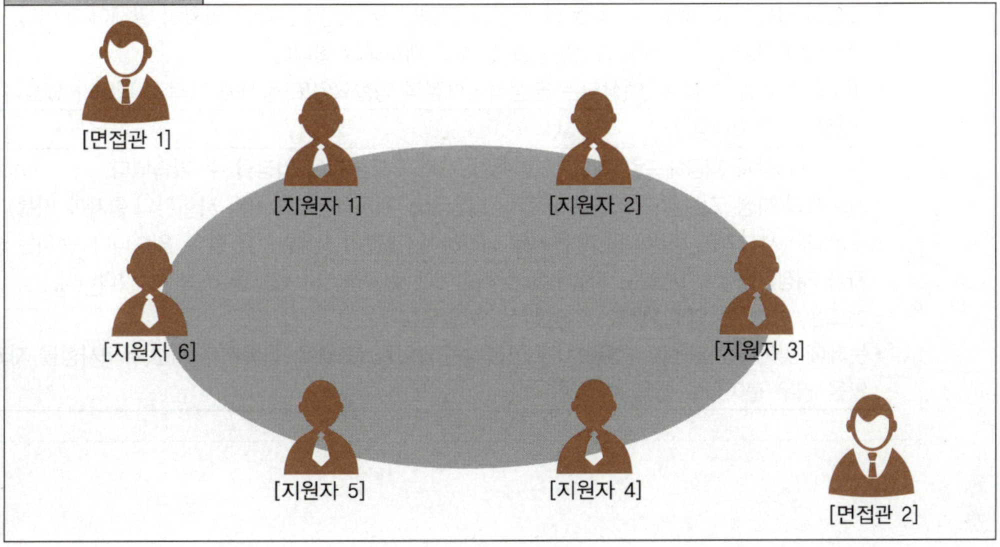

② 토론 면접 예시

고객 불만 고충처리
1. 들어가며
최근 우리 상품에 대한 고객 불만의 증가로 고객고충처리 TF가 만들어졌고 당신은 여기에 지원해 배치받았다. 당신의 업무는 불만을 가진 고객을 만나서 애로사항을 듣고 처리해 주는 일이다. 주된 업무로는 고객의 니즈를 파악해 방향성을 제시해 주고 그 해결책을 마련하는 일이다. 하지만 경우에 따라서 고객의 주관적인 의견으로 인해 제대로 된 방향으로 의사결정을 하지 못할 때가 있다. 이럴 경우 설득이나 논쟁을 해서라도 의견을 관철시키는 것이 좋을지 아니면 고객의 의견대로 진행하는 것이 좋을지 결정해야 할 때가 있다. 만약 당신이라면 이러한 상황에서 어떤 결정을 내릴 것인지 여부를 자유롭게 토론해 보시오.
2. 1분 자유 발언 시 준비사항
• 당신은 의견을 자유롭게 개진할 수 있으며 이에 따른 불이익은 없습니다. • 토론의 방향성을 이해하고, 내용의 장점과 단점이 무엇인지 문제를 명확히 말해야 합니다. • 합리적인 근거에 기초하여 개선방안을 명확히 제시해야 합니다. • 제시한 방안을 실행 시 예상되는 긍정적·부정적 영향요인도 동시에 고려할 필요가 있습니다.
3. 토론 시 유의사항
• 토론 주제문과 제공해드린 메모지, 볼펜만 가지고 토론장에 입장할 수 있습니다. • 사회자의 지정 또는 발표자가 손을 들어 발언권을 획득할 수 있으며, 사회자의 통제에 따릅니다. • 토론회가 시작되면, 팀의 의견과 논거를 정리하여 1분간의 자유발언을 할 수 있습니다. 순서는 사회자가 지정합니다. 이후에는 자유롭게 상대방에게 질문하거나 답변을 하실 수 있습니다. • 핸드폰, 서적 등 외부 매체는 사용하실 수 없습니다. • 논제에 벗어나는 발언이나 지나치게 공격적인 발언을 할 경우, 위에서 제시한 유의사항을 지키지 않을 경우 불이익을 받을 수 있습니다.

03 면접 Role Play

1. 면접 Role Play 편성

- 교육생끼리 조를 편성하여 면접관과 지원자 역할을 교대로 진행합니다.
- 지원자 입장과 면접관 입장을 모두 경험해 보면서 면접에 대한 적응력을 높일 수 있습니다.

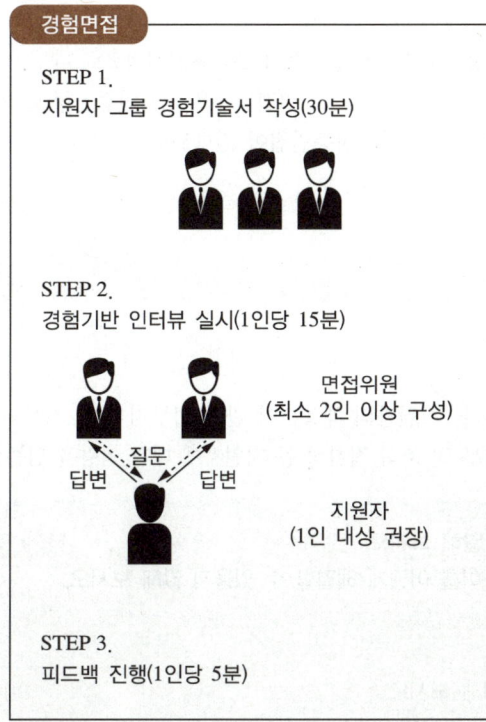

경험면접

STEP 1.
지원자 그룹 경험기술서 작성(30분)

STEP 2.
경험기반 인터뷰 실시(1인당 15분)

면접위원
(최소 2인 이상 구성)

지원자
(1인 대상 권장)

STEP 3.
피드백 진행(1인당 5분)

발표면접

STEP 1.
지원자 그룹 발표 내용 작성(30분)

STEP 2.
발표 5분+추가질의 5분(1인당 10분)

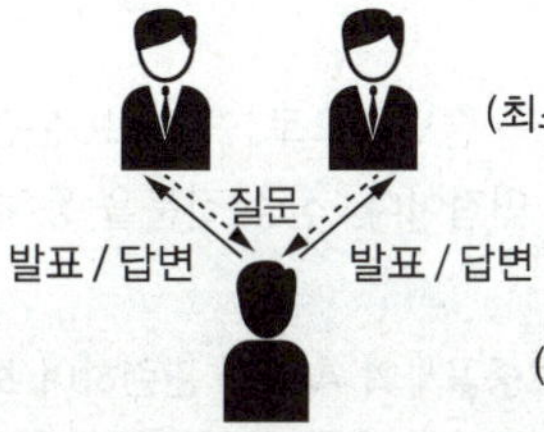

면접위원
(최소 2인 이상 구성)

지원자
(1인 대상 권장)

STEP 3.
피드백 진행(1인당 5분)

Tip

면접 준비하기

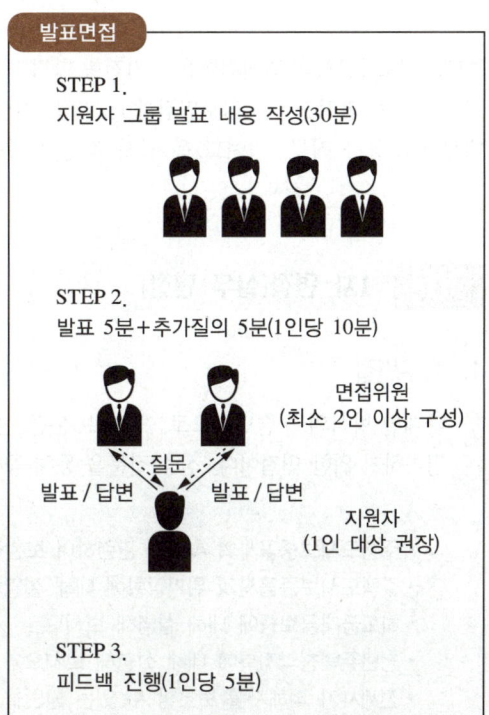

1. 면접 유형 확인 필수
   - 기업마다 면접 유형이 상이하기 때문에 해당 기업의 면접 유형을 확인하는 것이 좋음
   - 일반적으로 실무진 면접, 임원면접 2차례에 거쳐 면접을 실시하는 기업이 많고 실무진 면접과 임원 면접에서 평가요소가 다르기 때문에 유형에 맞는 준비방법이 필요
2. 후속 질문에 대한 사전 점검
   - 블라인드 채용 면접에서는 주요 질문과 함께 후속 질문을 통해 지원자의 직무능력을 판단 → STAR 기법을 통한 후속 질문에 미리 대비하는 것이 필요

CHAPTER

05 주택도시보증공사 면접 기출질문

주택도시보증공사의 면접전형은 필기전형 합격자를 대상으로 1차 면접전형과 2차 면접전형으로 나누어 이루어진다. 1차 면접전형은 직무면접과 PT면접, 인성면접이 진행되며, 2차 면접전형은 1차 면접전형 합격자를 대상으로 공사 직무, 기여도 등 공사 적합성 등을 평가하는 직무심층면접이 진행된다.

01 1차 면접(실무 면접)

1. 직무면접

다대일 형식의 구술면접으로, 인당 10분간 진행된다. 지원자의 채용분야 관련 실무지식 및 직무역량을 평가하기 위한 면접이다. 심층 질문을 통해 공사 직무 및 조직 적합성 등 지원자에 대한 역량을 검증한다.

- 주택도시보증공사의 App과 관련하여 보완점을 말해 보시오.
- 주택도시보증공사의 위기상황에 대해 설명하고 이를 어떻게 해결할 수 있을지 말해 보시오.
- 하도급대금보증에 대해 설명해 보시오.
- 청년주택청약저축에 대해 설명해 보시오.
- 전세사기 피해자를 보호할 수 있는 방안을 설명해 보시오.
- 주택도시보증공사에서 일할 때 갖춰야 할 가치관은 무엇인가?
- 전문분야에 대해 공부를 한 적이 있는가?
- 자신의 장점에 대해서 말해 보시오.
- 주택도시보증공사에서 자신이 관심있는 사업분야는 무엇인가?
- 지원동기가 무엇인가?
- 주택도시보증공사에 들어오기 위해 어떤 노력을 하였는가?
- 자신이 같이 일하기 힘든 사람은 누구이며, 그 이유는 무엇인가?
- 민원응대에 대한 경험이 있는가?
- 가장 자신 있는 외국어는 무엇인가?
- 가장 행복했던 순간은 언제인가?
- 공공성과 수익성 중 무엇이 중요하다고 생각하는가?
- 주택도시보증공사를 친구에게 소개한다면 어떻게 소개할 것인가?
- 주택도시보증공사의 강점은 무엇인가?
- 주택도시보증공사의 약점이 있다면 무엇인가?
- 협동사례에 대해 말해 보시오.
- 본인의 롤모델은 누구인가?
- 성실성을 입증할 만한 사례에 대해 말해 보시오.
- 최근에 주택도시보증공사에 대한 관련 기사를 읽어본 적이 있는가?

- 주택도시보증공사, 한국주택금융공사, 한국토지주택공사의 차이점에 대해 말해 보시오.
- 업무에 필요한 역량을 구체적으로 어떻게 키울지 말해 보시오.
- 입사 후 하고 싶은 업무는 무엇인가?
- 공직에서 가장 중요한 가치는 무엇인가?
- 주택도시보증공사에서 하고 싶은 일이 무엇인가?
- 개인보증과 기업보증의 차이점에 대해 말해 보시오.
- 본인의 직업관에 대해 말해 보시오.
- 이전에 공부했던 시험에 대한 미련은 없는가?
- 자기소개서에 나온 경험이 주택도시보증공사에 지원한 것과 어떤 관련이 있는가?
- 좌우명이 무엇이고, 그렇게 정한 이유는 무엇인가?

2. PT면접

PT 주제는 공사 직무, 사회 전반 이슈와 관련된 것으로, 인당 20분의 준비시간 후 10분 발표 및 질의응답을 하는 방식으로 진행된다.

- 빈집을 해소할 수 있는 방안을 발표해 보시오.
- 노숙자 복지를 어떻게 할 것인지 발표해 보시오.
- 2030들을 위한 금융, 부동산 관련 교육 커리큘럼을 제시하여 발표해 보시오.
- 친환경과 관련된 주택도시보증공사의 방안에 대해 발표해 보시오.
- 역전세난을 완화할 수 있는 방안에 관해 발표해 보시오.
- 부동산 관련 사업을 발표해 보시오.
- 분양가상한제에 관해 발표해 보시오.
- 직업이 자아실현에 도움을 줄 수 있는지에 관해 발표해 보시오.
- 도시재생사업의 사례를 들고, 가장 논쟁이 되는 부분에 관해 발표해 보시오.
- SNS의 문제점과 이에 대한 대응방법에 관해 발표해 보시오.
- AI를 재판에서 이용 가능한가?
- 사교육 과열에 대한 사회적, 제도적 원인과 해결방안에 관해 발표해 보시오.
- 지방인재 채용에 관해 발표해 보시오.
- 주택분양시장의 경쟁도입에 관해 발표해 보시오.
- 보증시장 민간개방의 장단점에 관해 발표해 보시오.
- 악성민원에 대한 대처방안 및 민원을 줄일 방안에 관해 발표해 보시오.
- 기업의 평판관리 방안에 관해 발표해 보시오.
- 출산율 저하의 원인과 대책에 관해 발표해 보시오.

3. 인성면접

인재상 및 핵심가치, 조직 문화 등에 부합하고 고객 지향적이고 성과 창출 중심의 지원자 인성을 검증한다. 다대일 형식의 구술면접으로, 인당 10분씩 진행하며 꼬리 질문이 이어질 수 있다.

- 자기소개를 해 보시오.
- 처음 시작하는 일에서 어려움을 겪은 것에 대해 말해 보시오.
- 일과 가정 중 더 중요한 것은 무엇인지 말해 보시오.
- 공기업을 선택한 이유가 무엇인지 말해 보시오.
- 본인이 채권자인 상황에서 채무자가 너무 어려워서 변제를 못한다면 어떻게 대처할 것인지 말해 보시오.

02 2차 면접(임원 면접)

2차 면접은 다대다 형식의 구술면접으로 인당 10분간 진행된다. 지원자의 가치관과 주택도시보증공사에 대한 애정 등을 평가하는 면접이다. 자기소개와 개인별로 사회적 이슈, 직무 적합성, 주택도시보증공사에 관한 지식 등 간단한 질문을 통해 지원자의 자세와 태도를 종합적으로 평가한다.

- 자기소개를 간단히 해 보시오.
- 타인과 일하면서 겪었던 갈등에 대해 말해 보시오.
- 최근 트렌드와 공사 사업들 중 관련이 있는 것에 대해 말해 보시오.
- 주택도시보증공사와 비슷한 업무를 하는 기업을 말해 보고, 그 기업보다 주택도시보증공사가 더 좋은 점을 말해 보시오.
- 주택도시보증공사에 닥쳐올 위기에 대해 설명해 보시오.
- 귀하가 주택도시보증공사를 위해 준비해 온 것을 말해 보시오.
- 귀하가 주택도시보증공사에서 사용할 수 있는 개인적인 강점을 말해 보시오.
- 주택도시보증공사에서 새롭게 운용할 수 있는 상품에 대해서 생각해 본 적이 있는가? 있다면 말해 보시오.
- 자신의 성격에 대한 약점을 한 문장으로 표현해 보시오.
- 사내문화(여성관리자, 평판 관리 등)에 대한 자신의 생각을 말해 보시오.
- 국제 행사에서 가장 중요한 것은 무엇이라고 생각하는지 말해 보시오.
- 순환 근무에 대한 귀하의 생각을 말해 보시오.
- 공직자는 청렴이 가장 중요하다. 이에 대한 자기 생각을 말해 보시오.
- 본인이 공사에 기여할 수 있는 점이 무엇인지 말해 보시오.
- 부산에 대한 이미지는 무엇인가?
- 첫 월급을 받으면 무엇을 하고 싶은가?
- 현재 우리나라의 주택시장에 대해 어떻게 생각하는가?
- 본인의 성격 스타일을 표현한다면 어떻게 표현할 수 있겠는가?
- 노사분규 등 갈등을 해결하기 위한 방안에 대해 말해 보시오.
- 본인의 장점에 대해 말해 보시오.
- 본인이 이것만은 고쳐야 한다고 생각하는 단점을 말해 보시오.
- 졸업 후에 무엇을 했는가?

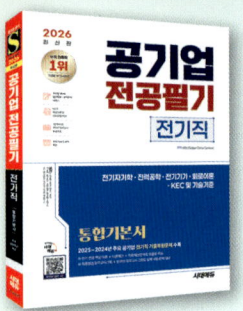

2026

전면개정판

HUG 주택도시보증공사

통합기본서

편저 | SDC(Sidae Data Center)

판매량 1위
주택도시보증공사
YES24

정답 및 해설

기출복원문제부터
대표기출유형 및
모의고사까지

한 권으로
마무리!

SDC
SDC는 시대에듀 데이터 센터의 약자로
약 30만 개의 NCS · 적성 문제 데이터를
바탕으로 최신 출제경향을 반영하여
문제를 출제합니다.

시대에듀

Add+

주요 공기업 기출복원문제

CHAPTER 01 2025년 상반기 NCS 기출복원문제

CHAPTER 02 2025 ~ 2024년 전공 기출복원문제

CHAPTER

01 2025년 상반기 NCS 기출복원문제

01	02	03	04	05	06	07	08	09	10	11	12	13	14	15	16	17	18	19	20
②	③	⑤	③	③	①	④	⑤	①	⑤	②	④	②	③	④	①	①	⑤	⑤	③
21	22	23	24	25	26	27	28	29	30	31	32	33	34	35	36	37	38	39	40
③	③	①	①	③	③	①	④	③	④	③	②	②	①	①	②	②	④	①	③
41	42	43	44	45	46	47	48	49	50										
②	③	①	②	③	②	③	③	④	③										

01

정답 ②

마지막 문단에서 현재 AI 음성 합성 기술이 사람의 감정까지 담아 표현할 수 없다는 한계점이 존재한다고 했다. 따라서 현재는 AI 음성 합성 기술이 오디오북 제작에서 전문 성우의 역할을 대체할 수 있다고 보기는 어렵다.

오답분석

① 세 번째 문단을 통해 AI 음성 합성 기술이 비용과 시간 측면에서 전문 성우 녹음보다 효율적임을 알 수 있다.
③ 마지막 문단에서 문학 도서의 경우 AI 음성 합성 기술이 사람의 감정까지 담아 표현할 수 없는 반면, 비문학 도서들은 전문 성우가 반드시 필요하지는 않으므로 AI 음성 합성 기술로 제작이 가능하다고 하였다.
④·⑤ 두 번째 문단에서 전문 성우의 오디오북 녹음에는 많은 시간이 필요하며, 비용 또한 많이 들어 현실적인 한계에 부딪히고 있다고 하였다.

02

정답 ③

2024년 설날 노쇼 비율은 46%이지만, 이 중 19만 매가량이 재판매가 되지 않아 공석으로 운행되었다.

오답분석

① 첫 번째 문단에서 명절에 예매 경쟁률이 수십 배에 달하는 경우도 흔하다고 하였다.
② 세 번째 문단에서 노쇼 문제는 사회적 비용 증가로 연결되며, 이에 따른 비용이나 정책 변경은 국민의 부담으로 돌아올 것이라고 하였다.
④ 네 번째 문단에서 노쇼 문제를 해결하기 위해 코레일은 2025년부터 명절 특별수송기간에 출발 후 20분까지의 위약금을 기존 15%에서 30%로 상향 조정한다고 하였다.
⑤ 마지막 문단에서 노쇼 문제는 단순히 코레일의 노력만으로 해결될 수 없고, 근본적인 제도 개선과 국민 인식 변화가 함께 이루어져야 함을 이야기하고 있다.

03

정답 ⑤

선주는 문제점을 자신의 탓으로 돌리며 상대방에게 부탁을 하고 있다. 따라서 관용의 격률에 해당하는 사례이다.

오답분석

① 민재는 상대방을 칭찬하는 표현을 최대화해서 말하고 있다. 따라서 타인에 대한 비난은 최소화하고 칭찬은 최대화하여 말하는 표현법인 찬동의 격률에 해당하는 사례로 볼 수 있다.
② 지우는 문제점을 상대방의 탓으로 돌리며 상대방에게 부탁을 하고 있다. 따라서 관용의 격률에 해당하지 않는다.
③ 다예는 자신의 이익을 위해 상대방에게 부담을 주며 말하고 있다. 따라서 관용의 격률에 해당하지 않는다.
④ 동현은 상대에게 부담이 되는 표현은 최소화하면서 도움을 요청하고 있다. 따라서 상대방의 부담은 최소화하고 이익은 최대화하여 말하는 표현법인 요령의 격률에 해당하는 사례로 볼 수 있다.

04

정답 ③

먼저 분자와 분모를 따로 계산하면 다음과 같다.

- 분자 : $18\times(15^2+12+3)$
  $\rightarrow 18\times(225+12+3)$
  $\therefore 18\times240=4,320$
- 분모 : $90^2-2\times45\times4$
  $\rightarrow 8,100-(2\times45\times4)$
  $\therefore 8,100-360=7,740$

주어진 식을 정리하면 다음과 같다.

$$\frac{4,320}{7,740}+1=\frac{4,320+7,740}{7,740}=\frac{12,060}{7,740}$$

$\frac{12,060}{7,740}$을 기약분수로 만들기 위해 최대공약수 180으로 약분하면 $\frac{67}{43}$이므로 $p=43$, $q=67$이다.

따라서 $p+q=110$이다.

05

정답 ③

K시 전철의 기본요금은 1회 1,500원이고, 아침에 20% 할인을 받으면 $1,500\times0.8=1,200$원이다. A씨의 전철 이용 횟수는 총 $22\times2=44$회이며, 할인은 출근 시간에만 적용된다. 그러므로 퇴근 시 이용하는 전철 요금은 $1,500\times22=33,000$원이다.

한 달 전철 요금을 62,000원 이하로 유지하고자 하므로 출근 시 지불 가능한 전철 요금은 $62,000-33,000=29,000$원이다.

할인을 받은 일수를 x일이라 하면, 할인을 받지 않은 일수는 $(22-x)$일이므로 다음과 같은 식이 성립한다.

$1,200x+1,500(22-x)\le29,000$

$\rightarrow 1,200x+33,000-1,500x\le29,000$

$\rightarrow -300x\le-4,000$

$\therefore x\ge13.33$

따라서 최소 14일은 할인을 받아야 한 달 전철 요금을 62,000원 이하로 유지할 수 있다.

06

정답 ①

먼저 1부터 6까지 숫자를 사용하여 만들 수 있는 4자리 수의 조합을 계산하면 $6^4=1,296$이다.

조건에 따라 중복된 숫자는 최대 2번 사용할 수 있으므로 같은 숫자가 3번 이상 사용된 경우의 수를 구하여 제외해야 한다.

- 같은 숫자가 4번 사용된 경우는 6가지이다(1111, 2222, …, 6666).
- 같은 숫자가 3번 사용된 경우는 aaab, aaba, abaa, baaa 4가지 경우가 있고, a로 가능한 수는 6가지, b로 가능한 수는 a를 제외한 5가지이므로 $4\times6\times5=120$가지이다.

따라서 조건을 만족하는 4자리 비밀번호는 총 $1,296-(6+120)=1,170$가지이다.

07

정답 ④

조사기간인 1 ~ 4월의 리뷰 수가 판매 건수이므로 월별 판매 건수와 반품 및 환불 건수를 계산하면 다음과 같다.

(단위 : 건)

구분	판매 건수	반품 건수	환불 건수
1월	1,000	1,000×0.03=30	1,000×0.02=20
2월	1,200	1,200×0.02=24	1,200×0.03=36
3월	1,500	1,500×0.04=60	1,500×0.01=15
4월	1,300	1,300×0.03=39	1,300×0.02=26
합계	5,000	153	97

따라서 반품 건수와 환불 건수를 모두 합하면 153+97=250건이다.

08

정답 ⑤

구로디지털단지역 하차 인원은 출근시간대 400명, 퇴근시간대 2,150명이므로 2,150÷400=5.375이다.
따라서 퇴근시간대 하차 인원은 출근시간대 하차 인원의 5배 이상이다.

오답분석

① 역삼역의 점심시간대와 퇴근시간대는 탑승 인원보다 하차 인원이 더 많다.
② 시청역의 탑승 인원은 점심시간대에 530명, 퇴근시간대에 420명으로 점심시간대에 탑승 인원이 더 많다.
③ 역삼역의 출근시간대는 탑승 1,150명, 하차 350명으로 탑승 인원이 더 많다.
④ 시청역의 출근시간대 대비 퇴근시간대 하차 인원의 증가 폭은 1,480−870=610명, 역삼역의 출근시간대 대비 퇴근시간대 하차 인원의 증가 폭은 1,250−350=900명이므로 시청역의 증가 폭이 더 작다.

09

정답 ①

A주임은 복잡한 역사 구조로 승객들이 길을 헤매는 문제를 해결하기 위한 아이디어를 지하철역과 비슷한 대상인 쇼핑센터의 증강현실 지도 기술에서 얻었고, 지하철역에서 이용 가능한 증강현실 길안내 서비스를 기획하였다. 따라서 주어진 사례에서 나타나는 창의적 사고 개발 방법으로 가장 적절한 것은 대상과 비슷한 것을 찾아내 그것을 힌트로 새로운 아이디어를 생각해 내는 비교발상법인 NM법이다.

오답분석

② Synectics : 서로 관련이 없어 보이는 것들을 조합하여 새로운 것을 도출해 내는 비교발상법이다.
③ 체크리스트 : 미리 준비된 힌트들을 시각화하고, 주제를 힌트에 연결 지어 발상하는 강제연상법이다.
④ SCAMPER : 체크리스트의 발전된 기법으로, 대체, 결합, 응용, 수정, 전용, 제거, 반전과 같이 7가지 키워드를 주제와 연결 지어 발상하는 강제연상법이다.
⑤ 브레인스토밍 : 어떤 주제에서 자유롭게 생각나는 것을 계속해서 열거하여 창의적인 아이디어를 이끌어 내는 자유연상법이다.

10

정답 ⑤

A씨는 사고로 학생과 부딪힌 사건 하나만을 부풀려 젊은이들이 모두 조심성이 없으며 남을 배려하지 않는다고 주장하고 있다. 이는 특정한 사례 하나를 토대로 집단을 일반화하는 주장이므로 성급한 일반화의 오류에 해당한다.

오답분석

① 무지의 오류 : '외계인이 있다는 증거가 없으므로 외계인은 존재하지 않는다.'처럼 어떠한 주장이 증명되지 않았다고 해서 그 반대의 주장이 참이라고 주장하는 오류이다.
② 결합의 오류 : '머리카락 1개가 빠지면 대머리가 되지 않는다. 2개가 빠져도, 100개가 빠져도 그렇다. 따라서 1만 개가 빠져도 대머리가 되지 않는다.'처럼 하나의 사례에는 오류가 없지만, 여러 사례를 잘못 결합하여 발생하는 오류이다.
③ 애매성의 오류 : '여자는 남자보다 약하다. 따라서 여자는 오래 살지 못한다.'처럼 애매한 어휘의 사용으로 발생하는 오류이다.
④ 과대 해석의 오류 : '퇴근길에 조심하세요.'라는 말을 퇴근길에만 조심하라는 의미로 받아들이는 것처럼 문맥을 무시하고 과도하게 문구에만 집착하여 발생하는 오류이다.

11

정답 ②

ㄱ. 철도 이용객 수 증가는 외부환경 요인인 법안에 의한 긍정적 효과이므로 기회(Opportunity)에 해당한다.
ㄷ. 민간투자의 확대는 외부환경 요인의 긍정적인 효과이므로 기회에 해당한다.
ㅂ. 기업 외부에서 발생한 공동 프로젝트에 참여하는 것은 기술혁신 등 긍정적인 측면이므로 기회에 해당한다.

오답분석

ㄴ. 내부환경 요인인 운영 노하우는 기업 내부의 긍정적인 요소로 강점(Strength)에 해당한다.
ㄹ. 외부환경 요인인 정부의 교통요금 동결 정책은 위협(Threat)에 해당한다.
ㅁ. 내부환경 요인인 직원 수 부족으로 인한 저조한 고객 만족도는 약점(Weakness)에 해당한다.

12

정답 ④

ㄱ. A차장은 노인 이용자 대표와 논리적 토론을 통해 합리적 타협점을 찾고 있다. 이는 상이한 문화적 토양을 가지고 있는 구성원을 가정하여 서로의 생각을 직설적으로 주장하고 논쟁이나 협상을 통해 의견을 조정하는 하드 어프로치에 해당한다.
ㄴ. A센터장은 역할극과 브레인스토밍 기법을 통하여 직원들이 자발적으로 의견을 제시하고, 창의적인 해결 방법을 도모할 수 있도록 촉진하고 있다. 이는 어떤 그룹이나 집단이 자발적으로 창의적인 문제해결을 할 수 있도록 촉진하는 퍼실리테이션에 해당한다.
ㄷ. A팀장은 B사원에게 실수에 대한 결과를 시사하여 실수를 줄일 수 있도록 넌지시 제안하였으며, 다른 팀원들에게도 B사원을 잘 도와줄 수 있도록 요청하였다. A팀장은 중재자로서 같은 문화적 토양을 가지고 있는 팀원들이 서로를 이해할 수 있도록 돕고, 권위와 공감에 의지하여 의견을 중재하고 있으므로 소프트 어프로치에 해당한다.

13

정답 ②

'된서리'는 늦가을에 아주 되게 내리는 서리를 의미하며, 이런 특성으로 인해 모진 재앙이나 타격을 비유적으로 이르는 말이다. 따라서 비슷한 어휘는 '어떤 일에서 크게 기를 꺾음. 또는 그로 인한 손해·손실'을 의미하는 '타격(打擊)'이다.

오답분석

① 타계(他界) : 인간계를 떠나서 다른 세계로 간다는 뜻으로, 사람의 죽음 특히 귀인(貴人)의 죽음을 이르는 말
③ 타점(打點) : 붓이나 펜 따위로 점을 찍음. 또는 야구에서 안타 따위로 득점한 점수
④ 타락(墮落) : 올바른 길에서 벗어나 잘못된 길로 빠지는 일
⑤ 타산(打算) : 자신에게 도움이 되는지를 따져 헤아림

14

정답 ③

빈칸에 들어갈 단어의 대상은 앞의 '애민주의'이므로 '어떤 명목을 붙여 주의나 주장 또는 처지를 앞에 내세움'을 의미하는 '표방(標榜)'이 적절한 단어이다.

오답분석

① 표징(表徵) : 겉으로 드러나는 특징이나 상징
② 표집(標集) : 사회 조사에서 모집단의 특성을 잘 반영할 수 있는 표본을 추출하는 방법
④ 표류(漂流) : 물 위에 떠서 정처 없이 흘러감
⑤ 표리(表裏) : 물체의 겉과 속 또는 안과 밖을 통틀어 이르는 말

15

정답 ④

제시문은 원자력 발전소에서 방사성 물질의 차단과 외부 오염 물질 유입 방지를 위해 강력한 공기조화 시스템이 필요함을 주장하며, 이 시스템의 핵심 장치인 헤파필터에 대해 상세히 설명하고, 원자력 발전소에서 헤파필터의 역할과 중요성에 대해 서술하고 있다. 따라서 글의 주제로 가장 적절한 것은 '원자력 발전소에서의 헤파필터의 역할'이다.

16

정답 ①

제시문은 잠복결핵감염에 대해 설명하는 글로, 잠복결핵감염의 특성과 치료 방법 등을 서술하면서 잠복결핵감염이 어떻게 개인의 건강뿐 아니라 사회 전체의 공중보건에 영향을 주는지 서술하고 있다.
따라서 글의 주제로 '잠복결핵감염의 위험성'이 가장 적절하다.

17

정답 ①

메뉴별 손익분기점을 구하면 다음과 같으며, 손익분기점을 넘기 위해서 필요한 판매량은 이보다 1단위 더 많아야 한다.

- 제육볶음 : $2,800,000 \div (10,000-2,000)=350$ → 351인분
- 오징어볶음 : $3,300,000 \div (12,000-2,000)=330$ → 331인분
- 돈가스 : $2,600,000 \div (9,000-1,500) \fallingdotseq 346.7$ → 347인분
- 라면 : $1,800,000 \div (6,000-800) \fallingdotseq 346.2$ → 347인분
- 고등어구이 : $3,100,000 \div (11,000-2,000) \fallingdotseq 344.4$ → 345인분

따라서 손익분기점을 넘기 위해 필요한 판매량이 가장 많은 메뉴는 제육볶음이다.

18

정답 ⑤

B지점에서 C지점까지의 거리를 $x$km라고 하고 식을 세우면 다음과 같다.

$(x+110)+x=190$

→ $2x=80$

$\therefore x=40$

즉, A지점에서 B지점까지의 거리는 150km, B지점에서 C지점까지의 거리는 40km이다.
K주임은 A지점에서 B지점까지 150km를 100km/h의 속력으로 이동하였으므로 소요된 시간은 1.5시간이고, B지점에서 C지점까지 40km를 80km/h의 속력으로 이동하였으므로 소요된 시간은 0.5시간이다.
따라서 A지점에서 C지점까지 이동하는 데 걸린 시간은 2시간이다. 단, B지점에서 1시간 동안 업무를 수행하였으므로 C지점에 도착한 시간은 오후 3시이다.
또한 이동할 때의 평균 속력의 경우 총 190km를 2시간 동안 이동하였으므로 평균 속력은 $\frac{190}{2}=95$km/h이다.

19

정답 ⑤

본회의 시간이 1시간이고, 전후 30분간 회의 준비 및 회의록 작성을 진행해야 하므로 모두 2시간이 필요하다.
제시된 조건에 따라 회의가 불가능한 시간을 표시하면 다음과 같다.

9시		10시		11시		12시		13시		14시		15시		16시		17시	
		예약				점심시간				예약		외부일정					

30분 간격으로 칸을 나누었으므로 회의를 진행하기 위해서는 총 4칸이 필요하다.
따라서 16시부터 회의 준비를 할 수 있으므로 본회의를 시작할 수 있는 가장 빠른 시각은 오후 4시 30분(=16시 30분)이다.

20

정답 ③

약술형에서 48점을 득점하여 과락이 된 D를 제외하고 나머지 4명의 필기시험 점수의 평균과 가점을 더한 값은 다음과 같다.

- A : $\{(85+52+61+57) \div 4\}+6=69.75$점 → 불합격
- B : $(75+71+67+81) \div 4=73.5$점 → 합격
- C : $\{(67+81+72+54) \div 4\}+2=70.5$점 → 합격
- E : $(66+82+58+78) \div 4=71$점 → 합격

따라서 J국가자격 필기시험에 합격한 사람은 B, C, E 3명이다.

21

정답 ③

HDD(Hard Disk Drive)는 회전하는 자기 디스크와 기계적인 헤드를 사용해 데이터를 저장하고 읽는 저장장치로 플래시 메모리를 사용해 전자적으로 데이터를 저장하는 SSD(Solid State Drive)에 비해 가격이 저렴하다.

오답분석

① HDD는 움직이는 자기 디스크나 헤드가 필요하므로 SSD에 비해 무겁고, 소형화가 어렵다.
② HDD는 자기 디스크와 헤드를 움직이는 모터 및 회전 부품으로 인해 전력 소모가 SSD에 비해 더 크다.
④ SSD는 읽고 쓰는 데 물리적인 움직임이 필요 없으나, HDD는 회전하는 자기 디스크와 헤드가 데이터 위치를 찾기 위해 움직여야 하므로 데이터 접근이 SSD에 비해 느리다.
⑤ 플래시 드라이브로 구성되어 있는 SSD는 움직이는 부품이 없으나, HDD는 움직이는 기계적 부품이 많으며, 충격으로 인해 헤드가 자기 디스크에 닿아 스크래치가 생기는 등의 심각한 손상이 발생할 수 있다. 따라서 HDD는 SSD보다 외부 충격에 대한 내구력이 낮다.

22

정답 ③

제시된 상황은 조건이 참인지 거짓인지에 따라 서로 다른 값을 반환해야 하므로 IF 함수를 활용해야 한다. IF 함수의 함수식은 「=IF(조건,"참일 때의 값","거짓일 때의 값")」이며, 조건은 참조 대상의 값이 90 이상이어야 하므로 "참조대상>=90"이어야 한다. 따라서 올바른 함수식은 「=IF(참조 대상>=90,"합격","불합격")」이다.

오답분석

① 90점을 초과해야 합격으로 값이 나온다.
② 90점 이상이면 불합격, 90점 미만이면 합격으로 값이 나온다.
④ · ⑤ CHOOSE 함수는 지정된 인덱스 번호를 기준으로 목록에서 특정 값을 선택하여 반환하는 함수로 제시된 상황에는 옳지 않은 함수이다.

23

정답 ①

제시문은 허리 통증을 유발하는 직업적 요인에 대해 서술하고 있다. 따라서 글의 주제로 가장 적절한 것은 '허리 통증의 직업적 요인'이다.

오답분석

② 제시문은 허리 통증이나 질환이 어떻게 발생하는지만 서술하고, 관리 방법에 대해서는 서술하고 있지 않다.
③ 허리 질환의 원인을 여러 직업적 요인을 나누어 설명하지만, 직업에 따라 질환이 달라진다고는 서술하고 있지 않다. 오히려 허리 질환의 직업적 요인들이 대부분 추간판탈출증, 척추협착증 같이 비슷한 질환을 유발하는 것을 알 수 있다.
④ 세 번째 문단에서 허리 구부림 자세가 많은 업종이 허리 통증 관련 산재 신청이 많음에 대해 서술하고는 있지만, 글 전체를 포괄하는 주제로 적절하지 않다.

24

정답 ①

A교수의 발표 주제는 사람이 제공하던 서비스를 인공지능 기술로 대체하자는 것이 아닌, 인공지능 기술이 건강보험 가입자의 데이터를 기반으로 가입자에게 필요한 맞춤형 서비스를 제공해 주는지에 대한 것이다. 따라서 제시된 자료의 내용과 일치하지 않는다.

오답분석

② B교수의 발표 주제는 sLLM(소형 언어 모델)을 사용한 고객 서비스의 향상과 공단 근로자의 업무 효율성을 증대 사례이므로 이에 대한 고객과 공단 근로자의 의견이 필요하다.
③ D교수의 발표 주제는 야간 인공조명이 인간의 건강에 미치는 영향에 대한 것이므로, 야간 인공조명을 받은 사람과 이를 받지 않은 사람과의 건강상의 차이에 대한 구분되는 수치가 필요하다.
④ F팀장의 발표 주제는 병원 내에서 발생하는 폐렴의 데이터 분석을 통해 감염관리 체계 마련이 필요함을 제시하는 것이므로, 병원 내 감염병에 대한 데이터 정보가 필요하다. 따라서 병원 내 어느 병동에서 어떠한 상황에서 발생하였는지, 또 어느 연령대에서 주로 발생하는지 등에 대한 데이터가 필요하다.

25

정답 ③

네 번째 문단에 따르면 천식 환자는 심장 박동 및 호흡수를 증가시키는 운동은 발작을 일으킬 수 있으므로 피해야 하고, 건조하지 않고 심장 박동이나 호흡수가 급격히 증가하지 않는 수영과 같은 운동이 좋다고 하였다. 따라서 등산의 경우 가파른 오르막이나, 건조한 환경 등 천식 환자에게 좋지 않은 운동 환경일 가능성이 높다.

오답분석

① 세 번째 문단에 따르면 당뇨는 인슐린이 제 기능을 하지 못해 혈당을 낮추지 못하는 질환으로, 유산소 운동을 통해 혈당을 낮출 수 있다.

② 세 번째 문단에 따르면 당뇨 환자와 심장병 환자는 유산소 운동이 좋다고 하였으며, 특히 심장병 환자의 경우 규칙적인 유산소 운동은 심혈관계를 향상시킨다고 하였다.

④ 마지막 문단에 따르면 허리 통증 환자는 유산소 운동보다는 척추를 지지하는 근육을 발달시킬 수 있는 코어 운동이 도움이 된다고 하였다.

26

정답 ③

제시된 문단은 국민건강보험공단이 담배 소송 변론에서 적극적으로 입장을 표명했다고 서술하고 있다. 그러므로 이어질 문단으로 공단의 주장이 포함된 (나) 문단 또는 (다) 문단이 와야 한다. 이 중 (다) 문단은 '마지막으로'로 시작하므로 글의 가장 마지막에 오는 것이 적절하다. 그러므로 첫 문단 뒤에 이어질 문단으로 가장 적절한 것은 (나) 문단이다. 다음 (가) 문단과 (라) 문단을 살펴보면, (가) 문단은 담배와 암 사이에는 인과관계가 있다는 주장, (라) 문단은 담배와 암 사이에 인과관계에 대한 뒷받침 자료로 제출한 증거의 목록에 대한 것이므로 (가) – (라) 순으로 이어져야 한다. 따라서 (나) – (가) – (라) – (다) 순으로 나열하는 것이 적절하다.

27

정답 ①

조사 지역별 법인 기업에서 사단법인이 차지하는 비율은 다음과 같다.

- 수도권 : $\frac{50,000}{60,000}\times100≒83.33\%$
- 강원권 : $\frac{500}{1,000}\times100=50\%$
- 충청권 : $\frac{2,500-800}{2,500}\times100=68\%$
- 호남권 : $\frac{3,000-1,000}{3,000}\times100≒66.67\%$
- 영남권 : $\frac{1,500}{2,500}\times100=60\%$

수도권, 충청권, 호남권, 영남권, 강원권 순으로 높으므로 세 번째로 높은 지역은 호남권이다.

오답분석

② 5대 업종의 대기업 중 IT업이 아닌 기업의 수는 $11,000-6,000=5,000$개소이며, 수도권의 기타 기업도 5,000개소로 같다.

③ 조사 지역에서 대기업이 20% 증가하면 $13,500\times0.2=2,700$개소 증가하고, 중소기업이 10% 감소하면 $25,000\times0.1=2,500$개소 감소하므로 전체 기업 수는 증가한다.

④ 조사 지역의 재단법인 중 강원권 재단법인이 차지하는 비율은 $\frac{1,000-500}{13,300}\times100≒3.76\%$이고, 조사 지역의 대기업 중 강원권 대기업이 차지하는 비율은 $\frac{500}{13,500}\times100≒3.7\%$이므로 옳은 설명이다.

28

정답 ④

조사 지역의 전체 기업 중 운송업에 해당하는 중소기업 및 5인 미만 기업의 비율은 다음과 같다.

• 중소기업 : $\frac{9,000}{25,000}\times100=36\%$

• 5인 미만 : $\frac{100,000}{290,000}\times100\fallingdotseq34.48\%$

따라서 5인 미만 기업의 운송업 비율은 중소기업보다 낮다.

오답분석

① 조사 지역의 전체 기업 중 5인 미만인 기업의 비율은 $\frac{290,000}{405,000}\times100\fallingdotseq71.6\%$로 70% 이상이다.

② 조사 지역의 5인 미만 기업 중 수도권이 차지하는 비율은 $\frac{200,000}{290,000}\times100\fallingdotseq68.97\%$로 60% 이상이다.

③ 조사 지역 전체 기업 중 5대 업종에 해당하지 않는 기업의 수는 다음과 같다.
- 대기업 : 13,500−11,000=2,500개소
- 중소기업 : 25,000−22,000=3,000개소
- 5인 미만 : 290,000−235,000=55,000개소
- 사단법인 : 55,700−20,000=35,700개소
- 재단법인 : 13,300−9,000=4,300개소

따라서 대기업보단 중소기업이, 중소기업보단 5인 미만이 많고, 사단법인이 재단법인보다 많다.

29

정답 ③

제시된 자료는 7대 주요 범죄 현황이므로 한 해 전체 범죄 현황은 알 수 없다. 따라서 옳지 않은 설명이다.

오답분석

① 살인이 가장 많이 발생한 해는 1995년이며, 절도 역시 1995년에 가장 많이 발생하였다.
② K국 교도소의 잔여 형량별 복역자 수 자료를 통해 잔여 형량이 많을수록 복역자 수가 적음을 알 수 있다.
④ 잔여 형량이 1년 미만인 복역자의 수가 가장 많은 교도소는 F교도소이며, 전체 복역자 수 역시 F교도소가 가장 많다.

30

정답 ④

교도소별 잔여 형량이 1년 미만인 복역자 수 대비 3년 이상 5년 미만인 복역자 수의 비율은 다음과 같다.

• A : $\frac{400}{3,000}\times100\fallingdotseq13.3\%$

• B : $\frac{400}{4,000}\times100=10\%$

• C : $\frac{500}{5,000}\times100=10\%$

• D : $\frac{600}{6,000}\times100=10\%$

• E : $\frac{800}{7,000}\times100\fallingdotseq11.43\%$

• F : $\frac{1,000}{8,000}\times100=12.5\%$

A교도소가 가장 높으므로 ④는 옳지 않은 해석이다.

오답분석

① 1990년부터 1995년까지 전년 대비 살인 사건 발생 건수는 100건씩 일정하게 증가하고 있다. 그러나 기준이 되는 전년의 수치가 점점 커지기 때문에 전년 대비 변화율은 점점 감소한다(1990년 20% 증가, 1991년 약 16.6% 증가, …).

② K국 전체 교도소 복역자 수는 5,300+5,700+7,800+10,000+10,300+11,600=50,700명이므로 D교도소에 복역하는 비율은 $\frac{10,000}{50,700}\times 100 ≒ 19.72\%$이다. 따라서 20% 이하이다.

③ 1993년부터 1995년까지 7대 주요 범죄 중 절도가 차지하는 비율을 구하기 위해 먼저 연도별 7대 주요 범죄 발생 건수를 계산하면 다음과 같다.

- 1993년 : 900+3,000+10,000+10,000+20,000+3,000+1,000=47,900건
- 1994년 : 1,000+2,000+20,000+10,000+27,000+5,000+900=65,900건
- 1995년 : 1,100+3,500+17,000+9,000+34,000+2,000+1,100=67,700건

절도가 차지하는 비율을 계산하면 다음과 같다.

$$\frac{20,000+27,000+34,000}{47,900+65,900+67,700}\times 100$$

$$=\frac{81,000}{181,500}\times 100 ≒ 44.63\%$$

따라서 절도가 차지하는 비율은 45% 이하이다.

31

정답 ③

계란 가격은 2024년 7월부터 9월까지 증가하다가, 10월부터 감소한 후 12월에 다시 증가 추세를 보이고 있으므로 옳지 않다.

오답분석

① • 2024년 8월 대비 9월 쌀 가격 증가율 : $\frac{1,970-1,083}{1,083}\times 100 ≒ 81.90\%$

• 2024년 11월 대비 12월 무 가격 증가율 : $\frac{2,474-2,245}{2,245}\times 100 ≒ 10.20\%$

따라서 2024년 8월 대비 9월 쌀 가격의 증가율이 2024년 11월 대비 12월 무 가격의 증가율보다 크다.

② 국산, 미국산, 호주산 소 가격 모두 2024년 7월부터 9월까지 증가하다가 10월에 감소하였다.

④ 쌀 가격은 2024년 7월 1,992원에서 8월 1,083원으로 감소했다가, 9월 1,970원으로 증가한 후 10월부터는 감소하고 있다.

32

정답 ②

선택지에 제시된 식재료 가격의 2024년 12월 대비 2025년 1월 증감률을 계산하면 다음과 같다.

- 쌀 : $\frac{1,805-1,809}{1,809}\times 100 ≒ -0.22\%$
- 양파 : $\frac{1,759-1,548}{1,548}\times 100 ≒ 13.63\%$
- 무 : $\frac{2,543-2,474}{2,474}\times 100 ≒ 2.78\%$
- 건멸치 : $\frac{25,200-25,320}{25,320}\times 100 ≒ -0.47\%$

따라서 증감률이 가장 큰 재료는 양파이다.

33

정답 ②

신입사원 선발 조건에 따라 지원자에게 점수를 부여한 뒤 총점을 산정하면 다음과 같다.

(단위 : 점)

구분	학위점수	어학능력점수	면접점수	실무경험점수	총점
A	18	20	30	18	86
B	25	17	24	18	84
C	18	17	24	18	77
D	30	14	18	12	74

따라서 최고득점자는 A이고, 최저득점자는 D이다.

34

정답 ①

A씨의 소규모 카페는 잘못된 위치 선정, 치열한 경쟁, 운영 경험 부족 등 여러 위기를 겪게 되었지만, A씨는 위기를 기회로 삼아 성공한 컨설팅 업체라는 좋은 결과를 얻었다. 따라서 '화를 바꾸어 복이 되게 하다.'의 의미를 지닌 '전화위복(轉禍爲福)'이 가장 관련 있는 한자성어이다.

오답분석

② 사필귀정(事必歸正) : 모든 일은 반드시 바른길로 돌아감
③ 일취월장(日就月將) : 나날이 다달이 자라거나 발전함
④ 우공이산(愚公移山) : 어떤 일이든 끊임없이 노력하면 반드시 이루어짐

35

정답 ①

①의 '차원'은 '물리학적 구성 요소인 시간'을 의미한다. 반면 나머지는 '사물을 보거나 생각하는 처지. 또는 어떤 생각이나 의견 따위를 이루는 사상이나 학식의 수준'을 의미한다.

36

정답 ②

큐비트는 양자 중첩 특성을 가지고 있기 때문에 0과 1의 상태를 동시에 가진다. 반면 기존의 고전적 컴퓨터는 비트(Bit)를 통해 정보를 0과 1의 형태로 나타낸다.

오답분석

①·③ 큐비트는 측정하기 전에는 0과 1의 값을 동시에 지니지만, 측정과 동시에 하나의 값으로 확정된다.
④ 4개의 큐비트를 활용하면 $2^4=16$번의 상태를 동시에 표현할 수 있다.

37

정답 ②

SMR은 다양한 입지 조건에서 설치가 가능하여 전력망이 없는 지역이나 해상에서도 활용할 수 있다. 또한 크기가 작고 유연한 설계 덕분에 다양한 환경에서 활용이 가능하다.

오답분석

① SMR은 방사성 물질의 저장 및 관리 측면에서 유리하지만, 폐기물이 발생하지 않는다고는 서술되어 있지 않다.
③ SMR은 공장에서 모듈화된 기기를 제작하고, 현장으로 운송해 조립하는 방식이다.
④ 한국을 포함한 여러 국가가 SMR 개발에 적극적으로 나서고 있지만, 현재 기존 원전이 SMR로 전환되었는지는 확인할 수 없다.

38

정답 ④

J공사의 비밀번호 규칙을 정리하면 다음과 같다.

• 첫 번째와 아홉 번째 숫자 : 직원 종류별 코드(1 ~ 3)
• 두 번째 ~ 일곱 번째 숫자 : 입사 연, 월, 일(YYMMDD)
• 여덟 번째 문자 : 앞의 숫자를 모두 더하고 2를 뺀 값에 해당하는 알파벳 대문자

위의 규칙에 맞지 않는 비밀번호를 고르면 다음과 같다.

• 1942131S1 : 월 부분의 숫자가 21로 존재할 수 없다.
• 1241215N2 : 첫 번째와 아홉 번째 숫자가 동일하게 부여되지 않았다.
• 2210830P2 : 여덟 번째 문자가 2+2+1+0+8+3+0−2=14번째 알파벳인 N이 부여되어야 한다.
• 4200817T4 : 4는 없는 직원 종류별 코드이다.
• 2191229Z2 : 여덟 번째 문자가 2+1+9+1+2+2+9−2=24번째 알파벳인 X가 부여되어야 한다.

따라서 J공사 비밀번호 규칙에 맞지 않는 비밀번호는 모두 5개이다.

39

정답 ①

A씨는 고향 친구의 말끔한 정장을 보고, 부자일 확률보다 부자이면서 좋은 차도 끌고 다닐 확률이 높다고 생각하고 있다. 이는 두 사건(부자, 좋은 차 소유)이 동시에 일어날 확률이 실제로는 각 사건 중 하나가 단독으로 일어날 확률보다 항상 작거나 같음에도 불구하고, 두 사건이 동시에 일어날 확률이 더 높다고 잘못 판단하는 인지적 편향이다. 따라서 A씨의 사례는 결합의 오류에 해당한다.

오답분석

② 무지의 오류 : '담배가 암을 일으킨다는 확실한 증거가 없으므로 정부의 금연 정책은 잘못된 것이다.'처럼 어떤 논리가 증명되지 않았다고 해서 그 반대의 주장이 참이라고 단정하는 오류이다.

③ 연역법의 오류 : 'TV를 많이 보면 눈이 나빠진다.', '철수는 TV를 많이 보지 않는다.', '따라서 철수는 눈이 나빠지지 않는다.'처럼 대전제와 주장이 잘못 연결되었지만, 삼단논법에 의하기 때문에 참이라고 단정하는 오류이다.

④ 과대 해석의 오류 : 문맥을 무시하고 문구에만 너무 집착하거나 애매한 의미를 확대 해석할 경우에 빠질 수 있는 오류이다. 예컨대, 'A라는 질병에 걸리지 않길 바란다.'는 말을 듣고 '그럼, B라는 질병에 걸려도 된다는 말인가?'라고 생각하는 경우가 과대 해석의 오류에 해당한다.

40

정답 ③

고속국도를 제외하면 본사와 이어지는 길은 A공장과 B공장밖에 없으므로 S대리는 A공장을 처음 방문하고 마지막으로 B공장을 방문하거나, B공장을 처음 방문하고 A공장을 마지막으로 방문해야 한다. 그러므로 S대리는 'A → D → C → E → B' 순서로 방문하거나, 그 반대인 'B → E → C → D → A' 순서로 방문해야 한다.

두 경로의 길이는 같으므로 '본사 → A → D → C → E → B → 본사'의 이동 거리를 구하면 8+14+12+20+10+16=80km이다.

따라서 S대리가 일반국도만을 이용하여 본사에서 출발해서 모든 부속 공장을 방문하고 본사로 돌아오는 최단거리는 80km이다.

41

정답 ②

고속국도를 이용한다면 본사에서 출발하거나 본사에 도착할 때, 반드시 E공장을 거쳐야 한다. 그러므로 S대리는 'E → B → C → D → A' 또는 'A → D → C → B → E' 순서로 방문해야 한다.

두 경로의 길이는 같으므로 '본사 → E → B → C → D → A → 본사'의 이동거리를 구하면 20+10+8+12+14+8=72km이다.

따라서 S대리가 고속국도를 이용할 때의 최단거리는 고속국도를 이용하지 않을 때와 80−72=8km 차이가 난다.

42

정답 ③

문단별 K기업의 기술 시스템 발전 단계를 살펴보면 다음과 같다.

- (가) : K기업의 종합관리 시스템이 경쟁에서 승리하여 기술표준이 되었으므로 기술 공고화 단계에 해당한다.
- (나) : K기업의 종합관리 시스템이 실무적 안정성을 인정받아 다른 분야에서도 차용하였으므로 기술 이전의 단계에 해당한다.
- (다) : K기업의 종합관리 시스템이 다른 기술 시스템과 경쟁하고 있으므로 기술 경쟁의 단계에 해당한다.
- (라) : K기업의 종합관리 시스템이 개발되고 발전한 것이므로 발명, 개발, 혁신의 단계에 해당한다.

따라서 기술 시스템 발전 단계의 순서는 발명, 개발, 혁신의 단계 → 기술 이전의 단계 → 기술 경쟁의 단계 → 기술 공고화 단계로 진행되므로 K기업 종합관리 시스템을 기술 시스템의 발전 단계에 따라 순서대로 나열하면 (라) – (나) – (다) – (가)이다.

43

정답 ①

상사가 A주임에게 요청한 작업과 이에 대한 엑셀 단축키는 다음과 같다.

- [F12] 셀에서 왼쪽에 있는 값을 모두 선택하기 : 〈Shift〉+〈Home〉
- 차트 만들기 : 〈Alt〉+〈F1〉
- 오늘 날짜 입력하기 : 〈Ctrl〉+〈;〉

따라서 A주임이 사용하지 않은 단축키는 셀 서식의 단축키인 〈Ctrl〉+〈1〉이다.

44

정답 ②

맹아(萌芽)는 '풀이나 나무에 새로 돋아 나오는 싹, 사물의 시초가 되는 것'을 뜻하는 말이다.

오답분석

① 호도(糊塗) : 풀을 바른다는 뜻으로, 명확하게 결말을 내지 않고 일시적으로 감추거나 흐지부지 덮어 버림을 비유적으로 이르는 말

③ 무마(撫摩) : 분쟁이나 사건 따위를 어물어물 덮어 버림

④ 은폐(隱蔽) : 덮어 감추거나 가리어 숨김

45

정답 ③

③에 쓰인 '불이 붙었다'는 비유적으로 어떤 일이나 감정 따위가 치솟기 시작함을 의미한다.

오답분석

①·②·④ '물체에 불이 붙어 타기 시작하다.'의 의미로 사용되었다.

46

정답 ②

등변 사다리꼴의 가장자리(변)를 따라 2m 간격으로 의자를 배치하므로 둘레를 구해야 한다. K고등학교의 운동장은 20m의 정사각형 공간에 양쪽에 밑변이 15m, 높이가 20m인 직각삼각형이 붙어 있는 형태이므로 피타고라스 정리에 따라 빗변의 길이 xm는 다음과 같다.

$x^2=15^2+20^2=625$

$\therefore\ x=\sqrt{625}=25$

그러므로 K고등학교 운동장의 둘레는 $20+25+50+25=120$m이며, 2m 간격으로 의자를 배치하므로 $120\div2=60$개의 의자를 배치할 수 있다(시작점과 끝점이 같은 폐곡선의 형태이므로 1을 더하지 않음).

따라서 의자에 앉을 수 있는 학생의 수는 60명이다.

47

정답 ③

오답분석

① 2021년의 값이 서로 바뀌었다.
② 2024년 충주댐의 발전량 값이 잘못되었다.
④ 2023년 소양강댐의 발전량 값이 잘못되었다.

48

정답 ③

현대사회에서 기업은 일을 수행하는 데 소요되는 시간을 줄이기 위해 많은 노력을 기울이고 있다. 기업의 입장에서 작업 소요 시간의 단축으로 인해 볼 수 있는 효과는 다음과 같다.

- 생산성 향상 : 시간당 산출량이 증가하여 같은 시간 안에 더 많은 제품이나 서비스를 제공할 수 있으므로 노동 생산성이 향상된다.
- 가격 인상 : 일을 수행할 때 소요되는 시간을 단축함으로써 비용이 절감되고, 상대적으로 이익이 늘어남으로써 사실상 가격 인상 효과가 있다.
- 위험 감소 : 위험에 노출되는 시간을 줄이고, 계획적 작업 운영을 통해 불확실성이 감소하므로 위험이 감소하는 효과가 있다.
- 시장 점유율 증가 : 빠르고 효율적인 생산은 납기 준수 능력 향상, 원가 절감, 품질 유지로 이어지므로 고객 만족도를 높이고, 결과적으로 경쟁사보다 유리한 조건을 만들며 시장 점유율 확대에 기여한다.

정확한 예산 분배는 효율적인 예산관리를 통하여 기업이 얻을 수 있는 효과이다.

49

정답 ④

효율적이고 합리적인 인사관리 원칙

- 적재적소 배치의 원칙 : 해당 직무 수행에 가장 적합한 인재를 배치해야 한다.
- 공정 보상의 원칙 : 근로자의 인권을 존중하고 공헌도에 따라 노동의 대가를 공정하게 지급해야 한다.
- 공정 인사의 원칙 : 직무 배당, 승진, 상벌, 근무 성적의 평가, 임금 등을 공정하게 처리해야 한다.
- 종업원 안정의 원칙 : 직장에서 신분이 보장되고 계속해서 근무할 수 있다는 믿음을 갖게 하여 근로자가 안정된 회사 생활을 할 수 있도록 해야 한다.
- 창의력 계발의 원칙 : 근로자가 창의력을 발휘할 수 있도록 새로운 제안·건의 등의 기회를 마련하고, 적절한 보상을 하여 인센티브를 제공해야 한다.
- 단결의 원칙 : 직장 내에서 구성원들이 소외감을 갖지 않도록 배려하고, 서로 유대감을 가지고 협동·단결하는 체제를 이루도록 한다.

50

정답 ③

회전대응의 원칙은 입·출하의 빈도가 높은 품목은 출입구 가까운 곳에 보관하는 것으로, 활용빈도가 상대적으로 높은 물품을 가져다 쓰기 쉬운 위치에 먼저 보관하는 방식을 말한다.

오답분석

① 동일성의 원칙 : 같은 품종은 같은 장소에 보관하는 원칙이다.
② 유사성의 원칙 : 유사품은 인접한 장소에 보관하는 원칙이다.
④ 기호화의 원칙 : 바코드, QR코드 등 물품을 기호화하여 관리하는 것을 의미한다.

CHAPTER

02 2025 ~ 2024년 전공 기출복원문제

01 경영

01	02	03	04	05	06	07	08	09	10	11	12	13	14	15	16	17	18	19	20
⑤	④	②	⑤	⑤	③	⑤	④	③	⑤	①	③	④	④	②	④	④	②	①	②
21	22	23	24	25															
④	③	④	①	③															

01

정답 ⑤

오답분석

ㄱ. 주식회사는 주식의 소유 비율에 따라 주주들이 의사결정권한을 나누어 가지며, 주주총회가 최고 의사결정기구의 역할을 한다.

ㄷ. 주주는 주식회사에 대하여 본인이 투자한 금액만큼의 출자의무를 가지며, 그 이상의 금액에 대해서는 어떠한 책임이나 의무도 갖지 않는다.

02

정답 ④

조정은 목표를 달성하기 위해 자원의 중복, 부족 등을 보완하는 과정을 말한다.

03

정답 ②

유사한 특징을 가진 고객을 그룹으로 분류하는 것은 고객 세그먼트에 대한 설명이다. 고객 페르소나는 특정 고객 그룹을 대표하는 가상의 프로필을 생성하여 행동 패턴, 라이프스타일 등 다양한 데이터로 전략을 수립하는 고객 맞춤형 마케팅 전략이다.

04

정답 ⑤

매슬로의 욕구 5단계는 아래부터 생리적 욕구 → 안전 욕구 → 사랑과 소속 욕구(관계 욕구) → 존경 욕구 → 자아실현 욕구이다. 따라서 관계 욕구 이하의 욕구는 생리적 욕구와 안전 욕구이다.

매슬로의 욕구 5단계
- 1단계(생리적 욕구) : 음식, 물, 수면 등 생존에 필요한 최소한의 욕구
- 2단계(안전 욕구) : 신체적·경제적 안전에 대한 욕구
- 3단계(사랑과 소속 욕구) : 가족, 친구, 동료 등으로부터 갖는 소속감, 애정 욕구
- 4단계(존경 욕구) : 자신을 존중하고 타인에게 존중받고 싶어 하는 욕구
- 5단계(자아실현 욕구) : 자신의 잠재력을 끌어내어 의미 있는 삶을 살고 싶어 하는 욕구

05

정답 ⑤

자유분방하게 다양한 아이디어를 비판 없이 제시하는 자유연상법은 브레인스토밍에 해당한다. 명목집단법(NGT; Nominal Group Technique)은 참여자들이 서로 문제나 이슈 등을 분석하고 순위를 정하는 가중서열화 방법으로, 의사결정 과정 동안 토론이나 대인 커뮤니케이션을 제한하고, 서면을 통해 아이디어를 작성해서 투표를 통해 결정한다. 명목집단법은 참여자가 생각하고 있는 아이디어를 제약조건 없이 빠르게 이끌어 낼 수 있다.

06

정답 ③

테일러의 과학적 관리법은 하루 작업량을 과학적으로 설정하고 과업 수행에 따른 임금을 차별적으로 설정하는 차별적 성과급제를 시행한다.

오답분석

① · ② 시간연구와 동작연구를 통해 표준 노동량을 정하고 해당 노동량에 따라 임금을 지급하여 생산성을 향상시킨다.
④ 각 과업을 전문화하여 관리한다.
⑤ 근로자가 노동을 하는 데 필요한 최적의 작업조건을 유지한다.

07

정답 ⑤

기능목록 제도는 종업원별로 기능 보유 색인을 작성하여 데이터베이스에 저장하여 인적자원의 관리 및 경력개발에 활용하는 제도이며, 근로자의 직무능력 평가에 있어 필요한 정보를 파악하기 위해 개인능력평가표를 활용한다.

오답분석

① 자기신고 제도 : 근로자에게 본인의 직무 내용, 능력 수준, 취득 자격 등에 대한 정보를 직접 자기신고서에 작성하여 신고하게 하는 제도이다.
② 직능자격 제도 : 직무 능력을 자격에 따라 등급화하고 해당 자격을 취득하는 경우 직위를 부여하는 제도이다.
③ 평가센터 제도 : 근로자의 직무 능력을 객관적으로 발굴 및 육성하기 위한 제도이다.
④ 직무순환 제도 : 담당 직무를 주기적으로 교체함으로써 직무 전반에 대한 이해도를 높이는 제도이다.

08

정답 ④

데이터베이스(DB) 마케팅은 고객별로 맞춤화된 서비스를 제공하기 위해 정보 기술을 이용하여 고객의 정보를 데이터베이스로 구축하여 관리하는 마케팅 전략이다. 이를 위해 고객의 성향, 이력 등 관련 정보가 필요하므로 기업과 고객 간 양방향 의사소통을 통해 1 : 1 관계를 구축하게 된다.

09

정답 ③

공정성 이론에 따르면 공정성 유형은 크게 절차적 공정성, 상호작용적 공정성, 분배적 공정성으로 나누어진다.

- 절차적 공정성 : 과정 통제, 접근성, 반응 속도, 유연성, 적정성
- 상호작용적 공정성 : 정직성, 노력, 감정 이입
- 분배적 공정성 : 형평성, 공평성

10

정답 ⑤

e-비즈니스 기업은 비용 절감 등을 통해 더 낮은 가격으로 우수한 품질의 상품 및 서비스를 제공할 수 있다는 장점이 있다.

11

정답 ①

고든법은 브레인스토밍의 단점을 개선하기 위해 고안된 것으로, 브레인스토밍이 테마를 구체적으로 제시하는 반면 고든법은 해당 테마의 키워드만을 제공하며, 참가자들이 자유롭게 발언하여 다양한 아이디어를 제시하도록 하고, 나중에 주제를 공개하여 아이디어를 구체화하여 문제해결에 활용하는 방법이다.

오답분석

② 롤스토밍법 : 참가자가 아이디어를 떠올리기 위해 다른 사람의 역할을 맡아 아이디어를 연기하는 방법
③ 직관상기법 : 참가자들이 토론 주제에 대한 의도를 각자 조용히 생각하고, 이후 논의를 진행하는 방법
④ 집단토론법 : 토론 주제를 여러 개의 세부 주제로 나누고 각각의 주제를 해결하기 위해 여러 팀으로 나누는 방법

12

정답 ③

전방통합과 후방통합은 기업의 수직적 통합전략으로, 기업 공급망의 상하단으로 사업을 확장하는 방식이다. 전방통합은 기업이 자사 제품을 고객에게 판매하는 유통이나 판매 단계를 직접 수행하기 위해 공급망의 하류(고객 쪽)로 확장하는 전략이다. 반면 후방통합은 기업이 자사 제품에 필요한 원자재, 부품, 또는 원재료 공급을 직접 수행하기 위해 공급망의 상류(공급자 쪽)로 확장하는 전략이다. 따라서 자동차 생산업체가 원자재인 철강공장을 구입하는 사례는 후방통합에 해당한다.

13

정답 ④

민츠버그의 조직유형 중 기계적 관료제 구조에 대한 설명이다.

오답분석

① 단순 구조 : 소규모 조직에서 일반적으로 나타나는 조직 유형으로 대부분의 의사결정이 관리자의 지시와 감독으로 이루어진다.
② 사업부제 구조 : 제품, 서비스, 지역 등에 따라 부서가 독립적으로 운영되는 형태의 조직 유형으로, 각 부서가 자율적으로 운영되는 것이 특징이다.
③ 임시조직 구조 : 각 분야의 전문가들이 모여 프로젝트 팀을 구성하고, 혁신을 강조하는 창의적인 형태의 조직 유형이다.

민츠버그의 5가지 조직 유형

- 단순 구조 : 최고관리층에 의한 직접 감독이 특징으로 권한이 최고경영자에 집중된 구조이다.
- 기계적 관료제 구조 : 기술구조층에 의한 작업 과정의 표준화가 특징으로 절차와 규칙에 따라 움직이는 안정된 조직이다.
- 전문적 관료제 구조 : 운영핵심층에 의한 기술의 표준화가 특징으로 전문가의 자율성이 강조되는 조직이다.
- 사업부제 구조 : 중간관리층에 의한 산출물의 표준화가 특징으로 각 부서가 독립적으로 성과책임을 가지는 조직이다.
- 임시조직 구조 : 특별위원회에 의한 상호 조정이 특징으로 창의적이고 유연한 프로젝트 중심 조직이다. 애드호크라시라고도 부른다.

14

정답 ④

패널 면접은 한 명 또는 소수의 지원자에게 번갈아가며 질문을 던지고, 지원자의 태도・역량・사고력・문제해결능력 등을 종합적으로 평가하는 면접 형태이다.

오답분석

① 집단 면접 : 다수의 면접관이 다수의 지원자를 한 번에 평가하는 방식으로, 짧은 시간에 능률적으로 면접을 진행할 때 사용하는 방식이다.
② 스트레스 면접 : 면접관이 특정 정답이 없는 질문을 하여 지원자를 압박하는 면접 방식으로, 지원자는 본인이 가진 생각을 논리적으로 말하는 것이 중요하다.
③ 상황 면접 : 면접관이 특정한 상황을 주고 그에 대한 의견을 지원자가 답하는 면접 방식으로, 면접관의 의도를 잘 파악하여 합리적인 답변을 하는 것이 중요하다.

15

정답 ②

외부요인 귀인은 행동의 원인을 환경, 상황 등 외부적 요인으로 판단하는 객관적 귀인 방식이므로 귀인오류(Attribution Error)가 아니다. 귀인오류란 사람들이 타인의 행동 원인을 판단할 때 일관되지 않거나 왜곡된 방식으로 귀인(원인 해석)하는 오류로, 실제 원인과 다르게 해석하는 심리적 경향이다.

오답분석

① 근본적 귀인오류 : 다른 사람의 행동 원인을 찾을 때 외부요인은 배제하고 내부요인으로만 귀인하려는 오류이다.
③ 자존적 편견 : 자신의 행동 원인을 찾을 때 좋은 쪽으로 귀인하려는 오류이다.
④ 행위자 – 관찰자 편견 : 자신의 행동과 타인의 행동 원인을 다르게 보는 오류이다.

16

정답 ④

클로즈드 숍은 노동조합에 가입해야만 고용될 수 있으며, 모든 직원이 조합원이므로 조합의 단결력이 가장 강하다. 우리나라의 경우 노동조합 및 노동관계조정법에서 특정 노동조합 가입을 고용 조건으로 삼는 행위를 원칙적으로 금지하고 있다.

오답분석

① 에이전시 숍 : 근로자에게 노동조합 가입이 강제되지 않으나 조합 가입 대신 조합비는 납부하도록 하는 제도이다.
② 유니언 숍 : 고용된 근로자는 일정 기간 내에 노동조합에 가입하여 조합원 자격을 가져야 하고, 노동조합에 가입하지 않는 경우 해고하도록 정하는 제도이다.
③ 오픈 숍 : 사용자가 조합원 또는 비조합원 여부와 상관없이 아무나 채용할 수 있으며, 근로자도 노동조합 가입이나 탈퇴가 자유로운 제도이다.

17

정답 ④

ISO 26000은 기업의 사회적 책임을 위한 기존 방법이나 계획을 대체하는 역할을 하는 것이 아니라 보완하는 역할을 하며, 이를 통해 사회적 책임에 대한 공동의 이해를 증진시키는 것을 목표로 한다.

ISO 26000
국제표준화기구(ISO)에서 2010년 발표한 기업의 사회적 책임(CSR; Corporate Social Responsibility)에 대한 국제표준이다. 책임성, 투명성, 윤리적 행동, 이해관계자의 이익 존중, 법규 준수, 국제 행동규범 존중, 인권 존중 7개의 기본 원칙을 바탕으로 기업이 사회적 책임을 이행하고 커뮤니케이션을 제고하는 방법과 관련하여 지침을 제공한다.

18

정답 ②

제품 차별화가 낮은 경우 비슷한 기능과 형태의 제품이 다양하게 시장에 진입할 수 있어 진입장벽이 낮은 경우에 해당한다.

오답분석

① 초기 투자가 많이 필요한 경우 그만큼 자금력이 뒷받침되어야 하므로 진입장벽이 높다.
③ 법적 규제가 있는 경우 해당 규제에 맞는 제품만 시장에 들어올 수 있어 진입장벽이 높다.
④ 기존 경쟁업체가 많은 경우 시장에 참여해도 성과를 내기 쉽지 않기 때문에 진입장벽이 높다.

19

정답 ①

포터의 가치사슬에서 인적자원관리, 연구개발, 구입·조달은 지원적 활동에 해당한다. 또는 생산운영, 내부물류, 외부물류, 마케팅 등은 본원적 활동에 해당한다.

20

정답 ②

카르텔에 참여하는 구성원은 법적·경제적 위험을 공유함으로써 개별 위험을 분산시킬 수 있고, 이를 통해 이윤 극대화를 추구한다.

21

정답 ④

매트릭스 조직은 기존의 기능별 조직 구조 상태를 유지하면서 특정한 프로젝트를 수행할 때는 다른 부서의 인력과도 함께 일하는 조직설계 방식으로, 서로 다른 부서 구성원이 함께 일하면서 효율적인 자원 사용과 브레인스토밍을 통한 창의적인 대안 도출도 가능하다.

오답분석

① 매트릭스 조직은 조직 목표와 외부 환경 간 발생하는 갈등이 내재하여 갈등과 혼란을 초래할 수 있다.
② 복수의 상급자를 상대해야 하므로 역할에 대한 갈등 등으로 구성원이 심한 스트레스에 노출될 수 있다.
③ 힘의 균형이 치우치게 되면 조직의 구성이 깨지기 때문에 경영자의 개입 등으로 힘의 균형을 유지하기 위한 노력이 필요하다.

22

정답 ③

수익이 많고 안정적이어서 현상을 유지하는 것이 필요한 사업은 현금젖소(Cash Cow)이다. 별(Star)은 성장률과 시장 점유율이 모두 높아 추가적인 자금흐름을 통해 성장시킬 필요가 있는 사업을 의미한다.

BCG 매트릭스의 영역
- 물음표(Question) : 성장률은 높으나 점유율이 낮아 수익이 적고 현금흐름이 마이너스인 사업이다.
- 별(Star) : 성장률과 시장 점유율이 모두 높아 수익이 많고, 더 많은 투자를 통해 수익을 증대하는 사업이다.
- 현금젖소(Cash Cow) : 성장률은 낮으나 점유율이 높아 안정적인 수익이 확보되는 사업으로, 투자 금액이 유지・보수 차원에서 머물게 되어 자금 투입보다 자금 산출이 많다.
- 개(Dog) : 성장률과 시장 점유율이 모두 낮아 수익이 적거나 마이너스인 사업이다.

23

정답 ④

변혁적 리더십에서 구성원의 성과 측정뿐만 아니라 구성원들을 리더로 얼마나 육성했는지도 중요한 평가 요소라 할 수 있다.

24

정답 ①

감정적 치유는 서번트 리더십의 구성 요소에 해당한다.

변혁적 리더십의 구성 요소
- 카리스마 : 변혁적 리더십의 가장 핵심적인 구성 요소로, 명확한 비전을 제시하고 집합적인 행동을 위해 동기를 부여하며, 환경 변화에 민감하게 반응하는 일련의 과정을 의미한다.
- 영감적 동기화 : 구성원에게 영감을 주고 격려를 통해 동기를 부여하는 것을 의미한다.
- 지적 자극 : 구성원들이 기존 조직의 가치관, 신념, 기대 등에 대해 끊임없이 의문을 가지도록 지원하는 것을 의미한다.
- 개별 배려 : 구성원을 개별적으로 관리하며, 개인적인 욕구・관심 등을 파악하여 만족시키고자 하는 것을 의미한다.

25

정답 ③

가치사슬(Value Chain)은 기업의 경쟁적 지위를 파악하고 이를 향상할 수 있는 지점을 찾기 위해 사용하는 모형으로, 고객에게 가치를 제공함에 있어서 부가가치 창출에 직・간접적으로 관련된 일련의 활동・기능・프로세스의 연계를 뜻한다. 가치사슬의 각 단계에서 가치를 높이는 활동을 어떻게 수행할 것인지, 비즈니스 과정이 어떻게 개선될 수 있는지를 조사・분석하여야 한다.

가치사슬 분석의 효과
- 프로세스 혁신 : 생산, 물류, 서비스 등 기업의 전반적 경영활동을 혁신할 수 있다.
- 원가 절감 : 낭비요소를 사전에 파악하여 제거함으로써 원가를 절감할 수 있다.
- 품질 향상 : 기술개발 등을 통해 더욱 양질의 제품을 생산할 수 있다.
- 기간 단축 : 조달, 물류, CS 등을 분석하여 고객에게 제품을 더욱 빠르게 납품할 수 있다.

02 경제

01	02	03	04	05	06	07	08	09	10	11	12	13	14	15					
②	④	②	④	⑤	①	⑤	⑤	③	⑤	③	④	④	②	④					

01
정답 ②

명목 GDP를 실질 GDP로 나눈 값에 100을 곱하여 계산하는 것은 GDP 디플레이터이다. 소비자 물가지수(CPI; Consumer Price Index)는 국가데이터처에서 일정 기간 동안 일반 소비자들이 구매하는 재화와 서비스의 가격 변동을 측정한 지표로, 가계의 소비생활 수준을 파악하고 인플레이션율 계산의 기준으로 사용된다.

02
정답 ④

인플레이션율이 1% 상승한 경우 중앙은행은 명목이자율을 1% 이상 상승시켜야 한다. 실질이자율은 명목이자율에서 기대 인플레이션율을 뺀 값이므로, 명목이자율을 인플레이션율보다 더 많이 상승시켜야 정책 효과가 나타날 수 있다.

오답분석

① 1992년 미국 스탠퍼드대의 존 테일러 교수가 처음 제안한 원칙으로, 중앙은행이 물가 안정과 경기 안정을 위해 금리를 조정하는 기준을 수식으로 나타낸 것이다.
② 실제 인플레이션율이 목표치보다 높을 경우 중앙은행은 금리를 인상하여 물가 상승 압력을 완화하려 한다.
③ 실제 성장률이 잠재성장률보다 낮을 경우 중앙은행은 경기 부양을 위해 기준금리를 인하하는 방향으로 통화정책을 운용한다.

03
정답 ②

IS – LM 모형은 거시경제에서 이자율과 국민소득 간의 관계를 나타내며, 재화시장(IS 곡선)과 화폐시장(LM 곡선)이 동시에 균형을 이루는 점에서 단기 균형이 결정됨을 의미한다. IS 곡선은 '투자(Investment)와 저축(Saving)'의 균형 관계를 나타내며, 화폐 공급은 LM 곡선에서 고려되는 요소이다.

오답분석

① IS – LM 모형은 이자율과 국민소득의 상호작용을 통해 거시경제를 설명하는 모델이다.
③ 두 곡선의 교차점은 재화시장과 화폐시장이 모두 균형을 이루는 상태를 의미한다.
④ LM 곡선은 화폐 수요와 공급의 균형을 나타내며, 케인스의 유동성 선호 이론을 기반으로 한다.

04
정답 ④

GDP는 소비(국민들이 사용하는 돈), 투자(기업 또는 정부가 투자하는 돈), 수출(해외로 제품을 판매하여 벌어들인 돈)의 합에서 수입(해외에서 제품을 사들여 지출한 돈)을 차감한 값이다.

05
정답 ⑤

독점적 경쟁시장에서 판매되는 제품은 서로 일정한 대체성을 가지므로 소비자는 여러 기업의 제품을 비교·선택할 수 있다. 이로 인해 다양한 제품이 존재하고, 진입과 퇴출이 자유롭기 때문에 개별 기업이 완전한 시장 지배력을 가지기 어렵다.

오답분석

① 독점적 경쟁시장은 다수의 기업이 존재하며 자유로운 시장 진입이 가능하다는 점에서 완전경쟁시장과 비슷하고, 각 기업이 차별화된 제품을 판매하며 일정한 가격 결정권을 가진다는 점에서는 독점시장과 유사한 구조를 가진다.
② 제품 차별화로 인해 기업은 일정한 가격 결정력을 가지며, 이로 인해 개별 기업의 수요곡선은 완전경쟁시장과 달리 수평이 아니라 우하향 형태를 띤다. 이는 소비자의 가격 민감도와 대체 효과를 반영한 결과이다.

③ 독점적 경쟁시장에서는 브랜드·품질·디자인·서비스 등 다양한 방식으로 제품을 차별화하며, 이를 통해 자기 제품에 대한 충성 수요를 창출하고 경쟁력을 확보하려 한다.
④ 독점적 경쟁시장은 진입장벽이 낮아 신규 기업의 시장 진입이 자유로운 편이다. 이로 인해 장기적으로는 이윤이 0에 수렴하며, 기업 간 경쟁이 유지된다.

06

정답 ①

종량세는 과세단위 기준을 수량에 두며, 종가세가 과세단위 기준을 금액에 둔다.

오답분석

② 종량세를 생산자에게 부과하면 생산자 부담이 증가하여 공급곡선이 왼쪽으로 이동하게 된다.
③ 종량세는 비율로 세금을 부과하는 것이 아니라 단위당 일정액의 세금을 부과하는 것이기 때문에 기울기가 변하지 않고, 부과된 세금만큼 평행이동하게 된다.
④ 수량을 기준으로 세금을 부과하기 때문에 정확하고 간편하게 세액을 계산할 수 있다.
⑤ 우리나라에서 주류의 경우 금액을 과세단위 기준으로 하여 값비싼 주류 제품일수록 더 높은 세금을 부과하고 있다.

07

정답 ⑤

유위험 이자율 평가설(Risky Interest Rate Parity)은 서로 다른 통화 자산 간 투자 시, 기대 수익률을 조정하여 비교할 수 있다는 이론이다. 유위험 이자율 평가설에서는 투자자가 위험중립 성향을 갖는다고 가정한다.

08

정답 ⑤

먼델 – 플레밍 모형은 IS – LM 모형을 확장한 모형으로 국제수지를 고려하며 소국의 개방경제를 설명하는 모델이다. 먼델 – 플레밍 모형에서 화폐에 대한 수요는 소득과 이자율에만 의존하며, 투자는 이자율에 의존한다고 가정한다.

오답분석

① 현물 환율과 선물 환율은 동일하기 때문에 기존 환율이 변동 없이 지속된다고 가정한다.
② 임금률, 실업 자원, 규모에 대한 수확 등이 변하지 않아 물가수준이 일정하게 유지되고, 국내 생산량 공급이 탄력적이라고 가정한다.
③ 먼델 – 플레밍 모형은 소득에 따라 세금과 저축이 변화한다고 가정한다.
④ 먼델 – 플레밍 모형을 통해 소국의 개방경제를 설명할 수 있다.

09

정답 ③

보완재는 함께 사용될 때 효용이 높아지는 재화로, 한쪽의 가격이 오르면 다른 쪽의 수요도 감소하는 재화이다. 대체재는 서로 비슷한 용도로 사용되며, 한쪽 가격이 오르면 다른 쪽의 수요가 증가하는 재화이다. 빵의 수요가 증가하면 빵과 같이 소비하는 잼의 수요도 증가한다고 볼 수 있으므로 ③은 보완재 관계이고, 나머지는 대체재 관계로 볼 수 있다.

10

정답 ⑤

실업의 종류

- 경기적 실업 : 불황으로 인해 기업이 고용을 하지 않음으로써 발생하는 실업
- 마찰적 실업 : 새로운 직업을 탐색하거나 이직하는 과정에서 발생하는 일시적 실업
- 구조적 실업 : 한 나라의 경제구조 변화로 인해 특정 산업 또는 지역에서 발생하는 실업
- 계절적 실업 : 기후 또는 계절적 요인으로 인해 발생하는 실업

11

정답 ③

과점시장은 소수의 기업이 시장을 지배하는 구조로 각 기업은 상대 기업의 가격과 행동에 민감하게 반응하는 특징을 가진다. 이 때문에 상호의존성이 높고, 가격을 쉽게 내리지 않는 경직성이 나타나며, 주로 비가격경쟁(광고·서비스 등)이 이루어진다. 또한 담합이나 공동행위와 같은 비경쟁적 행위가 발생할 가능성도 있고, 기존 기업의 전략적 진입 저지가 강하므로 높은 진입장벽을 갖는다.

반면, 제품의 차별화는 독점적 경쟁시장의 특징이다. 과점시장에서는 제품이 동질적인 경우가 많으며, 일부 산업에서는 약간의 차별화가 있을 수 있지만, 그것이 본질적인 특징은 아니다. 따라서 제품의 차별화가 나타나는 시장은 과점시장보다는 독점적 경쟁시장에 더 적합하다.

12

정답 ④

공급은 수요에 비해 가격 변화에 대응하는 데 더 많은 시간이 소요되며 장기일수록 시설 구축, 신규 기업 진입 등 변수가 많아지기 때문에 가격탄력성이 단기보다 더 크게 나타난다.

오답분석

① 가격탄력성은 1을 기준으로 1보다 크면 탄력적, 1보다 작으면 비탄력적이라고 한다.
② 수요곡선이 비탄력적이라는 것은 가격(Y축)이 크게 변동해도 수요(X축)의 변동폭이 작다는 의미이므로 기울기는 더 가파르게 나타난다.
③ 대체재가 존재하는 경우 가격 변화에 대해 수요는 더 민감하게 반응하게 되므로 수요의 가격탄력성이 더 커지게 된다.

13

정답 ④

국내 총수요는 가계, 기업, 정부의 지출인 소비, 투자, 정부지출, 수출을 모두 더한 값에서 해외로부터의 수입분을 차감하여 계산한다.

14

정답 ②

최적생산량은 한계비용과 한계수입이 일치하는 지점에서 구할 수 있다. 한계비용과 한계수입은 각각 총비용과 총수입을 미분하여 구할 수 있으며, $50+Q^2$를 Q에 대하여 미분하면 $2Q$이고, $60Q-Q^2$를 Q에 대하여 미분하면 $60-2Q$이다. 따라서 $2Q=60-2Q$이므로 $Q=15$이다.

15

정답 ④

경제의 외부충격에 대비하기 위해 내수시장을 키우는 것은 바람직하나, 내수시장에 치우칠 경우 글로벌 경쟁력을 잃어 오히려 성장률이 둔화될 수 있다.

PART 1

직무적합평가

CHAPTER

01 의사소통능력

대표기출유형 01 기출응용문제

01

정답 ④

참여예산제는 인기 영합적 예산 편성으로 예산 수요가 증가하여 재정 상태를 악화시킬 가능성이 있지만, 참여예산제 자체가 재정 상태를 악화시키지는 않는다.

02

정답 ②

세슘은 공기 중에서도 쉽게 산화하며 가루 세슘 또한 자연발화를 한다. 특히 물과 만나면 물에 넣었을 때 발생하는 반응열이 수소 기체와 만나 더욱 큰 폭발을 일으킨다. 하지만 제시문에서 액체 상태의 세슘을 위험물에서 제외한다는 내용은 제시되어 있지 않다.

03

정답 ①

국가가 위기지학을 권장했다는 내용은 제시문에서 언급되지 않았다.

오답분석

② 두 번째 문단에 나와 있다.
③ 첫 번째 문단에서 '위기(爲己)란 자아가 성숙하는 것을 추구하며'라고 하였다.
④ 첫 번째 문단에서 '공자는 공부하는 사람의 관심이 어디에 있느냐를 가지고 학자를 두 부류로 구분했다.'라고 하였다.
⑤ 마지막 문단에 나와 있다.

04

정답 ③

제시문에 따르면 역사의 가치는 변하는 것이며, 시대나 사회의 흐름에 따라 달라지는 상대적인 것이다.

05

정답 ⑤

네 번째 문단의 마지막 두 문장을 보면 편협형 정치 문화와 달리 최소한의 인식이 있는 신민형 정치 문화의 예로 독재 국가를 언급하고 있으므로, ⑤는 적절하지 않은 설명이다.

06

정답 ④

오답분석

① 팔은 눈에 띄지 않을 만큼 작다.
② 빌렌도르프 지역에서 발견되었다.
③ 모델에 대해서는 밝혀진 것이 없다.
⑤ 출산, 다산의 상징이라는 의견이 지배적이다.

07

정답 ②

첫 번째 문장 '어제오늘의 일도 아니다.'에서 ②와 같은 내용을 이해할 수 있다.

오답분석

① '모든' 국회의원이 막말을 사용한다는 내용은 없다.
③·④ 제시문에서 확인할 수 없다.
⑤ 국회의원들은 막말이 부끄러운 언어 습관과 인격을 드러낸다고 여기기보다 오히려 투쟁성과 선명성을 상징한다고 착각한다.

대표기출유형 02 기출응용문제

01

정답 ⑤

제시문은 첫 번째 문단에서 1948년에 제정된 대한민국 헌법에 드러난 공화제적 원리는 1948년에 이르러 갑자기 등장한 것이 아니라 이미 19세기 후반부터 표명되고 있었다고 말하면서 구체적인 예를 들어 설명하고 있다. 1885년 『한성주보』에서 공화제적 원리가 언급되었고, 1898년 만민 공동회에서는 그 내용이 명확하게 드러났다고 하였다. 또한 독립협회의 「헌의 6조」에서 공화주의 원리를 찾아볼 수 있다고 하였다. 따라서 글의 핵심 내용은 ⑤이다.

02

정답 ⑤

제시문은 위성영상지도 서비스인 구글어스로 건조지대에도 숲이 존재한다는 사실을 발견했다는 글이다. 첫 문장에서 '구글어스가 세계 환경의 보안관 역할을 톡톡히 하고 있어 화제다.'라고 하였으므로 ⑤가 가장 적절하다.

03

정답 ⑤

(마)는 공포증을 겪는 사람들의 상황 해석 방식과 공포증에서 벗어나는 방법이 핵심 주제이다. 공포증을 겪는 사람들의 행동 유형은 나타나 있지 않다.

대표기출유형 03 기출응용문제

01

정답 ③

제시문은 최대수요입지론에 의해 업체가 입지를 선택하는 방법을 설명하는 글로, 최초로 입지를 선택하는 업체와 그다음으로 입지를 선택하는 업체가 입지를 선정하는 기준과 변인이 생기는 경우 두 업체의 입지를 선정하는 기준을 설명하는 글이다. 따라서 (나) 최대수요입지론에서 입지를 선정할 때 고려하는 요인 – (가) 최초로 입지를 선정하는 업체의 입지 선정법 – (다) 다음으로 입지를 선정하는 업체의 입지 선정법 – (라) 다른 변인이 생기는 경우 두 경쟁자의 입지 선정법 순으로 나열해야 한다.

02

정답 ③

(다) 인권에 대한 화제 도입 및 인권 보호의 범위 – (나) 사생활 침해와 인권 보호 – (가) 사생활 침해와 인권 보호에 대한 예시 – (라) 결론 순으로 나열해야 한다.

03

정답 ④

제시문은 유럽연합에 대한 설명으로, 유럽연합의 설립 과정과 전망에 대해 이야기하고 있다. 따라서 (마) 유럽연합의 기원 – (다) 유럽 석탄철강공동체(ECSC)의 정의 – (아) 유럽 경제공동체(EEC)의 설립 – (나) 유럽공동체(EC)로의 발전 – (가) 유럽연합(EU) 조약의 체결 – (바) 유럽의 정치적 공동체 지향 – (라) 단일 정치체제 수립 시도의 실패 – (사) 유럽연합의 전망순으로 나열해야 한다.

04

정답 ⑤

제시문은 건축 재료에 대한 기술적 탐구로 등장하게 된 프리스트레스트 콘크리트에 대해 설명하는 글이다. 따라서 (마) 프리스트레스트 콘크리트의 등장 – (아) 프리스트레스트 콘크리트 첫 번째 제작 과정 – (가) 프리스트레스트 콘크리트 두 번째 제작 과정 – (나) 프리스트레스트 콘크리트가 사용된 킴벨 미술관 – (다) 프리스트레스트 콘크리트로 구현한 기둥 간격 – (사) 프리스트레스트 콘크리트 구조로 얻는 효과 – (바) 건축 미학의 원동력이 되는 새로운 건축 재료 – (라) 건축 재료와 건축 미학의 유기적 관계 순으로 나열해야 한다.

05

정답 ②

제시문의 서론에서는 문맹 중심의 역사를 이해하기 위한 가설의 설정, 다음으로 가설의 검증, 이어서 가설 검증을 통한 문명의 발생과 성장 그리고 쇠퇴요인의 규명의 순서로 글을 서술할 것을 제시하고 있다. 따라서 가설 설정에 대해 서술하고 있는 (나), '환경이 역경'이라는 점이라고 앞의 문장을 이어서 설명하고 있는 (가), 다음으로 가설 검증을 위해 가설을 보완하는 내용을 서술하고 있는 (라), 이어서 앞의 문장의 '세 가지 상호 관계의 비교'를 설명하고 있는 (다)의 순서가 적절하다. 마지막으로 문명의 성장요인과 쇠퇴요인들을 규명하는 내용이 서술되고 있다.

대표기출유형 04 기출응용문제

01

정답 ①

네 번째 문단에서 정부가 수입을 규제하는 경우에 '수입 상품의 국내 가격이 상승하면서 수입 상품에 대한 소비를 억제하는 한편 해당 품목의 국내 생산을 촉진하는 효과'가 있다고 하였으므로, 이때 수입 상품의 가격 상승은 국내 생산자와 소비자 모두에게 영향을 끼친다.

02

정답 ④

제시된 기사의 논점은 교과서는 정확한 통계·수치를 인용해야 하며, 잘못된 정보는 바로 잡아야 한다는 것이다. 갑, 을, 병, 무는 이러한 논점의 맥락과 맞게 교과서의 오류에 관해 논하고 있다. 하지만 정은 교과서에 실린 원전 폐쇄 찬반 문제를 언급하며 원전 폐쇄 찬성에 부정적인 의견을 펼치고 있으므로 기사를 읽고 난 후의 감상으로 적절하지 않다.

03

정답 ①

두 번째 문단에서 '강한 핵력의 강도가 겨우 0.5% 다르거나 전기력의 강도가 4% 다를 경우에도 탄소나 산소는 우주에서 합성되지 않는다. 따라서 생명 탄생의 가능성도 사라진다.'라고 했으므로 탄소가 없어도 생명은 자연적으로 진화할 수 있다고 한 ①은 글의 결론으로 적절하지 않다.

04

정답 ③

오답분석

① 문자와 모양의 의미를 외워야 하는 것은 문자 하나하나가 의미를 나타내는 표의문자 '한자'에 해당한다.
② 한글이 표음문자인 것은 맞지만, 기본적으로 24개의 문자를 익혀야 학습할 수 있다.
④ '세종이 만든 28자는 세계에서 가장 훌륭한 알파벳'이라고 평가한 사람은 미국의 다이아몬드(J. Diamond) 교수이다.
⑤ 한글이 세계 언어학계에 본격적으로 알려진 것은 1960년대이다.

05

정답 ⑤

공유경제는 소유권(Ownership)보다는 접근권(Accessibility)에 기반을 둔 경제모델로, 개인이나 기업들이 소유한 물적·금전적·지적 자산에 대한 접근권을 온라인 플랫폼을 통해 거래하는 것이다. 따라서 자신이 타던 자동차를 판매하는 것은 제품에 대한 접근권이 아닌 소유권을 거래하는 것이므로 이를 공유경제의 일환으로 볼 수 없다.

대표기출유형 05 기출응용문제

01

정답 ③

앞 문장의 '정상적인 기능을 할 수 없는 상태'와 대조를 이루는 표현이면서, 마지막 문장의 '자기 조절과 방어 시스템이 작동하는 과정인 것'이라는 내용에 어울리는 표현인 ③이 빈칸에 들어갈 내용으로 가장 적절하다.

02

정답 ②

합통과 추통은 참도 있지만 오류도 있다고 말하고 있다. 그리고 빈칸의 다음 문장에서 '더욱 많으면 맞지 않은 경우가 있기 때문'이라는 이유를 제시하고 있으므로, 빈칸에는 합통 또는 추통으로 분별 또는 유추하는 것이 위험이 많다고 말하는 ②가 가장 적절하다.

03

정답 ④

제시문을 통해 4세대 신냉매는 온실가스를 많이 배출하는 기존 3세대 냉매의 대체 물질로 사용되어 지구 온난화 문제를 해결하는 열쇠가 될 것임을 알 수 있다. 따라서 빈칸의 내용으로 ④가 가장 적절하다.

04

정답 ⑤

제시문은 집단을 중심으로 절차의 정당성을 근거로 한 과도한 권력, 즉 무제한적 민주주의에 대한 비판적인 글이다. 또한 민주주의에 의해 훼손될 수 있는 자유와 권리의 옹호라는 주제에 도달해야 한다. 따라서 이를 언급한 ⑤가 가장 적절하다.

05

정답 ④

제시문은 오브제의 정의와 변화 과정에 대한 글이다. 네 번째 문단의 빈칸 앞에서는 예술가의 선택에 의해 기성품 그 본연의 모습으로 예술작품이 되는 오브제를, 빈칸 이후에는 나아가 진정성과 상징성이 제거된 팝아트에서의 오브제 기법에 대하여 서술하고 있다. 즉, 빈칸에는 예술가의 선택에 의해 기성품 본연의 모습으로 오브제가 되는 ③의 사례가 오는 것이 가장 적절하다.

06

정답 ⑤

사이버 중독에 빠지는 근본적인 원인은 갈수록 사이버 공간을 현실도피의 수단으로 삼는 사람들이 늘어나고 있는 현상과 사이버 공간이 갖는 부정적 속성인 '권력욕'과 '소영웅심리'를 부추기는 점 등이다. 즉, 해결 방안은 이 두 가지 문제점을 모두 아우르는 것이어야 한다. 따라서 사이버 공간에 의존하는 현대인의 생활 자체를 막을 수 없는 상황에서는 인터넷 사용 시간의 축소와 현실에서 충족되지 못한 욕구를 해소할 수 있는 문화 공간의 확대 정도가 가장 적절한 방안이라고 할 수 있다.

대표기출유형 06 기출응용문제

01

정답 ①

제시문에 따르면 기존의 경제학에서는 인간을 철저하게 합리적이고 이기적인 존재로 보았지만, 행동경제학에서는 인간을 제한적으로 합리적이고 감성적인 존재로 보았다. 따라서 글의 흐름상 ㉠에는 '다른'이 적절하다.

02

정답 ①

문맥의 흐름상 '겉에 나타나 있거나 눈에 띄다.'의 의미를 지닌 '드러나다'의 쓰임은 적절하다. 한편, '들어나다'는 사전에 등록되어 있지 않은 단어로 '드러나다'의 잘못된 표현이다.

03

정답 ③

문장은 되도록 간결체로 쓰는 것이 의미전달에 효과적이며, 행은 문장마다 바꾸는 것이 아니라 그 내용에 따라 적절하게 바꾸어 문서가 난잡하게 보이지 않도록 하여야 한다.

대표기출유형 07 기출응용문제

01

정답 ⑤

• 담백하다 : 욕심이 없고 마음이 깨끗하다.

오답분석

① 결제 → 결재
② 갱신 → 경신
③ 곤혹 → 곤욕
④ 유무 → 여부

02

정답 ④

의존 명사 '중'은 반드시 관형어가 있어야 문장에 쓰일 수 있는 명사이지만, 다른 명사들과 마찬가지로 독립된 어절로 띄어쓰기를 해야 한다.

오답분석

① '지'는 '어떤 일이 있었던 때로부터 지금까지의 동안'을 나타내는 의존명사이므로 띄어 쓴다.
② '-ㄴ데다가'는 '동시 연발'을 나타내는 어미이므로 붙여 쓴다.
③ '뿐'은 '다만 어떠하거나 어찌할 따름'이란 뜻의 의존 명사이므로 띄어 쓴다.
⑤ '커녕'은 '어떤 사실을 부정하는 것은 물론 그보다 덜하거나 못한 것까지 부정함'을 뜻하는 보조사이므로 붙여 쓴다.

03

정답 ②

- 오랜동안 → 오랫동안
- 발명 → 발견

대표기출유형 08 기출응용문제

01

정답 ④

제시문에서는 중국발 위험이 커짐에 따라 수출 시장의 변화가 필요하고, 이를 위해 정부는 신흥국과의 꾸준한 협력을 추진해야 한다고 주장한다. 따라서 제시문과 관련 있는 한자성어로는 '우공이 산을 옮긴다.'는 뜻의 '어떤 일이든 끊임없이 노력하면 반드시 이루어짐'을 의미하는 '우공이산(愚公移山)'이 가장 적절하다.

오답분석

① 안빈낙도(安貧樂道) : 가난한 생활을 하면서도 편안한 마음으로 도를 즐겨 지킴
② 호가호위(狐假虎威) : 여우가 호랑이의 위세를 빌려 호기를 부린다는 뜻으로, 남의 권세를 빌려 위세를 부리는 모습을 이르는 말
③ 각주구검(刻舟求劍) : 칼이 빠진 자리를 배에 새겨 찾는다는 뜻으로, 어리석고 미련해서 융통성이 없다는 의미
⑤ 사면초가(四面楚歌) : 사방이 초나라(적군)의 노래라는 뜻으로, 아무에게도 도움을 받지 못하는 외롭고 곤란한 지경에 빠진 형편을 이르는 말

02

정답 ②

모든 일에는 지켜야 할 질서와 차례가 있음에도 불구하고 이를 무시한 채 무엇이든지 빠르게 처리하려는 한국의 '빨리빨리' 문화는 일의 순서도 모르고 성급하게 덤빔을 비유적으로 이르는 ②와 가장 관련이 있다.

오답분석

① 모양이나 형편이 서로 비슷하고 인연이 있는 것끼리 서로 잘 어울리고, 사정을 보아주며 감싸 주기 쉬움을 비유적으로 이르는 말
③ 속으로는 가기를 원하면서 겉으로는 만류하는 체한다는 뜻으로, 속생각은 전혀 다르면서도 말로만 그럴듯하게 인사치레함을 비유적으로 이르는 말
④ 한마디 말을 듣고도 여러 가지 사실을 미루어 알아낼 정도로 매우 총기가 있다는 말
⑤ 작은 힘이라도 꾸준히 계속하면 큰일을 이룰 수 있음을 비유적으로 이르는 말

대표기출유형 09 기출응용문제

01

정답 ①

자신이 전달하고자 하는 의사 표현을 명확하고 정확하게 하지 못할 경우에는 자신이 평정을 어느 정도 찾을 때까지 의사소통을 연기한다. 하지만 조직 내에서 의사소통을 무한정으로 연기할 수는 없기 때문에 자신의 분위기와 조직의 분위기를 개선하도록 노력하는 등의 적극적인 자세가 필요하다. 따라서 ㉤은 옳지 않다.

02

정답 ⑤

상대방의 이야기를 들으면서 앞으로의 내용을 추측해보는 것은 지양할 태도가 아니다. 특히 시간 여유가 있을 때, 상대방이 무엇을 말할 것인가 추측하는 것은 그동안 들었던 내용을 정리하고 대화에 집중하는 데 도움이 된다.

CHAPTER

02 수리능력

대표기출유형 01 기출응용문제

01

정답 ④

퍼낸 소금물의 양을 xg, 2% 소금물의 양을 yg이라고 하자.

$400-x+x+y=520 \rightarrow y=120$

$\frac{8}{100}(400-x)+\frac{2}{100}\times 120=\frac{6}{100}\times 520$

$\rightarrow 3,200-8x+240=3,120$

$\rightarrow 8x=320$

$\therefore x=40$

따라서 퍼낸 소금물의 양은 40g이다.

02

정답 ③

더 넣는 생수의 양을 xL라고 하면 10% 소금물에 들어있는 소금의 양은 $500\times\frac{10}{100}=50$g이므로, 다음 식이 성립한다.

$\frac{50}{500+x}\times 100=5$

$\rightarrow 5,000=2,500+5x \rightarrow 2,500=5x$

$\therefore x=500$

따라서 더 넣는 생수의 양은 500L이다.

03

정답 ④

A, B 두 주머니에서 검은 공을 뽑을 확률은 전체 확률에서 흰 공만 뽑을 확률을 뺀 것과 같다.

두 주머니에서 흰 공을 뽑을 확률은 $\frac{3}{5}\times\frac{1}{5}=\frac{3}{25}$이다.

따라서 A, B 두 주머니에서 검은 공을 1개 이상 꺼낼 확률은 $1-\frac{3}{25}=\frac{22}{25}$이다.

04

정답 ④

H회사에서 출장지까지의 거리를 $x$km라 하면 H회사에서 휴게소까지의 거리는 $\frac{4}{10}x=\frac{2}{5}x$km, 휴게소에서 출장지까지의 거리는 $\left(1-\frac{2}{5}\right)x=\frac{3}{5}x$km이다.

$\left(\frac{2}{5}x\times\frac{1}{75}\right)+\frac{30}{60}+\left(\frac{3}{5}x\times\frac{1}{75+25}\right)=\frac{200}{60}$

$\rightarrow \frac{2}{375}x+\frac{3}{500}x=\frac{17}{6} \rightarrow 8x+9x=4,250$

$\therefore x=250$

따라서 H회사에서 출장지까지의 거리는 250km이다.

05

정답 ④

민호가 이동한 시간을 x초, 수지가 이동한 시간을 $(x-180)$초라고 하면 다음과 같다.

$3x+2(x-180)=900$

$\therefore\ x=252$

따라서 민호는 집에서 출발하고 4분 12초 뒤에 수지와 만날 수 있다.

06

정답 ③

두 수의 곱이 짝수인 경우는 (짝수, 홀수), (홀수, 짝수), (짝수, 짝수)이고, 두 수의 곱이 홀수인 경우는 (홀수, 홀수)이다.

a, b의 곱이 짝수일 확률은 $1-$(a, b의 곱이 홀수일 확률)이다. 따라서 a와 b의 곱이 짝수일 확률은 $1-\left(\frac{1}{3}\times\frac{2}{5}\right)=\frac{13}{15}$이다.

PART 1

07

정답 ①

i) 3명이 안타를 칠 확률

$$\left(\frac{5}{6}\times\frac{1}{8}\times\frac{1}{4}\times\frac{1}{5}\right)+\left(\frac{1}{6}\times\frac{7}{8}\times\frac{1}{4}\times\frac{1}{5}\right)+\left(\frac{1}{6}\times\frac{1}{8}\times\frac{3}{4}\times\frac{1}{5}\right)+\left(\frac{1}{6}\times\frac{1}{8}\times\frac{1}{4}\times\frac{4}{5}\right)=\frac{(5+7+3+4)}{960}=\frac{19}{960}$$

ii) 4명이 안타를 칠 확률

$$\frac{1}{6}\times\frac{1}{8}\times\frac{1}{4}\times\frac{1}{5}=\frac{1}{960}$$

$$\therefore\ \frac{19}{960}+\frac{1}{960}=\frac{20}{960}=\frac{1}{48}$$

따라서 4명 중 3명 이상이 안타를 칠 확률은 $\frac{1}{48}$이다.

08

정답 ④

수현이가 부모님과 통화한 시간을 x분, 동생과 통화한 시간을 y분이라 하면 다음과 같다.

$x+y=60 \cdots$ ㉠

$40x=2\times60y \rightarrow x=3y \cdots$ ㉡

㉡을 ㉠에 대입하면 $x=45$, $y=15$이다.

따라서 수현이가 내야 하는 국제전화 요금 총액은 $40\times45+60\times15=2,700$원이다.

09

정답 ④

희진이가 반죽을 만드는 데 걸리는 시간이 12분이므로, 빵을 만드는 데 쓸 수 있는 시간은 48분이다.

단팥빵을 x개, 크림빵을 y개 만들었다면, 걸린 시간은 $3x+7y=48$로 나타낼 수 있다.

이를 만족하는 x, y를 순서쌍으로 나타내면 (2, 6), (9, 3)이다.

i) $x=2$, $y=6$인 경우

$$\frac{8!}{2!\times6!}=28\text{가지}$$

ii) $x=9$, $y=3$인 경우

$$\frac{12!}{9!\times3!}=220\text{가지}$$

따라서 희진이가 빵 굽는 순서를 다르게 할 수 있는 방법은 $28+220=248$가지이다.

대표기출유형 02 기출응용문제

01

정답 ④

흡연자 A씨가 금연프로그램에 참여하면서 진료 및 상담 비용과 금연보조제(니코틴패치) 구매에 지불해야 하는 부담금은 지원금을 제외한 나머지이다. 따라서 A씨가 부담하는 금액은 총 $30,000\times0.1\times6+12,000\times0.25\times3=18,000+9,000=27,000$원이다.

02

정답 ③

여러 통화로 표시된 판매단가를 USD 기준으로 바꾸면 다음과 같다.

구분	A기업	B기업	C기업	D기업	E기업
판매단가(a)	8USD	50CNY	270TWD	30AED	550INR
교환비율(b)	1	6	35	3	70
$(a)\div(b)$	8	8.33⋯	7.71⋯	10	7.85⋯

따라서 C기업의 판매단가가 가장 경쟁력이 높다.

03

정답 ④

주어진 조건에 의하여 모델 S의 연비는 $\frac{a}{3}$km/L$=\frac{b}{5}$km/L ⋯ ㉠, 모델 E의 연비는 $\frac{c}{3}$km/L$=\frac{d}{5}$km/L $\rightarrow d=\frac{5}{3}c$ ⋯ ㉡이다.

3L로 시험했을 때 두 자동차의 주행거리의 합은 48km이므로 $a+c=48$ ⋯ ㉢

모델 E가 달린 주행거리의 합은 56km이므로 $c+d=56$ ⋯ ㉣

㉡과 ㉣을 연립하면 $c+\frac{5}{3}c=56 \rightarrow c=21$

c를 ㉢에 대입하면 $a+21=48 \rightarrow a=27$

즉, 모델 S의 연비는 $\frac{27}{3}$=9km/L이고, 모델 E의 연비는 $\frac{21}{3}$=7km/L이다.

따라서 두 자동차의 연비의 곱은 $9\times7=63$이다.

04

정답 ①

인터넷과 휴대폰, TV를 동시 가입한 경우 합산요금의 20%를 할인받을 수 있지만 중복 할인이 불가능하므로, 휴대폰 가입자가 3인일 때 30%의 할인을 받기 위해서 인터넷 요금과 TV 수신료로 교차하여 20%를 할인받는다. 또한 인터넷과 TV 셋톱박스 대여료 중 비싼 가격 1대만 청구하므로, TV 셋톱박스 대여료만 청구하며 총요금에서 자동이체를 적용해 10% 추가 할인을 받는다.

- 인터넷 요금과 TV 수신료 : $(38,500+27,300)\times0.8=52,640$원
- 휴대폰 가입자 3인 할인 : $(48,400+59,400+25,300)\times0.7=93,170$원
- TV 셋톱박스 대여료 : 4,400원
- 자동이체 추가 할인 : $(52,640+93,170+4,400)\times0.9=135,189$원

따라서 천 원 미만을 절사하면 총요금은 135,000원이다.

05

정답 ④

조건을 분석하면 다음과 같다.

- 첫 번째 조건에 의해 ㉠~㉣ 국가 중 연도별로 8위를 두 번 한 두 나라는 ㉠과 ㉣이므로 둘 중 한 곳이 한국, 나머지 한 곳이 캐나다임을 알 수 있다.
- 두 번째 조건에 의해 2020년 대비 2024년의 이산화탄소 배출량 증가율은 ㉡과 ㉢이 각각 $\frac{556-535}{535}\times100 \fallingdotseq 3.93\%$와 $\frac{507-471}{471}\times100 \fallingdotseq 7.64\%$이므로 ㉢은 사우디아라비아가 되며, 따라서 ㉡은 이란이 된다.
- 세 번째 조건에 의해 이란의 수치는 고정값으로 놓고 2015년을 기점으로 ㉠이 ㉣보다 배출량이 커지고 있으므로 ㉠이 한국, ㉣이 캐나다임을 알 수 있다.

따라서 ㉠~㉣은 순서대로 한국, 이란, 사우디아라비아, 캐나다이다.

대표기출유형 03 기출응용문제

01

정답 ④

미혼모 가구 수는 2022년까지 감소하다가 2023년부터 증가하였고, 미혼부 가구 수는 2021년까지 감소하다가 2022년부터 증가하였으므로 증감추이가 바뀌는 연도는 동일하지 않다.

오답분석

① 한부모 가구 중 모자가구 수의 전년 대비 증가율은 다음과 같다.
- 2021년 : 2,000÷1,600=1.25배
- 2022년 : 2,500÷2,000=1.25배
- 2023년 : 3,600÷2,500=1.44배
- 2024년 : 4,500÷3,600=1.25배

따라서 2023년을 제외하고 1.25배씩 증가하였다.

② 한부모 가구 중 모자가구 수의 20%를 구하면 다음과 같다.
- 2020년 : 1,600×0.2=320천 명
- 2021년 : 2,000×0.2=400천 명
- 2022년 : 2,500×0.2=500천 명
- 2023년 : 3,600×0.2=720천 명
- 2024년 : 4,500×0.2=900천 명

따라서 부자가구가 모자가구 수의 20%를 초과한 해는 2023년(810천 명), 2024년(990천 명)이다.

③ 2023년 미혼모 가구 수는 모자가구 수의 $\frac{72}{3,600}\times100=2\%$이다.

⑤ 2021년 부자가구 수는 미혼부 가구 수의 340÷17=20배이다.

02

정답 ③

제시된 자료에 의하면 중국의 디스플레이 세계시장 점유율은 계속 증가하고 있고, 2018년 대비 2024년의 세계시장 점유율의 증가율을 구하면 $\frac{17.4-4.0}{4.0}\times100=335\%$이다.

오답분석

① 제시된 자료에 의하면 일본의 디스플레이 세계시장 점유율은 2020년까지 하락한 후 2021년에 소폭 증가한 뒤 이후 15% 정도를 유지하고 있다.

② 디스플레이 세계시장 점유율은 매해 한국이 1위를 유지하고 있는 것은 맞다. 그러나 한국 이외의 국가의 순위는 2023년까지 대만 – 일본 – 중국 – 기타 순서를 유지하다 2024년에 대만 – 중국 – 일본 – 기타 순서로 바뀌었다.

④ 국가별 2023년 대비 2024년의 국가별 디스플레이 세계시장 점유율의 증감률을 구하면 다음과 같다.

- 한국 : $\frac{45.8-45.2}{45.2}\times100 \fallingdotseq 1.33\%p$
- 대만 : $\frac{20.8-24.6}{24.6}\times100 \fallingdotseq -15.45\%p$
- 일본 : $\frac{15.0-15.4}{15.4}\times100 \fallingdotseq -2.60\%p$
- 중국 : $\frac{17.4-14.2}{14.2}\times100 \fallingdotseq 22.54\%p$
- 기타 : $\frac{1.0-0.6}{0.6}\times100 \fallingdotseq 66.67\%p$

따라서 2023년 대비 2024년의 디스플레이 세계시장 점유율의 증감률이 가장 낮은 국가는 한국이다.

⑤ 증가폭에 대해 묻고 있으므로 증가한 연도의 증가폭만 구하면 다음과 같다.

- 2019년 : 47.6−45.7=1.9%p
- 2020년 : 50.7−47.6=3.1%p
- 2023년 : 45.2−42.8=2.4%p
- 2024년 : 45.8−45.2=0.6%p

따라서 한국의 디스플레이 세계시장 점유율의 전년 대비 증가폭은 2020년에 가장 컸다.

03

정답 ④

6건 가입한 사례 수를 비교할 때, 서비스 종사자는 259×0.041≒10.6건이고, 기능원 및 관련 종사자는 124×0.062≒7.7건이므로 기능원 및 관련 종사자 사례 수가 더 적다.

오답분석

① 3건 가입한 사례 수를 비교할 때, 판매 종사자는 443×0.145≒64.2건이고, 서비스 종사자는 259×0.205≒53건이므로 판매 종사자 가입 건수가 더 많다.

② 직업별로 5건 가입한 사례 수를 비교할 때, 사무 종사자가 410×0.189≒77.5건으로 가장 많다.

③ 2건 가입한 비율을 비교할 때, 전문가 및 관련종사자는 20.1%이고, 단순 노무 종사자는 33.8%이므로 다른 가입 건수보다 비율이 높음을 알 수 있다.

⑤ 기계조작 및 조립 종사자의 평균 가입 건수는 3.7건이고, 단순 노무 종사자의 평균 가입 건수는 2.8건임을 알 수 있다.

04

정답 ②

남성 실기시험 응시자가 가장 많은 분야는 15,888명인 건축 분야이고, 남성 필기시험 응시자가 가장 많은 분야는 8,180명인 토목 분야이다.

오답분석

① 필기시험 전체 합격률이 실기시험 전체 합격률보다 높은 직무분야는 디자인 분야와 영사 분야이다.

③ 여성 필기시험 응시자가 남성보다 많은 분야는 디자인 분야이고, 실기시험 응시자도 여성이 더 많다.

④ 건축 분야의 여성 실기시험 합격률은 토목 분야의 남성 실기시험 합격률보다 75.6−70.5=5.1%p 낮다.

⑤ 영사 분야는 필기·실기시험의 전체 신청자와 응시자가 동일하므로 응시율이 100%이다.

05

정답 ①

이메일 스팸 수신량이 가장 많은 시기는 2022년 하반기이지만, 휴대전화 스팸 수신량이 가장 많은 시기는 2021년 하반기이다.

오답분석

② 제시된 자료를 통해 모든 기간 이메일 스팸 수신량이 휴대전화 스팸 수신량보다 많음을 확인할 수 있다.
③ 이메일 스팸 수신량의 증가・감소 추이와 휴대전화 스팸 수신량의 증가・감소 추이가 일치하지 않으므로 서로 밀접한 관련이 있다고 보기 어렵다.
④ 이메일 스팸 총수신량의 평균은 0.6이고, 휴대전화 스팸 총수신량의 평균은 약 0.19이다.
따라서 $\frac{0.6}{0.19} \fallingdotseq 3.16$이므로 3배 이상이다.
⑤ 컴퓨터 사용량과 이메일 스팸 수신량이 정비례 관계에 있으므로, 컴퓨터 사용량이 증가하면 이메일 스팸 수신량도 증가한다. 따라서 이메일 스팸 수신량이 가장 많은 2022년 하반기에 국민의 컴퓨터 사용량이 제일 높았을 것이다.

06

정답 ④

제시된 자료의 원자력 소비량 수치를 보면 증감을 반복하고 있는 것을 확인할 수 있다.

오답분석

① 2015년 석유 소비량을 제외한 나머지 에너지 소비량의 합을 구하면 54.8+30.4+36.7+5.3=127.2백만 TOE이다. 즉, 석유 소비량인 101.5백만 TOE보다 크다. 2016 ~ 2024년 역시 석유 소비량을 제외한 나머지 에너지 소비량의 합을 구해 석유 소비량과 비교하면, 석유 소비량이 나머지 에너지 소비량의 합보다 적음을 알 수 있다.
② 석탄 소비량은 2015 ~ 2021년까지 지속적으로 상승하다가 2022년 감소한 뒤 2023년부터 다시 상승세를 보이고 있다.
③ 제시된 자료를 보면 기타 에너지 소비량은 지속적으로 증가하고 있다.
⑤ 2019년에는 LNG 소비량이 감소했으므로 증가 추세가 심화되었다고 볼 수 없다.

07

정답 ①

(고사한 소나무 수)=(감염률)×(고사율)×(발생지역의 소나무 수)

- 거제 : 0.5×0.5×1,590=397.5
- 경주 : 0.2×0.5×2,981=298.1
- 제주 : 0.8×0.4×1,201=384.32
- 청도 : 0.1×0.7×279=19.53
- 포항 : 0.2×0.6×2,312=277.44

따라서 고사한 소나무 수가 가장 많이 발생한 지역은 거제이다.

대표기출유형 04 기출응용문제

01

정답 ③

오답분석

① 2013 ~ 2014년 개업점 수가 자료보다 높고, 2015 ~ 2016년 개업점 수는 낮다.
② 2020년 폐업점 수는 자료보다 낮고, 2021년의 폐업점 수는 높다.
④ 2022 ~ 2023년 개업점 수와 폐업점 수가 자료보다 낮다.
⑤ 2013 ~ 2024년까지 개업점 수와 폐업점 수가 바뀌었다.

02

정답 ②

전년 대비 난민 인정자 증감률을 구하면 다음과 같다.

• 2022년

– 남자 : $\frac{35-39}{39}\times 100 \fallingdotseq -10.3\%$

– 여자 : $\frac{22-21}{21}\times 100 \fallingdotseq 4.8\%$

• 2023년

– 남자 : $\frac{62-35}{35}\times 100 \fallingdotseq 77.1\%$

– 여자 : $\frac{32-22}{22}\times 100 \fallingdotseq 45.5\%$

• 2024년

– 남자 : $\frac{54-62}{62}\times 100 \fallingdotseq 12.9\%$

– 여자 : $\frac{51-32}{32}\times 100 \fallingdotseq 59.4\%$

따라서 ②의 2023년과 2024년의 수치가 옳지 않다.

03

정답 ⑤

오답분석

① 2010년 섬유 · 의복의 종사자 수는 약 230만 명이고, 1995년 석유 · 화학의 종사자 수는 약 150만 명이다.
② 1985년 섬유 · 의복의 종사자 수는 약 290만 명이고, 2000년 석유 · 화학의 종사자 수는 약 120만 명, 2015년은 약 115만 명이다.
③ 1990년 전기 · 전자의 종사자 수는 석유 · 화학의 종사자 수보다 많다.
④ 2015년 섬유 · 의복의 종사자 수는 2010년보다 적다.

CHAPTER

03 문제해결능력

대표기출유형 01 기출응용문제

01

정답 ⑤

주어진 조건을 종합하면 5명이 주문한 음료는 아메리카노 3잔, 카페라테 1잔, 생과일주스 1잔이다. 아메리카노 1잔의 가격을 a원, 카페라테 1잔의 가격을 b원이라고 할 때, 이를 식으로 나타내면 다음과 같다.

- 네 번째를 제외한 모든 조건 : $a\times3+b+5,300=21,300 \rightarrow 3a+b=16,000$ … ㉠
- 네 번째 조건 : $a+b=8,400$ … ㉡

㉠과 ㉡을 연립하여 풀면, $a=3,800$, $b=4,600$이다.

따라서 아메리카노 한 잔의 가격은 3,800원, 카페라테 한 잔의 가격은 4,600원이다.

02

정답 ②

조건에 따라 갑 ~ 정의 사무실 위치를 정리하면 다음과 같다.

구분	2층	3층	4층	5층
경우 1	부장	을과장	대리	갑부장
경우 2	을과장	대리	부장	갑부장
경우 3	을과장	부장	대리	갑부장

따라서 을이 과장이므로 대리가 아닌 갑은 부장의 직책을 가진다.

오답분석

① 갑부장 외의 또 다른 부장은 2층, 3층 또는 4층에 근무한다.
③ 대리는 3층 또는 4층에 근무한다.
④ 을은 2층 또는 3층에 근무한다.
⑤ 병의 직책은 알 수 없다.

03

정답 ③

'물을 녹색으로 만든다.'를 p, '냄새 물질을 배출한다.'를 q, '독소 물질을 배출한다.'를 r, '물을 황색으로 만든다.'를 s라고 하면 $p \rightarrow q$, $r \rightarrow \sim q$, $s \rightarrow \sim p$이 성립한다. 첫 번째 명제의 대우인 $\sim q \rightarrow \sim p$가 성립함에 따라 $r \rightarrow \sim q \rightarrow \sim p$가 성립한다. 따라서 '독소 물질을 배출하는 조류는 물을 녹색으로 만들지 않는다.'는 항상 참이 된다.

04

정답 ③

첫 번째, 세 번째 조건에 의해 광수는 가운데 집에 산다. 두 번째, 네 번째, 다섯 번째 조건에 의해 광수는 노란 지붕 집에 살고, 원숭이를 키운다. 다섯 번째, 여섯 번째 조건에 의해 원태는 빨간 지붕 집에 살고, 개를 키운다. 따라서 수덕이는 파란 지붕 집에 살고, 고양이를 키운다.

ㄷ. 둘 중에 하나만 맞으면 되므로 항상 참이다.

ㄹ. 수덕이는 고양이를 키우므로 항상 참이다.

오답분석

ㄱ. 앞부분은 맞지만 뒷부분이 거짓이다.

ㄴ. 광수는 노란 지붕 집에 살고, 원숭이를 키우므로 거짓이다.

ㅁ. 원태가 농부인지 아닌지는 알 수 없다.

05

정답 ④

B와 C는 반드시 같이 가야 하는데, 월요일에는 A가 자원봉사를 가야 하므로 B와 C는 수요일에 가게 된다. F는 G와 함께 가며 월요일은 A, 수요일은 B와 C, 목요일은 E가 가야 하므로 화요일 또는 금요일에 갈 수 있다. 그런데 G는 화요일에 중요한 회의가 있으므로 금요일에 F와 G가 함께 자원봉사를 가게 된다. 조건들을 표로 정리하면 다음과 같고, H와 I와 J는 해당 조건들로는 어느 요일에 가는지 알 수 없다.

월요일	화요일	수요일	목요일	금요일
A	–	B	E	F
–	–	C	D	G

따라서 금요일에 자원봉사를 가는 조원은 F와 G이다.

06

정답 ③

조건을 충족하는 경우를 표로 나타내 보면 다음과 같다.

A	B	C	D
주황색	남색 또는 노란색	빨간색	남색 또는 노란색
파란색	보라색	–	–
–	초록색	–	–

조건에서 이미 결정된 빨간색, 주황색, 초록색을 제외하고 B, D는 파란색을 싫어하므로 A 혹은 C가 파란색을 사야 한다. 그러나 C가 두 켤레를 사게 되면 A는 한 켤레만 살 수 있으므로 조건에 어긋난다. 따라서 A가 파란색을 샀다. 또한, C나 D가 보라색을 사면 네 번째 조건을 충족할 수 없으므로, B가 보라색을 샀다.

대표기출유형 02 기출응용문제

01

정답 ①

모든 암호는 각 자릿수의 합이 21이 되도록 구성되어 있다.

- K팀 : $9+0+2+3+x=21$
  → $x=7$
- L팀 : $7+y+3+5+2=21$
  → $y=4$

∴ $x+y=7+4=11$

02

정답 ④

- 1단계 : 주민등록번호 앞 12자리 숫자에 가중치를 곱하면 다음과 같다.

숫자	2	4	0	2	0	2	8	0	3	7	0	1
가중치	2	3	4	5	6	7	8	9	2	3	4	5
결과	4	12	0	10	0	14	64	0	6	21	0	5

- 2단계 : 1단계에서 구한 값의 합을 계산한다.
  $4+12+0+10+0+14+64+0+6+21+0+5=136$
- 3단계 : 2단계에서 구한 값을 11로 나누어 나머지를 구한다.
  $136\div11=12\cdots4$
- 4단계 : 11에서 3단계의 나머지를 뺀 수를 10으로 나누어 나머지를 구한다.
  $(11-4)\div10=0\cdots7$

따라서 빈칸에 들어갈 수는 7이다.

03

정답 ②

- 메탈쿨링=AX
- 프리 스탠딩=F
- 313L=31
- 1도어=DE

오답분석

① EDC60DE : 다용도, 키친 핏, 605L, 1도어
③ AXEFC48TE : 메탈쿨링, 독립냉각, 키친 핏, 486L, 4도어
④ AXF31DA : 메탈쿨링, 프리 스탠딩, 313L, 2도어
⑤ RCEDB84TE : 김치보관, 다용도, 빌트인, 840리터, 4도어

04

정답 ③

가변형 기능을 가진 상품은 'RQ', 키친 핏 형태의 상품은 'C'이다. 따라서 주문된 상품 중 가변형 기능과 키친 핏 형태가 포함되어 있는 것은 'EDC60DE, RQB31DA, AXEFC48TE, RQEDF84TE, EDC58DA, EFRQB60TE, EFC48DA' 총 7개이다.

05

정답 ②

주문된 상품 중 무상수리 대상이 되는 상품은 'AXEFC48TE, EFB60DE, EFRQB60TE, EFC48DA' 총 4개이다.

06

정답 ④

주문된 상품의 판매현황은 다음과 같다.

기능		용량(L)		도어	
김치보관	2개	840	3개	4도어	5개
독립냉각	4개	605	3개	2도어	4개
가변형	3개	584	1개	1도어	3개
메탈쿨링	3개	486	2개	–	–
다용도	4개	313	3개	–	–

김치보관, 584L, 1도어가 가장 인기가 없으므로 'RC58DE'임을 알 수 있다.

07

정답 ②

한글 자음을 순서에 따라 바로 뒤의 자음으로 변환하면 다음과 같다.

ㄱ	ㄴ	ㄷ	ㄹ	ㅁ	ㅂ	ㅅ
ㄴ	ㄷ	ㄹ	ㅁ	ㅂ	ㅅ	ㅇ
ㅇ	ㅈ	ㅊ	ㅋ	ㅌ	ㅍ	ㅎ
ㅈ	ㅊ	ㅋ	ㅌ	ㅍ	ㅎ	ㄱ

한글 모음을 순서에 따라 영어로 변환하면 다음과 같다.

ㅏ	ㅐ	ㅑ	ㅒ	ㅓ	ㅔ	ㅕ
a	b	c	d	e	f	g
ㅖ	ㅗ	ㅘ	ㅙ	ㅚ	ㅛ	ㅜ
h	i	j	k	l	m	n
ㅝ	ㅞ	ㅟ	ㅠ	ㅡ	ㅢ	ㅣ
o	p	q	r	s	t	u

ㄴ=ㄱ, u=ㅣ, ㅂ=ㅁ, ㅋ=ㅊ, u=ㅣ, ㅊㅊ=ㅉ, u=ㅣ, ㄴ=ㄱ, b=ㅐ

따라서 김대리가 말한 메뉴는 김치찌개이다.

08

정답 ③

ㅈ=ㅊ, ㅗ=i, ㄴ=ㄷ, ㅈ=ㅊ, ㅜ=n, ㅇ=ㅈ, ㄱ=ㄴ, ㅘ=j, 공백=0, ㅂ=ㅅ, ㅐ=b, ㄹ=ㅁ, ㅕ=g

09

정답 ④

파일 이름에 주어진 규칙을 적용하여 암호를 구하면 다음과 같다.

1. 비밀번호 중 첫 번째 자리에는 파일 이름의 첫 문자가 한글일 경우 @, 영어일 경우 #, 숫자일 경우 *로 특수문자를 입력한다.
   • 2022매운전골Cset3인기준recipe8 → *
2. 두 번째 자리에는 파일 이름의 총 자리 개수를 입력한다.
   • 2022매운전골Cset3인기준recipe8 → *23
3. 세 번째 자리부터는 파일 이름 내에 숫자를 순서대로 입력한다. 숫자가 없을 경우 0을 두 번 입력한다.
   • 2022매운전골Cset3인기준recipe8 → *23202238
4. 그 다음 자리에는 파일 이름 중 한글이 있을 경우 초성만 순서대로 입력한다. 없다면 입력하지 않는다.
   • 2022매운전골Cset3인기준recipe8 → *23202238ㅁㅇㅈㄱㅇㄱㅈ
5. 그 다음 자리에는 파일 이름 중 영어가 있다면 뒤에 덧붙여 순서대로 입력하되, a, e, I, o, u만 'a=1, e=2, I=3, o=4, u=5'로 변형하여 입력한다(대문자 · 소문자 구분 없이 모두 소문자로 입력한다).
   • 2022매운전골Cset3인기준recipe8 → *23202238ㅁㅇㅈㄱㅇㄱㅈcs2tr2c3p2

따라서 주어진 파일 이름의 암호는 '*23202238ㅁㅇㅈㄱㅇㄱㅈcs2tr2c3p2'이다.

대표기출유형 03 기출응용문제

01

정답 ①

사원별 성과지표의 평균을 구하면 다음과 같다.

- A사원 : (3+3+4+4+4)÷5=3.6
- B사원 : (3+3+3+4+4)÷5=3.4
- C사원 : (5+2+2+3+2)÷5=2.8
- D사원 : (3+3+2+2+5)÷5=3
- E사원 : (4+2+5+3+3)÷5=3.4

즉, A사원만 당해 연도 연봉에 1,000,000원이 추가된다. 각 사원의 당해 연도 연봉을 구하면 다음과 같다.

- A사원 : 300만+(3×300만)+(3×200만)+(4×100만)+(4×150만)+(4×100만)+100만=33,000,000원
- B사원 : 300만+(3×300만)+(3×200만)+(3×100만)+(4×150만)+(4×100만)=31,000,000원
- C사원 : 300만+(5×300만)+(2×200만)+(2×100만)+(3×150만+)(2×100만)=30,500,000원
- D사원 : 300만+(3×300만)+(3×200만)+(2×100만)+(2×150만)+(5×100만)=28,000,000원
- E사원 : 300만+(4×300만)+(2×200만)+(5×100만)+(3×150만)+(3×100만)=31,500,000원

따라서 가장 많은 연봉을 받을 사람은 A사원이다.

02

정답 ④

- 우선 서울 지부에서 김포공항까지 택시비가 소요된다. → 20,000원
- 세미나 시작 2시간 전인 12시 정각까지 세미나 장소인 부산 본사에 도착하여야 하며, 그러기 위해서는 택시로 이동하는 시간을 고려하여 11시 반에는 김해공항에 도착하여야 한다. 따라서 탑승이 가능한 항공편은 AX381뿐이다. → 38,500원
- 김해공항에서 내린 후 부산 본사까지 택시로 이동한다. → 20,000원
- 물품비는 (5,000×2)+(1,000×4)+(2,000×1)+(1,500×2)=19,000원이 든다. → 19,000원
- 세미나 종료 후 다시 택시를 타고 김해공항으로 이동한다. → 20,000원
- 김해공항에 도착하면 18:30이 된다. 따라서 탑승이 가능한 항공편은 YI830뿐이다. → 48,000원
- 김포공항에서 다시 택시로 서울 지부로 이동한다. → 20,000원

위의 과정을 식으로 나타내면 다음과 같다.

20,000+38,500+20,000+19,000+20,000+48,000+20,000=185,500원

03

정답 ③

(가) : 부산에서 서울로 가는 버스터미널은 2개이므로 고객에게 바르게 안내해 주었다.
(다) : 소요 시간을 고려하여 도착시간에 맞게 출발하는 버스 시간을 바르게 안내해 주었다.
(라) : 도로 교통 상황에 따라 소요 시간에 차이가 있다는 사실을 바르게 안내해 주었다.

오답분석

(나) : 고객의 집은 부산 동부 터미널이 가깝다고 하였으므로 출발해야 되는 시간 등을 물어 부산 동부 터미널에 적당한 차량이 있는지 확인하고, 없을 경우 부산 터미널을 권유하는 것이 적절하다. 단지 배차가 많다는 이유만으로 부산 터미널을 이용하라고 안내하는 것은 적절하지 않다.
(마) : 우등 운행 요금만 안내해 주었고, 일반 운행 요금에 대한 안내를 하지 않았다.

04

정답 ③

• A문구 : 비품가격은 32,000+31,900+2,500=66,400원이다. 20%를 할인받을 수 있는 쿠폰을 사용하면 총 주문금액은 66,400×0.8=53,120원이다. 배송료를 더하면 53,120+4,000=57,120원이므로 견적금액은 57,100원이다(∵ 백 원 미만 절사).
• B문구 : 비품가격은 25,000+22,800+1,800=49,600원이다. 회원가 구매 시 판매가의 7%를 할인받으므로 총 주문금액은 49,600×0.93=46,128원이다. 배송료를 더하면 46,128+2,500=48,628원이므로 견적금액은 48,600원이다(∵ 백 원 미만 절사).
• C문구 : 문서파일을 제외한 비품가격은 24,100+28,000=52,100원이다. 50,000원 이상 구매 시 문서 파일 1개를 무료 증정하기 때문에 문서 파일은 따로 살 필요가 없다. 즉, 견적금액은 52,100−4,000(첫 구매 적립금)=48,100원이다. 배송료를 더하면 48,100+4,500=52,600원이다.

따라서 가격이 가장 저렴한 업체인 B문구와 거래할 예정이다.

05

정답 ①

ㄱ. 부패금액이 산정되지 않은 6번의 경우에도 고발하였으므로 옳지 않은 설명이다.
ㄴ. 2번의 경우, 해임당하였음에도 고발되지 않았으므로 옳지 않은 설명이다.

오답분석

ㄷ. 직무관련자로부터 금품을 수수한 사건은 2번, 4번, 5번, 7번, 8번으로 총 5건 있었다.
ㄹ. 2번과 4번은 모두 '직무관련자로부터 금품 및 향응수수'로 동일한 부패행위 유형에 해당함에도 2번은 해임, 4번은 감봉 1월의 처분을 받았으므로 옳은 설명이다.

대표기출유형 04 기출응용문제

01

정답 ②

• (가) : 외부의 기회를 활용하면서 내부의 강점을 더욱 강화시키는 SO전략
• (나) : 외부의 기회를 활용하여 내부의 약점을 보완하는 WO전략
• (다) : 외부의 위협을 회피하며 내부의 강점을 적극 활용하는 ST전략
• (라) : 외부의 위협을 회피하고 내부의 약점을 보완하는 WT전략

따라서 ②가 바르게 나열되어 있다.

02

정답 ①

제시된 자료는 H섬유회사의 SWOT 분석을 통해 강점(S), 약점(W), 기회(O), 위기(T) 요인을 분석한 것이다. SO전략과 WO전략은 발전 방안으로서 적절하다. 하지만 ST전략에서 경쟁업체에 특허 기술을 무상 이전하는 것은 경쟁이 더 심화될 수 있으므로 적절하지 않다. 또한, WT전략에서는 기존 설비에 대한 재투자보다는 수요에 맞게 다양한 제품을 유연하게 생산할 수 있는 신규 설비에 대한 투자가 필요하다.

03 정답 ②

국내 금융기관에 대한 SWOT 분석 결과는 다음과 같다.

강점(Strength)	약점(Weakness)
• 높은 국내 시장 지배력 • 우수한 자산건전성 • 뛰어난 위기관리 역량	• 은행과 이자수익에 편중된 수익구조 • 취약한 해외 비즈니스와 글로벌 경쟁력
기회(Opportunities)	**위협(Threats)**
• 해외 금융시장 진출 확대 • 기술 발달에 따른 핀테크의 등장 • IT 인프라를 활용한 새로운 수익 창출	• 새로운 금융 서비스의 등장 • 글로벌 금융기관과의 경쟁 심화

ㄱ. SO전략은 강점을 살려 기회를 포착하는 전략으로, 강점인 국내 시장 점유율을 기반으로 핀테크 사업에 진출하려는 ㄱ은 적절한 SO전략으로 볼 수 있다.

ㄷ. ST전략은 강점을 살려 위협을 회피하는 전략으로, 강점인 우수한 자산건전성을 강조하여 글로벌 금융기관과의 경쟁에서 우위를 차지하려는 ㄷ은 적절한 ST전략으로 볼 수 있다.

오답분석

ㄴ. WO전략은 약점을 강화하여 기회를 포착하는 전략이다. 그러나 위기관리 역량은 국내 금융기관이 지니고 있는 강점에 해당하므로 WO전략으로 적절하지 않다.

ㄹ. 해외 비즈니스 역량을 강화하여 해외 금융시장에 진출하는 것은 약점을 보완하여 기회를 포착하는 WO전략에 해당한다.

대표기출유형 05 기출응용문제

01 정답 ②

• A : 창의적 사고는 아무것도 없는 무에서 유를 만들어 내는 것이 아니라, 끊임없이 참신한 아이디어를 산출하는 힘이다.

• D : 필요한 물건을 싸게 사기 위해서 하는 많은 생각도 창의적 사고에 해당한다. 즉, 위대한 창의적 사고에서부터 일상생활의 조그마한 창의적 사고까지 창의적 사고의 폭은 넓으며, 우리는 매일매일 창의적 사고를 하고 있다고 볼 수 있다.

02 정답 ④

고객 맞춤형 서비스 실행방안에 대한 개선방향을 제안해야 하므로 ④가 가장 적절한 방안이다.

오답분석

① 직원에게 전용 휴대폰 지급은 고객 맞춤형이 아니다.

②·③ 모바일용 고객지원센터 운영 서비스를 제공하는 점은 고객지원의 편의성을 높이는 것일 뿐 고객 맞춤형이라고 할 수 없다.

⑤ 고객지원센터에서 피드백을 받는 것은 고객 맞춤형 서비스가 아니다.

CHAPTER

04 대인관계능력

대표기출유형 01 기출응용문제

01

정답 ④

사람들이 집단에 머물고, 계속 남아있기를 원하게 만드는 힘은 응집력이다. 팀워크는 단순히 사람들이 모여 있는 것이 아니라 목표 달성의 의지를 가지고 성과를 내는 것이다.

팀워크와 응집력

- 팀워크 : 팀 구성원이 공동의 목적을 달성하기 위해 상호관계성을 가지고 서로 협력하여 일을 해 나가는 것
- 응집력 : 사람들로 하여금 집단에 머물도록 만들고, 그 집단의 멤버로서 계속 남아 있기를 원하게 만드는 힘

02

정답 ④

팀워크 저해요인

- 조직에 대한 이해 부족
- 자기중심적인 이기주의
- '내가'라는 자아의식의 과잉
- 질투나 시기로 인한 파벌주의
- 그릇된 우정과 인정
- 사고방식의 차이에 대한 무시

03

정답 ③

B사원의 업무방식은 그의 성격으로 나타나는 것이며, B사원의 잘못이 아님을 알 수 있다. 따라서 A대리는 업무방식에 대해 서로 다른 부분을 인정하는 상호 인정에 대한 역량이 필요하다고 볼 수 있다.

대표기출유형 02 기출응용문제

01

정답 ③

아이젠하워는 뛰어난 리더십으로 2차 세계대전을 승리로 이끌었고, 이후 미국의 34대 대통령에 당선되었다. 아이젠하워가 말하는 '리더십'이란 성실하고 고결한 성품 그 자체로, 그는 '리더십'이란 잘못된 것에 대한 책임은 '자신'이 지고, 잘된 것에 대한 모든 공로는 '부하'에게 돌릴 줄 아는 것이라고 이야기했다.

오답분석

멤버십이란 조직의 구성원으로서의 자격과 지위를 갖는 것이다.

02

정답 ③

리더는 조직 구성원들 중 한 명일 뿐이라는 점에서 파트너십 유형임을 알 수 있다. 독재자 유형과 민주주의에 근접한 유형은 리더와 집단 구성원 사이에 명확한 구분이 있으나, 파트너십 유형에서는 그러한 구분이 희미하고, 리더가 조직에서 한 구성원이 되기도 하는 것을 볼 수 있다.

오답분석

① 독재자 유형 : 독재자에 해당하는 리더가 집단의 규칙 하에 지배자로 군림하며, 팀원들이 자신의 권위에 대한 도전이나 반항없이 순응하도록 요구하고, 개개인들에게 주어진 업무만을 묵묵히 수행할 것을 기대한다.

② 민주주의에 근접한 유형 : 리더는 팀원들이 동등하다는 것을 확신시키고 경쟁과 토론, 새로운 방향의 설정에 팀원들을 참여시킨다. 비록 민주주의적이긴 하지만 최종 결정권은 리더에게 있음이 특징이다.

④ 변혁적 유형 : 변혁적 리더를 통해 개개인과 팀이 유지해 온 업무수행 상태를 뛰어넘으려 한다. 변혁적 리더는 특정한 카리스마를 통해 조직에 명확한 비전을 제시하고, 그 비전을 향해 자극을 주고 도움을 주는 일을 수행한다.

⑤ 자유방임적 유형 : 리더가 조직의 의사결정과정을 이끌지 않고 조직 구성원들에게 의사결정 권한을 위임해 버리는 리더십 유형이다. 자유로운 회의를 통해 다양한 의견을 제시할 수 있으나, 리더의 지시나 명령이 영향력을 발휘하지 못하고, 구성원의 역량이 낮을 때 의사결정을 내리기 어려운 단점을 볼 수 있다.

PART 1

대표기출유형 03 기출응용문제

01

정답 ②

②는 '해결할 수 있는 갈등'에 대한 설명이다. 해결할 수 있는 갈등은 목표와 욕망, 가치, 문제를 바라보는 시각과 이해하는 시각이 다를 경우에 일어날 수 있는 갈등이다.

02

정답 ③

조직의 의사결정과정이 창의성을 발휘할 수 있는 분위기에서 진행된다면, 적절한 수준의 내부적 갈등은 순기능을 할 가능성이 높다.

03

정답 ②

상황 2는 통합형 갈등해결 방법이지만, ②는 타협형 갈등해결 방법에 대한 설명을 하고 있다.

오답분석

① 회피형 갈등해결 방법 : 회피형은 자신과 상대방에 대한 관심이 모두 낮은 경우로서, 갈등 상황에 대하여 상황이 나아질 때까지 문제를 덮어두거나 위협적인 상황에서 피하고자 하는 경우를 말한다. 회피형은 개인의 갈등상황으로부터 철회 또는 회피하는 것으로, 상대방의 욕구와 본인의 욕구를 모두 만족시킬 수 없게 된다. 이 전략은 '나도 지고, 너도 지는 방법(I lose – You lose)'이라고도 한다.

③ 수용형 갈등해결 방법 : 수용형은 자신에 대한 관심은 낮고 상대방에 대한 관심은 높은 경우로서 '나는 지고, 너는 이기는 방법(I lose – You win)'을 말한다.

④ 경쟁형 갈등해결 방법 : 경쟁형은 지배형(Dominating)이라고도 하는데, 자신에 대한 관심은 높고 상대방에 대한 관심은 낮은 경우로서 '나는 이기고, 너는 지는 방법(Win – Lose)'을 말한다. 경쟁형은 상대방의 목표 달성을 희생시키면서 자신의 목표를 이루기 위해 전력을 다하는 전략이다. 이 방법은 제로섬(Zero – Sum) 개념을 의미한다.

⑤ 타협형 갈등해결 방법 : 자신에 대한 관심과 상대방에 대한 관심이 중간 정도인 경우로서, 서로가 받아들일 수 있는 결정을 하기 위하여 타협적으로 주고받는 방식(Give and Take)을 말한다. 즉, 갈등 당사자들이 반대의 끝에서 시작하여 중간 정도 지점에서 타협하여 해결점을 찾는 것이다. 그러나 갈등 당사자 간에 불신이 클 때에는 이 방법은 성공하기 어렵다.

04

정답 ④

곽재우 과장과 김성태 과장의 갈등의 원인은 원칙상 택시는 비용청구 대상이 되지 않는다는 출장비 지급 규정 및 절차에 대한 이견 때문이다.

오답분석

①·②·③·⑤ 갈등의 쟁점 중 감정적 문제에 해당한다.

05

정답 ②

상황 3은 '나는 지고, 너는 이기는 방법(I Lose – You Win)' 갈등해결 방법이다. 따라서 상황 3에 해당하는 영역은 ②이다.

오답분석

① 통합형 갈등해결 방법 : I Win – You Win
③ 경쟁형 갈등 해결 방법 : I Win – You Lose
④ 회피형 갈등해결 방법 : I Lose – You Lose
⑤ 타협형 갈등해결 방법 : Give and Take

06

정답 ①

상황 2와 같은 통합형 갈등해결 방법에서는 문제해결을 위하여 서로 간에 정보를 교환하면서 서로의 차이를 인정하고 배려하는 신뢰감과 공개적인 대화를 필요로 한다.

①은 수용형 갈등해결 방법으로 상대방이 거친 요구를 해오는 경우에 전형적으로 나타나는 반응이다. 자신의 관심이나 요구는 희생함으로써 상대방의 의지에 따르는 경향을 보인다.

대표기출유형 04 기출응용문제

01

정답 ③

사회적 입증이란 사람은 과학적 이론보다 자신의 동료나 이웃의 말이나 행동에 의해서 쉽게 설득된다는 것으로 팀원들로부터 부정적인 피드백을 받게 된다고 동료의 행동을 통해 설득하는 발언이 '사회적 입증 전략'으로 가장 적절하다.

02

정답 ④

ㄴ. Win – Lose전략은 강압전략으로, 상호 간에 신뢰가 없고, 협상력의 우위에 있을 때 효과적인 전략이다.
ㄹ. 협력전략의 한 형태에 해당한다.

오답분석

ㄱ. 회피전략을 취하는 경우, 회피전략을 통한 압박에 실패하면 상대방도 협상에서 철수할 수 있다. 이러한 경우에 다른 방안이 필요하므로 회피전략을 위해서는 반드시 다른 대안이 있어야 한다.
ㄷ. 유화전략은 협상의 결과로 인한 이득보다 상대방과의 우호적 관계를 통해 협력관계를 이어가는 것을 중시하는 전략으로, 결과보다는 상대방과의 인간관계 유지를 선호하는 경우, 상대방과의 충돌을 피하고자 하는 경우, 자신의 이익보다는 상대방의 이익을 고려해야 하는 경우 등에 사용된다.

03

정답 ②

A씨는 두 딸이 오렌지를 왜 원하는지에 대한 갈등 원인을 확인하지 못해 협상에 실패한 것으로 볼 수 있다. 따라서 협상하기 전에는 반드시 이해당사자들이 가지는 갈등 원인을 파악해야 한다.

04

정답 ⑤

과학적인 논리보다 동료나 사람들의 행동에 의해서 상대방을 설득하는 사회적 입증 전략의 사례라고 보는 것이 가장 적절하다.

오답분석

① 상대방 이해 전략은 상대방에 대한 이해를 바탕으로 갈등해결을 용이하게 하는 전략이다.
② 권위 전략은 직위나 전문성, 외모 등을 활용하여 협상을 용이하게 하는 전략이다.
③ 희소성 해결 전략은 인적·물적자원 등의 희소성을 해결함으로써 협상 과정상의 갈등 해결을 용이하게 하는 전략이다.
④ 호혜관계 형성 전략은 서로에게 도움을 주고받는 관계 형성을 통해 협상을 용이하게 하는 전략이다.

05

정답 ②

최선의 대안에 대해서 합의하고 선택하는 것은 '해결 대안'에 해당하는 내용이다.

대표기출유형 05 기출응용문제

01

정답 ④

고객 불만을 해결하는 데 있어서는 신속하게 처리하는 것도 중요하지만, 같은 문제가 재발하지 않도록 꼼꼼히 처리하는 것이 더 중요하다.

02

정답 ④

서비스업에 종사하다 보면 난처한 요구를 하는 고객을 종종 만나기 마련이다. 특히 판매 가격이 정해져 있는 프랜차이즈 매장에서 '가격을 조금만 깎아달라'는 고객의 요구는 매우 난감하다. 하지만 이러한 고객의 요구를 모두 들어주다 보면 더욱 곤란한 상황이 발생할 수 있다. 그러므로 왜 가격을 깎아줄 수 없는지 친절하게 설명하면서 불쾌하지 않도록 고객을 설득할 필요가 있다.

03

정답 ⑤

고객이 요청한 업무를 처리함에 있어 수수료 발생 등과 같이 고객이 반드시 알아야 하는 사항은 업무를 처리하기 전에 고객에게 확인을 받고 진행하는 것이 적절하다.

04

정답 ⑤

화가 난 고객을 대응하는 데 있어서는 먼저 고객을 안정시키는 것이 최우선이며, 이후에 고객이 이해할 수 있는 수준의 대응을 제시한다.

05

정답 ④

전화를 다른 부서로 연결할 때 양해를 구하지 않았으며, 다른 부서의 사람이 전화를 받을 수 있는 상황인지를 사전에 확인하지 않았다.

06

정답 ⑤

고객정보는 타인에게 유출되지 않도록 조심하고 소중하게 다루어야 한다. 따라서 고객과의 상담 중에 되도록 큰 소리로 말하지 않도록 주의하는 것이 좋다. 물론 고객정보를 정확하게 수집하는 것도 중요하지만, 큰 소리로 대화하는 것과는 큰 연관성이 없다.

CHAPTER

05 조직이해능력

대표기출유형 01 기출응용문제

01

정답 ③

C는 H사의 이익과 자사의 이익 모두를 고려하여 서로 원만한 합의점을 찾고 있다. 따라서 가장 바르게 협상한 사람은 C이다.

오답분석

① H사의 협상당사자는 현재 가격에서는 불가능하다고 한계점을 정했지만, A의 대답은 설정한 목표와 한계에서 벗어나는 요구이므로 바르게 협상한 것이 아니다.
② B는 합의점을 찾기 보다는 자사의 특정 입장만 고집하고 있다 따라서 바르게 협상한 것이 아니다.
④ D는 상대방의 상황에 대해서 지나친 염려를 하고 있다. 따라서 바르게 협상한 것이 아니다.
⑤ H사의 협상 당사자는 가격에 대한 결정권을 가지고 있으므로 협상을 시도한 것이며, 회사의 최고 상급자는 협상의 세부사항을 잘 알지 못하므로 E는 잘못된 사람과의 협상을 요구하고 있다. 따라서 바르게 협상한 것이 아니다.

02

정답 ④

'한정 판매 마케팅 기법'은 한정판 제품의 공급을 통해 의도적으로 공급의 가격탄력성을 0에 가깝게 조정한 것이다. 이 기법은 판매 기업의 입장에서는 이윤 증대를 위한 경영 혁신이지만 소비자의 합리적 소비를 저해할 수 있다.

03

정답 ②

경영활동을 구성하는 요소는 경영목적, 인적자원, 자금, 경영전략이다. (나)의 경우와 같이 봉사활동을 수행하는 일은 목적과 인력, 자금 등이 필요한 일이지만, 정해진 목표를 달성하기 위한 조직의 관리, 전략, 운영활동이라고 볼 수 없으므로 경영활동으로는 적절하지 않다.

04

정답 ①

㉠ 원가우위 : 원가절감을 통해 해당 산업에서 우위를 점하는 전략이다.
㉡ 차별화 : 조직이 생산품이나 서비스를 차별화하여 고객에게 가치가 있고 독특하게 인식되도록 하는 전략이다.
㉢ 집중화 : 한정된 시장을 원가우위나 차별화 전략을 사용하여 집중적으로 공략하는 전략이다.

대표기출유형 02 기출응용문제

01

정답 ⑤

공식집단의 예로 제시되어 있는 동아리는 비공식집단의 예이며, 비공식집단의 예로 제시되어 있는 임시 위원회는 공식집단의 예이다. 지속 기간의 차이에 따라 상설과 임시로 나누어질 뿐이지 조직의 공식 목표를 위해 조직에서 만든 위원회이므로 공식집단에 속한다.

PART 1

02

정답 ②

H사는 기존에 수행하지 않던 해외 판매 업무가 추가될 것이므로 그에 따른 해외영업팀 등의 신설 조직이 필요하게 된다. 해외에 공장 등의 조직을 보유하게 됨으로써 이를 관리하는 해외관리팀이 필요할 것이며, 물품의 수출에 따른 통관 업무를 담당하는 통관물류팀, 외화 대금 수취 및 해외 조직으로부터의 자금 이동 관련 업무를 담당할 외환업무팀, 국제 거래상 발생하게 될 해외 거래 계약 실무를 담당할 국제법무팀 등이 필요하게 된다. 기업회계팀은 H사의 해외 사업과 상관없이 기존 회계를 담당하는 조직이라고 볼 수 있다.

03

정답 ①

기준의 내용에서 '인적자원개발 강조', '새로운 자원 발굴', '목표달성과 경쟁에서 이기는 것 강조', '영속성과 안정성 강조'의 내용을 볼 때 전략적 강조점이 기준척도로 가장 적절함을 알 수 있다.

04

정답 ⑤

기계적 조직과 유기적 조직의 특징을 통해 안정적이고 확실한 환경에서는 기계적 조직이, 급변하는 환경에서는 유기적 조직이 적합함을 알 수 있다.

기계적 조직과 유기적 조직의 특징

기계적 조직	유기적 조직
• 구성원들의 업무가 분명하게 정의된다. • 많은 규칙과 규제들이 있다. • 상하간 의사소통이 공식적인 경로를 통해 이루어진다. • 엄격한 위계질서가 존재한다. • 대표적인 기계조직으로 군대를 볼 수 있다.	• 의사결정 권한이 조직의 하부구성원들에게 많이 위임되어 있다. • 업무가 고정되지 않고, 공유 가능하다. • 비공식적인 상호의사소통이 원활하게 이루어진다. • 규제나 통제의 정도가 낮아 변화에 따라 의사결정이 쉽게 변할 수 있다.

05

정답 ⑤

조직 문화는 구성원 개개인의 개성을 인정하고 그 다양성을 강화하기보다는 구성원들의 행동을 통제하는 기능을 한다. 즉, 구성원을 획일화・사회화시킨다.

06

정답 ①

주택도시보증공사의 사내 봉사 동아리이기 때문에 공식이 아닌 비공식 조직에 해당한다. 비공식 조직의 특징으로 적절한 것은 인간관계에 따라 형성된 자발적인 조직, 내면적・비가시적, 비제도적, 감정적, 사적 목적 추구, 부분적 질서를 위한 활동 등이 있다.

오답분석

② 영리조직
③・④ 공식조직
⑤ 비영리조직

07

정답 ③

조직은 목적을 가지고 있어야 하고, 구조가 있으며, 목적을 달성하기 위해 구성원들은 서로 협동적인 노력을 하고, 외부 환경과 긴밀한 관계를 가지고 있어야 한다. 따라서 야구장에 모인 관중들은 동일한 목적만 가지고 있을 뿐 구조를 갖춘 조직으로 볼 수 없다.

대표기출유형 03 기출응용문제

01

정답 ②

①·③·④·⑤는 인터뷰 준비를 위한 업무처리 내용이고, ②는 인터뷰 사후처리에 대한 내용이므로 우선순위 면에서는 가장 낮다.

02

정답 ④

K주임이 가장 먼저 해야 하는 일은 오늘 2시에 예정된 팀장 회의 일정을 P팀장에게 전달하는 것이다. 다음으로 내일 진행될 언론홍보팀과의 회의 일정에 대한 답변을 오늘 내로 전달해달라는 요청을 받았으므로 먼저 익일 업무 일정을 확인 후 회의 일정에 대한 답변을 전달해야 한다. 이후 회의 전에 미리 숙지해야 할 자료를 확인하는 것이 적절하다. 따라서 K주임은 ④의 순서로 업무를 처리하는 것이 옳다.

03

정답 ④

제시된 운항시설처의 업무분장표에서 항공기 화재진압훈련과 관련된 업무는 찾아볼 수 없다.

오답분석

①·② 기반시설팀 : 운항기반시설 제설작업 및 장비관리 업무, 전시목표(활주로 긴급 복구) 및 보안시설 관리 업무
③ 항공등화팀 : 항공등화시설 개량계획 수립 및 시행 업무
⑤ 운항안전팀 : 야생동물 위험관리업무

04

정답 ⑤

이동지역 내의 안전관리를 담당하는 운항안전팀이 발간하는 안전회보에는 이동지역 내의 안전과 관련된 내용을 싣는 것이 적절하다. 따라서 여객터미널에서 실시하는 대테러 종합훈련은 운항안전팀의 안전회보에 실릴 내용으로 적절하지 않다.

05

정답 ④

직업방송매체팀은 계획된 사업 중 직업방송 제작 사업을 담당하며, 해당 사업의 예산은 5,353백만 원으로 다른 부서에 비해 가장 적은 예산을 사용한다. 컨소시엄지원팀이 담당하는 컨소시엄훈련지원 사업의 예산은 108,256백만 원으로 두 번째로 많은 예산을 사용한다.

오답분석

① 보기의 분장업무에 따르면 능력개발총괄팀은 능력개발사업 장단기 발전계획 수립 업무를 담당한다.
② 사업주 훈련지원팀은 사업주 직업능력개발훈련 참여 확대, 중소기업 훈련지원센터 관리, 체계적 현장훈련 지원, 학습조직화 지원, 청년취업아카데미 운영관리, 내일이룸학교 운영 지원의 총 6개 사업을 담당한다.
③ 컨소시엄지원팀은 컨소시엄훈련지원을, 직업방송매체팀은 직업방송 제작을 담당하므로 담당 사업의 수는 같다.
⑤ 사업주훈련지원팀이 담당하는 사업의 예산은 총 441,815(=434,908+3,645+3,262)백만 원으로 가장 많다.

06

정답 ③

김과장의 개인 주간 스케줄 및 업무 점검을 보면 홍보팀, 외부 디자이너와의 미팅이 기재되어 있다. 따라서 김과장은 이번 주에 내부 미팅과 외부 미팅을 할 예정이다.

대표기출유형 04 기출응용문제

01

정답 ③

아프리카 사람들과 이야기할 때 눈을 바라보는 것은 실례이므로 코 끝 정도를 보면서 대화하는 것이 예의이다.

02

정답 ④

식사 시 포크와 나이프는 바깥쪽에 놓인 것부터 순서대로 사용한다.

시대에듀

M E M O

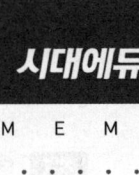

PART 2

전공필기

CHAPTER

01 경영 적중예상문제

01	02	03	04	05	06	07	08	09	10	11	12	13	14	15	16	17	18	19	20
①	①	④	③	④	②	③	③	②	④	②	⑤	②	④	①	④	③	①	①	③
21	22	23	24	25	26	27	28	29	30										
③	⑤	②	④	①	①	①	③	⑤	④										

01

정답 ①

경영이념이란 경영자가 기업을 영위하는 데 있어 지침이 되는 기본적인 의식으로 경영신조 · 경영 철학이라고도 한다. 즉, 기업이 사회적 존재이유를 표시하고 경영활동을 방향 짓게 하는 기업의 신조를 말한다. 경영이념은 기업의 신조인 동시에 경영자의 이념이기 때문에, 경영목적의 달성을 위한 활동을 하기 위해 구체화할 수 있는 현실적 지침이 되는 것으로서, 구체적으로는 사시(社是) · 사훈(社訓) 등으로 표현된다.

02

정답 ①

현금젖소(Cash Cow) 사업은 시장성장률이 낮으므로 투자금액이 유지 · 보수 차원에서 머물게 되어 자금투입보다 자금산출이 많다.

03

정답 ④

금융기관이 기업으로부터 매출채권 등을 매입하고, 이를 바탕으로 자금을 빌려주는 것은 팩토링(Factoring)이다. 팩토링은 기업들이 상거래 대가로 현금 대신 받은 매출채권을 신속히 현금화하여 기업활동을 돕자는 취지로 도입되었다.

04

정답 ③

Off – JT는 직장 내 교육훈련 이외의 모든 교육훈련을 다 포함하므로 그 실시방법은 다양하다.

05

정답 ④

경영관리란 경영상에서의 각종 업무수행이 경영목적을 위하여 가장 효과적으로 행해질 수 있도록 여러 가지 시책을 체계적으로 연구하고 경영조직체를 만들어 이를 운영하는 일을 의미한다.

06

정답 ②

- $[\text{자기자본이익률(ROE)}]=\frac{(\text{당기순이익})}{(\text{자기자본})}$

$\therefore \frac{1{,}000}{50}=20$

07

정답 ③

분식회계는 분식결산이라고도 하며, 기업이 자산이나 이익을 실제보다 부풀려 재무재표상의 수치를 고의로 왜곡시키는 것을 의미한다.

오답분석

① 공장회계 : 제조공업을 경영하는 기업에서, 본사의 회계에 대하여 공장에서 행하는 회계이다.
② 재특회계 : 재정융자특별회계법에 따라 정부가 국민복지 향상과 주요산업의 지원에 필요한 자금을 대여할 목적으로 설치되어 재정경제부 장관이 관리·운용하는 재정융자특별회계이다.
④ 리스회계 : 각 국에서 기업금융의 한 형태로 리스 이용이 늘어나고 있는데 이에 따른 회계처리 방법이다.
⑤ 감손회계 : 기업의 고정자산 가치가 떨어질 경우 손실처리를 의무화하는 제도이다.

08

정답 ③

경제적 주문량의 결정

$$Q=\sqrt{\frac{2OD}{C}}$$

[Q=(경제적 주문량), C=(단위당 연간 재고 유지비용), D=(연간 수요량), O=(1회 주문비용)]

이 식에 대입해서 계산해 보면, 1회 경제적 주문량은 $\sqrt{\frac{2\times 10,000\times 400}{200}}$=200개임을 알 수 있다.

09

정답 ②

- (합병 시 시너지효과)=18억−(10억+5억)=3억 원
- (합병 프리미엄)=(피합병기업의 NPV)=(인수가격)−(B기업 기업가치)=6억−5억=1억 원

∴ NPV=(시너지효과)−(합병 프리미엄)=3억−1억=2억 원

10

정답 ④

불안정한 환경에서 복잡한 의사결정과 빈번한 변화에 적절하게 대응이 가능한 매트릭스 조직은 기능별 작업 단위와 사업·제품별 작업 단위 두 유형을 포개어 놓은 구조이다. 이를 통하여 두 명의 상사를 갖게 되어 역할 갈등의 문제가 발생할 수 있다는 단점이 있다. 기능부서 내에서의 규모의 경제 효과가 달성 가능한 조직 구조는 기능 조직이다.

11

정답 ②

경영통제의 과정은 '표준의 설정 → 실제성과의 측정 → 편차의 수정' 순서이다.

12

정답 ⑤

오답분석

① 상대적 시장점유율과 시장의 성장률을 기준으로 구분한다.
② 물음표(Question)는 상대적으로 높은 시장성장율을 가지나, 점유율이 낮다.
③ 개(Dog)는 시장성장율과 점유율이 모두 낮아 철수가 요구된다.
④ 별(Star)은 상대적으로 높은 시장점유율과 성장률을 가졌으며, 성공사업을 의미한다.

13

정답 ②

영구연금의 현재가치는 $\frac{(\text{연금액})}{(\text{이자율})}$이므로 $\frac{2,400,000}{0.12}=20,000,000$원이다.

14

정답 ④

• $(\text{안전한계율})=\frac{(\text{현재매출액})-(\text{손익분기점 매출액})}{(\text{현재매출액})}$

• $(\text{손익분기점 매출액})=\frac{(\text{고정비})}{(\text{공헌이익률})}=\frac{1,500}{0.5}=3,000$

$\therefore$ $(\text{안전한계율})=\frac{5,000-3,000}{5,000}=0.4=40\%$

15

정답 ①

B공사 순자산의 공정가치는 40억 원이고, 합병 후 영구적 영업현금흐름은 $\frac{3\text{억}}{0.1}=30$억 원이다. B공사 전체 순자산의 가치는 70억 원이고, 60억 원을 지급하므로 A공사는 10억 원의 합병 차익을 산출할 수 있다.

16

정답 ④

항상성장모형은 기업의 이익과 배당이 매년 일정하게 성장한다고 가정할 경우 주식의 이론적 가치를 나타내는 모형이다.

$[\text{당기 1주당 현재가치(주가)}]=\frac{(\text{차기주당배당금})}{(\text{요구수익률})-(\text{성장률})}=\frac{1,100}{0.15-0.10}=22,000$원

17

정답 ③

경제적 주문량(EOQ)에 의한 최적 주문횟수를 구하는 식은 다음과 같다.

$(\text{최적 주문량})=\sqrt{\frac{2\times(\text{1회 주문비용})\times(\text{연간 수요량})}{(\text{단위당 연간 재고 유지비용})}}$

이 식에 대입해서 계산해 보면, $Q=\sqrt{\frac{2\times100\times10,000}{200}}=100$이다.

최적 주문횟수는 연간 수요량에서 최적 주문량을 나누면 구할 수 있다.

$\therefore$ $(\text{최적 주문횟수})=10,000\div100=100$회

18

정답 ①

표준시간 설정에 따른 과학적 관리 및 과업관리를 주창한 사람은 메이요가 아닌 테일러이다.

19

정답 ①

신제품 개발 과정은 '아이디어 창출 → 아이디어 선별 및 평가 → (제품개념 테스트 → 마케팅전략 개발) → 사업타당성 분석 → 제품 개발 → 시험마케팅 → 상업화' 순서로 진행된다.

20

정답 ③

ㄱ. 반품가능성 예측불가능 재고자산은 원가로 계상한다. → 10,000−8,500=1,500원
ㄴ. 도착지 인도조건의 운송 중인 상품은 기말재고자산금액에 포함되는 것이 맞다.
ㄷ. 수탁상품은 전액 감액대상이다. → 6,500원
ㄹ. 시송품은 원가로 계상한다. → 4,000−3,500=500원
따라서 1,500+6,500+500=8,500원이다.

21

정답 ③

당기순이익은 영업이익에서 판매 물건을 생산하기 위해 발생한 비용 외 기타비용(예 관리비, 이사비용)을 차감하고 기타수익(예 이자수익, 잡이익 등)을 더한 후 법인세비용을 차감한 금액을 의미한다. 주어진 자료를 이용하여 계산해 보면 결과는 다음과 같다.

영업이익	+300,000
영업외 수익	+50,000
이자비용	−10,000
법인세 비용	−15,000
합계	₩325,000

따라서 당기순이익은 325,000원이다.

22

정답 ⑤

마이클 포터(M. Porter)의 산업경쟁에 영향을 미치는 5개의 요인

- 진입장벽
- 산업 내 경쟁업체들의 경쟁
- 제품의 대체가능성
- 구매자의 교섭력
- 공급자의 교섭력

23

정답 ②

허시와 블랜차드(P. Hersey & K. H. Blanchard)의 상황적 리더십

- 기본가정
  허시와 블랜차드는 리더십의 효과가 구성원의 성숙도라는 상황요인에 의하여 달라질 수 있다는 상황적 리더십 모델을 제안하였다. 여기서 구성원의 성숙도란 구성원의 업무에 대한 능력과 의지를 뜻하는 것인데, 구체적으로는 달성 가능한 범위 내에서 높은 목표를 세울 수 있는 성취욕구, 자신의 일에 대해서 책임을 지려는 의지와 능력, 과업과 관련된 교육과 경험을 종합적으로 지칭하는 변수가 된다.
- 리더십 모델
  - 지시형 리더십 : 업무의 구체적 지시, 밀착 감독
  - 판매형 리더십 : 의사결정에 대해 구성원이 그 내용을 이해, 납득할 수 있도록 기회 부여
  - 참여형 리더십 : 의사결정에서 정보와 아이디어를 공유
  - 위임형 리더십 : 결정과 실행책임을 구성원에게 위임

24

정답 ④

재무레버리지에서는 이자비용이 지렛대 작용을 한다.

25

정답 ①

대비오차(Contrast Errors)는 대조효과라고도 하며, 연속적으로 평가되는 두 피고과자 간의 평가점수 차이가 실제보다 더 큰 것으로 고과자가 느끼게 되는 오류를 말한다. 면접 시 우수한 후보의 바로 뒷순서에 면접을 보는 평범한 후보가 중간 이하의 평가점수를 받는 경우가 바로 그 예라고 할 수 있다.

26

정답 ①

동기부여의 내용이론

- 매슬로의 욕구단계설 : 매슬로우의 주장은 인간의 다양하고도 복잡한 욕구가 사람의 행동을 이끄는 주된 원동력이라는 것이다.
- 앨더퍼의 ERG 이론 : 알더퍼는 인간욕구의 단계성을 인정하는 것은 매슬로우와 같지만 존재욕구, 관계욕구, 성장욕구를 구분함으로써 하위단계에서 상위단계로의 진행과 상위단계 욕구가 만족되지 않을 경우 하위단계 욕구가 더 커진다는 이론을 제시했다.
- 허츠버그의 2요인 이론 : 허츠버그는 개인에게 만족감을 주는 요인과 불만족을 주는 요인이 전혀 다를 수 있다는 이론을 제시했다. 그에 따르면 동기요인(성취감, 상사로부터의 인정, 성장과 발전 등)은 직무동기를 유발하고 만족도를 증진시키나, 위생요인(회사의 정책, 관리규정, 임금, 관리행위, 작업조건 등)은 직무불만족을 유발한다.
- 맥클랜드의 성취동기이론 : 맥클랜드는 개인의 성격을 크게 세 가지 욕구의 구성체로 간주하고, 그중 성취욕구가 높은 사람이 강한 수준의 동기를 갖고 직무를 수행한다는 이론을 제시했다.

27

정답 ①

식스 시그마(Six Sigma)는 100만 개의 제품 중 3 ~ 4개의 불량만을 허용하는 3 ~ 4PPM(Parts Per Million)경영, 즉 품질 혁신 운동을 말한다.

28

정답 ③

- $(\text{부채비율})=\frac{(\text{부채})}{(\text{자기자본})}\times 100=\frac{(60\text{억 원})}{(80\text{억 원})}\times 100=75\%$
- $(\text{ROA})=\frac{(\text{당기순이익})}{(\text{자산총액})}\times 100=\frac{(28\text{억 원})}{(140\text{억 원})}\times 100=20\%$
- $(\text{총자본회전율})=\frac{(\text{매출액})}{(\text{총자본})}=\frac{(168\text{억 원})}{(140\text{억 원})}=1.2$

29

정답 ⑤

인간관계론은 메이요와 뢰슬리스버거를 중심으로 호손 실험을 거쳐 정리되었으며 과학적 관리법의 비인간적 합리성과 기계적 도구관에 대한 반발로 인해 발생한 조직이론으로, 조직 내의 인간적 요인을 조직의 주요 관심사로 여겼다. 그들은 심리요인을 중시하고, 비공식 조직이 공식조직보다 생산성 향상에 더 중요한 역할을 한다고 생각했다.

30

정답 ④

직무기술서는 직무수행과 관련된 과업 및 직무행동을 직무요건을 중심으로 기술한 양식이다.

구분	직무기술서	직무명세서
개념	직무수행과 관련된 과업 및 직무 행동을 직무요건을 중심으로 기술한 양식	특정 직무를 수행하기 위해 요구되는 지식, 기능, 육체적·정신적 능력 등 인적요건을 중심으로 기술한 양식
포함 내용	• 직무 명칭, 직무코드, 소속 직군, 직렬 • 직급(직무등급), 직무의 책임과 권한 • 직무를 이루고 있는 구체적 과업의 종류 및 내용 등	• 요구되는 교육 수준 • 요구되는 지식, 기능, 기술, 경험 • 요구되는 정신적, 육체적 능력 • 인성 및 적성, 가치, 태도 등
작성 요건	명확성, 단순성, 완전성, 일관성	

02 | 경제 적중예상문제

01	02	03	04	05	06	07	08	09	10	11	12	13	14	15	16	17	18	19	20
⑤	②	③	③	②	④	③	③	②	④	⑤	④	⑤	②	②	②	②	⑤	③	①
21	22	23	24	25	26	27	28	29	30										
①	②	④	①	①	①	⑤	⑤	③	④										

01

정답 ⑤

소수의 부유층에 과도한 세금을 물어 저소득층 복지재원에 활용하는 것은 세금을 내는 사람과 혜택을 받는 사람이 지나치게 괴리되어 있으므로, 각 납세자가 공공서비스로부터 받은 편익에 비례하도록 조세부담을 분배하는 것이 공평하다고 보는 편익원칙이 훼손되었다.

오답분석

① 근거과세원칙 : 납세의무자가 세법에 의하여 장부를 비치·기장하고 있는 때에는 당해 국세의 과세표준의 조사와 결정은 그 비치·기장한 장부와 이에 관계되는 증빙자료에 의하여야 한다는 원칙이다.

② 능력원칙 : 납세자의 담세능력에 따라 부담이 분배되는 것이 공평하다고 보는 원칙이다.

③ 소급과세금지원칙 : 세법의 해석 또는 국세행정의 관행이 일반적으로 납세자에게 받아들여진 후에는 그 해석 또는 관행에 의한 행위 또는 계산은 정당한 것으로 보며, 새로운 해석 또는 관행에 의하여 소급하여 과세되지 아니한다는 원칙이다.

④ 신의성실원칙 : 납세자가 그 의무를 이행함에 있어서는 신의에 좇아 성실히 하여야 하며, 세무공무원이 그 직무를 수행함에 있어서도 또한 같다는 원칙이다.

02

정답 ②

국내총생산(GDP)은 일정기간 한 나라 국경 안에서 생산된 모든 최종 재화와 서비스의 시장가치의 합으로 계산되기 때문에 지하경제에서 불법적으로 거래되는 마약 밀매, 성매매, 도박 등은 GDP의 계산에서 제외된다.

03

정답 ③

독점기업은 가격설정능력은 있지만 가격과 생산량을 동시에 자신이 원하는 수준으로 결정할 수는 없다.

04

정답 ③

원자재가격 상승으로 인한 기업 생산비의 증가는 총공급곡선을 왼쪽으로 이동시킨다. 한편, 기준금리 인상으로 이자율이 상승하면 투자와 소비가 위축되므로 총수요곡선도 왼쪽으로 이동한다. 이 경우 실질 GDP는 크게 감소하게 되는 반면, 물가는 증가하는지 감소하는지 알 수 없다.

05

정답 ②

기회비용이란 하나의 재화를 선택했을 때, 그로 인해 포기한 다른 재화의 가치를 말한다. 자동차를 구입할 돈이 부족한 경우에는 자동차를 선택할 수가 없는 상황이므로 구입 포기한 자동차는 기회비용이라고 할 수 없다.

06

정답 ④

해외주식 및 채권투자는 경상계정이 아니라 자본계정에 속한다.

07

정답 ③

법정지불준비율이 0.2이므로 예금통화승수는 0.2의 역수인 $\frac{1}{0.2}=5$이다. 따라서 요구불예금의 크기는 지불준비금 $300\times5=$ 1,500만 원이다.

08

정답 ③

노동수요에 대한 탄력성은 상품생산에 투입되는 다른 생산요소와의 대체가능성에 의해 영향을 받는다. 임금이 상승할 때 노동 대신 다른 생산요소로의 대체가능성이 높을수록, 즉 요소 간 대체가능성이 높을수록 노동수요에 대한 탄력성은 커지게 되므로 임금상승에 대하여 고용감소는 커진다.

09

정답 ②

총수요(AD)는 국내에서 생산된 최종 생산물(실질 GDP)에 대한 수요로 가계, 기업, 정부, 외국이 구입하고자 하는 재화의 양이다. 또한 각각의 물가 수준에서 실질 GDP에 대한 수요의 크기를 나타낸 곡선이 총수요곡선이다. 물가 수준이 주어져 있을 때 총수요의 구성 요소인 소비, 투자, 정부 지출, 수출, 수입, 조세 등 일부가 변화하면 총수요곡선이 이동한다. 정부 지출 감소는 총수요곡선을 왼쪽으로 이동시킨다. 총공급곡선이란 각각의 물가 수준에서 기업 전체가 생산하는 재화의 공급량을 나타낸 곡선이다. 총공급곡선의 이동 요인으로는 생산 요소의 가격 변화, 기술 수준, 인구 증가 등이 있다. 신기술 개발은 총공급곡선을 오른쪽으로 이동시킨다.

10

정답 ④

독점적 경쟁기업의 경우 장기에는 장기균형산출량이 시설규모의 최적 산출량에 미달한다. 즉, 독점적 경쟁기업의 경우 독점의 경우와 마찬가지로 장기에는 초과설비를 보유하게 된다는 것이다.

11

정답 ⑤

오답분석

① 불황기의 평균소비성향이 호황기의 평균소비성향보다 크다. 호황기에는 일시적인 소득이 증가하여 이러한 일시소득이 대부분 저축되는 반면, 불황기에는 일시적인 소득이 감소하여 돈의 차입 등을 통해 종전과 비슷한 소비수준을 유지한다.
② 생애주기가설에 따르면 소비는 일생동안의 총소득에 의해 결정된다.
③ 한계소비성향과 한계저축성향의 합이 언제나 1이다.
④ 케인스의 소비함수에서는 예상되는 소득의 수준과 상관없이 소비한다. 소득이 0일 때에도 일정한 소비가 있으며 소득이 없다면 과거의 저축 또는 돈을 빌려서 소비한다. 따라서 케인스의 소비함수는 장기에 있어서 소득과 소비의 관계를 제대로 설명하지 못하는 한계점을 가지고 있다.

12

정답 ④

$Y = C + I + G + NX = 8,000 + 2,000 + 2,000 + (5,000 - 4,000) = 13,000$

$13,000 = 8,000 + S + 1,000$

$S = 4,000$(민간저축)

(국민저축)=(민간저축)+(정부저축)

(정부저축)$= T - G = 1,000 - 2,000 = -1,000$

따라서 (국민저축)$= 4,000 + (-1,000) = 3,000$이다.

13

정답 ⑤

화폐발행이득은 화폐발행의 특권에서 나오는 이득을 의미하는 것으로, ㄱ, ㄴ, ㄷ 모두 옳은 설명에 해당한다.

14

정답 ②

오답분석

① 1급가격차별은 자중손실이 발생하지 않는다. 효율성 측면에서는 완전경쟁시장과 같다.

③ 3급가격차별의 경우 수요의 가격탄력성이 낮을수록 더 높은 가격을 부담하게 된다.

④·⑤ 3급가격차별의 경우 수요곡선의 탄력성에 따라 시장을 분할하고 각 시장의 탄력성에 따라 각각 다른 가격을 부과하는 가격차별 정책이다. 분할된 시장에 따라 다른 탄력성이 존재하고 그에 따라 가격이 다를 뿐 각 시장에서 한계수입과 한계비용은 같고, 각 시장에서의 가격과 한계비용의 설정도 같다.

15

정답 ②

이자율 상승으로 요구불예금이 증가하면 시장에 있는 현금들이 예금 쪽으로 들어와서 민간 화폐보유성향이 낮아져 통화승수가 증가한다.

16

정답 ②

리카도의 대등정리는 정부지출수준이 일정할 때 정부가 재원조달 방법(조세 또는 채권 등)을 변화시키더라도 민간의 경제활동은 아무런 영향을 받지 않는다는 이론이다. 정부가 세금을 감면하고 이에 따른 재정적자를 국채발행을 통해 정부 지출 재원을 조달하는 경기부양정책을 펼치게 되면, 정부는 언젠가 늘어난 부채를 갚기 위해 세금을 올려야 하고, 사람들은 이를 예상하여 감세로 인해 늘어난 소득만큼 저축을 늘려 미래의 증세에 대비한다. 따라서 저축에는 변화가 생기지만 소비에는 아무런 변화가 생기지 않으며, 실질이자율도 변하지 않게 된다. 이러한 리카도의 대등정리를 바탕으로 배로(Robert Barro)는 재정정책의 무력성을 주장하였다.

17

정답 ②

오답분석

① 경기적 실업은 경기가 침체함에 따라 발생하는 실업을 말하는 것으로, 기업의 설비투자와는 관련이 없다.

③ 전업주부가 직장을 가지는 경우 본래 비경제활동인구에서 경제활동인구가 되므로 경제활동참가율은 높아지게 된다. 실업률은 분모인 경제활동인구가 느는 것이므로 낮아지게 된다.

④ 실업급여가 확대되면 상대적으로 노동자들이 일자리를 탐색하는 데 여유가 생기므로 탐색적 실업을 증가시킬 수도 있다.

⑤ 구조적 실업은 경제구조의 변화에 따라 노동수요 구조가 변함에 따라 발생하는 실업을 말한다. 구조적 실업은 산업구조가 변화함에 따라 불가피한 면이 있으므로 노동자들에게 취업정보를 적극적으로 제공하고, 직업훈련을 받도록 함으로써 실업을 막을 수 있다.

18

정답 ⑤

오답분석

① 기펜재는 열등재에 속하는 것으로, 수요의 소득탄력성은 음(−)의 값을 갖는다.
② 두 재화가 서로 대체재의 관계에 있다면 수요의 교차탄력성은 양(+)의 값을 갖는다.
③ 우하향하는 직선의 수요곡선상에 위치한 점에서 수요의 가격탄력성은 다르다. 가격하락 시 소비자총지출액이 증가하는 점에서는 수요의 가격탄력성이 1보다 크고, 소비자총지출액이 극대화가 되는 점에서는 수요의 가격탄력성이 1, 가격하락 시 소비자총지출액이 감소하는 점에서는 수요의 가격탄력성은 1보다 작다.
④ 수요의 가격탄력성이 1이면 판매자의 총수입이 극대화되는 점이며, 가격변화에 따라 판매액이 증가하는 구간은 수요의 가격탄력성이 1보다 클 때이다.

19

정답 ③

오답분석

① 2016년도에 A국이 자동차 1대를 생산하기 위한 기회비용은 TV 2대이며, B국이 자동차 1대를 생산하기 위한 기회비용은 TV $\frac{1}{2}$대이므로 상대적으로 자동차 생산에 대한 기회비용이 적은 B국에서 자동차를 수출해야 한다.
② 2016년 B국의 자동차 1대 생산에 대한 기회비용은 TV $\frac{1}{2}$대인 반면, 2024년 B국의 자동차 1대 생산에 대한 기회비용은 TV 2대이므로 기회비용은 증가하였다.
④ 2024년도에 A국은 비교우위가 있는 자동차 생산에 특화하고, B국은 비교우위가 있는 TV 생산에 특화하여 교환한다. 이 경우 교환 비율이 자동차 1대당 TV 2대이면, B국은 아무런 무역이익을 가지지 못하고, A국만 무역의 이익을 갖는다.
⑤ 2016년도에 A국의 생산 가능한 총생산량은 TV 400대 또는 자동차 200대이다.

20

정답 ①

가격상한제란 정부가 시장가격보다 낮은 가격으로 상한선을 정하고 규제된 가격으로 거래하도록 하는 제도이다.

21

정답 ①

독점기업의 가격차별전략

- 제1급 가격차별 : 각 단위의 재화에 대하여 소비자들이 지불할 용의가 있는 최대금액을 설정하는 것(한계수입과 가격이 같은 점에서 생산량 결정)이다.
- 제2급 가격차별 : 재화 구입량에 따라 각각 다른 가격을 설정하는 것이다.
- 제3급 가격차별 : 소비자들의 특징에 따라 시장을 몇 개로 분할하여 각 시장에서 서로 다른 가격을 설정하는 것이다.

22

정답 ②

보상적 임금격차는 노동 강도의 차이, 작업환경의 차이, 교육·훈련비용의 차이 등에 따라 발생하는 임금격차를 말한다. 성별 임금격차는 보상적 임금격차가 아니라 차별의 일종이다.

23

정답 ④

과점시장(Oligopoly)은 유사하거나 동일한 상품을 공급하는 소수의 공급자가 존재하는 시장구조이다. 공급자 수가 많지 않은 까닭에 소수의 기업 대표가 담합해 판매 가격을 일치시키거나 생산량을 서로 할당하여 이윤을 극대화하는 사례가 발생한다. 과점시장은 가격이 경직적이므로 광고·제품 차별화 등 비가격경쟁이 치열하다. 과점시장의 수요곡선은 우하향하므로 제품 가격을 높일수록 판매량이 줄어 기업 이윤은 감소하게 된다. 독점시장(Monopoly)은 시장에 유일한 생산자가 존재하는 시장으로, 특허권이나 정부 허가, 규모의 경제가 발생하는 경우 등에 의해 형성된다.

24

정답 ①

오답분석

② 수입을 목적으로 1주일에 1시간 이상 일하는 경우에도 취업자가 될 수 있다.

③ $(\text{취업률})=\frac{(\text{취업자 수})}{(\text{경제활동인구})}\times 100$, $(\text{고용률})=\frac{(\text{취업자})}{(\text{15세 이상 생산가능인구})}\times 100$, $(\text{경제활동인구})=(\text{취업자})+(\text{실업자})$

15세 이상 생산가능인구는 경제활동인구에 15세 이상의 주부, 학생, 환자, 군복무자를 포함한 인구이다. 따라서 취업자가 줄고 대학진학자가 증가하였다면 취업률과 고용률 모두 감소한다.

④ $(\text{실업률})=\frac{(\text{실업자 수})}{(\text{경제활동인구})}\times 100=\frac{(\text{실업자})}{(\text{취업자})+(\text{실업자})}\times 100$

⑤ 실업자 수는 경제활동인구에 포함되므로 취업률 계산에 영향을 미친다.

25

정답 ①

$(\text{노동수요의 임금탄력성})=\frac{(\text{노동수요량의 변화율})}{(\text{임금의 변화율})}$

$(\text{노동수요량의 변화율})=\frac{10,000-9,000}{10,000}\times 100=10\%$

$(\text{임금의 변화율})=\frac{5,000-6,000}{5,000}\times 100=|-20|=20\%$

따라서 $(\text{노동수요의 임금탄력성})=\frac{10}{20}=0.5\%$이다.

26

정답 ①

그래프에서 국민소득이 증가할 때 저축이 증가하므로 저축은 국민소득의 증가함수이다. 현재 국민총생산이 Y_0에서 달성되고 있을 때 소득 중 소비되지 않은 부분을 나타내는 저축이 기업의 새로운 자본재 구입액인 투자를 초과하므로 생산물 중 일부가 덜 팔리면서 의도했던 것보다 재고가 증가한다.

27

정답 ⑤

독점시장에서의 이윤극대화 조건은 $MR=MC$, 즉 한계수입과 한계비용이 일치하는 점에서 이윤이 극대화된다.

28

정답 ⑤

원유수입가격이 상승하면 원유를 원자재로 사용하는 기업들의 생산비용이 상승하게 되므로 생산자물가지수는 상승하게 된다. 생산자물가지수가 상승하면 시차를 두고 소비자물가지수 또한 상승하여 전반적인 물가가 상승하게 되므로 GDP 디플레이터도 상승하게 된다.

29

정답 ③

오답분석

ㄱ. 임금이 상승하면 여가의 기회비용이 상승하여 대체효과에 의해서는 여가를 줄이고 노동공급이 증가하지만 소득효과에 의해서는 실질소득이 증가하여 여가를 늘리고 노동공급은 감소한다.

ㄴ. $U=Y+2L$은 Y와 L이 완전대체재임을 의미한다. 따라서 언제나 $MRS_{YL}=\frac{1}{2}$이다. 여기서 MRS_{YL}는 동일한 효용하에서 한 시간의 추가적 여가를 위해 포기해야 하는 소득을 나타낸다. $MRS_{YL}=\frac{1}{2}<1=w$이므로 모든 시간을 노동공급에 쓴다.

30

정답 ④

케인스는 소득이 증가할수록 평균소비성향은 감소한다고 가정하였다. 소비와 가처분소득 사이의 관계를 1차함수로 표현한 것을 케인스의 소비함수라고 부른다.

케인스 소비함수의 세 가지 속성

- 한계소비성향은 0과 1 사이이므로 소득이 증가하면 소비가 증가하고 또한 저축도 증가한다.
- 소득이 증가함에 따라 평균소비성향이 하락한다.
- 이자율은 특별한 역할을 하지 않는다.

PART 3

최종점검 모의고사

제 1 회 최종점검 모의고사

01	02	03	04	05	06	07	08	09	10	11	12	13	14	15	16	17	18	19	20
④	④	②	④	①	①	①	①	③	②	①	③	②	④	④	④	③	③	②	⑤
21	22	23	24	25	26	27	28	29	30	31	32	33	34	35	36	37	38	39	40
①	①	⑤	①	①	③	③	④	②	①	③	①	⑤	④	②	⑤	⑤	①	④	⑤

01 어휘 정답 ④

제시문에서 답을 찾는 데 핵심이 되는 내용은 '석기시대 사람들은 아침부터 저녁까지 먹을거리를 찾아 헤맸을 거야.'이다. 석기시대부터 현재까지 인류는 오랫동안 기아에 시달려왔다는 글이므로, 빈칸에 들어갈 말은 ④이다.

02 맞춤법 정답 ④

깍정이는 깍쟁이의 잘못된 표현으로, '이기적이고 인색한 사람, 아주 약빠른 사람'을 일컫는 말은 '깍정이'가 아니라, '깍쟁이'이다.

03 문서 수정 정답 ②

한글 맞춤법에 따르면 지난 일을 나타내는 어미는 '-던'으로 적고, 물건이나 일의 내용을 가리지 아니하는 뜻을 나타내는 어미는 '-든'으로 적는다. ㉡의 경우 과거의 경험이 아닌 선택의 의미로 사용되었으므로 '-든'이 올바른 표기이다.

04 내용 추론 정답 ④

제6항에 따르면 납부 기한을 연장받으려면 대통령령이 아닌 보건복지부령으로 정하는 바에 따라 시청이 아닌 건강보험공단에 납부 기한의 연장을 신청하여야 한다.

오답분석

① 제4항에 따르면 연금보험료를 자동 계좌이체의 방법으로 낼 경우 연금보험료 감액이나 재산상의 이익을 제공받을 수 있다.
② 제1항에 따르면 농업에 종사하는 자는 신청에 의하여 분기별 연금보험료를 해당 분기의 다음 달 10일까지 낼 수 있다.
③·⑤ 제5항에 따르면 고지서의 송달이 지연될 경우 납부 기한으로부터 1개월 범위에서 납부 기한을 연장할 수 있다.

05 한자성어 정답 ①

'겉과 속이 다르다.'의 뜻을 가진 한자성어는 '부화뇌동(附和雷同)'이 아니라 '표리부동(表裏不同)'이다. '부화뇌동(附和雷同)'의 뜻은 '줏대 없이 남의 말을 따르다.'이다.

06 속담 정답 ①

제시된 속담은 '능력도 기력도 없는 사람이 장차 큰일을 할 듯이 서둘 때 이를 놀리면서 하는 말'이다.
따라서 할아버지가 그럴만한 기력이 없으면서 하겠다고 우기는 상황에서 할머니가 핀잔을 주는 ①의 상황이 가장 잘 어울린다.

07 글의 주제

정답 ①

14조 원을 들여 녹색 성장을 기획하는 이 사업은 4대강 사업이다. 마셜 계획은 미국이 유럽의 부흥을 위해 세웠던 계획이며, 평화의 댐 사업은 예기치 못한 홍수를 대비하기는 하지만 녹색 성장과는 관련이 없다. 세계디자인수도 사업은 디자인을 통해 경제와 문화를 발전시키겠다는 사업이다.

08 문서 작성

정답 ①

매뉴얼(Manual)이란 제품이나 시스템을 이용하거나 업무 추진을 위한 절차 및 방법 등을 상세하게 밝혀 도움을 제공하는 문서이다.

09 문단 나열

정답 ③

제시문은 신앙 미술에 나타난 동물의 상징적 의미와 사례, 변화와 그 원인, 그리고 동물의 상징적 의미가 지닌 문화적 가치에 대하여 설명하는 글이다. 따라서 (나) 신앙 미술에 나타난 동물의 상징적 의미와 그 사례 → (다) 동물의 상징적 의미의 변화 → (라) 동물의 상징적 의미가 변화하는 원인 → (가) 동물의 상징적 의미가 지닌 문화적 가치의 순으로 나열해야 한다.

PART 3

10 빈칸 삽입

정답 ②

- 첫 번째 빈칸 : 연료의 화학 에너지를 자동차를 움직이는 운동 에너지로 바꾸어 사용한다는 ㉠은 빈칸 앞 문장의 '필요에 맞게 에너지의 형태를 변환하여 사용'하는 예가 된다. 따라서 빈칸에는 ㉠이 적절하다.
- 두 번째 빈칸 : ㉢의 '이러한 원리'는 빈칸 앞 문장의 역학적 에너지를 전기 에너지로 변환하는 '압전 효과'와 연결되며, 빈칸 뒤의 내용에서는 ㉢에서 제시하는 압전 소자를 활용한 제품의 사례를 이야기하고 있다. 따라서 빈칸에는 ㉢이 적절함을 알 수 있다.
- 세 번째 빈칸 : 빈칸 뒤 문장의 '작은 에너지를 직접 소형기기에 전달하여 사용하는 기술 방식'은 에너지 하베스팅이 소형기기에 적합한 에너지 활용 기술이 될 수 있다는 ㉡의 원인이 된다. 따라서 빈칸에는 ㉡이 적절하다.

11 빈칸 삽입

정답 ①

- 첫 번째 빈칸 : 공간 정보가 정보 통신 기술의 발전으로 시간에 따른 변화를 반영할 수 있게 되었다는 빈칸 뒤의 내용을 통해 빈칸에는 시간에 따른 공간의 변화를 포함한 공간 정보를 이용할 수 있게 되면서 '최적의 경로 탐색'이 가능해졌다는 내용의 ㉠이 적절함을 알 수 있다.
- 두 번째 빈칸 : ㉡은 빈칸 앞 문장의 '탑승할 버스 정류장의 위치, 다양한 버스 노선, 최단 시간 등을 분석하여 제공하는' 지리정보 시스템이 '더 나아가' 제공하는 정보에 대해 이야기한다. 따라서 빈칸에는 ㉡이 적절하다.
- 세 번째 빈칸 : 빈칸 뒤의 내용에서는 공간 정보가 활용되고 있는 다양한 분야와 앞으로 활용될 수 있는 분야를 이야기하고 있으므로 빈칸에는 공간 정보의 활용 범위가 계속 확대되고 있다는 ㉢이 적절함을 알 수 있다.

12 문서 내용 이해

정답 ③

오답분석

① 임신성 고혈압은 임신 전에 고혈압이 없던 산모가 임신 후반기에 고혈압이 생기는 것을 말한다.
② 임신성 고혈압과 자간전증은 엄밀히는 다른 것이지만 혼용하여 사용한다고 하였다. 따라서 같은 질환은 아니다.
④ 혈압은 정말 높아지기 전에는 증상이 없다고 하였다.
⑤ 임신성 고혈압에 의한 부종은 살이 찌는 것과는 다르며, 살을 누르면 다시 올라오지 않는다고 하였다.

13 응용 수리

정답 ②

- 국내 여행을 선호하는 남학생 수 : 30−16=14명
- 국내 여행을 선호하는 여학생 수 : 20−14=6명

국내 여행을 선호하는 학생 수는 14＋6＝20명이므로 구하는 확률은 $\frac{14}{20}=\frac{7}{10}$이다.

14 응용 수리

정답 ④

- 둘 다 호텔 방을 선택하는 경우 : ${}_3P_2=3\times2=6$가지
- 둘 중 한 명만 호텔 방을 선택하는 경우 : 호텔 방을 선택하는 사람은 A, B 둘 중에 한 명이고, 한 명이 호텔 방을 선택할 수 있는 경우의 수는 3가지이므로 2×3=6가지

따라서 두 명이 호텔 방을 선택하는 경우의 수는 두 명 다 선택 안 하는 경우까지 6+6+1=13가지이다.

15 자료 이해

정답 ④

졸업 후 창업하려는 재학생들은 총 118+5+5+1+37=166명이며, 이 중 특성화고 재학생은 37명이다. 따라서 졸업 후 창업하려는 재학생 중 특성화고 재학생이 차지하는 비율은 $\frac{37}{166}\times100 \fallingdotseq 22.3$%이다.

오답분석

① 일반고 재학생 중 졸업 후 대학에 진학하려는 재학생 수는 6,773명, 특성화고 재학생 중 대학에 진학하려는 재학생 수는 512명이다. 따라서 일반고 재학생 중 졸업 후 대학에 진학하려는 재학생 수는 특성화고 졸업생 중 졸업 후 대학에 진학하려는 재학생 수보다 $\frac{6,773}{512} \fallingdotseq 13.2$배 많다.

② 졸업 후 군입대를 하거나 해외 유학을 가려는 재학생 수는 297+5+3+6+86=397명이며, 이 중 과학고・외고・국제고와 마이스터고 재학생 수는 5+6=11명이다. 따라서 졸업 후 군 입대를 하거나 해외 유학을 가려는 재학생 중 과학고・외고・국제고와 마이스터고 재학생이 차지하는 비율은 $\frac{11}{397}\times100 \fallingdotseq 2.8$%이다.

③ 진로를 결정하지 못한 재학생 수가 가장 많은 학교유형은 일반고이다.

⑤ 재학생 중 대학 진학 희망률이 가장 높은 학교유형은 과학고・외고・국제고이며, 졸업 후 창업 희망률이 가장 높은 학교유형은 예술・체육고이다.

16 자료 이해

정답 ④

ⓛ 졸업 후 취업을 희망하는 재학생 수는 457+11+3+64+752=1,287명이므로 1,200명을 넘었다.

ⓔ 특성화고 재학생 중 진로를 결정하지 못한 재학생 수는 260명, 졸업 후 대학 진학을 희망한 재학생 수는 512명이다. 따라서 특성화고에서 진로를 결정하지 못한 재학생은 졸업 후 대학 진학을 희망한 재학생 수의 $\frac{260}{512}\times100 \fallingdotseq 50.8$%이다.

오답분석

㉠ 마이스터고와 특성화고의 경우 졸업 후 대학에 진학하려는 재학생 수보다 졸업 후 취업을 희망한 재학생 수가 더 많았다.

ⓒ 일반고 재학생 중 졸업 후 취업을 희망한 재학생 수는 457명으로, 졸업 후 창업을 희망한 재학생 수의 4배인 118×4=472명보다 적으므로 옳지 않은 설명이다.

17 자료 이해

정답 ③

판매 비중이 큰 순서대로 판매사 4곳을 나열하면 D사, W사, S사, K사 순이다.
이 중 상위 3개사(D사, W사, S사)의 판매액 합계는 전체 판매액 4조 3천억 원의 40%인 43,000×0.4=17,200억 원이다.
따라서 D사, W사, S사의 판매액 합계가 9,100+6,800+1,300=17,200억 원인 그래프 ③이 옳다.

오답분석

① D사, W사, S사의 판매액 합계가 전체의 40% 미만을 차지한다.
②·④·⑤ D사, W사, S사의 판매액 합계가 전체의 40%를 초과한다.

18 자료 이해

정답 ③

A국과 F국을 비교해 보면 참가선수는 A국이 더 많지만, 동메달 수는 F국이 더 많다.

오답분석

① 금메달은 F>A>E>B>D>C 순서로 많고, 은메달은 C>D>B>E>A>F 순서로 많다.
② C국은 금메달을 획득하지 못했지만 획득한 메달 수는 149개로 가장 많다.
④ 참가선수와 메달 합계의 순위는 동일하다.
⑤ 참가선수가 가장 적은 국가는 F국으로, 메달 합계는 6위이다.

19 자료 계산

정답 ②

음식점까지의 거리를 $x$km라 하자. 역에서 음식점까지 왕복하는 데 걸리는 시간과 음식을 포장하는 데 걸리는 시간이 1시간 30분 이내여야 하므로 다음 식이 성립한다.

$$\frac{x}{3}+\frac{15}{60}+\frac{x}{3}\leq\frac{3}{2}$$

$$\rightarrow 20x+15+20x\leq 90$$

$$\rightarrow 40x\leq 75$$

$$\therefore\ x\leq\frac{75}{40}=1.875$$

즉, 역과 음식점 사이 거리는 1.875km 이내여야 하므로 갈 수 있는 음식점은 'N버거'와 'B도시락'이다.
따라서 K사원이 구입할 수 있는 음식은 햄버거와 도시락이다.

20 자료 이해

정답 ⑤

오답분석

ⓛ 방송에서 착공 후 가장 많이 보도된 분야는 공정이다.

21 창의적 사고

정답 ①

흔히 우리는 창의적인 사고가 특별한 사람들만이 할 수 있는 대단한 능력이라고 생각하지만, 우리는 일상생활에서 창의적인 사고를 끊임없이 하고 있으며, 이러한 창의적 사고는 누구에게나 있는 능력이다. 예를 들어 어떠한 일을 할 때 더 쉬운 방법이 없을까 고민하는 것 역시 창의적 사고 중 하나로 볼 수 있다.

오답분석

②·③·④·⑤ 모두 창의적 사고에 대한 옳은 설명으로, 이밖에도 창의적 사고란 발산적(확산적) 사고로서, 아이디어가 많고 다양하고 독특한 것을 의미한다. 이때 이 아이디어란 통상적인 것이 아니라 기발하거나 신기하며 독창적인 것이어야 하며, 또한 유용하고 적절하며 가치가 있어야 한다.

22 SWTO 분석

정답 ①

SWOT 분석은 내부 환경요인과 외부 환경요인의 2개의 축으로 구성되어 있다. 내부 환경요인은 자사 내부의 환경을 분석하는 것으로, 자사의 강점과 약점으로 분석된다. 외부 환경요인은 자사 외부의 환경을 분석하는 것으로, 기회와 위협으로 구분된다.

23 자료 해석

정답 ⑤

플라잉 요가의 강좌 1회당 수강료는 플라잉 요가가 $\frac{330,000}{20}=16,500$원이고, 가방 공방은 $\frac{360,000}{12}=30,000$원이다. 따라서 플라잉 요가는 가방 공방보다 강좌 1회당 수강료가 30,000−16,500=13,500원 저렴하다.

오답분석

① 운동 프로그램인 세 강좌는 모두 오전 시간에 신청할 수 있으며, 공방 프로그램의 강좌시간은 모두 오후 1시 이후에 시작하므로 가능하다.
② 가방 공방의 강좌시간은 2시간 30분이며, 액세서리 공방은 2시간이므로 가방 공방 강좌시간이 30분 더 길다.
③ 공방 중 하나를 수강하는 경우 오후 1시 이전에 수강이 가능한 필라테스와 플라잉 요가를 모두 들을 수 있으므로 최대 두 프로그램을 더 들을 수 있다.
④ 프로그램을 최대로 수강할 경우는 필라테스와 플라잉 요가를 오전에 수강하고, 오후에는 액세서리 공방, 가방 공방, 복싱 중 한 강좌를 듣는 것이다. 세 강좌 중 가장 비싼 수강료는 가방 공방이므로 총 수강료가 가장 비쌀 경우는 가방 공방을 수강하는 것이다.

24 명제 추론

정답 ①

영희가 전체 평균 1등을 했으므로 총점이 가장 높다.

오답분석

②·③·④·⑤ 제시된 조건에서 확인할 수 없다.

25 규칙 적용

정답 ①

소형버스인 RT코드를 모두 찾으면 다음과 같다.

RT-25-KOR-18-1403
RT-16-DEU-23-2101
RT-25-DEU-12-1504
RT-23-KOR-07-1228
RT-16-USA-09-1312

이 중 독일에서 생산된 것은 2대이므로 소형버스 전체의 40%를 차지한다. 따라서 ①은 옳지 않다.

26 자료 해석

정답 ③

A사원의 3박 4일간 교통비, 식비, 숙박비를 계산하면 다음과 같다.

- 교통비 : 39,500+38,150=77,650원
- 식비 : (8,500×3×2)+(9,100×3×2)=105,600원
- 숙박비
  - 가 : (75,200×3)×0.95=214,320원
  - 나 : (81,100×3)×0.90=218,970원
  - 다 : (67,000×3)=201,000원

A사원은 숙박비가 가장 저렴한 다 숙소를 이용하므로 숙박비는 201,000원이다.
따라서 A사원의 출장 경비 총액은 77,650+105,600+201,000원=384,250원이다.

27 명제 추론

정답 ③

A～D 네 명의 진술을 정리하면 다음과 같다.

구분	진술 1	진술 2
A	C는 B를 이길 수 있는 것을 냈다.	B는 가위를 냈다.
B	A는 C와 같은 것을 냈다.	A가 편 손가락의 수는 B보다 적다.
C	B는 바위를 냈다.	A～D는 같은 것을 내지 않았다.
D	A, B, C 모두 참 또는 거짓을 말한 순서가 동일하다.	이 판은 승자가 나온 판이었다.

먼저 A～D는 반드시 가위, 바위, 보 세 가지 중 하나를 내야 하므로 그 누구도 같은 것을 내지 않았다는 C의 진술 2는 거짓이 된다. 따라서 C의 진술 중 진술 1은 참이 되므로 B가 바위를 냈다는 것을 알 수 있다. 이때 B가 가위를 냈다는 A의 진술 2는 참인 C의 진술 1과 모순되므로 A의 진술 중 진술 2가 거짓이 되는 것을 알 수 있다. 결국 A의 진술 중 진술 1이 참이 되므로 C는 바위를 낸 B를 이길 수 있는 보를 냈다는 것을 알 수 있다. 한편, 바위를 낸 B는 손가락을 펴지 않으므로 A가 편 손가락의 수가 자신보다 적었다는 B의 진술 2는 거짓이 된다. 따라서 B의 진술 중 진술 1이 참이 되므로 A는 C와 같은 보를 냈다는 것을 알 수 있다. 이를 바탕으로 A～C의 진술에 대한 참, 거짓 여부와 가위바위보를 정리하면 다음과 같다.

구분	진술 1	진술 2	가위바위보
A	참	거짓	보
B	참	거짓	바위
C	참	거짓	보

그러므로 참 또는 거짓에 대한 A～C의 진술 순서가 동일하므로 D의 진술 1은 참이 되고, 진술 2는 거짓이 되어야 한다. 따라서 승자가 나오지 않으려면 D는 반드시 A～C와 다른 것을 내야 하므로 가위를 낸 것을 알 수 있다.

오답분석

① B와 같은 것을 낸 사람은 없다.
② 보를 낸 사람은 2명이다.
④ B가 기권했다면 가위를 낸 D가 이기게 된다.
⑤ 바위를 낸 사람은 1명이다.

28 명제 추론

정답 ④

주어진 조건을 표로 정리하면 다음과 같다.

구분	인사팀	영업팀	홍보팀	기획팀	개발팀	디자인팀	참석인원
보고서 작성	× (2명)	× (4명)	○ (3명)	○ (2명)	○ (5명)	○ (4명)	14명
사내 예절	○ (2명)	× (4명)	○ (3명)	○ (2명)	○ (5명)	○ (4명)	16명

따라서 교육에 참석한 홍보팀 신입사원은 모두 3명이다.

29 자료 해석

정답 ②

ㄱ. 남한의 도로 부문 관련 법규는 도로법, 고속국도법, 한국도로공사법, 유료도로법, 사도법, 도로교통법, 교통안전법으로 총 7개이며, 북한의 도로 부문 관련 법규는 도로법, 도로교통법, 차량운수법으로 총 3개이다. 따라서 남한의 도로부문 관련 법규의 수는 북한의 2배인 6개 이상이므로 옳은 설명이다.

ㄹ. 남한의 교통 관련 법규는 도로법, 고속국도법, 한국도로공사법, 유료도로법, 사도법, 도로교통법, 교통안전법, 철도건설법, 도시철도법, 철도안전법, 항공·철도 사고조사에 관한 법률, 철도사업법, 한국철도공사법 총 13개이므로 옳은 설명이다.

오답분석

ㄴ. 자료에 명시된 법규 중 남한과 북한이 동일한 명칭을 사용하는 교통 관련 법규는 도로법, 도로교통법으로 총 2개이다.

ㄷ. 북한의 철도부문 관련 법규는 철도법, 지하철도법, 철도차량법 3개이며, 북한의 교통수단의 운영과 관련된 법규는 도로법, 도로교통법, 차량운수법, 철도법, 지하철도법, 철도차량법 6개이므로 옳지 않은 설명이다.

30 자료 해석

정답 ①

신뢰와 연결되는 (A)에는 '안전 · 안정적 설비 운영', 경쟁력 확보와 연결되는 (B)에는 '신규수요 창출', 마지막으로 성과중심 경영시스템 (C)에는 '재무구조 안정성 제고'가 적절하다.

31 자료 해석

정답 ③

ㄴ. H조선소의 최대 수익
  1) F를 먼저 시작하여 20일 뒤에 작업을 마치며 85억 원의 수익을 낸다.
  2) 동시에 B를 시작하여 10일 뒤에 작업을 마치며 20억 원의 수익을 낸다.
  3) 11일째부터 A를 시작하여 15일 뒤에 작업을 마치며 15억 원의 수익을 낸다.
  4) 21일째부터 C를 시작하여 30일 뒤에 마치며 40억 원의 수익을 낸다.

ㄷ. 15일 연장 시(45일)
  1) D와 E를 먼저 시작하여 15일 뒤에 작업을 마칠 수 있다.
  2) 16일째부터 A, B와 C를 시작하여 25일 뒤에 작업을 마칠 수 있다.
  3) 26일째부터 F를 시작하여 45일 뒤에 작업을 마칠 수 있다.

오답분석

ㄱ. 선박의 수를 최대로 잡기 위해서는 근로자의 배분과 작업일자의 배분이 중요하기 때문에 두 변수를 고려하면 시작일에 100명이 동시에 투입할 수 있어야 하므로 다음과 같은 배분이 이루어진다.
  1) D와 E를 먼저 시작하면 15일 뒤에 작업을 모두 마칠 수 있다.
  2) 16일째부터는 A, B, C의 작업에 투입하면 25일 뒤에는 5척의 선박을 건조할 수 있다.

ㄹ. 30일 이내에 선박을 모두 건조하기 위해서는 20일이 걸리는 F선박과 15일이 걸리는 D, E선박을 함께 건조해야 한다. 따라서 하루 최대 투입 가능 근로자를 130명으로 증가시킨다면 다음과 같은 배분이 이루어진다.
  1) F에 70명을 투입하여 20일 뒤에 완료한다. 이어서 B, C에 70명을 투입하여 30일째에 작업을 완료한다.
  2) F와 동시에 E에 60명을 투입하여 15일 뒤에 완료한다. 이어서 D, A에 60명을 투입하여 30일째에 작업을 완료하면 모든 선박을 건조할 수 있다.

32 문제 유형

정답 ①

(가) 사실 지향의 문제
(나) 가설 지향의 문제
(다) 성과 지향의 문제

33 갈등 관리

정답 ⑤

사람 사이에서는 갈등이 없을 수 없다. 회피하는 것보다는 갈등 그대로를 마주하고 해결을 위해 노력해야 한다. 대부분의 갈등은 어느 정도의 시간이 지난 뒤 겉으로 드러나기 때문에 갈등이 인지되었다면 해결이 급한 상황일 가능성이 높다. 따라서 시간을 두고 지켜보는 것은 옳지 않다.

34 리더십

정답 ④

뚜껑의 법칙에서 뚜껑은 리더를 의미하며, 뚜껑의 크기로 표현되는 리더의 역량이 조직의 성과를 이끈다는 것을 의미한다. 리더의 역량이 작다면 부하직원이 아무리 뛰어나도 병목 현상의 문제점이 발생할 수 있는 것이다.

35 고객 서비스

정답 ②

고객은 대출 이자가 잘못 나갔다고 생각하고 일처리를 잘못한다고 의심하는 상황이기 때문에 의심형 불만 고객이다.

불만 표현 유형
- 거만형 : 자신의 과시욕을 드러내고 싶어 하는 사람으로, 보통 제품을 폄하하는 고객
- 의심형 : 직원의 설명이나 제품의 품질에 대해 의심을 많이 하는 고객
- 트집형 : 사소한 것으로 트집을 잡는 까다로운 고객
- 빨리빨리형 : 성격이 급하고, 확신 있는 말이 아니면 잘 믿지 않는 고객
- 우유부단형 : 생각이나 행동이 분명하지 못하여 의사결정 시 오랜시간이 필요한 고객

36 고객 서비스

정답 ⑤

ㄷ. 빠른 해결을 약속하지 않으면 다른 불만을 야기하거나 불만이 더 커질 수 있다.
ㄹ. 고객의 불만이 대출과 관련된 내용이기 때문에 이 부분에 대해 답변을 해야 한다.

오답분석

ㄱ. 해결 방안은 고객이 아닌 H공사에서 제시하는 것이 적절하다.
ㄴ. 불만을 동료에게 전달하는 것은 고객의 입장에서는 알 필요가 없는 정보이기 때문에 굳이 말할 필요가 없다.

37 업무 종류

정답 ⑤

홍보용 보도 자료 작성은 주로 홍보팀의 업무이며, 물품 구매는 주로 총무팀의 업무이다. 즉, 영업팀이 아닌 홍보팀이 홍보용 보도 자료를 작성해야 하며, 홍보용 사은품 역시 직접 구매하는 것이 아니라 홍보팀이 총무팀에 업무협조를 요청하여 총무팀이 구매하도록 하여야 한다.

38 조직 구조

정답 ①

직장은 일을 하는 물리적 장소임과 동시에 업무처리의 만족감 또는 좌절감 등을 느끼는 심리적 장소이기도 하다. 그러므로 회사의 목표와 자신의 가치관 사이에서 오는 차이가 크다면, 그 심리적 스트레스를 감당하기가 너무 버거울 것이다. 조직은 조직생활에 잘 적응하는 사람을 기본적으로 선호하지만 그 다음으로 원하는 것은 '그 과정이 능동적인가' 하는 점이다. 따라서 ①과 같이 자신과 다른 회사의 가치관까지 수긍한다고 밝힌 A지원자는 회사에 채용될 사원으로서 적절하지 않다고 볼 수 있다.

39 업무 종류

정답 ④

홈페이지 운영 등은 정보사업팀에서 한다.

오답분석

① 감사실(1개)와 11개의 팀으로 되어 있다.
② 예산기획과 경영평가는 전략기획팀에서 관리한다.
③ 경영평가(전략기획팀), 성과평가(인재개발팀), 품질평가(평가관리팀) 등 다른 팀에서 담당한다.
⑤ 감사실을 두어 감사, 부패방지 및 지도점검을 하게 하였다.

40 업무 종류

정답 ⑤

품질평가에 대한 관련민원은 평가관리팀이 담당하고 있다.

제 2 회 최종점검 모의고사

01	02	03	04	05	06	07	08	09	10	11	12	13	14	15	16	17	18	19	20
①	①	⑤	①	③	②	④	①	②	③	③	⑤	④	③	④	②	②	④	②	⑤
21	22	23	24	25	26	27	28	29	30	31	32	33	34	35	36	37	38	39	40
②	④	②	④	⑤	③	④	④	②	④	②	②	③	②	④	④	②	①	④	②

01 경청 　　정답 ①

경청함으로써 상대방의 입장에 공감하며 이해하게 된다.

02 어휘 　　정답 ①

제시문에 따르면 인공지능은 컴퓨터가 인간과 같이 인간의 지능 활동을 수행하는 것을 의미한다. 따라서 ㉠에는 컴퓨터가 인간의 지능 활동을 본뜨거나 본받는다는 의미의 '모방(模倣)'이 가장 적절하다.

• 모방(模倣) : 다른 것을 본뜨거나 본받음
• 창조(創造) : 전에 없던 것을 처음으로 만듦

오답분석

㉡ 응용(應用) : 어떤 이론이나 이미 얻은 지식을 구체적인 개개의 사례나 다른 분야의 일에 적용하여 이용함
㉢ 비약적(飛躍的) : 지위나 수준 따위가 갑자기 빠른 속도로 높아지거나 향상되는 것
㉣ 관련(關聯) : 둘 이상의 사람, 사물, 현상 따위가 서로 관계를 맺어 매여 있음. 또는 그 관계
㉤ 시도(試圖) : 어떤 것을 이루어 보려고 계획하거나 행동함

03 한자성어 　　정답 ⑤

제시문에서는 한 손님이 패스트푸드점의 직원을 폭행한 사건을 통해 손님들의 끊이지 않는 갑질 행태를 이야기하고 있다. 따라서 제시문과 관련 있는 한자성어로는 '곁에 사람이 없는 것처럼 아무 거리낌 없이 제멋대로 함부로 말하고 행동하는 태도가 있음'을 의미하는 '방약무인(傍若無人)'이 가장 적절하다.

오답분석

① 견마지심(犬馬之心) : 개나 말이 주인을 위하는 마음이라는 뜻으로, 신하나 백성이 임금이나 나라에 충성하는 마음을 낮추어 이르는 말
② 빙청옥결(氷淸玉潔) : 얼음같이 맑고 옥같이 깨끗한 심성을 비유적으로 이르는 말
③ 소탐대실(小貪大失) : 작은 것을 탐하다가 오히려 큰 것을 잃음
④ 호승지벽(好勝之癖) : 남과 겨루어 이기기를 좋아하는 성미나 버릇

04 문단 나열 　　정답 ①

(가) 친환경 농업은 건강과 직결되어 있기 때문에 각광받고 있다. → (나) 병충해를 막기 위해 사용된 농약은 완전히 제거하기 어려우며 신체에 각종 손상을 입힌다. → (다) 생산량 증가를 위해 사용한 농약과 제초제가 오히려 인체에 해를 입힐 수 있다.

05 내용 추론

정답 ③

두 번째 문단을 통해 주거급여 부양의무자 기준이 전면 폐지됨에 따라 주거급여 혜택을 받을 수 있는 대상이 증가하였음을 알 수 있다. 즉, 부양의무자 기준의 폐지로 증가한 것은 사회복지기관이 아닌 주거급여제도의 수혜대상이므로 ③은 적절하지 않다.

오답분석

① 두 번째 문단에 따르면 전・월세 임차 가구에는 기준임대료를 상한으로 실제임차료를 지원하지만, 자가 가구에는 주택보수 범위별 수선비용을 상한으로 주택개보수를 지원한다. 따라서 서로 다른 수준으로 주거비를 지원함을 알 수 있다.
② 두 번째 문단에 따르면 주거급여제도의 지원 대상은 소득인정액이 4인 가구 기준 약 203만 원 이하인 임차 및 자가 가구이므로 소득인정액이 190만 원인 4인 가구는 지원 대상에 해당된다.
④ 마지막 문단에 따르면 H공사 주거급여 전담직원들은 주거급여제도의 잠재적 지원 대상이 밀집되어 있는 여관, 고시원을 직접 방문할 예정이다. 즉, 잠재적 지원 대상 중 상당수는 여관, 고시원에 거주하고 있음을 알 수 있다.
⑤ 마지막 문단에 따르면 주거급여 신청은 읍・면・동 주민센터 방문접수와 복지로 홈페이지의 온라인접수로 가능하므로 온라인과 오프라인에서 모두 가능하다.

06 문서 내용 이해

정답 ②

명반응에서 빛에 의해 만들어진 물질이 암반응에서 이산화탄소와 결합하여 포도당이 만들어지는 것을 광합성 작용이라 한다. 광합성 작용을 할 때 빛과 이산화탄소가 동시에 필요한 것은 아니다.

07 전개 방식

정답 ④

기사의 첫 문단에서 비만을 질병으로 분류하고 각종 암을 유발하는 주요 요인인 점을 제시하여 비만의 문제점을 제시하고 있으며, 이에 대한 해결방안으로 고열량・저열량・고카페인 함유 식품의 판매 제한 모니터링 강화, 과음과 폭식 등 비만을 조장・유발하는 문화와 환경 개선, 운동의 권장과 같은 방안들을 제시하고 있음을 알 수 있다.

08 빈칸 삽입

정답 ①

제시문의 중심 내용은 '학문을 함에 있어 진리의 탐구만이 그 목적이 되어야 한다.'는 것이다. 따라서 빈칸에 들어갈 말로 가장 적절한 것은 ①이다.

09 문단 나열

정답 ②

제시문은 아리스토텔레스의 목적론에 대한 논쟁에 대한 설명이다. (가) '근대에 등장한 아리스토텔레스의 목적론에 대한 비판' – (나) '근대 사상가들의 구체적인 비판' – (라) '근대 사상가들의 비판에 대한 반박' – (다) '근대 사상가들의 비판에 대한 현대 학자들의 비판' 순으로 나열해야 한다.

10 의사 표현

정답 ③

제시된 사례에 나타난 의사 표현에 영향을 미치는 요소는 연단공포증이다. 연단공포증은 90% 이상의 사람들이 호소하는 불안이므로, 이러한 심리현상을 잘 통제하면서 구두표현을 한다면 청자는 그것을 더 인간다운 것으로 생각하게 될 것이다. 이러한 공포증은 본질적인 것이기 때문에 완전히 치유할 수는 없으나, 노력에 의해서 심리적 불안을 얼마간 유화시킬 수 있다. 따라서 완전히 치유할 수 있다는 ③은 적절하지 않다.

11 문서 작성

정답 ③

보고서는 업무 진행 과정에서 쓰는 경우가 대부분이므로 무엇을 도출하고자 했는지 핵심내용을 구체적으로 제시해야 한다. 내용의 중복을 피하고 산뜻하고 간결하게 작성하며, 복잡한 내용일 때에는 도표나 그림을 활용한다. 또한 보고서는 개인의 능력을 평가하는 기본요인이므로 제출하기 전에 최종점검을 해야 한다. 따라서 P사원이 작성해야 할 문서는 보고서이다.

12 내용 추론

정답 ⑤

토지공공임대제(㉣)는 토지가치공유제(㉢)의 하위 제도로, 사용권은 민간이 갖고 수익권은 공공이 갖는다. 처분권의 경우 사용권을 가진 민간에게 한시적으로 맡기는 것일 뿐이며, 처분권도 공공이 갖는다.

따라서 ⑤는 토지공공임대제(㉣)에 대한 설명으로 적절하지 않다.

13 응용 수리

정답 ④

3대의 버스 중 출근 시각보다 일찍 도착할 2대의 버스를 고르는 경우의 수는 ${}_3C_2=3$이다.

따라서 구하고자 하는 확률은 $3\times\frac{3}{8}\times\frac{3}{8}\times\frac{1}{2}=\frac{27}{128}$이다.

14 응용 수리

정답 ③

지하철의 이동거리를 $x$km라 하자. 이상이 생겼을 때 지하철의 속력은 60×0.4=24km/h이고 평소보다 45분 늦게 도착하였으므로, 다음 식이 성립한다.

$\frac{x}{24}-\frac{x}{60}=\frac{45}{60}$

→ $5x-2x=90$

→ $3x=90$

∴ $x=30$

따라서 지하철의 이동거리는 30km이다.

15 자료 계산

정답 ④

부서별 총 투입시간을 구하면 다음과 같다.

부서	인원(명)	개인별 투입시간(시간)	총 투입시간(시간)
A	2	41+3×1=44	44×2=88
B	3	30+2×2=34	34×3=102
C	4	22+1×4=26	26×4=104
D	3	27+2×1=29	29×3=87
E	5	17+3×2=23	23×5=115

따라서 업무효율이 가장 높은 부서는 총 투입시간이 가장 적은 D부서이다.

16 응용 수리

정답 ②

B가 이동한 시간을 t초라고 하면, A가 이동한 시간은 $a+t$초이다.

또한 A가 이동한 거리는 $\frac{x}{2}(a+t)$이고, B가 이동한 거리는 $\left(\frac{x}{2}+\frac{x}{6}\right)t=\frac{2}{3}xt$이다.

$\frac{x}{2}(a+t)=\frac{2}{3}xt$

→ $\frac{1}{2}(a+t)=\frac{2}{3}t$

→ $\frac{1}{6}t=\frac{1}{2}a$

∴ $t=3a$

따라서 A는 $3a$초 후에 B에게 따라잡힌다.

17 자료 이해

정답 ②

작업 시작 시각별 전산 자료 백업의 누적 처리량을 표로 나타내면 다음과 같다.

작업 시작	작업 성능	소요 시간	누적 처리량
오후 3시	초기화 작업	1시간	0TB
오후 4시	시간당 2TB	2시간	4TB
오후 6시	시간당 3TB	6시간	22TB
자정	시스템 점검	3시간	22TB
새벽 3시	시간당 3TB	6시간	40TB
오전 9시	시간당 2TB	5시간	50TB

따라서 전산 자료 백업의 누적 처리량을 나타낸 그래프로 옳은 것은 ②이다.

18 자료 이해

정답 ④

ㄱ. 경기도의 전년 대비 가구 수 증가율은 2023년에 $\frac{4,484-4,383}{4,383}\times100\fallingdotseq2.3\%$로, $\frac{4,603-4,484}{4,484}\times100=2.7\%$인 2024년보다 낮다.

ㄷ. 2023년 서울의 주택 수가 수도권의 주택 수에서 차지하는 비중은 $\frac{3,644}{9,161}\times100\fallingdotseq39.8\%$이다.

ㄹ. 광주광역시의 주택보급률은 2022년에 $\frac{586}{567}\times100\fallingdotseq103\%$, 2023년에 $\frac{595}{569}\times100\fallingdotseq105\%$로 2023년은 전년 대비 증가하였다.

오답분석

ㄴ. 전라남도의 2022년 주택보급률은 $\frac{795}{720}\times100\fallingdotseq110\%$로, 대구광역시의 2024년 주택보급률 $\frac{988}{948}\times100\fallingdotseq104\%$보다 높다.

19 응용 수리

정답 ②

진희의 집부터 어린이집까지의 거리를 $x$km라고 하면 어린이집부터 회사까지의 거리는 $(12-x)$km이다.
어린이집부터 회사까지 진희의 속력은 10km/h의 1.4배이므로 14km/h이고, 집부터 회사까지 1시간이 걸렸으므로 다음 식이 성립한다.

$\frac{x}{10}+\frac{(12-x)}{14}=1$

$\rightarrow 7x+5(12-x)=70$

$\rightarrow 2x=10$

$\therefore x=5$

즉, 어린이집을 가는 데 걸린 시간은 $\frac{5}{10}=\frac{1}{2}$시간=30분이다.

따라서 어린이집에서 출발한 시각은 8시 30분이다.

20 자료 이해

정답 ⑤

각 국가의 승용차 보유 대수 비율은 다음과 같다.

- 네덜란드 : $\frac{3,230}{3,585} \times 100 \fallingdotseq 90.1\%$
- 독일 : $\frac{17,356}{18,481} \times 100 \fallingdotseq 93.9\%$
- 프랑스 : $\frac{15,100}{17,434} \times 100 \fallingdotseq 86.6\%$
- 영국 : $\frac{13,948}{15,864} \times 100 \fallingdotseq 87.9\%$
- 이탈리아 : $\frac{14,259}{15,400} \times 100 \fallingdotseq 92.6\%$
- 캐나다 : $\frac{7,823}{10,029} \times 100 \fallingdotseq 78.0\%$
- 호주 : $\frac{4,506}{5,577} \times 100 \fallingdotseq 80.8\%$
- 미국 : $\frac{104,898}{129,943} \times 100 \fallingdotseq 80.7\%$

따라서 유럽 국가는 미국, 캐나다, 호주보다 승용차가 차지하는 비율이 높다.

오답분석

① 승용차가 차지하는 비율이 가장 높은 나라는 독일이다.

② 트럭・버스가 차지하는 비율은 100%에서 승용차 보유 대수 비율을 뺀 것과 같다. 즉, 승용차 보유 대수 비율이 낮은 국가가 트럭・버스 보유 대수 비율이 가장 높다. 따라서 트럭・버스 보유 대수 비율이 가장 높은 국가는 캐나다이다.

③ 승용차 보유 대수 비율이 가장 낮은 국가는 캐나다이고, 90%를 넘지 않는 78%이다.

④ 프랑스의 승용차와 트럭・버스의 비율은 15,100 : 2,334≒6.5 : 1로 3 : 1이 아니다.

21 명제 추론

정답 ②

첫 번째 조건에서 D는 A의 바로 왼쪽에 앉으며, 마지막 조건에서 B는 E의 바로 오른쪽에 앉으므로 'D－A', 'E－B'를 각각 한 묶음으로 생각할 수 있다. 두 번째 조건에서 C는 세 번째 자리에 앉아야 하며, 세 번째 조건에 의해 'D－A'는 각각 첫 번째, 두 번째 자리에 앉아야 한다. 이를 표로 정리하면 다음과 같다.

첫 번째 자리	두 번째 자리	세 번째 자리	네 번째 자리	다섯 번째 자리
D	A	C	E	B

오답분석

① D는 첫 번째 자리에 앉는다.

③ C는 세 번째 자리에 앉는다.

④ C는 A의 바로 오른쪽에 앉는다.

⑤ C는 E의 바로 왼쪽에 앉는다.

22 SWOT 분석

정답 ④

WT전략은 약점을 보완하여 위협을 회피하는 전략이므로 강점인 높은 접근성을 강조한 마케팅의 ④는 WT전략으로 적절하지 않다.

오답분석

① SO전략은 강점을 살려 기회를 포착하는 전략이므로 강점인 전국적 물류망을 활용한 택배 배송 지역의 확장은 택배 수요 증가의 기회를 살리는 SO전략으로 적절하다.

② WO전략은 약점을 보완하여 기회를 포착하는 전략이므로 약점인 보수적 조직문화의 쇄신을 통한 공공기관으로서의 경쟁력 확보는 WO전략으로 적절하다.

③ ST전략은 강점을 살려 위협을 회피하는 전략이므로 민간 업체들과의 경쟁 심화라는 위협에 대응하기 위해 강점인 공공기관으로서의 신뢰성을 활용하는 차별화 전략은 ST전략으로 적절하다.

⑤ WT전략은 약점을 보완하여 위협을 회피하는 전략이므로 인적・물적 자원의 보충을 통한 설비 시스템 구축은 WT전략으로 적절하다.

23 자료 해석

정답 ②

주어진 조건에 의하면 C・D지원자는 재료손질 역할을 원하지 않고, A지원자는 세팅 및 정리 역할을 원한다. A지원자가 세팅 및 정리 역할을 하면 A지원자가 받을 수 있는 가장 높은 점수 90+9=99점을 받을 수 있고, C・D지원자는 요리보조, 요리로 역할을 나누면 된다. 그리고 B지원자는 어떤 역할이든지 자신 있으므로 재료손질을 맡기면 된다. 마지막으로 C・D지원자가 요리보조와 요리 역할을 나눠가질 때, D지원자는 기존 성적이 97점이므로 요리를 선택하면 97+7=104점으로 100점이 넘어 요리 역할을 선택할 수가 없다.

따라서 A지원자는 세팅 및 정리, B지원자는 재료손질, D지원자는 요리보조, C지원자에게 요리 역할을 부여하면 모든 지원자들의 의견을 수렴하고 지원자 모두 최종 점수가 100점을 넘지 않는다.

24 명제 추론

정답 ④

조건을 표로 정리하면 다음과 같다.

월	화	수	목	금
×	○		○	○

- 두 번째 조건에서 화・목요일에 회의를 개최하거나, 월요일에 회의를 개최한다고 하였으나 첫 번째 조건에 따라 월요일에는 회의를 개최하지 않으니 화요일과 목요일에는 반드시 회의를 개최한다.
- 마지막 조건에서 금요일에 회의를 개최하지 않으면 화요일과 수요일에 회의를 개최하지 않는다고 하였고, 위 상황에 따라 화요일에는 반드시 회의를 개최해야 하므로 금요일에도 반드시 회의를 개최해야 한다.
- 수요일에 회의를 개최하지 않는다고 해서 제시된 조건들이 거짓이 되는 것은 아니므로 수요일 회의는 반드시 개최할 필요가 없다.

따라서 반드시 회의를 개최해야 하는 날의 수는 화, 목, 금 3일이다.

25 창의적 사고

정답 ⑤

창의적 사고란 정보와 정보의 조합이다. 여기에서 말하는 정보에는 주변에서 발견할 수 있는 지식(내적 정보)과 책이나 밖에서 본 현상(외부 정보)의 두 종류가 있다. 이러한 정보를 조합하고 그 조합을 최종적인 해답으로 통합해야 하는 것이 창의적 사고의 첫걸음이다.

26 명제 추론

정답 ③

A사, B사, C사 자동차를 가진 사람의 수를 각각 a명, b명, c명이라 하자.

두 번째, 세 번째, 네 번째 결과를 식으로 나타내면 다음과 같다.

- 두 번째 결과 : $a=b+10$ … ㉠
- 세 번째 결과 : $b=c+20$ … ㉡
- 네 번째 결과 : $a=2c$ … ㉢

㉠에 ㉢을 대입하면 $2c=b+10$ … ㉣

㉡과 ㉣을 연립하면 $b=50$, $c=30$이고, 구한 c의 값을 ㉢에 대입하면 $a=60$이다.

첫 번째 결과에 따르면 자동차를 2대 이상 가진 사람은 없다.

따라서 세 회사에서 생산된 어떤 자동차도 가지고 있지 않은 사람의 수는 200−(60+50+30)=60명이다.

27 명제 추론

정답 ④

먼저, 네 번째 조건에 따라 마 지사장은 D지사에 근무하며 다섯 번째 조건에 따라 바 지사장은 본사와 두 번째로 가까운 B지사에 근무하는 것을 알 수 있다. 다 지사장은 D지사에 근무하는 마 지사장 바로 옆 지사에 근무하지 않는다는 두 번째 조건에 따라 C 또는 E지사에 근무할 수 없다. 이때, 다 지사장은 나 지사장과 나란히 근무해야 하므로 F지사에 다 지사장이, E지사에 나 지사장이 근무하는 것을 알 수 있다. 마지막으로 라 지사장이 가 지사장보다 본사에 가깝게 근무한다는 세 번째 조건에 따라 라 지사장이 A지사에, 가 지사장이 C지사에 근무하게 된다.

본사	A	B	C	D	E	F
	라	바	가	마	나	다

따라서 A～F지사로 발령받은 지사장을 순서대로 나열하면 '라 – 바 – 가 – 마 – 나 – 다'이다.

28 명제 추론

정답 ④

주어진 조건에 따라 부서별 위치를 정리하면 다음과 같다.

구분	경우 1	경우 2
6층	연구・개발부	연구・개발부
5층	서비스 개선부	디자인부
4층	디자인부	서비스 개선부
3층	기획부	기획부
2층	인사교육부	인사교육부
1층	해외사업부	해외사업부

따라서 3층에 위치한 기획부의 직원은 출근 시 반드시 계단을 이용해야 하므로 ④는 항상 옳다.

오답분석

① 경우 1에서 김대리는 출근 시 엘리베이터를 타고 4층에서 내린다.
② 경우 2에서 디자인부의 김대리는 서비스개선부의 조대리보다 엘리베이터에서 나중에 내린다.
③ 커피숍과 같은 층에 위치한 부서는 해외사업부이다.
⑤ 엘리베이터 이용에만 제한이 있을 뿐 계단 이용에는 층별 이용 제한이 없다.

29 자료 해석

정답 ②

B는 뒷면을 가공한 이후 A의 앞면 가공이 끝날 때까지 5분을 기다려야 한다. 따라서 뒷면 가공 → 5분 기다림 → 앞면 가공 → 조립이 이루어지므로 최종 완성 시간은 45분이 걸리고, 유휴 시간은 5분이다.

30 창의적 사고

정답 ④

문제 도출은 선정된 문제를 분석하여 해결해야 할 것이 무엇인지를 명확히 하는 단계로 현상에 대하여 문제를 분해하여 인과관계 및 구조를 파악하는 단계이다. 이러한 문제 도출은 '문제 구조 파악(가)', '핵심 문제 선정(나)'의 절차를 거쳐 수행된다.

문제 구조 파악

- 문제의 내용 및 부정적인 영향 등을 파악하여 문제의 구조를 도출한다.
- 문제가 발생한 배경이나 문제를 일으키는 원인을 분명히 한다.
- 현상에 얽매이지 말고 문제의 본질과 실제를 보아야 한다.
- 다양하고 넓은 시야에서 문제를 바라본다.
- 문제 구조 파악을 위해 로직트리(Logic Tree) 방법이 주로 사용된다.

31 명제 추론

정답 ②

제시된 조건에 따르면, 1층에는 남성인 주임을 배정해야 하므로 C주임이 배정된다. 그러므로 3층에 배정 가능한 직원은 남성인 B사원 또는 E대리이다. 먼저 3층에 B사원을 배정하는 경우, 5층에는 A사원이 배정된다. 그리고 D주임은 2층에, E대리는 이보다 위층인 4층에 배정된다. 다음으로 3층에 E대리를 배정하는 경우, 5층에 A사원이 배정되면 4층에 B사원이 배정되고, 5층에 B사원이 배정되면 4층에 A사원이 배정된다. 그리고 D주임은 항상 E대리보다 아래층인 2층에 배정된다. 이를 정리하면 다음과 같다.

층수	경우 1	경우 2	경우 3
5층	A사원	A사원	B사원
4층	E대리	B사원	A사원
3층	B사원	E대리	E대리
2층	D주임	D주임	D주임
1층	C주임	C주임	C주임

따라서 5층에 A사원이 배정되더라도, 4층에는 B사원이 아닌 E대리가 배정될 수도 있다.

오답분석

① D주임은 항상 2층에 배정된다.
③·⑤ 5층에 B사원이 배정되면 3층에는 E대리, 4층에는 A사원이 배정된다.
④ C주임은 항상 1층에 배정된다.

PART 3

32 자료 해석

정답 ②

3년 이상 근속한 직원에게는 최초 1년을 초과하는 근속연수 매 2년에 가산휴가 1일이 발생하므로 2026년 1월 26일에는 16일의 연차휴가가 발생한다.

- 2022년 1월 1일 ~ 2022년 12월 31일
  → 2023년 15일 연차휴가 발생
- 2023년 1월 1일 ~ 2023년 12월 31일
  → 2024년 15일 연차휴가 발생
- 2024년 1월 1일 ~ 2024년 12월 31일
  → 2025년 15일 연차휴가 발생+1일 가산휴가
- 2025년 1월 1일 ~ 2025년 12월 31일
  → 2026년 16일 연차휴가 발생

33 팀워크

정답 ③

팀 에너지를 최대로 활용하는 효과적인 팀을 위해서는 팀원들 개인의 강점을 인식하고 활용해야 한다. A씨의 강점인 꼼꼼하고 차분한 성격과 B씨의 강점인 친화력을 인식하고 A씨에게 재고 관리 업무를, B씨에게 영업 업무를 맡긴다면 팀 에너지를 향상시킬 수 있다.

오답분석

①·②·⑤ 효과적인 팀을 위해서 필요하지만, K부장의 상황에 적절한 조언은 아니다.
④ 효과적인 팀의 조건으로는 문제해결을 위해 모두가 납득할 수 있는 객관적인 결정이 필요하다.

34 고객 서비스

정답 ②

전체적인 대화 내용을 살펴보면, 고객은 자신이 주문한 제품이 언제 배송이 되는지를 문의하고 있다. 특히, 고객의 대화 내용 중 '아직도, 배송이 안됐어요. 배송이 왜 이렇게 오래 걸리나요?'라는 부분에서 배송에 대한 불만을 표하고 있음을 알 수 있다. 이 같은 고객 불만을 응대할 경우에는 고객에게 불편을 끼친 부분에 대해서 양해를 먼저 구하는 것이 기본적인 응대 방법이다. 따라서 업무 처리 전에 '먼저 불편을 드려서 죄송합니다.'라는 식으로 고객의 감정에 동의하는 말을 하는 것이 적절하다.

35 갈등 관리

정답 ④

선배를 존중하는 태도가 매우 중요하며, 선배의 지도를 받고 그것이 자기 생각과 다르다고 하더라도 처음에는 기존 방법에 따라서 일을 처리하고, 자신이 상당한 책임을 가지고 업무를 수행할 수 있게 되었을 때 개선을 시도하는 것이 좋다. 제시문의 비서실장과 선배 비서는 엄연한 회사의 상사로 대해야 한다. 이런 직속 상사 간의 갈등관계를 사장에게 직접 보고하는 행동은 적절하지 않다.

36 갈등 관리

정답 ④

완화는 갈등해소 방법의 하나로, 당사자들의 차이를 축소해석하고 유사성이나 공동이익을 강조하는 방법이다.

37 경영 전략

정답 ②

문제해결에 도움이 될 만한 자료를 모으는 것은 필수이다. 그러나 자료를 모으는 데만 너무 신경을 쓰면 정작 어떤 것이 쓸모있고 적절한 자료인지 혼동되기 쉽다. 그리고 문제해결을 위한 시간은 한계가 있는데, 자료를 모으는 데 너무 시간을 쓰면 자료를 활용해서 문제해결을 할 시간은 당연히 줄어들 수밖에 없다. 그러므로 자료를 모을 때는 자신이 무엇 때문에 자료를 모으는지 유의해야 하며, 양에 집착할 필요는 없다.

38 업무 종류

정답 ①

영업부의 주요 업무로는 견적 작성 및 제출, 시장분석, 판매 등을 들 수 있다. 금일 업무 내용 중 인력채용 진행은 인사부의 업무이며, 명일 업무 내용 중 소모품 관리는 총무부의 업무, 사원 급여 정산은 인사부의 업무로 볼 수 있다.

39 조직 구조

정답 ④

목표의 층위·내용 등에 따라 우선순위가 있을 수는 있지만 하나씩 순차적으로 처리해야 하는 것은 아니다. 따라서 조직의 목표는 동시에 여러 개가 추구될 수 있다.

40 국제 동향

정답 ②

세계화 시장에서는 외국의 기업들과도 경쟁을 하여야 하므로 조직은 더 강한 경쟁력을 갖추어야 한다.

오답분석

① 세계화는 활동범위가 단순히 도시로 제한되지 않는 것이 아니라, 국경을 넘어 세계로 확대되는 것을 가리킨다.
③ 다국적 내지 초국적 기업이 등장하여 범지구적 시스템과 네트워크 안에서 기업 활동이 이루어지는 국제경영이 중요시되고 있다.
④ 다국적 기업의 증가에 따라 각국에서의 기업의 경영환경 동형화 및 기업 간 협력 등을 이유로 국가 간의 경제통합은 강화되고 있다.
⑤ 자유무역협정(FTA; Free Trade Agreement) 체결은 국가 간 무역장벽을 제거하고 경제국경을 개방하기 위한 협정이다.

제 3 회 최종점검 모의고사

01	02	03	04	05	06	07	08	09	10	11	12	13	14	15	16	17	18	19	20
①	①	④	④	④	④	①	②	③	③	④	⑤	④	⑤	⑤	②	⑤	②	⑤	③
21	22	23	24	25	26	27	28	29	30	31	32	33	34	35	36	37	38	39	40
④	④	⑤	⑤	①	④	③	③	③	⑤	①	②	④	③	①	④	③	①	③	②

01 어휘

정답 ①

첫 번째 빈칸에는 문장의 서술어가 '때문이다.'로 되어 있으므로 빈칸에는 이와 호응하는 '왜냐하면'이 와야 한다. 다음으로 두 번째 빈칸에는 문장의 내용이 앞 문장과 상반되는 내용이 아닌, 앞 문장을 부연하는 내용이므로 병렬 기능의 접속 부사 '그리고'가 들어가야 한다. 마지막으로 세 번째 빈칸은 내용상 결론에 해당하므로 '그러므로'가 적절하다.

02 맞춤법

정답 ①

오답분석

② 다릴 → 달일
③ 으시시 → 으스스
④ 치루고 → 치르고
⑤ 잠궜다 → 잠갔다

03 속담

정답 ④

제시문은 모든 일에는 신중해야 함이 주제이다. 이를 가장 잘 설명하는 속담은 무슨 일이든 낭패를 보지 않기 위해서는 신중하게 생각하여 행동해야 함을 이르는 말인 '일곱 번 재고 천을 째라.'이다.

오답분석

① 사공이 많으면 배가 산으로 간다 : 주관하는 사람 없이 여러 사람이 자기주장만 내세우면 일이 제대로 되기 어려움을 이르는 말
② 새가 오래 머물면 반드시 화살을 맞는다 : 편하고 이로운 곳에 오래 머물며 안일함에 빠지면 반드시 화를 당한다는 뜻
③ 쇠뿔은 단김에 빼랬다 : 어떤 일이든지 하려고 생각했으면 한창 열이 올랐을 때 망설이지 말고 곧 행동으로 옮겨야 한다는 뜻
⑤ 달걀에도 뼈가 있다 : 늘 일이 잘 안 되던 사람이 모처럼 좋은 기회를 만났건만, 그 일마저 역시 잘 안됨을 이르는 말

04 한자성어

정답 ④

제시문에서는 아들이 징역 10년이라는 중형에 처할 수 있는 상황에서 아들의 인생을 바로 잡아주기 위해 아들을 직접 신고한 어머니의 사례를 제시하고 있다. 따라서 제시문과 관련 있는 한자성어로는 '큰 도리를 지키기 위하여 부모나 형제도 돌아보지 않음'을 의미하는 '대의멸친(大義滅親)'이 가장 적절하다.

오답분석

① 반포지효(反哺之孝) : 까마귀 새끼가 자라서 늙은 어미에게 먹이를 물어다 주는 효(孝)라는 뜻으로, 자식이 자란 후에 어버이의 은혜를 갚는 효성을 이르는 말
② 지록위마(指鹿爲馬) : 윗사람을 농락하여 권세를 마음대로 함을 이르는 말
③ 불구대천(不俱戴天) : 하늘을 함께 이지 못한다는 뜻으로, 이 세상에서 같이 살 수 없을 만큼 큰 원한을 가짐을 비유적으로 이르는 말
⑤ 권토중래(捲土重來) : 어떤 일에 실패한 뒤에 힘을 가다듬어 다시 그 일에 착수함을 비유하여 이르는 말

05 글의 제목 **정답** ④

제시문의 첫 문단에서 위계화의 개념을 설명한 뒤, 이러한 불평등의 원인과 구조에 대해 살펴보고 있다.

06 문단 나열 **정답** ④

최근 대두되고 있는 초연결사회에 대해 언급하는 (나) 문단이 가장 먼저 오는 것이 적절하며, 그다음으로는 초연결사회에 대해 설명하는 (가) 문단이 적절하다. 그 뒤를 이어 초연결 네트워크를 통해 긴밀히 연결되는 초연결사회를 말하는 (라) 문단이, 마지막으로는 이러한 초연결사회가 가져올 변화에 대한 전망을 거론한 (다) 문단이 적절하다.

07 글의 주제 **정답** ①

제시문은 싱가포르가 어떻게 자동차를 규제하고 관리하는지를 설명하고 있다.

08 빈칸 삽입 **정답** ②

제시문은 '직업안전보건국이 제시한 1ppm의 기준이 지나치게 엄격하다고 판결하였다.'와 '직업안전보건국은 노동자를 생명의 위협이 될 수 있는 화학물질에 노출시키는 사람들이 그 안전성을 입증해야 한다.'의 논점의 대립이다. 따라서 빈칸에는 ②와 같이 '벤젠의 노출 수준이 1ppm을 초과할 경우 노동자의 건강에 실질적으로 위험하다는 것을 직업안전보건국이 입증해야 한다.'는 내용이 오는 것이 가장 적절하다.

09 빈칸 삽입 **정답** ③

제시문은 태양의 온도를 일정하게 유지해 주는 에너지원에 대한 설명이다. 태양의 온도가 일정하게 유지되는 이유는 태양 중심부의 온도가 올라가 핵융합 에너지가 늘어나면 에너지의 압력으로 수소를 밖으로 밀어내어 중심부의 밀도와 온도를 낮춰주기 때문이다. 즉, 태양 내부에서 중력과 핵융합 반응의 평형상태가 유지되기 때문에 태양은 50억 년간 빛을 낼 수 있었고, 앞으로도 50억 년 이상 더 빛날 수 있는 것이다. 따라서 빈칸에 들어갈 내용으로 '태양이 오랫동안 안정적으로 빛을 낼 수 있게 된다.'가 가장 적절하다.

10 내용 추론 **정답** ③

두 번째 문단에서 보면 농업경제의 역사에서 정원이 갖는 의미는 시대와 지역에 따라 매우 달랐으나, 여성들의 입장은 지역적인 편차가 없었으므로 ③은 적절하지 않다.

11 글의 제목 **정답** ④

제시문에 따르면 보행자 통행에만 이용되는 보도의 유효 폭 최소 기준을 기존 1.2m에서 1.5m로 확대하면 보행자는 더욱 넓은 공간에서 통행할 수 있게 되지만, 보도의 유효 폭에 가로수를 포함한다는 내용은 명시되어 있지 않다.

12 빈칸 삽입 **정답** ⑤

제시문에 따르면 교열은 독자들이 쉽게 이해할 수 있도록 문장을 다듬는 복잡한 과정이다. 즉, 교열은 교열자에게 힘들고 지겨운 과정이지만, 교열자가 출간된 책을 접하게 되면 삶의 보람을 느끼게 된다는 것이다. 따라서 ⓜ 앞에는 '독자'가 아닌 '교열자'가 주어로 추가되어야 한다.

13 응용 수리

정답 ④

석훈이는 평균 6m/s로 소영이는 4m/s의 속도로 달리기 때문에 1초에 10m씩 가까워진다.
점점 가까워지다가 만나게 되고 그 과정을 한 번 더 반복하게 되는데, 두 번째 만날 때까지 둘이 달린 거리는 트랙의 둘레의 2배와 같다.
따라서 1분 15초 동안 달린 거리는 10m/s×75sec=750m이며 트랙의 둘레는 그 절반인 375m이다.

14 자료 계산

정답 ⑤

• 1년=12개월=52주 동안 렌즈 교체(구매) 횟수
 – A : 12÷1=12번을 구매해야 한다.
 – B : 서비스가 1+1으로 한 번에 4달 치의 렌즈를 구매할 수 있으므로 12÷4=3번을 구매해야 한다.
 – C : 3월, 7월, 11월은 1+2의 서비스로 1월, 2월, 3월(4, 5월), 6월, 7월(8, 9월), 10월, 11월(12월) 총 7번을 구매해야 한다.
 – D : 착용기한이 1주이므로 1년에 총 52번을 구매해야 한다.
 – E : 서비스가 1+2으로 한 번에 6달 치의 렌즈를 구매할 수 있으므로 12÷6=2번을 구매해야 한다.
• (최종 가격)=(가격)×(횟수)
 – A : 30,000×12=360,000원
 – B : 45,000×3=135,000원
 – C : 20,000×7=140,000원
 – D : 5,000×52=260,000원
 – E : 65,000×2=130,000원
따라서 1년간 가장 적은 비용으로 사용할 수 있는 렌즈는 E이다.

15 응용 수리

정답 ⑤

첫 번째 이벤트에서 같은 조였던 사람은 두 번째 이벤트에서 같은 조가 될 수 없다고 하였으므로 보기에 주어진 각 조의 조원들은 첫 번째 이벤트에서 모두 다른 조일 수밖에 없다. 그러므로 첫 번째 이벤트의 각 조에서 두 조원씩은 이미 1, 4조에 배정되었고 나머지 두 조원씩 8명을 2, 3조에 배정해야 한다. 두 번째 이벤트의 2, 3조 역시 첫 번째 이벤트에서 같은 조였던 사람은 두 번째 이벤트에서 같은 조가 될 수 없으므로 각 조에서 한 명씩을 뽑아 배정해야 한다.
따라서 한 조를 정하고 나면 나머지 한 조는 자동으로 정해지므로 ${}_2C_1 \times {}_2C_1 \times {}_2C_1 \times {}_2C_1 = 16$이다.

16 자료 이해

정답 ②

제시된 자료에 의하면 수도권은 서울과 인천·경기를 합한 지역이다. 따라서 전체 마약류 단속 건수 중 수도권의 마약류 단속 건수의 비중은 22.1+35.8=57.9%이다.

오답분석

① • 대마 단속 전체 건수 : 167건
 • 코카인 단속 전체 건수 : 65건
 65×3=195>167이므로 옳지 않은 설명이다.
③ 코카인 단속 건수가 없는 지역은 강원, 충북, 제주로 3곳이다.
④ • 대구·경북 지역의 향정신성의약품 단속 건수 : 138건
 • 광주·전남 지역의 향정신성의약품 단속 건수 : 38건
 38×4=152>138이므로 옳지 않은 설명이다.
⑤ • 강원 지역의 향정신성의약품 단속 건수 : 35건
 • 강원 지역의 대마 단속 건수 : 13건
 13×3=39>35이므로 옳지 않은 설명이다.

17 자료 이해

정답 ⑤

사고 전・후 이용 가구 수의 차이가 가장 큰 것은 생수이며, 가구 수의 차이는 140−70=70가구이다.

오답분석

① 수돗물을 이용하는 가구 수가 120가구로 가장 많다.
② 수돗물과 약수를 이용하는 가구 수가 감소했다.
③ $\frac{230}{370}\times100 \fallingdotseq 62\%$
④ 사고 전에 정수를 이용하던 가구 수는 100가구이며, 사고 후에도 정수를 이용하는 가구 수는 50가구이다. 나머지 50가구는 사고 후 다른 식수 조달원을 이용한다.

18 자료 이해

정답 ②

직급별 사원 수를 알 수 없으므로 전 사원의 주 평균 야근 빈도는 구할 수 없다.

오답분석

① 자료를 통해 알 수 있다.
③ 0.2시간은 60분×0.2=12분이다. 따라서 4.2시간은 4시간 12분이다.
④ 대리급 사원은 주 평균 1.8일 야근을 하고 주 평균 6.3시간을 야간 근무하므로, 야근 1회 시 6.3÷1.8=3.5시간 근무로 가장 긴 시간 동안 일한다.
⑤ 0.8시간은 48분이므로 조건에 따라 1시간으로 야근수당을 계산한다. 따라서 과장급 사원의 주 평균 야근 시간은 5시간이므로 5×10,000원=50,000원을 받는다.

19 자료 변환

정답 ⑤

4월의 전월 대비 수출액은 감소했고, 5월의 전월 대비 수출액은 증가했는데, 반대로 나타나 있다.

20 자료 이해

정답 ③

여성 조사인구가 매년 500명일 때, 2024년도 '매우 노력함'을 택한 인원은 500×0.168=84명이고, 2025년도는 500×0.199=99.5명으로, 2024년도에 비해 15.5명이 증가했다.

오답분석

① 남성과 여성 모두 정확한 조사대상 인원이 나와 있지 않으므로 알 수 없다.
② 2025년도에 '노력 안 함'의 비율이 가장 낮은 연령대는 50대가 아니라 40대이다.
④ 2025년 60대 이상 '조금 노력함'의 비율은 전년 대비 $\frac{30.7-31.3}{31.3}\times100 \fallingdotseq -1.9\%$만큼 감소했다.
⑤ 2024년 대비 2025년에 연령대별 '매우 노력함'을 선택한 비율은 50대와 60대 이상은 감소했다.

21 명제 추론

정답 ④

1시간 동안 만들 수 있는 상품의 개수는 $\frac{1\times60\times60}{15}$=240개이다. 안정성 검사와 기능 검사를 동시에 받는 상품은 12와 9의 최소공배수인 3×3×4=36번째 상품마다 시행된다.
따라서 1시간 동안 240÷36=6.66…, 총 6개 상품이 안정성 검사와 기능 검사를 동시에 받는다.

22 자료 해석

정답 ④

H공사의 구매 담당자는 기계의 성능을 모두 같다고 보는데, E사 제품이 성능 면에서 뒤처진다고 설득하는 내용이므로 적절하지 않다.

23 자료 해석

정답 ⑤

- A지역 : 평화생명벨트에 해당하며, 평화열차를 통해 관광할 수 있다.
- B지역 : 서해골드벨트에 해당하며, 서해금빛열차를 통해 관광할 수 있다.
- C지역 : 남도해양벨트에 해당하며, 남도해양열차를 통해 관광할 수 있다.
- D지역 : 강원청정벨트에 해당하며, 정선아리랑열차를 통해 관광할 수 있다.
- E지역 : 중부내륙벨트에 해당하며, 백두대간협곡열차와 중부내륙순환열차를 통해 관광할 수 있다.

따라서 무가 선물을 받는다.

24 명제 추론

정답 ⑤

- B, C가 참가하는 경우
  B, C, D, E가 참가하고, F, G가 참가하지 않는다. 그러면 A, H 중 한 명이 반드시 참가해야 한다. 마지막 명제의 대우에 의해 A가 참가하면 H도 참가해야 한다. 따라서 H가 참가해야 한다.
- B, F가 참가하는 경우
  B, E, F, G가 참가하고, C, D가 참가하지 않는다. 그러면 B, C가 참가하는 경우와 마찬가지로 H가 참가해야 한다.
- C, F가 참가하는 경우
  C, D, F, G가 참가하고, B, E는 참가하지 않거나 또는 C, E, F가 참가하고, B, D, G가 참가하지 않는다. 두 경우 모두 반드시 H는 참가해야 한다.

따라서 반드시 캠프에 참가하는 사람은 H이다.

25 명제 추론

정답 ①

각 지점에는 한 번에 한 명의 신입사원만 근무할 수 있으므로 주어진 조건에 따라 지점별 순환근무표를 정리하면 다음과 같다.

구분	강남	구로	마포	잠실	종로
1	A	B	C	D	E
2	B	C	D	E	A
3(현재)	C	D	E	A	B
4	D	E	A	B	C
5	E	A	B	C	D

따라서 E는 네 번째 순환근무 기간에 구로에서 근무할 예정이므로 ①은 항상 참이 된다.

오답분석

② C는 이미 첫 번째 순환근무 기간에 마포에서 근무하였다.
③ 다음 순환근무 기간인 네 번째 기간에 잠실에서 근무할 사람은 B이다.
④ 세 번째 순환근무 기간을 포함하여 지금까지 강남에서 근무한 사람은 A, B, C이다.
⑤ 강남에서 가장 먼저 근무한 사람은 A이다.

26 SWOT 분석

정답 ④

'일부 시설물 노후 심화'는 기업의 내부환경으로 볼 수 있다. 따라서 SWOT 분석의 약점(Weakness) 요인에 적절한 내용이다.

27 SWOT 분석

정답 ③

수출 자동차의 환적 물동량이 급증하는 것은 기회(Opportunity) 요인이며, 경기침체 위기는 위협(Threat) 요인으로 WO전략(약점 – 기회)의 내용으로 적절하지 않다.

오답분석

① 다기능 항만의 역량 요구(기회)를 위해 경쟁력 있는 화물창출 인프라(강점)를 활용하는 SO전략이다.
② 경기 침체(위협)를 회피하기 위해 수출·입 국내 1위(강점)인 점을 내세우는 ST전략이다.
④ 글로벌 해운동맹의 M&A(위협)에 대비하고 자체적으로 물량(약점)을 더 창출하도록 하는 WT전략이다.
⑤ 정부의 정책 변화(기회)에 발맞춰 다기능 항만으로 전환하여 고부가가치를 창출(강점)하도록 하는 SO전략이다.

28 명제 추론

정답 ③

세 번째 조건에 따르면 자원관리부는 이전하고, 첫 번째 조건의 대우에 따르면 자원관리부가 이전하면 투자조사부도 이전한다. 또한 네 번째 조건에 따라 투자조사부가 이전하여 사업지원부는 이전하지 않으며, 두 번째 조건에서 사업지원부가 이전하지 않으므로 기획경영부도 이전하지 않는다. 마지막 조건은 3개 이상의 부서가 이전한다고 했으므로 자원관리부, 투자조사부, 인사부까지 이전하게 된다. 따라서 자원관리부, 투자조사부, 인사부가 이전하고, 사업지원부, 기획경영부는 이전하지 않는다.

29 명제 추론

정답 ③

직원은 모두 9명이고, 자리는 11개이므로 빈자리는 두 곳이다. 두 번째 조건에서 사원 양옆과 앞자리는 비어 있을 수 없다고 했으므로 B, C, E, F, G를 제외한 A, D자리는 빈자리가 된다. 세 번째 조건에서 부장 앞자리에 오상무 또는 최차장이 앉으며, 첫 번째 조건을 보면 같은 직급은 옆자리로 배정할 수 없는데, ③처럼 F와 G에 과장 두 명이 앉으면 성대리 양옆 중 한 자리에 '한대리'가 앉아야 하므로 옳지 않다.

<table>
<tr><td rowspan="2">부장</td><td>빈자리</td><td>B</td><td>성대리</td><td>C</td><td>빈자리</td></tr>
<tr><td>최차장
또는
오상무</td><td>김사원</td><td>F</td><td>이사원</td><td>G</td></tr>
</table>

오답분석

① 차장 앞자리 A는 빈자리이다.
② A와 D는 빈자리이다.
④ B, C, F, G자리 중 한 곳을 최차장이 앉으면, E에는 오상무가 앉게 된다.
⑤ 한대리가 앉을 수 있는 자리는 F 또는 G이다.

30 자료 해석

정답 ⑤

제시된 조건에 따라 최고점과 최저점을 제외한 3명의 면접관의 평균과 보훈 가점을 더한 총점은 다음과 같다.

구분	총점	순위
A	$\frac{80+85+75}{3}=80$점	7위
B	$\frac{75+90+85}{3}+5 \fallingdotseq 88.33$점	3위
C	$\frac{85+85+85}{3}=85$점	4위
D	$\frac{80+85+80}{3} \fallingdotseq 81.67$점	6위
E	$\frac{90+95+85}{3}+5=95$점	2위
F	$\frac{85+90+80}{3}=85$점	4위
G	$\frac{80+90+95}{3}+10 \fallingdotseq 98.33$점	1위
H	$\frac{90+80+85}{3}=85$점	4위
I	$\frac{80+80+75}{3}+5 \fallingdotseq 83.33$점	5위
J	$\frac{85+80+85}{3} \fallingdotseq 83.33$점	5위
K	$\frac{85+75+75}{3}+5 \fallingdotseq 83.33$점	5위
L	$\frac{75+90+70}{3} \fallingdotseq 78.33$점	8위

따라서 총점이 가장 높은 6명의 합격자를 면접을 진행한 순서대로 나열하면 G－E－B－C－F－H순이다.

31 명제 추론

정답 ①

주어진 정보를 논리 기호화하면 다음과 같다.

i) 혁신역량강화 → ~조직문화
ii) ~일과 가정 → 미래가치교육
iii) 혁신역량강화, 미래가치교육 中 1
iv) 조직문화, 전략적 결정, 공사융합전략 中 2
v) 조직문화

- A대리가 조직문화에 참여하므로, i)의 대우인 '조직문화 → ~혁신역량강화'에 따라 혁신역량강화에 참여하지 않는다. 따라서 iii)에 따라 미래가치교육에 참여한다.
- 일과 가정의 경우 참여와 불참 모두 가능하지만, A대리는 최대한 참여하므로 일과 가정에 참여한다.
- iv)에 따라 전략적 결정, 공사융합전략 중 한 가지 프로그램에 참여할 것임을 알 수 있다.

따라서 A대리는 조직문화, 미래가치교육, 일과 가정 그리고 전략적 결정 혹은 공사융합전략에 참여하므로 최대 4개의 프로그램에 참여한다.

오답분석

② A대리의 전략적 결정과 일과 가정 참여 여부는 상호 무관하다.
③ A대리는 혁신역량강화에 참여하지 않으며, 일과 가정 참여 여부는 알 수 없다.
④ A대리는 조직문화에 참여하므로 iv)에 따라 전략적 결정과 공사융합전략 중 한 가지에만 참여가능하다.
⑤ A대리는 조직문화, 미래가치교육에 반드시 참여하며, 전략적 결정과 공사융합전략 중 한 가지 프로그램에 반드시 참여하므로 최소 3개의 프로그램에 참여한다.

32 규칙 적용

정답 ②

오답분석

① 숫자 0을 다른 숫자와 연속해서 나열했고(세 번째 조건 위반), 영어 대문자를 다른 영어 대문자와 연속해서 나열했다(네 번째 조건 위반).

③ 특수기호를 첫 번째로 사용했다(다섯 번째 조건 위반).

④ 영어 대문자를 사용하지 않았다(두 번째 조건 위반).

⑤ 영어 소문자를 사용하지 않았고(두 번째 조건 위반), 영어 대문자를 연속해서 나열했다(네 번째 조건 위반).

33 협상 전략

정답 ④

유화전략은 상대방과의 우호관계를 중시하며 그 우호관계를 지속하기 위해서 자신보다는 상대방의 이익과 입장을 고려하여 상대방에게 돌아갈 결과에 더 큰 관심을 가지고 상대방의 주장에 순순히 따르는 전략이다. 김대리는 시스템 담당자의 이익과 입장을 고려하고 있기 때문에 유화전략을 선택하였다.

34 협상 전략

정답 ③

사회적 입증이란 사람은 과학적 이론보다 자신의 동료나 이웃의 말이나 행동에 의해서 쉽게 설득된다는 것으로, 팀원들로부터 부정적인 피드백을 받게 된다고 하면서 설득하는 발언이 '사회적 입증 전략'으로 가장 적절하다.

35 팀워크

정답 ①

팀원 사이의 갈등을 발견하게 되면 제3자로서 빠르게 개입하여 중재해야 한다. 갈등을 일으키고 있는 팀원과 비공개적인 미팅을 하고, 다음과 같은 질문을 통해 의견을 교환하면 팀원 간의 갈등해결에 도움이 된다.

- 내가 보기에 상대방이 꼭 해야만 하는 행동
- 상대방이 보기에 내가 꼭 해야만 하는 행동
- 내가 보기에 내가 꼭 해야만 하는 행동
- 상대방이 보기에 상대방이 스스로 꼭 해야만 하는 행동

36 고객 서비스

정답 ④

사소한 것에 트집을 잡는 트집형 고객의 모습이다. 트집형 고객의 대응 방안으로는 이야기를 경청하고, 맞장구치고, 추켜세우고, 설득해 가는 방법이 가장 효과적이다.

37 업무 종류

정답 ③

P대리가 해야 할 일의 순서를 정리하면 '신입사원 교육 참여자 명단 작성하여 제출(오전 중) → K본부장님 방문 시 안내(점심시간 시작) → 우체국에 방문해 본사로 서류 송부(점심시간 끝나기 전) → 연차계획서 작성하여 제출(퇴근 전) → 2025년 개정 규정집 숙지(이번 주까지)'이다. 따라서 신입사원 교육 참여자 명단을 오전 중에 제출해야 하므로, 이를 가장 먼저 처리해야 한다.

38 경영 전략

정답 ①

제시된 신제품 판매 동향 보고서를 보면 판매 부진 원인은 상황버섯의 독특한 향 때문인 것으로 나타났다. 따라서 독특한 향을 개선, 즉 제품 특성을 개선하는 것이 이 기업에서 가장 중점을 두어야 할 대책이다.

39 경영 전략

정답 ③

비품은 회사 업무상에 사용되는 물품을 의미하는데, 대체로 기업에서는 사전에 품목을 정해 놓고 필요한 자에게 보급한다. 만약 품목에 해당하지 않는 비품이 필요할 경우에는 그 사용 용도가 명확하고 업무에 필요한 것인지를 먼저 판단한 후에, 예산을 고려하여 구매하는 것이 적절한 처리 과정이다. ③과 같이 단순히 품목에 없다는 이유로 제외하는 것은 적절하지 않다.

40 국제 동향

정답 ②

ㄴ. 경제 협력이나 관세 협상을 통해 원자재나 상품을 저렴한 가격에 수입해 기업의 경쟁력을 높일 수 있다.

오답분석

ㄱ. 세계화가 이루어지면 해외에 대한 투자가 가능해져, 투자운용사 등 기타 기업을 거치지 않고 직접 투자가 가능해진다.
ㄷ. 거래 대상국가의 언어 및 문화에 대한 이해도를 높이면 공감대가 두터워져 거래 시 신뢰를 증대시킬 수 있다. 이러한 신뢰를 토대로 거래 혹은 협상을 확장시켜 더욱 큰 경제적 이익을 얻을 수 있다.

M E M O

HUG 주택도시보증공사 필기시험 답안카드

성 명

지원 분야

문제지 형별기재란	
(　　　)형	Ⓐ Ⓑ

수 험 번 호						
⓪	⓪	⓪	⓪	⓪	⓪	⓪
①	①	①	①	①	①	①
②	②	②	②	②	②	②
③	③	③	③	③	③	③
④	④	④	④	④	④	④
⑤	⑤	⑤	⑤	⑤	⑤	⑤
⑥	⑥	⑥	⑥	⑥	⑥	⑥
⑦	⑦	⑦	⑦	⑦	⑦	⑦
⑧	⑧	⑧	⑧	⑧	⑧	⑧
⑨	⑨	⑨	⑨	⑨	⑨	⑨

감독위원 확인
㊞ 인

1	①	②	③	④	⑤	21	①	②	③	④	⑤		
2	①	②	③	④	⑤	22	①	②	③	④	⑤		
3	①	②	③	④	⑤	23	①	②	③	④	⑤		
4	①	②	③	④	⑤	24	①	②	③	④	⑤		
5	①	②	③	④	⑤	25	①	②	③	④	⑤		
6	①	②	③	④	⑤	26	①	②	③	④	⑤		
7	①	②	③	④	⑤	27	①	②	③	④	⑤		
8	①	②	③	④	⑤	28	①	②	③	④	⑤		
9	①	②	③	④	⑤	29	①	②	③	④	⑤		
10	①	②	③	④	⑤	30	①	②	③	④	⑤		
11	①	②	③	④	⑤	31	①	②	③	④	⑤		
12	①	②	③	④	⑤	32	①	②	③	④	⑤		
13	①	②	③	④	⑤	33	①	②	③	④	⑤		
14	①	②	③	④	⑤	34	①	②	③	④	⑤		
15	①	②	③	④	⑤	35	①	②	③	④	⑤		
16	①	②	③	④	⑤	36	①	②	③	④	⑤		
17	①	②	③	④	⑤	37	①	②	③	④	⑤		
18	①	②	③	④	⑤	38	①	②	③	④	⑤		
19	①	②	③	④	⑤	39	①	②	③	④	⑤		
20	①	②	③	④	⑤	40	①	②	③	④	⑤		

※ 본 답안카드는 마킹연습용 모의 답안카드입니다.

〈절취선〉

HUG 주택도시보증공사 필기시험 답안카드

성 명

지원 분야

문제지 형별기재란	
(　　　)형	Ⓐ Ⓑ

수 험 번 호						
⓪	⓪	⓪	⓪	⓪	⓪	⓪
①	①	①	①	①	①	①
②	②	②	②	②	②	②
③	③	③	③	③	③	③
④	④	④	④	④	④	④
⑤	⑤	⑤	⑤	⑤	⑤	⑤
⑥	⑥	⑥	⑥	⑥	⑥	⑥
⑦	⑦	⑦	⑦	⑦	⑦	⑦
⑧	⑧	⑧	⑧	⑧	⑧	⑧
⑨	⑨	⑨	⑨	⑨	⑨	⑨

감독위원 확인
㉆ 인

1	①	②	③	④	⑤	21	①	②	③	④	⑤		
2	①	②	③	④	⑤	22	①	②	③	④	⑤		
3	①	②	③	④	⑤	23	①	②	③	④	⑤		
4	①	②	③	④	⑤	24	①	②	③	④	⑤		
5	①	②	③	④	⑤	25	①	②	③	④	⑤		
6	①	②	③	④	⑤	26	①	②	③	④	⑤		
7	①	②	③	④	⑤	27	①	②	③	④	⑤		
8	①	②	③	④	⑤	28	①	②	③	④	⑤		
9	①	②	③	④	⑤	29	①	②	③	④	⑤		
10	①	②	③	④	⑤	30	①	②	③	④	⑤		
11	①	②	③	④	⑤	31	①	②	③	④	⑤		
12	①	②	③	④	⑤	32	①	②	③	④	⑤		
13	①	②	③	④	⑤	33	①	②	③	④	⑤		
14	①	②	③	④	⑤	34	①	②	③	④	⑤		
15	①	②	③	④	⑤	35	①	②	③	④	⑤		
16	①	②	③	④	⑤	36	①	②	③	④	⑤		
17	①	②	③	④	⑤	37	①	②	③	④	⑤		
18	①	②	③	④	⑤	38	①	②	③	④	⑤		
19	①	②	③	④	⑤	39	①	②	③	④	⑤		
20	①	②	③	④	⑤	40	①	②	③	④	⑤		

※ 본 답안카드는 마킹연습용 모의 답안카드입니다.

HUG 주택도시보증공사 필기시험 답안카드

성 명

지원 분야

문제지 형별기재란	
( )형	Ⓐ Ⓑ

수 험 번 호						
⓪	⓪	⓪	⓪	⓪	⓪	⓪
①	①	①	①	①	①	①
②	②	②	②	②	②	②
③	③	③	③	③	③	③
④	④	④	④	④	④	④
⑤	⑤	⑤	⑤	⑤	⑤	⑤
⑥	⑥	⑥	⑥	⑥	⑥	⑥
⑦	⑦	⑦	⑦	⑦	⑦	⑦
⑧	⑧	⑧	⑧	⑧	⑧	⑧
⑨	⑨	⑨	⑨	⑨	⑨	⑨

감독위원 확인
인

1	①	②	③	④	⑤	21	①	②	③	④	⑤		
2	①	②	③	④	⑤	22	①	②	③	④	⑤		
3	①	②	③	④	⑤	23	①	②	③	④	⑤		
4	①	②	③	④	⑤	24	①	②	③	④	⑤		
5	①	②	③	④	⑤	25	①	②	③	④	⑤		
6	①	②	③	④	⑤	26	①	②	③	④	⑤		
7	①	②	③	④	⑤	27	①	②	③	④	⑤		
8	①	②	③	④	⑤	28	①	②	③	④	⑤		
9	①	②	③	④	⑤	29	①	②	③	④	⑤		
10	①	②	③	④	⑤	30	①	②	③	④	⑤		
11	①	②	③	④	⑤	31	①	②	③	④	⑤		
12	①	②	③	④	⑤	32	①	②	③	④	⑤		
13	①	②	③	④	⑤	33	①	②	③	④	⑤		
14	①	②	③	④	⑤	34	①	②	③	④	⑤		
15	①	②	③	④	⑤	35	①	②	③	④	⑤		
16	①	②	③	④	⑤	36	①	②	③	④	⑤		
17	①	②	③	④	⑤	37	①	②	③	④	⑤		
18	①	②	③	④	⑤	38	①	②	③	④	⑤		
19	①	②	③	④	⑤	39	①	②	③	④	⑤		
20	①	②	③	④	⑤	40	①	②	③	④	⑤		

※ 본 답안카드는 마킹연습용 모의 답안카드입니다.

〈절취선〉

HUG 주택도시보증공사 필기시험 답안카드

성 명

지원 분야

문제지 형별기재란	
( )형	Ⓐ Ⓑ

수 험 번 호						
⓪	⓪	⓪	⓪	⓪	⓪	⓪
①	①	①	①	①	①	①
②	②	②	②	②	②	②
③	③	③	③	③	③	③
④	④	④	④	④	④	④
⑤	⑤	⑤	⑤	⑤	⑤	⑤
⑥	⑥	⑥	⑥	⑥	⑥	⑥
⑦	⑦	⑦	⑦	⑦	⑦	⑦
⑧	⑧	⑧	⑧	⑧	⑧	⑧
⑨	⑨	⑨	⑨	⑨	⑨	⑨

감독위원 확인
㊞ 인

1	①	②	③	④	⑤	21	①	②	③	④	⑤		
2	①	②	③	④	⑤	22	①	②	③	④	⑤		
3	①	②	③	④	⑤	23	①	②	③	④	⑤		
4	①	②	③	④	⑤	24	①	②	③	④	⑤		
5	①	②	③	④	⑤	25	①	②	③	④	⑤		
6	①	②	③	④	⑤	26	①	②	③	④	⑤		
7	①	②	③	④	⑤	27	①	②	③	④	⑤		
8	①	②	③	④	⑤	28	①	②	③	④	⑤		
9	①	②	③	④	⑤	29	①	②	③	④	⑤		
10	①	②	③	④	⑤	30	①	②	③	④	⑤		
11	①	②	③	④	⑤	31	①	②	③	④	⑤		
12	①	②	③	④	⑤	32	①	②	③	④	⑤		
13	①	②	③	④	⑤	33	①	②	③	④	⑤		
14	①	②	③	④	⑤	34	①	②	③	④	⑤		
15	①	②	③	④	⑤	35	①	②	③	④	⑤		
16	①	②	③	④	⑤	36	①	②	③	④	⑤		
17	①	②	③	④	⑤	37	①	②	③	④	⑤		
18	①	②	③	④	⑤	38	①	②	③	④	⑤		
19	①	②	③	④	⑤	39	①	②	③	④	⑤		
20	①	②	③	④	⑤	40	①	②	③	④	⑤		

※ 본 답안카드는 마킹연습용 모의 답안카드입니다.

HUG 주택도시보증공사 필기시험 답안카드

성 명

지원 분야

문제지 형별기재란	
(　　　)형	Ⓐ Ⓑ

수 험 번 호						
⓪	⓪	⓪	⓪	⓪	⓪	⓪
①	①	①	①	①	①	①
②	②	②	②	②	②	②
③	③	③	③	③	③	③
④	④	④	④	④	④	④
⑤	⑤	⑤	⑤	⑤	⑤	⑤
⑥	⑥	⑥	⑥	⑥	⑥	⑥
⑦	⑦	⑦	⑦	⑦	⑦	⑦
⑧	⑧	⑧	⑧	⑧	⑧	⑧
⑨	⑨	⑨	⑨	⑨	⑨	⑨

감독위원 확인
㊞ 인

1	①	②	③	④	⑤	21	①	②	③	④	⑤		
2	①	②	③	④	⑤	22	①	②	③	④	⑤		
3	①	②	③	④	⑤	23	①	②	③	④	⑤		
4	①	②	③	④	⑤	24	①	②	③	④	⑤		
5	①	②	③	④	⑤	25	①	②	③	④	⑤		
6	①	②	③	④	⑤	26	①	②	③	④	⑤		
7	①	②	③	④	⑤	27	①	②	③	④	⑤		
8	①	②	③	④	⑤	28	①	②	③	④	⑤		
9	①	②	③	④	⑤	29	①	②	③	④	⑤		
10	①	②	③	④	⑤	30	①	②	③	④	⑤		
11	①	②	③	④	⑤	31	①	②	③	④	⑤		
12	①	②	③	④	⑤	32	①	②	③	④	⑤		
13	①	②	③	④	⑤	33	①	②	③	④	⑤		
14	①	②	③	④	⑤	34	①	②	③	④	⑤		
15	①	②	③	④	⑤	35	①	②	③	④	⑤		
16	①	②	③	④	⑤	36	①	②	③	④	⑤		
17	①	②	③	④	⑤	37	①	②	③	④	⑤		
18	①	②	③	④	⑤	38	①	②	③	④	⑤		
19	①	②	③	④	⑤	39	①	②	③	④	⑤		
20	①	②	③	④	⑤	40	①	②	③	④	⑤		

※ 본 답안카드는 마킹연습용 모의 답안카드입니다.

〈절취선〉

HUG 주택도시보증공사 필기시험 답안카드

성 명

지원 분야

문제지 형별기재란	
(　　　)형	Ⓐ Ⓑ

수 험 번 호						
⓪	⓪	⓪	⓪	⓪	⓪	⓪
①	①	①	①	①	①	①
②	②	②	②	②	②	②
③	③	③	③	③	③	③
④	④	④	④	④	④	④
⑤	⑤	⑤	⑤	⑤	⑤	⑤
⑥	⑥	⑥	⑥	⑥	⑥	⑥
⑦	⑦	⑦	⑦	⑦	⑦	⑦
⑧	⑧	⑧	⑧	⑧	⑧	⑧
⑨	⑨	⑨	⑨	⑨	⑨	⑨

감독위원 확인
㊞ 인

1	①	②	③	④	⑤	21	①	②	③	④	⑤		
2	①	②	③	④	⑤	22	①	②	③	④	⑤		
3	①	②	③	④	⑤	23	①	②	③	④	⑤		
4	①	②	③	④	⑤	24	①	②	③	④	⑤		
5	①	②	③	④	⑤	25	①	②	③	④	⑤		
6	①	②	③	④	⑤	26	①	②	③	④	⑤		
7	①	②	③	④	⑤	27	①	②	③	④	⑤		
8	①	②	③	④	⑤	28	①	②	③	④	⑤		
9	①	②	③	④	⑤	29	①	②	③	④	⑤		
10	①	②	③	④	⑤	30	①	②	③	④	⑤		
11	①	②	③	④	⑤	31	①	②	③	④	⑤		
12	①	②	③	④	⑤	32	①	②	③	④	⑤		
13	①	②	③	④	⑤	33	①	②	③	④	⑤		
14	①	②	③	④	⑤	34	①	②	③	④	⑤		
15	①	②	③	④	⑤	35	①	②	③	④	⑤		
16	①	②	③	④	⑤	36	①	②	③	④	⑤		
17	①	②	③	④	⑤	37	①	②	③	④	⑤		
18	①	②	③	④	⑤	38	①	②	③	④	⑤		
19	①	②	③	④	⑤	39	①	②	③	④	⑤		
20	①	②	③	④	⑤	40	①	②	③	④	⑤		

※ 본 답안카드는 마킹연습용 모의 답안카드입니다.

2026 최신판 시대에듀 All-New
HUG 주택도시보증공사 통합기본서

개정15판1쇄 발행	2025년 12월 15일 (인쇄 2025년 11월 13일)
초 판 발 행	2014년 12월 03일 (인쇄 2014년 11월 26일)
발 행 인	박영일
책 임 편 집	이해욱
편 저	SDC(Sidae Data Center)
편 집 진 행	여연주 · 강병수
표지디자인	현수빈
편집디자인	유가영 · 장성복
발 행 처	(주)시대고시기획
출 판 등 록	제10-1521호
주 소	서울시 마포구 큰우물로 75 [도화동 538 성지 B/D] 9F
전 화	1600-3600
팩 스	02-701-8823
홈 페 이 지	www.sdedu.co.kr

I S B N	979-11-434-0494-7 (13320)
정 가	25,000원

HUG
주택도시
보증공사

통합기본서

최신 출제경향 전면 반영

NEXT STEP
시대에듀가 합격을 준비하는
당신에게 제안합니다.
성공의 기회
시대에듀를 잡으십시오.
시대에듀
기회란 포착되어 활용되기 전에는 기회인지조차 알 수 없는 것이다.
– 마크 트웨인 –